핵심요해

라스트 성경문제

개역개정판

양진일 목사 지음

아가페문화사

□ 이 책으로 공부하기에 앞서 □

매년 주의 부르심 앞에 순종하기 위해 결단한 이들을 만나게 됩니다. 그분들 중에는 늦은 나이에 신학의 길로 접어들고자 애쓰시는 분들도 계시고, 공부시간의 절대적 부족으로 힘들어하시는 분들도 계십니다. 이런 분들과의 만남을 통해, 시험을 준비하는데 작은 도움이나마 드릴 수 있는 것을 고민하다가 이 문제집을 만들게 되었습니다.

이 문제집은 각 본문별로 나누어 문제를 출제하였고, 출제된 문제와 연관된 체계적인 설명을 첨부해 놓았습니다. 한 문제를 풀 때마다, 밑에 있는 설명을 통해 몇 문제를 푸는 것과 같은 성과를 거둘 수 있도록 한 것입니다.

그리고 각 본문의 문제가 마무리 되면 각 본문별 주요내용을 따로 작성해 놓았습니다. 그 본문에서 나올 수 있는 문제들을 단답식으로 정리해 놓은 것으로, 복습의 효과를 얻을 수 있도록 한 것입니다.

문제를 푸실 때는 문제를 계속 이어서 푸신 후, 밑에 있는 설명은 이후에 살펴보시는 것이 좋습니다. 밑에 있는 설명 자체가 몇 문제를 만들어 낼 수 있는 내용들이 많으므로 몇 번씩 반복해서 공부하시면 큰 도움이 될 것입니다.

뒷부분에는 2차에 걸쳐 모의시험을 출제해 놓았습니다. 본문을 나누어 1차 시험은 구약 창세기부터 여호수아서, 신약은 복음서까지의 내용이고, 2차 시험은 그 뒷부분이 출제범위입니다. 성경전체의 주요내용을 총 망라하여 문제를 작성한 것입니다. 총 정리하시는 마음으로 보시기 바랍니다.

말씀을 공부하시는 시간이 하나님의 말씀의 깊이와 그 넓이를 깨달아 아는 은혜의 시간이 되시기를 간절히 소망합니다.

지은이 **양 진 일** 목사

□ 차　　　례 □

● 구　　　약 ●

신 약

모 의 시 험

창세기

1. 다음 중 물고기와 동일한 날에 창조된 피조물은?
   ① 바다　② 새　③ 동물　④ 사람

☞ 창조의 순서를 살펴보면, 첫째 날 빛(창1:3-5), 둘째 날 궁창(물을 나누심, 창1:6-8), 셋째 날 땅과 바다와 식물(창1:9-13), 넷째 날 해와 달과 별(징조와 계절과 날과 해를 이루게 하라, 창1:14-19), 다섯째 날 새와 물고기(창1:20-23), 여섯째 날 동물과 사람을 창조하셨다(창1:24-31). 정답은 ②번.

2. '하나님이 보시기에 좋았더라'는 평가가 나오지 않는 창조의 날은?
   ① 1일　② 2일　③ 3일　④ 4일

☞ 둘째 날 궁창 창조 시에는 '좋았더라'는 평가가 나오지 않는다(창1:6-8). 정답은 ②번.

3. 에덴에서 발원한 강의 이름이 아닌 것은?
   ① 비손　② 기혼　③ 나일　④ 유브라데

☞ 에덴에서 발원한 강의 이름은 '비손', '기혼', '힛데겔', '유브라데'이다. '비손'은 하윌라 온 땅, '기혼'은 구스 온 땅을 둘렀으며 '힛데겔'은

앗수르 동쪽으로 흘렀다(창2:10-14). 정답은 ③번.

4. 유다와 다말 사건은 창세기 몇 장에 기록되어 있는가?
① 36장 ② 37장 ③ 38장 ④ 39장

☞ 창세기 각 장의 주요내용을 살펴보면, 1-2장은 창조, 3장은 최초의 범죄, 4장은 가인과 아벨, 6-9장은 노아 홍수 사건, 11장은 바벨탑 사건, 12장은 아브람을 부르심, 14장은 첫 십일조, 15장은 이신칭의, 17장은 할례와 이름 바꾸심, 18장은 세 천사의 방문과 아브라함의 중보기도, 19장은 소돔 멸망, 21장은 브엘세바, 22장은 여호와이레, 28장은 벧엘, 30장은 야곱의 아들들, 32장은 얍복 강가에서의 씨름과 브니엘 명명, 37장은 요셉의 꿈, 38장은 유다와 다말, 49장은 야곱의 자녀들에 대한 축복이 기록되어 있다. 정답은 ③번.

5. 창세기에 나오는 명칭이 아닌 것은?
① 알론바굿 ② 마하나임 ③ 엔학고레 ④ 브엘세바

☞ '알론바굿'은 리브가의 유모 드보라의 죽음과 관련된 것으로 '곡함의 상수리나무'라는 뜻이다(창35:8). '마하나임'은 에서를 만나기 전 야곱이 길에서 만난 하나님의 사자들을 '하나님의 군대'라 부른 것에서 유래한 것인데(창32:2), 사울 사후 그의 아들 이스보셋이 아브넬의 도움으로 도읍한 도시도 '마하나임'이다(삼하2:8-9). '엔학고레'는 사사 삼손이 몹시 목마를 때에 하나님이 터뜨리신 샘과 관련된 것으로 '부르짖은 자의 샘'이라는 뜻이고(삿15:19), '브엘세바'는 아브라함과 아비멜렉이 맺은 언약과 관련된 우물로 '맹세의 우물'이라는 뜻이다(창21:31). 정답은 ③번.

6. '남자가 부모를 떠나 그의 아내와 합하여 둘이 한 몸을 이룰지로다'는 말씀은 어디에 나오는가?
① 창세기 2장 21절 ② 창세기 2장 22절
③ 창세기 2장 23절 ④ 창세기 2장 24절

☞ 위의 말씀이 나오는 본문은 창세기 2장 24절, 마태복음 19장 5절, 마가복음 10장 7절, 에베소서 5장 31절이다. 정답은 ④번.

7. 다음은 각 인물 혹은 사건과 연관된 나무들이다. 옳지 않은 것은?
① 아담과 하와 - 무화과나무 ② 노아의 방주 - 잣나무
③ 아브람 - 감람나무 ④ 노아 - 포도나무

☞ 최초의 인간 아담과 하와는 원죄를 범한 후, 벗은 몸을 가리고자 무화과나무 잎으로 치마를 해 입었다(창3:7). 노아는 하나님의 명령에 의해 잣나무로 방주를 만들었고 역청으로 안팎을 칠했다. 그가 만든 방주의 크기는 길이 300, 너비 50, 높이 30 규빗 이었으며, 창은 위로부터 한 규빗, 문은 옆으로 3층을 내었다(창6:14-16). 아브람과 연관된 나무는 상수리나무(창12:6)이고, 감람나무는 노아가 방주에서 두 번째 비둘기를 내어 보낼 때 비둘기가 물어온 잎사귀와 연관된 것이다(창8:11). 포도나무는 홍수사건 후 노아가 농사지은 나무로서, 포도주를 마시고 노아가 하체를 벗고 잔 것으로 인해 가나안이 저주를 받게 된 사건이 있다(창9:20-27). 정답은 ③번.

8. 이름과 그 이름의 뜻이 맞지 않는 것은?
① 노아 - 안위 ② 하와 - 모든 산 자의 어미
③ 베레스 - 터침 ④ 가인 - 허무

☞ 창세기에 등장하는 주요 인물의 이름 뜻을 살펴보면, 아담은 '사람', 하와는 '모든 산 자의 어머니', 가인은 '얻음', 아벨은 '허무, 생기, 숨', 노아는 '안위함', 하나님의 아들과 사람의 딸이 낳은 네피림은 '장부', 아브람은 '높은 아버지', 사래는 '여주인', 아브라함은 '많은 민족의 아버지', 사라는 '여러 민족의 어머니', 이스마엘은 '하나님이 들으심'(시므온도 동일), 이삭은 '웃음', 에서는 '붉고 전신이 털옷 같다', 야곱은 '발꿈치를 잡았다', 에브라임은 '창성함', 므낫세는 '잊어버림'이다. 정답은 ④번.

9. 노아와 그의 가족 8명이 방주에서 거한 총 기간은?

① 365일 ② 372일 ③ 377일 ④ 382일

☞ 노아와 그의 가족 8명이 방주에 들어간 때는 노아 600세 2월 10일이다. 비가 내리기 시작한 때는 그들이 방주에 거한 지 7일 후인 2월 17일이며, 비는 40일 동안 내렸다. 150일 동안 물이 땅에 넘쳤으며(창7:24), 물이 불어서 15규빗이 될 때 산들이 잠겼다(창7:20). 7월 17일에 방주가 아라랏산에 머물렀으며, 10월 1일에 산봉우리가 보였다. 그로부터 40일이 지나서(11월 10일) 노아가 까마귀를 내어 보냈고, 이 까마귀는 물이 마를 때까지 왕래하였다. 노아는 비둘기를 7일 간격으로 세 번 내어보냈는데, 두 번째에는 비둘기가 감람나무 새 잎사귀를 물고 왔다. 노아 601세 1월 1일에 물이 걷혀 방주의 뚜껑을 열었으며, 2월 27일에 땅이 말라 하나님의 명령에 의해 노아는 방주에서 나왔고, 노아는 여호와를 위하여 단을 쌓았다. 노아의 가족이 방주에 들어간 날이 600세 2월 10일이고, 나온 날이 601세 2월 27일이니 그들이 방주에 거한 총 기간은 382일이 된다. 정답은 ④번.

10. 노아가 물이 감한 여부를 알기 위해 비둘기를 내어 보낸 횟수는?

① 2회 ② 3회 ③ 4회 ④ 5회

☞ 노아의 가족 8명은 노아 600세 2월 10일에 방주에 승선하였고, 2월 17일부터 40일 동안 비가 내렸다(창7:6-12). 150일 동안 물이 땅에 넘쳤고, 7월 17일에 방주가 아라랏산에 머물렀으며(창8:4), 10월 1일에 산들의 봉우리가 보이게 되었다(창8:5). 40일 후에 까마귀를 내어 보내어 왕래하게 하였고, 비둘기를 일주일 간격으로 세 번 내어 보냈다(창8:6-12). 그 중 두 번째 때 감람나무 새 잎사귀를 물어 왔고, 세 번째에는 돌아오지 않았다. 601세 1월 1일에 지면에 물이 걷혀 방주 뚜껑을 열게 되었고, 2월 27일에 땅이 말라 방주에서 나왔고, 나오는 즉시 단을 쌓아 제사를 드렸다(창8:13-22). 정답은 ②번.

11. 포도주에 취한 사건과 관련하여 노아가 저주를 선포한 이는 누구인가?

① 셈 ② 함 ③ 야벳 ④ 가나안

☞ 흔히 노아가 포도주에 취한 사건과 관련하여 아버지의 하체를 덮어 주지 못하고 형제들에게 폭로한 함이 저주를 받았다 생각하지만, 실제 노아가 저주를 선포한 이는 가나안이다. '가나안은 저주를 받아 그 형제의 종들의 종이 되기를 원하노라 또 이르되 셈의 하나님 여호와를 찬송하리로다 가나안은 셈의 종이 되고 하나님이 야벳을 창대하게 하사 셈의 장막에 거하게 하시고 가나안은 그의 종이 되게 하시기를 원하노라'(창9:25-27). 정답은 ④번.

12. 야곱의 아들들의 이름과 그 이름의 뜻이 맞지 않는 것은?

① 레위 - 연합함 ② 아셀 - 복됨

③ 잇사갈 - 값 ④ 요셉 - 더함

☞ 야곱의 열 둘 아들들의 이름의 뜻을 순서대로 살펴보면 다음과 같다. 르우벤은 '보라 아들이라', 시므온은 '들으심', 레위는 '연합함', 유다는 '찬송함', 단은 '억울함을 푸심', 납달리는 '경쟁함', 갓은 '복됨', 아셀은 '기쁨', 잇사갈은 '값'(합환채, 맥추 때에 르우벤이 얻어 어미 레아에게 주었고, 레아가 라헬에게 준 값으로 야곱을 사서 동침하여 낳은 아들), 스불론은 '거함', 요셉은 '더함', 베냐민은 '오른손의 아들'(어미 라헬은 슬픔의 아들이라는 뜻의 '베노니'라 부르고 죽음)이라는 뜻이다. 정답은 ②번.

13. 다음 중 일부일처제를 준수한 사람은?

① 라멕 ② 아브라함 ③ 이삭 ④ 야곱

☞ 최초의 중혼자는 라멕이며 그의 두 아내의 이름은 아다와 씰라이다(창4:19). 믿음의 족장 중에서 아브라함은 사라, 하갈(창16:3), 그두라(창25:1) 등 세 명의 부인을, 야곱은 레아, 라헬, 레아의 몸종인 실바, 라헬의 몸종인 빌하 등 네 명의 부인을 드었는데(창29:21- 30:24), 오직 이

삭만이 리브가와 평생을 함께 하였다. 정답은 ③번.

14. 야곱의 열 둘 아들 중 일곱 번째 아들은 누구인가?

① 단 ② 갓 ③ 잇사갈 ④ 스불론

☞ 야곱의 열 둘 아들의 순서는 르우벤, 시므온, 레위, 유다, 단, 납달리, 갓, 아셀, 잇사갈, 스불론, 요셉, 베냐민이며 딸의 이름은 디나이다. 정답은 ②번.

15. 다음 중 이신칭의(믿음으로 의롭다 함을 얻음)와 관련된 본문이 아닌 것은?

① 창세기 15장 6절 ② 갈라디아서 3장 6절

③ 히브리서 11장 8절 ④ 로마서 4장 3절

☞ 최초의 이신칭의 본문은 '아브람이 여호와를 믿으니 여호와께서 이를 그의 의로 여기시고'라는 창세기 15장 6절 말씀이다. 동일한 내용이 신약 로마서 4장 3절, 갈라디아서 3장 6절에 나온다. 정답은 ③번.

16. 신약 유다서 14절에 근거해 볼 때, 노아는 아담의 몇 대손인가?

① 7대 ② 8대 ③ 9대 ④10대

☞ 유다서 14절에 '아담의 칠대 손 에녹'이라 되어 있다. 이 말씀을 근거로 살펴보면, 노아는 아담의 10대손(에녹 - 므두셀라 - 라멕 - 노아), 아브라함은 아담의 20대손(노아 - 셈 - 아르박삿 - 셀라 - 에벨 - 벨렉 - 르우 - 스룩 - 나홀 - 데라 - 아브라함)이 된다. 정답은 ④번.

17. 아브라함의 자녀에게서 생겨난 족속이 아닌 것은?

① 모압 ② 앗수르 ③ 미디안 ④ 아말렉

☞ 모압과 암몬은 롯과 그의 두 딸 사이에서 생겨난 족속으로(창19:36

-38), 암몬 족속의 조상은 '벤암미'이다. 미디안과 앗수르(욕산-드단-앗수르)는 창세기 25장 1절에 나오는 아브라함의 세 번째 부인 그두라와의 사이에서 생겨난 족속이고(창25:1-3), 아말렉은 아브라함의 손자인 (아브라함-이삭-에서와 야곱) 에서의 후손이다(창36:12). 정답은 ①번.

18. 창세기에 등장하는 인물들의 수명이다. 틀린 것은?

① 아브라함 - 175세　　② 이삭 - 180세

③ 이스마엘 - 127세　　④ 야곱 - 147세

☞ 여성으로 유일하게 수명이 기록된 여인은 사라로 그의 수명은 127세이다(창23:1). 이스마엘은 137세(창25:17)이며, 요셉은 110세이다(창50:22). 정답은 ③번.

19. 형제들이 요셉을 죽이고자 할 때, 요셉을 이스마엘 상인들에게 팔자고 제안한 사람은 누구인가?

① 르우벤　② 시므온　③ 레위　④유다

☞ 형제들이 요셉을 죽이고자 할 때, 구덩이에 던지고 손을 그에게 대지 말자고 한 이는 르우벤이고(창37:21-22), 이스마엘 상인에게 팔자고 한 이는 유다이다(창37:26-27). 유다의 제안으로 요셉은 은 20개에 이스마엘 상인에게 팔렸고(창37:28), 이후 애굽의 시위대장 보디발의 집에 노예가 되었다(창37:36). 요셉이 상인에게 팔린 곳은 도단으로(창37:17), 열왕기하 6장 13절을 보면 아람 왕이 엘리사를 잡고자 할 때 엘리사가 거하던 곳이기도 하다. 정답은 ④번.

20. 다음 중 장자인 사람은 누구인가?

① 야곱　② 이삭　③ 므낫세　④세라

☞ 창세기의 전반적인 흐름 중 하나가 장자보다는 차자가 하나님의 축복을 받는다는 것이다. 장남이었던 가인, 이스마엘, 에서, 므낫세 보다

차자인 아벨, 이삭, 야곱, 에브라임이 축복을 받고 있음을 볼 수 있다. 세라는 유다와 다말 사이에서 나온 쌍둥이 동생으로 그 형의 이름은 '터침'이란 뜻의 베레스이다(창38:29-30). 정답은 ③번.

21. 다음 중 야곱과 관련된 지명이 아닌 것은?

① 브엘세바 ② 벧엘 ③ 갈르엣 ④ 엘엘로헤이스라엘

☞ '브엘세바'는 아브라함과 아비멜렉이 맹세한 우물이고(창21:31), '벧엘'은 '하나님의 집'이라는 뜻으로 원래 이름은 '루스'이다. 야곱이 밧단아람으로 가는 길에 하나님을 만나 서원한 곳이다(창28:10-22). '갈르엣'은 라반과 서로 침범하지 않을 것을 체결한 돌무더기 이름으로 라반은 아람 방언으로 '여갈사하두다'라 하였고, 야곱은 '갈르엣, 미스바'라 하였으며 그 뜻은 '증거의 무더기'이다(창31:47-49). '엘엘로헤이스라엘'은 야곱이 세겜에서 은 일백 개로 밭을 산 후 단을 쌓고 부른 이름으로 '하나님, 이스라엘의 하나님'이라는 뜻이다(창33:18-20). 정답은 ①번.

22. 다음 설명 중 맞지 않는 것은?

① 최초의 구속에 대한 약속이 창세기 3장 15절에 나와 있다.
② 최초의 성은 에녹성이며, 에노스 때부터 사람들이 여호와의 이름을 부르기 시작했다.
③ 방주의 길이, 너비, 높이는 300, 50, 30 미터이다.
④ 노아 이전에 가장 장수한 이는 므두셀라로 그의 향년은 969세이다.

☞ 구약의 길이, 너비, 높이에 대한 단위는 규빗(팔꿈치에서 손가락 끝까지의 길이, 약 45센티)이다. 죽음을 맞이한 자로서 노아 이전에 가장 단명한 이는 라멕으로 777세이고(창5:28-31), 에녹은 구약시대에 엘리야와 함께 죽음을 보지 않고 하늘로 올라간 자로서 300년 동안 하나님과 동행하다가 365세에 승천하였다(창5:21-24). 정답은 ③번.

23. 다음 설명 중 맞지 않는 것은?

① 블레셋은 가슬루힘에서 나왔으며, 함의 후손이다.

② 벨렉의 때에 세상이 나뉘어졌는데, 벨렉은 야벳의 후손이다.

③ 롯을 구하기 위한 전쟁에서 아브람과 동행한 사람은 아넬, 에스골, 마므레이다.

④ 아브라함은 소돔성을 위해 6회의 중보기도를 드렸다.

☞ 벨렉은 셈의 후손이다(셈 - 아르박삿 - 셀라 - 에벨 - 벨렉. 창 10:25). 아브람은 롯을 구하기 위해 집에서 훈련한 자 318명을 데리고 전쟁을 치렀는데 이때 동행한 이가 아넬, 에스골, 마므레이다(창14:24). 아브람은 이기고 돌아와 자신을 영접하는 살렘 왕 멜기세덱에게 최초로 십일조를 바쳤는데 십일조를 언급하는 성경본문은 창세기 14장 20절, 말라기 3장 10절, 히브리서 7장 2-3절이 있다. 소돔 성을 위한 아브라함의 간청은 의인 50명에서 시작하여 45, 40, 30, 20, 10명 등 총 6회에 걸쳐 이루어졌다(창18:22-33). 정답은 ②번.

24. 다음은 우물들의 이름들이다. 뜻이 맞지 않는 것은?

① 브엘라해로이 - 나를 감찰하시는 생존자의 우물

② 에섹 - 다툼

③ 싯나 - 떠남

④ 르호봇 - 장소가 넓음

☞ 애굽 여인 하갈은 창세기 16장과 21장에 등장하는데, 그가 하나님의 도우심으로 가데스와 베렛사이에서 발견한 우물이 '브엘라해로이'이다(창16:14). '에섹', '싯나', '르호봇'은 이삭의 목자와 그랄의 목자 사이에 다툼의 과정 속에서 등장하는데 '싯나'의 뜻은 '대적함'이다(창 26:20-22). 정답은 ③번.

25. 다음은 각 사건과 연관된 돈의 액수이다 맞지 않는 것은?

① 그랄왕 아비멜렉이 사라의 수치를 가리기 위해 아브라함에게 줌 - 은 1000개

② 사라의 죽음 후 아브라함이 헷 족속 소할의 아들 에브론에게 막벨라 굴을 삼 - 은 400세겔

③ 야곱이 하몰의 아들 세겜에게서 밭을 삼 - 은 200

④ 요셉이 이스마엘 상인에게 팔림 - 은 20

☞ 야곱이 하몰의 아들 세겜에게서 밭을 살 때 지불한 돈은 은 100개이다(창33:19). ①번은 창세기 20장 16절에, ②번은 창세기 23장 16절에, ④번은 창세기 37장 28절에 기록되어 있다. 정답은 ③번.

26. 요셉에 대한 다음의 설명 중 맞지 않는 것은?

① 하나님께서 요셉의 이름을 사브낫바네아로 고쳐주셨다.

② 요셉은 17세에 애굽에 팔려 왔고, 30세에 총리가 되었다.

③ 요셉의 꿈 해석으로 관직에 복직된 사람은 술 맡은 관원장이다.

④ 요셉은 110세에 죽었으며, 이스라엘이 출애굽할 때 자신의 해골을 가지고 나갈 것을 부탁하였다.

☞ 사브낫바네아는 '세계의 구원'이라는 뜻으로 바로가 지어 준 요셉의 이름이다(창41:45). 바로는 새로운 이름을 선사하면서 동시에 온 제사장 보디베라의 딸 아스낫을 요셉에게 아내로 주었다. ②번은 창세기 37장 2절, 41장 46절에 ③번은 창세기 40장 21절에, ④번은 창세기 50장 25-26절에 기록되어 있다. 정답은 ①번.

27. 다음 야곱에 대한 설명 중 맞지 않는 것은?

① 야곱은 총 20년간 라반을 위해 봉사하였다.

② 브니엘이라는 이름은 야곱이 얍복 강가에서 붙인 것이다.

③ 야곱은 130세에 애굽으로 내려갔으며, 17년 동안 그곳에서 살았다.

④ 아들들에 대한 야곱의 축복은 창세기 50장에 기록되어 있다.

☞ 야곱은 라헬을 얻기 위해 14년, 품삯을 위해 6년, 총 20년을 라반을 위해 일하였다(창31:38). 그러나 라반은 10번이나 품삯을 바꾸었다(창31:41). '브니엘'은 '하나님의 얼굴'이라는 뜻으로 야곱이 천사와 씨름하여 이스라엘이라는 새로운 이름을 얻게 된 얍복 강가에서 붙인 것이다(창32:30). 야곱은 130세에 애굽에 내려갔으며, 17년을 애굽에서 산 뒤 147세에 애굽에서 죽었다(창47:9,28). 아들들에 대한 야곱의 축복은 창세기 49장에 나와 있다. 참고로 이스라엘 자손을 위한 모세의 축복은 신명기 33장에 나와 있다. 두 축복문 다 본문이 끝나기 한 장 전에 기록되어 있다. 정답은 ④번.

28. 이삭은 어머니 사라가 죽은 후 몇 년 만에 결혼하였는가?

① 1년 ② 2년 ③ 3년 ④ 4년

☞ 사라가 이삭을 90세에 낳았으므로 그녀가 127세에 죽게 될 때 이삭의 나이는 37세가 된다. 이삭이 40세에 리브가를 아내로 취하게 되므로(창25:20), 사라 죽음 후 3년이 지나서 이삭이 결혼하게 된 것이다. 정답은 ③번.

29. 양들이 새끼를 밸 때 바라보게 하도록 야곱이 준비한 나뭇가지가 아닌 것은?

① 감람나무 ② 버드나무 ③ 살구나무 ④ 신풍나무

☞ 야곱이 사용한 나무는 버드나무, 살구나무, 신풍나무이다(창30:37). 정답은 ①번.

30. 야곱의 아들들에 대한 축복의 내용 중 '놓인 암사슴'이라 칭함 받은 자녀는?

① 스불론 ② 갓 ③ 납달리 ④단

☞ 창세기 49장에 나오는 아들들에 대한 야곱의 축복을 순서대로 기술

하면 다음과 같다.

1. 르우벤 - 내 장자 나의 능력 나의 기력의 시작. 물의 끓음 같고 아버지의 침상을 더럽힘(라헬의 죽음 후 서모 빌하와 통간함 - 창35:22).
2. 시므온, 레위 - 그들의 칼은 폭력의 도구(창세기 34장을 보면, 디나를 강간한 히위족속 하몰의 아들 세겜의 일로 인해 그 성 사람들을 할례 받게 하고 3일 후에 진멸함). 야곱 중에서 나누며 이스라엘 중에서 흩으리로다.
3. 유다 - 네 형제의 찬송이 됨. 사자 새끼. 규가 유다를 떠나지 아니하며 통치자의 지팡이가 그 발 사이에서 떠나지 아니하시기를 실로가 오시기까지 미치리니 그에게 모든 백성이 복종하리로다. 그 눈은 포도주로 인하여 붉겠고 그 이는 우유로 말미암아 희리로다.
4. 스불론 - 해변에 거함.
5. 잇사갈 - 양의 우리 사이에 꿇어앉은 건장한 나귀. 압제 아래서 섬기리로다.
6. 단 - 그 백성을 심판. 길섶의 뱀이요 샛길의 독사. 여호와여 나는 주의 구원을 기다리나이다.
7. 갓 - 군대의 추격을 받으나 도리어 그 뒤를 추격함.
8. 아셀 - 왕의 수라상을 차림.
9. 납달리 - 놓인 암사슴. 아름다운 소리를 발함.
10. 요셉 - 무성한 가지. 야곱의 전능자의 손을 힘입음. 이스라엘의 반석인 목자가 날 것. 온갖 축복이 요셉의 머리로 돌아옴(역대상 5장 2절을 보면, 장자의 명분이 요셉에게 있음).
11. 베냐민 - 물어뜯는 이리.　정답은 ③번.

31. 야곱의 죽음과 관련하여 다음 중 틀린 설명은?

① 40일 동안 향 재료를 넣었다.

② 애굽 사람이 70일 동안 곡하였다.

③ 아닷 타작마당에서 요셉이 7일 동안 곡하였다.

④ 애굽 사람들이 요셉의 애곡을 보고 그 땅 이름을 아벨미스라임이

라 불렀다.

☞ ①번과 ②번은 창세기 50장 3절에, ③번은 창세기 50장 10절에 기록되어 있다. '아벨미스라임'은 가나안 사람들이 붙인 이름으로, 그 뜻은 '애굽인의 곡함'이다(창50:11). 정답은 ④번

32. 다음 설명 중 맞지 않는 것은?
① 다말이 유다와 동침할 때 요구한 것은 도장, 끈, 신발이다.
② 요셉은 총리가 되어 7년의 풍년동안 수확물의 1/5씩을 저장하였다.
③ 이삭은 결혼 후 20년 만에 쌍둥이를 얻게 되었다.
④ 마므레, 기럇아르바, 헤브론은 같은 지명을 가리킨다.

☞ 다말이 유다와 동침할 때 요구한 것은 도장, 끈, 지팡이이다(창38:18). 요셉이 총리가 된 후 바로의 꿈대로 7년의 풍년과 7년의 흉년이 찾아왔는데, 총리가 된 요셉은 풍년의 기간 동안 1/5씩을 저장하여 흉년을 대비하였다. 양식이 없는 기근의 때에 요셉의 형들이 곡식을 사러 애굽에 온 것은 흉년 이년 째였다(창42:3,45:6). 이삭은 40세에 결혼을 하여 60세에 에서와 야곱 쌍둥이를 얻게 되었다(창25:20,26). 마므레, 기럇아르바, 헤브론은 같은 지명을 가리키며, 라헬이 죽은 곳은 에브랏(베들레헴)이다(창35:16-20). 정답은 ①번.

33. 다음 설명 중 맞지 않는 것은?
① 믿음의 족장들이 아내를 빼앗긴 사건이 창세기에 3번 등장한다.
② 아브라함이 이스마엘을 얻은 것은 할례받기 전 일이다.
③ 노아에게 저주를 받은 아들은 함이다
④ 바벨탑은 시날 평지에 세워졌다.

☞ 창세기 12, 20, 26장에 믿음의 족장들이 아내를 빼앗긴 사건이 등장한다. 12장과 20장은 아브라함과 관련된 것으로 12장에서는 바로가, 20장에서는 그랄왕 아비멜렉이 사라를 취하였고, 26장은 이삭과 관련

된 것으로 블레셋왕 아비멜렉이 리브가를 취하였다. 아브람이 하나님의 명령에 의지하여 가나안에 도착한 것이 75세이고(창12:4), 85세에 하갈을 취하여 (창16:3) 86세에 이스마엘을 얻었다(창17:24-25). 아브라함의 할례는 99세에 이루어진 것이며(창17:1), 할례의 명령을 수행하기 전 아브람과 사래의 이름이 아브라함과 사라로 바뀌게 된다. 노아에게 저주를 받은 아들은 일반적 생각과 달리 함이 아니라 함의 아들 가나안이다(창9:25-27). 바벨탑은 시날 평지에 세워졌다(창11:2). 정답은 ③번.

✥ 창세기 주요내용

1. 창조의 순서 : 빛 - 궁창(좋았더라는 평가가 없음) - 땅과 바다와 식물 - 해와 달과 별 - 새와 물고기 - 동물과 사람.
2. 에덴에서 발원한 강의 이름 : 비손(하윌라 온 땅), 기혼(구스 온 땅), 힛데겔(앗수르 동쪽), 유브라데.
3. 남자가 부모를 떠나 그의 아내와 합하여 둘이 한 몸을 이룰지로다 : 창세기 2장 24절, 마태복음 19장 5절, 마가복음 10장 7절, 에베소서 5장 31절.
4. 연관된 나무 : 아담과 하와 - 무화과나무, 노아의 방주 - 잣나무, 아브람 - 상수리나무, 노아 - 포도나무.
5. 이름의 뜻 : 아담 - 사람, 하와 - 모든 산 자의 어머니, 가인 - 얻음, 아벨 - 허무(생기, 숨), 노아 - 안위함, 네피림 - 장부, 아브람 - 높은 아버지, 사래 - 여주인, 아브라함 - 많은 민족의 아버지, 사라 - 여러 민족의 어머니, 이스마엘 - 하나님이 들으심(시므온도 동일), 이삭 - 웃음, 에서 - 붉고 전신이 털옷 같다, 야곱 - 발꿈치를 잡았다, 에브라임 - 창성함, 므낫세 - 잊어버림.
6. 지명의 뜻 : 알론바굿 - 곡함의 상수리나무, 마하나임 - 하나님의 군대, 브엘세바 - 맹세의 우물, 아벨미스라임 - 애굽인의 곡함.
7. 노아가 방주에 거한 총 기간 : 382일(노아 가족 8명이 방주에 들어간 때는 노아 600세 2월 10일, 나온 날이 601세 2월 27일).
8. 노아가 비둘기를 내어 보낸 횟수 : 3회(7일 간격).
9. 노아가 저주를 선포한 이 : 가나안.
10. 야곱의 열두 아들들의 이름의 뜻 : 르우벤 - 보라 아들이라, 시므온 - 들으심, 레위 - 연합함, 유다 - 찬송함, 단 - 억울함을 푸심, 납달리 - 경쟁함, 갓 - 복됨, 아셀 - 기쁨, 잇사갈 - 값(합환채), 스불론 - 거함, 요셉 - 더함, 베냐민 - 오른손의 아들(라헬은 슬픔의 아들이라는 뜻의 '베노니'라 부르고 죽음).

11. 중혼자들 : 최초의 중혼자는 라멕 - 아다, 씰라. 아브라함 - 사라, 하갈(창16:3), 그두라(창25:1). 야곱 - 레아, 라헬, 레아의 몸종인 실바, 라헬의 몸종인 빌하.

12. 야곱의 열두 아들 : 르우벤, 시므온, 레위, 유다, 단, 납달리, 갓, 아셀, 잇사갈, 스불론, 요셉, 베냐민, 딸은 디나.

13. 이신칭의 본문 : 창세기 15장 6절, 로마서 4장 3절, 갈라디아서 3장 6절.

14. 에녹은 아담의 7대손(유다서 14절), 노아는 아담의 10대손(에녹 - 므두셀라 - 라멕 - 노아), 아브라함은 아담의 20대손.

15. 바벨탑이 세워진 곳 : 시날 평지(창11:2).

16. 아브라함의 후손 : 미디안, 앗수르(욕산-드단-앗수르)는 그두라 와의 사이에서 생겨난 족속(창25:1-3), 아말렉은 아브라함의 손자인 에서의 후손(창36:12).

17. 롯의 후손 : 모압, 암몬(조상은 벤암미).

18. 인물들의 수명 : 아브라함 - 175세, 이삭 - 180세, 이스마엘 - 137세, 야곱 - 147세, 사라 - 127세, 요셉 - 110세.

19. 야곱과 관련된 지명 : 벧엘(원래 이름은 루스) - 하나님의 집, 갈르엣, 미스바 - 증거의 무더기, 엘엘로헤이스라엘 - 하나님, 이스라엘의 하나님, 브니엘 - 하나님의 얼굴.

20. 구속에 대한 최초의 약속 : 창세기 3장 15절.

21. 최초의 성 : 에녹성.

22. 방주의 길이, 너비, 높이 : 300, 50, 30 규빗.

23. 최고 장수 인물 : 므두셀라 - 969세.

24. 블레셋은 가슬루힘에서 나왔으며, 함의 후손.

25. 벨렉의 때에 세상이 나뉘어졌는데, 벨렉은 셈의 후손.

26. 롯을 구하기 위한 전쟁에 아브람은 318명을 데려갔는데, 함께 동행한 사람은 아넬, 에스골, 마므레.

27. 아브라함은 소돔성을 위해 6회(50-45-40-30-20-10)의 중보기도를 드림.

28. 하갈의 우물 : 브엘라해로이(나를 감찰하시는 생존자의 우물).

29. 이삭의 우물 : 에섹(다툼), 싯나(대적함), 르호봇(장소가 넓음). 이삭의 목자와 그랄의 목자 사이에 다툼의 과정 속에서 등장.

30. 그랄왕 아비멜렉이 사라의 수치를 가리기 위해 아브라함에게 줌 : 은 1000개.

31. 사라의 죽음 후 아브라함이 헷 족속 소할의 아들 에브론에게 막벨라 굴을 삼 : 은 400세겔.

32. 야곱이 하몰의 아들 세겜에게서 밭을 삼 : 은 100개.

33. 요셉 : 17세에 애굽에 팔려 옴, 30세에 총리 됨, 사브낫바네아로 바로에 의해 이름 고쳐짐, 온 제사장 보디베라의 딸 아스낫과 결혼, 두 아들 므낫세(잊어버림), 에브라임(창성함).

34. 형제들이 요셉을 죽이고자 할 때, 구덩이에 던지고 손을 그에게 대지 말자고 한 이는 르우벤이고(창37:21-22), 이스마엘 상인에게 팔자고 한 이는 유다이다(창37:26-27). 요셉이 팔린 값은 은 20개, 팔린 곳은 도단(창37:17).

35. 야곱 : 총 20년간 라반을 위해 봉사, 얍복강가에서의 씨름(브니엘), 130세에 애굽으로 내려감, 147세 향년.

36. 이삭은 사라 죽음 후 3년 후에 결혼 : 40세에 리브가와.

37. 야곱이 사용한 나무 : 버드나무, 살구나무, 신풍나무(창30:37).

38. 창세기 49장에 나오는 아들들에 대한 야곱의 축복.

   1) 르우벤 - 내 장자 내 능력 내 기력의 시작. 물의 끓음 같고 아버지의 침상을 더럽힘(라헬의 죽음 후 서모 빌하와 통간함 - 창35:22).

   2) 시므온, 레위 - 그들의 칼은 폭력의 드구(창세기 34장을 보면, 디나를 강간한 히위족속 하몰의 아들 세겜의 일로 인해 그 성 사람들을 할례 받게 하고 3일 후에 진멸함). 야곱 중에서 나누며 이스라엘 중에서 흩으리로다.

   3) 유다 - 네 형제의 찬송이 됨. 사자 새끼. 규가 유다를 떠나지 아니

하며 통치자의 지팡이가 그 발 사이에서 떠나지 아니하기를 실로가 오시기까지 이르리니 그에게 모든 백성이 복종하리로다. 그의 눈은 포도주로 인하여 붉겠고 그의 이는 우유로 인하여 희리로다.

4) 스불론 - 해변에 거함.

5) 잇사갈 - 양의 우리 사이에에 앉은 건장한 나귀. 압제 아래에서 섬기리로다.

6) 단 - 그의 백성을 심판. 길섶의 뱀 샛길의 독사. 여호와여 나는 주의 구원을 기다리나이다.

7) 갓 - 군대의 추격을 받으나 도리어 그 뒤를 추격함.

8) 아셀 - 왕의 수라상을 차림.

9) 납달리 - 놓인 암사슴. 아름다운 소리를 발함.

10) 요셉 - 무성한 가지. 야곱의 전능자 이스라엘의 반석인 목자의 손을 힘입음. 온갖 축복이 요셉의 머리로 돌아옴(역대상 5장 2절을 보면, 장자의 명분이 요셉에게 있음).

11) 베냐민 - 물어뜯는 이리.

39. 다말이 유다와 동침할 때 요구한 것 : 도장, 끈, 지팡이.

40. 마므레, 기럇아브라, 헤브론은 같은 지명.

41. 에브랏과 베들레헴도 같은 지명(라헬이 죽은 곳).

42. 족장들이 아내를 빼앗긴 사건 : 창세기 12장(바로), 20장(그랄왕 아비멜렉), 26장(블레셋왕 아비멜렉). 3회.

출애굽기

1. 모세의 부모가 바로의 명을 어기고 집에서 모세를 숨긴 기간은 얼마인가?

   ① 1개월　　② 2개월　　③ 3개월　　④ 4개월

   ☞ 모세의 인생을 간략하게 정리해보면, 그는 히브리 남자아이를 죽이라는 명령이 임했던 시기에 레위 족속인 아버지 아므람과 어머니 요게벳 사이에서 태어났다(출6:20). 형제로는 형 아론과 누이 미리암이 있다. 모세를 사랑한 부모는 모세를 3개월 동안 집에서 숨겨 길렀다(출2:2). 그러나 모세를 더 이상 키울 수 없는 지경에 이르자, 갈대상자에 모세를 집어넣어 나일 강 가 갈대 사이에 놓았고, 바로의 딸인 애굽의 공주에 의해 건짐을 받아 장성할 때까지 공주의 아들로 애굽의 궁전에서 생활하였다. 그러다 어느 날 히브리인을 괴롭히는 애굽 군인을 살해한 일로 미디안으로 도망을 가게 되었고, 거기에서 미디안 제사장 이드로(르우엘)의 딸인 십보라와 결혼하여 게르솜(이방에서 객이 됨)과 엘리에셀(하나님이 도우심) 두 아들을 얻었다. 80세까지 미디안에서 양을 치는 일을 하다 호렙산에서 이스라엘의 출애굽을 지도하라는 하나님의 소명을 받게 된다. 출애굽 후 40년 동안 광야여정을 거친 후 120세에 느보산에서 죽게 되었다(신34:7). 정답은 ③번.

2. 다음 중 가나안 7 족속에 들어가지 않는 족속은?

① 아말렉 ② 아모리 ③ 히위 ④ 기르가스

☞ 가나안 6족속은 가나안, 아모리, 브리스, 여부스, 히위, 헷 족속이고(출3:8), 여기에 기르가스 족속을 더하면 가나안 7족속이 된다. 아말렉은 에서의 후손으로 이스라엘 출애굽 후 이스라엘과 르비딤에서 싸운 최초의 이방 족속이다(출17장). 아말렉과의 전쟁 시 모세는 아론과 훌의 도움을 받아 기도하였고, 여호수아는 나가 싸워 이스라엘이 이기게 되었다. 이때 생겨난 용어가 '여호와는 나의 기'라는 '여호와닛시'이다(출17:15). 정답은 ①번.

3. 레위의 세 아들이 아닌 사람은?

① 게르손 ② 고핫 ③ 므라리 ④ 아므람

☞ 레위의 세 아들은 게르손, 고핫, 므라리이며(출6:16), 아므람은 고핫의 후손으로 요게벳과 결혼하여 아론, 모세, 미리암을 낳았다. 아론은 암미나답의 딸 나손의 누이 엘리세바와 결혼하여 나답, 아비후, 엘르아살, 이다말을 낳았으며, 나답과 아비후는 하나님이 명하시지 않은 불로 분향하다가 불이 삼켜 죽게 되고(레10장), 아론의 대제사장직은 엘르아살, 그리고 그의 아들 비느하스가 계승하게 되었다. 정답은 ④번.

4. 애굽에 임한 열 가지 재앙 중 바로가 '내가 범죄하였다'라고 고백한 것은 몇 번째 재앙 후인가?

① 다섯 번째 ② 여섯 번째 ③ 일곱 번째 ④ 여덟 번째

☞ '이 백성을 보내겠다'고 말한 것은 두 번째 재앙 후(출8:8), '이 땅에서 제사를 드리라'고 한 것은 네 번째 재앙 후(출8:25), '내가 범죄하였다'라고 고백한 것은 일곱 번째 재앙 후(출9:27), '장정만 가라'고 한 것은 여덟 번째 재앙 후(출10:11), '양과 소는 두고 어린 것은 데리고 가라'고 한 것은 아홉 번째 재앙 후이다(출10:24). 정답은 ③번.

5. '왕은 아직도 애굽이 망한 줄을 알지 못하시나이까'라고 신하들이 바로를 책망하는 듯한 말을 한 것은 무슨 재앙 후인가?
① 돌림병 재앙 ② 악성 종기 재앙 ③ 우박 재앙 ④ 메뚜기 재앙

☞ 돌림병 재앙 때는 이스라엘의 가축이 구별되었고(출9:4), 악성 종기 재앙은 화덕의 재 두 웅큼을 날림으로 시작되었는데(출9:8) 애굽의 술객으로부터 애굽 모든 이들에게 퍼졌고(출9:11), 우박 재앙 때는 바로의 신하 일부도 순종하여 보호를 받았고(출9:20), 밀과 쌀보리는 성하였으며(출9:32), 메뚜기 재앙 후 바로의 신하들이 바로에게 '왕은 아직도 애굽이 망한 줄을 알지 못하시나이까'라고 책망하였다(출10:7). 정답은 ④번.

6. 유월절 규례와 관련된 다음 설명 중 틀린 것은?
① 흠없고 일년된 숫양이나 숫염소를 취하여 그 피로 집 좌우 문설주와 인방에 발라야 한다.
② 피를 바를 때는 반드시 손에 피를 찍어 발라야 한다.
③ 1월 14일 해질 때에 구운 고기와 무교병, 쓴 나물을 함께 먹고 아침까지 남은 것은 태워야 한다.
④ 먹을 때는 허리에 띠를 띠고, 발에는 신을 신고, 손에 지팡이를 잡은 채 급히 먹어야 한다.

☞ 유월절을 지키는 달이 해의 첫 달이 되게 해야 한다(아빕월) 유월절에 잡을 양은 1월 10일에 취하여 보관하였다가(출12:3), 14일 해 질 때에 잡아(출12:6) 그 피를 집 좌우 문설주와 인방에 우슬초 묶음으로 발라야 한다(출12:22). 종이나 타국인이 유월절을 지키고자 한다면 반드시 할례를 받아야 한다(출12:44,48). 정답은 ②번.

7. 출애굽 후 이스라엘 백성이 첫 원망을 한 곳은 어디인가?
① 비하히롯 ② 마라 ③ 므리바 ④ 신광야

☞ 애굽 군대의 추격으로 인해 바알스본 맞은 편 바닷가 비하히롯에서 이스라엘 백성이 첫 원망을 하였다(출14:2-12). 마라는 '쓴 물'이라는 뜻으로 이곳에서는 나뭇가지를 물에 던져 쓴 맛을 없애고 이스라엘 백성이 물을 마셨다(출15:23-26). 므리바는 '다툼'이라는 뜻이며 물이 없어 이스라엘 백성이 원망한 곳이다. 이때 모세가 반석에게 명하여 물을 내어야 함에도 불구하고 지팡이로 반석을 치게 되었다. 이 일로 모세는 꿈에도 그리던 가나안에 들어가지 못하는 비운을 겪게 된다(민20장, 출17:1-7). 신 광야는 물샘 열 둘과 종려나무 일흔 그루가 있는 엘림과 시내산 사이에 있는 것으로 출애굽 2월 15일에 이곳에 도착한 이스라엘 백성은(출16:1) 양식의 부족을 이유로 원망하였고 하나님께서는 불평하는 이스라엘 백성들에게 만나와 메추라기를 허락하셨다(출16장, 민11장, 신8:3). 정답은 ①번.

8. 모세와 미리암의 노래가 나오는 곳은 출애굽기 몇 장인가?
① 13장　　② 14장　　③ 15장　　④ 16장

☞ 출애굽기 각 장의 주요내용을 살펴보면, 3장은 가나안 6족속과 모세의 소명, 6장은 레위지파 족속의 계보, 7-11장은 10가지 재앙, 14장은 홍해도하, 15장은 모세와 미리암의 노래, 16장은 만나, 17장은 르비딤에서의 아멜렉과의 전투, 여호와닛시, 20장은 십계명, 21장은 보복법, 22장은 판결법, 23장은 이스라엘의 3대 절기, 25-27장은 성막제도, 28장은 제사장의 옷, 32장은 금송아지 숭배 범죄, 33장은 모세의 기도, 40장은 성막 세움을 기록하고 있다. 정답은 ③번.

9. 모세를 도울 천부장, 백부장, 오십부장, 십부장의 자격 중 맞지 않는 것은?
① 하나님을 두려워하는 자　　② 진실한 자
③ 지혜로운 자　　④ 불의한 이익을 미워하는 자

☞ 출애굽기 18장을 보면, 이드로가 십보라, 게르솜, 엘리에셀을 데리고 모세를 찾아오는 장면이 나온다(출18:1-5) 출애굽기 4장에 미디안에서 애굽으로 돌아올 때, 모세가 자신의 가족과 함께 동행 하는 장면이 나오는데(할례로 인한 피 남편 사건), 십보라와 게르솜, 엘리에셀은 모세가 바로와 대결할 때 미디안 집으로 다시 돌아간 듯 하다(출18:2). 모세를 찾아 온 이드로는 출애굽을 이끄신 하나님을 찬양하며(출18:9-12), 홀로 고된 재판업무에 시달리는 모세에게 천부장, 백부장, 오십부장, 십부장 등의 두령을 둘 것을 제안한다. 두령의 자격으로는 '능력 있는 사람들 곧 하나님을 두려워하며 진실하며 불의한 이익을 미워하는 자'여야 한다고 제시했다(출18:21). 신명기 1장 아바라 광야(모압광야) 에서의 모세의 설교 중 모세가 두령들을 세웠던 장면이 언급되고 있다(신 1:9-18절). 정답은 ③번.

10. 이스라엘 백성이 시내광야에 도착한 것은 출애굽 후 몇 개월만인가?
① 1개월　　② 2개월　　③ 3개월　　④ 4개월

☞ 출애굽 후 제 3월에 이스라엘 백성은 시내광야에 도착한다(출19:1). 하나님은 모세로 하여금 백성들을 성결하게 한 후 3일을 기다리도록 하시고(출19:10-11), 시내산에서 십계명과 율법의 조항들을 수여하셨다. 정답은 ③번.

11. 다음 중 같은 절기를 표현하는 말이 아닌 것은?
① 수장절　　② 맥추절　　③ 오순절　　④ 칠칠절

☞ 이스라엘 백성이 지켜야 할 절기에 대한 설명은 출애굽기 23장, 레위기 23장, 신명기 16장에 기록되어 있다. 이 중 3대 절기는 무교절, 맥추절, 수장절이다. 무교절은 아빕월(정월) 15일 저녁부터 21일 저녁까지이며, 이 7일의 기간동안 무교병을 먹어야 한다(출23:15). 또한 첫날과 일곱째 날은 성회로 모이고 아무 노동도 하지 말아야 한다(레 23:7-8). 맥추절은 수고하여 밭에 뿌린 것의 첫 열매를 거둠을 기념하

는 절기로 오순절, 칠칠절(곡식에 낫을 대는 첫 날부터 칠 주를 계수)이라고 하며 날짜로는 셋째 달 6일이다. 수장절은 수고하여 이룬 것을 연말에 밭에서 거두어 저장함을 기념하는 절기로 7월 15일부터 21일까지를 절기로 지키며 장막절, 초막절이라고도 한다. 정답은 ①번.

12. 출애굽기 24장에 따르면, 1차로 시내산에 오른 사람은 몇 명인가?
① 1명 ② 2명 ③ 70명 ④ 74명

☞ 출애굽기 24장 1절을 보면, 1차로 시내산에 오른 사람은 모세, 아론, 나답, 아비후, 70장로 등 총 74명이다. 이 중 모세만 가까이 나아오고 나머지는 가까이 나아오지 못하도록 하셨다. 2차 시내산 등정에는 모세가 그 종자 여호수아와 함께 돌판을 받기 위해 올라갔다(출24:13) 이스라엘 백성의 금송아지 숭배 사건 후(출32장), 모세는 두 번째 돌판을 받기 위해 홀로 아침에 산으로 올라간다(출34:1-4). 정답은 ④번.

13. 제사장의 옷과 관련된 다음 설명 중 옳지 않은 것은?
① 제사장의 옷은 흉패, 에봇, 반포 속옷, 관, 띠 등 총 5가지다.
② 우림과 둠밈이 든 판결 흉패는 성소에 들어갈 때 부착해야 한다.
③ 순금패에 '여호와께 성결'이라 써야 한다.
④ 이 순금패는 관 전면에 부쳐야 한다.

☞ 제사장의 옷에 대해서는 출애굽기 28장에 상세하게 기록되어 있다. 제사장의 옷은 총 6가지로 흉패, 에봇, 겉옷(청색), 반포 속옷, 관, 띠이다. 또한 베로 '속바지'를 만들어 허리에서 넓적다리 사이를 덮도록 하셨다(출28:42). 이스라엘 아들들의 이름이 기록된 판결 흉패에는 '빛'이라는 뜻의 '우림'과 '완전함'이라는 뜻의 '둠밈'이 들어 있으며(출28:30), 이 판결흉패는 성소에 들어갈 때 아론이 착용하는 것이다(출28:29). ③번은 출애굽기 28장 36절에, ④번은 출애굽기 28장 37절에 기록되어 있다. 정답은 ①번.

14. 성막 기구 중 조각목을 재료로 사용하지 않고 제작된 것은 무엇인가?

① 궤 ② 속죄소 ③ 상 ④ 채

☞ 성막 기구 중 궤, 채, 상, 단(분향단)은 조각목으로 만든 후 금으로 도금을 하였다. 번제단의 기구들인 통, 대야, 고기갈고리, 불 옮기는 그릇, 부삽과 물두멍은 놋으로 만들었고, 대접, 숟가락, 두 개의 그룹과 일곱 개의 등잔은 순금으로, 속죄소(시은좌)와 등잔대(가지 6개 3쌍), 불집게, 불 담는 그릇도 순금으로 만들었다. 등잔대와 그 모든 기구는 순금 한 달란트로 만들었다(출37:24). 정답은 ②번.

15. 성막 기술자인 오홀리압은 어느 지파 사람인가?

① 유다 ② 잇사갈 ③ 단 ④ 에브라임

☞ 성막 기술자는 브살렐과 오홀리압이다. 브살렐은 유다지파 훌의 손자 우리의 아들이며 금, 은, 놋, 보석, 나무와 관련된 일을 하였다(출31:1-5). 오홀리압은 단지파 아히사막의 아들로 성막기구들과 제사장 옷과 관유와 향을 제작하였다(출31:6-11). 정답은 ③번.

16. 다음은 성소에 있는 것들이다. 해당되지 않는 것은?

① 떡상 ② 물두멍 ③ 분향단 ④ 등잔대

☞ 회막은 크게 회막 뜰과 성소, 지성소로 나뉘어진다. 동쪽 출입문을 지나면 번제단이 있고, 번제단과 성소 사이에는 물두멍이 놓여 있다. 성소에는 떡상(북쪽)과 등잔대(남쪽), 분향단이 있고, 지성소에는 언약궤와 그룹이 있다. 정답은 ②번.

17. 다음 중 향년이 동일하지 않은 사람은?

① 이스마엘 ② 레위 ③ 아므람 ④고핫

☞ 이스마엘(창25:17), 레위(출6:16), 모세와 아론과 미리암의 아버지인

아므람(출6:20)의 향년은 137세로 동일하다. 레위의 아들인 고핫의 향년은 133세(출6:18)이다. 정답은 ④번.

18. 성막이 완성되어 세워진 날은?
① 출애굽 둘째 해 첫째 달 1일 ② 출애굽 둘째 해 첫째 달 10일
③ 출애굽 둘째 해 첫째 달 14일 ④ 출애굽 둘째 해 둘째 달 20일

☞ 출애굽기 40장 2절을 보면 첫째 달 초하루에 성막을 세우라는 하나님의 명령이 나오고, 40장 17절을 보면 출애굽 둘째 해 첫째 달 초하루에 성막을 세우는 이스라엘의 순종이 나온다. 출애굽 둘째 해 둘째 달 스무날은 이스라엘 백성이 시내광야에서 바란광야로 출발한 날이다(민10:11-12). 정답은 ①번.

19. '이스라엘의 어렸을 때에 내가 사랑하여 내 아들을 애굽에서 불러냈거늘'이란 말은 다음 중 어디에 나오는가?
① 출애굽기 ② 호세아 ③ 신명기 ④여호수아

☞ 선지서에는 끊임없이 출애굽을 기억할 것을 요구하는 선지자들의 메시지가 등장한다. 위의 말씀은 호세아 11장 1절의 말씀으로, 마태복음 2장 15절에서는 천사가 요셉에게 현몽하여 애굽으로 피신할 것을 명령하면서 예수 그리스도의 애굽 이주와 다시 돌아옴을 위 말씀의 성취로 기록하고 있다. 정답은 ②번.

20. 다음 나무 중 성막 제조에 사용된 나무 이름은?
① 조각목 ② 백향목 ③ 잣나무 ④감람나무

☞ 성막 제조에 사용된 나무는 조각목으로 아카시아, 싯딤나무라 하기도 한다. 잣나무는 노아방주의 재료로, 백향목은 성전제작의 재료로 사용되었다. 정답은 ①번.

21. 애굽에 내린 열 가지 재앙 중 일곱 번째 재앙은 무엇인가?
① 돌림병 재앙 ② 악성 종기 재앙 ③ 우박 재앙 ④ 메뚜기 재앙

☞ 애굽에 내린 열 가지 재앙을 순서대로 기술하면, 피 - 개구리 - 이 - 파리 - 돌림병 - 악성 종기 - 우박 - 메뚜기 - 3일 동안의 흑암 - 장자죽음이다. 이중 애굽 술객들도 행한 것은 피와 개구리 재앙이며, 이스라엘 백성들이 거하던 고센땅이 재앙으로부터 구별되기 시작한 것은 네 번째 재앙인 파리재앙부터이다. 정답은 ③번.

22. 하나님이 이스라엘 백성에게 주신 십계명 중 여섯 번째 계명은?
① 살인하지 말라 ② 간음하지 말라
③ 도적질하지 말라 ④ 네 이웃에 대하여 거짓증거하지 말라

☞ 십계명은 다음과 같다.
1. 나 외에는 다른 신을 섬기지 말라
2. 너를 위하여 새긴 우상을 만들지 말라
3. 너의 하나님 여호와의 이름을 망령되게 부르지 말라
4. 안식일을 기억하여 거룩하게 지키라
5. 네 부모를 공경하라
6. 살인하지 말라
7. 간음하지 말라
8. 도둑질하지 말라
9. 네 이웃에 대하여 거짓증거하지 말라
10. 네 이웃의 집을 탐내지 말라
정답은 ①번.

23. 다음 설명 중 맞지 않는 것은?
① 바로의 명을 어기고 남자 아이를 살린 산파는 십보라와 부아이다.
② 모세의 두 아들은 게르솜과 엘리에셀이다.

③ 모세의 부모가 모세를 집에서 숨어 키운 기간은 3개월이다.

④ 아론은 모세의 형으로, 3살이 더 많다.

☞ 바로의 명을 어기고 남자 아이를 살린 히브리 산파는 십브라와 부아이다(출1:15-17). 모세와 미디안 제사장 이드로(르우엘)의 딸 십보라 사이에 태어난 아들은 게르솜과 엘리에셀이며, 게르솜의 이름의 뜻은 '이방에서 나그네가 되었다'이고, 엘리에셀은 '하나님이 도우심'이라는 뜻이다(출18:3-4). ③번은 출애굽기 2장 2절에, ④번은 출애굽기 7장 7절에 기록되어 있다. 정답은 ①번.

✤ 출애굽기 주요내용

1. 모세 : 레위 족속인 아버지 아므람과 어머니 요게벳 사이에서 출생. 형 아론(모세보다 3살이 많음, 123세 향년), 누이 미리암. 3개월 동안 집에서 숨어 자람. 갈대상자. 애굽 군인을 살해한 일로 미디안으로 도망. 미디안 제사장 이드로(르우엘)의 딸인 십보라와 결혼하여 게르솜(이방에서 나그네가 됨)과 엘리에셀(하나님이 도우심) 두 아들을 얻음. 80세에 호렙산에서 하나님의 부르심 받음. 120세에 느보산에서 죽음.
2. 남자 아이를 살린 산파 : 십브라와 부아.
3. 모세의 두 아들 : 게르솜(이방에서 나그네가 되었다), 엘리에셀(하나님이 도우심).
4. 레위의 세 아들 : 게르손, 고핫, 므라리. 아므람은 고핫의 후손.
5. 아론 : 아내 - 암미나답의 딸 나손의 누이 엘리세바, 아들 - 나답, 아비후, 엘르아살, 이다말. 나답과 아비후는 하나님이 명하시지 않은 불로 분향하다가 죽음(레10장). 아론의 대제사장직은 엘르아살, 그리고 그의 아들 비느하스가 계승.

6. 열 가지 재앙 순서 : 피 - 개구리 - 이 - 파리 - 돌림병 - 악성 종기 - 우박 - 메뚜기 - 3일 동안의 흑암 - 장자 죽음. 이중 애굽 술객들도 행한 것은 피와 개구리 재앙. 이스라엘 백성들이 거하던 고센땅이 재앙으로부터 구별되기 시작한 것은 네 번째 재앙인 파리재앙부터.
7. 재앙에 대한 바로의 말 : '이 백성을 보내겠다'고 말한 것은 두 번째 재앙 후(출8:8), '이 땅에서 제사를 드리라'고 한 것은 네 번째 재앙 후(출8:25), '내가 범죄하였다'라고 고백한 것은 일곱 번째 재앙 후(출9:27), '장정만 가라'고 한 것은 여덟 번째 재앙 후(출10:11), '양과 소는 두고 어린 것은 데리고 가라'고 한 것은 아홉 번째 재앙 후이다(출10:24).
8. 재앙의 특징 : 돌림병 재앙 때는 이스라엘의 가축이 구별(출9:4). 악성 종기 재앙은 애굽의 술객으로부터 애굽 모든 이들에게 퍼짐(출9:11). 우박 재앙 때는 바로의 신하 일부도 순종하여 보호를 받고(출9:20), 밀과 쌀보리는 성함(출9:32). 메뚜기 재앙 후 바로의 신하들이 바로에게 '왕은 아직도 애굽이 망한 줄을 알지 못하시나이까'라고 책망(출10:7).
9. 유월절 규례 : 흠 없고 일년 된 숫양이나 숫염소를 취함. 그 피로 집 좌우 문설주와 인방에 우슬초로 바름. 1월 14일 해질 때에 구운 고기와 무교병, 쓴 나물을 함께 먹고 아침까지 남은 것은 태움. 먹을 때는 허리에 띠를 띠고, 발에는 신을 신고, 손에 지팡이를 잡은 채 급히 먹어야 함. 유월절을 지키는 달이 해의 첫 달이 되게 해야 함(아빕월). 유월절에 잡을 양은 1월 10일에 취하여 보관하였다가(출12:3), 14일 해 질 때에 잡음(출12:6). 종이나 타국인이 유월절을 지키고자 한다면 반드시 할례를 받아야 함(출12:44, 48).
10. 출애굽 후 첫 원망 : 비하히롯.
11. 이름의 뜻 : 마라 - 쓴 물, 므리바 - 다툼.
12. 신 광야 : 물샘 열 둘과 종려나무 일흔 그루가 있는 엘림과 시내산 사이에 있음. 출애굽 2월 15일에 이곳에 도착. 양식의 부족을 이유로 원

망하는 백성들에게 만나와 메추라기를 허락하심(출16장, 민11장, 신8:3).

13. 모세와 미리암의 노래 : 출애굽기 15장(모세는 '내가' 미리암은 '너희는').
14. 가나안 7족속 : 가나안, 아모리, 브리스, 여부스, 히위, 헷, 기르가스.
15. 아말렉 : 에서의 후손, 이스라엘 출애굽 후 르비딤에서 싸운 최초의 이방 족속(출17장).
16. 여호와닛시 : 여호와는 나의 기(출17:15).
17. 천부장, 백부장, 오십부장, 십부장 : 제안 - 이드로, 자격 - 능력 있는 사람들 곧 하나님을 두려워하며 진실하며 불의한 이익을 미워하는 자(출18:21).
18. 이스라엘 백성이 시내광야에 도착한 때 : 출애굽 후 제 3월. 하나님은 3일을 기다리게 하신 후 시내산에서 십계명과 율법의 조항들을 주심.
19. 3대 절기 : 무교절, 맥추절(오순절, 칠칠절), 수장절(장막절, 초막절).
20. 3대 절기 기록 : 출애굽기 23장, 레위기 23장, 신명기 16장.
21. 시내산에 오른 사람 : 1차 - 74명(모세, 아론, 나답, 아비후, 70장로, 출24:1). 2차 - 모세, 여호수아(출24:13). 3차 - 모세(출34:1-4).
22. 제사장의 옷 : 흉패, 에봇, 겉옷(청색), 반포 속옷, 관, 띠.
23. 우림 - 빛, 둠밈 - 완전함.
24. 성막기구 제작재료 - 궤, 채, 상, 단(분향단)은 조각목으로 만든 후 금으로 도금. 번제단의 기구들인 통, 대야, 고기갈고리, 불 옮기는 그릇, 부삽과 물두멍은 놋으로 만들었고, 대접, 숟가락, 두 개의 그릇과 일곱 개의 등잔은 순금으로, 속죄소(시은좌)와 등잔대(가지 6개 3쌍), 불집게, 불 담는 그릇도 순금으로 만듬. 등잔대와 그 모든 기구는 순금 한 달란트로 만듦(출37:24).
25. 성막 기술자 : 오홀리압 - 단지파 아히사막의 아들로 성막기구들과 제사장 옷과 관유와 향을 제작. 브살렐 - 유다지파 훌의 손자 우리의 아들이며 금, 은, 놋, 보석, 나무와 관련된 일을 함.
26. 회막 : 크게 회막 뜰과 성소, 지성소로 나뉨. 동쪽 출입문을 지나면

번제단이 있고, 번제단과 성소 사이에는 물두멍이 놓여 있음. 성소에는 떡상(북쪽)과 등잔대(남쪽), 분향단이 있고, 지성소에는 언약궤와 그룹이 있음.

27. 향년 137세로 동일 : 이스마엘(창25:17), 레위(출6:16), 모세와 아론과 미리암의 아버지인 아므람(출6:20).

28. 성막이 완성되어 세워진 날 : 출애굽 둘째 해 첫째 달 초하루.

29. 시내광야에서 바란광야로 이동한 날 : 출애굽 둘째 해 둘째 달 스무날.

30. 성막 제조에 사용된 나무 : 조각목(아카시아, 싯딤나무라고도 함).

31. 십계명 : 1. 나 외에는 다른 신을 섬기지 말라 2. 너를 위하여 새긴 우상을 만들지 말라 3. 너의 하나님 여호와의 이름을 망령되게 부르지 말라 4. 안식일을 기억하여 거룩하게 지키라 5. 네 부모를 공경하라 6. 살인하지 말라 7. 간음하지 말라 8. 도둑질하지 말라 9. 네 이웃에 대하여 거짓증거하지 말라 10. 네 이웃의 집을 탐내지 말라.

32. 각 장의 주요내용 : 3장은 가나안 6족속과 모세의 소명, 6장은 레위지파 족속의 계보, 7-11장은 10가지 재앙, 14장은 홍해도하, 15장은 모세와 미리암의 노래, 16장은 만나, 17장은 르비딤에서의 아멜렉과의 전투, 여호와닛시, 20장은 십계명, 21장은 보복법, 22장은 판결법, 23장은 이스라엘의 3대 절기, 25-27장은 성막제도, 28장은 제사장의 옷, 32장은 금송아지 숭배 범죄, 33장은 모세의 기도, 40장은 성막 세움.

레위기

1. 희년에 대한 언급은 다음 중 어디에 나오는가?
   ① 레위기 22장 ② 레위기 23장 ③ 레위기 24장 ④ 레위기25장

   ☞ 레위기 각 장의 주요내용들을 살펴보면, 1장은 번제, 2장은 소제, 3장은 화목제, 4장은 속죄제, 5장은 속건제, 11장은 정·부정의 동물, 16장은 대속죄일, 19장은 거룩(2절 - 너희는 거룩하라 나 여호와 너희 하나님이 거룩함이니라)과 사랑(18절 - 이웃 사랑하기를 네 자신과 같이 하라)의 말씀, 23장은 여러 절기들, 25장은 안식년과 희년, 27장은 서원에 대한 값이 기록되어 있다. 정답은 ④번.

2. 다음 중 만나에 대한 기록이 나오지 않는 곳은?
   ① 출애굽기 ② 레위기 ③ 민수기 ④신명기

   ☞ 만나에 대한 기록은 출애굽기 16장, 민수기 11장, 신명기 8장 3절에 나온다. 레위기에는 만나에 대한 기록이 존재하지 않는다. 정답은 ②번.

3. 희생제물이 기름과 가장 밀접한 관계를 가지고 있는 제사는?
   ① 소제 ② 화목제 ③ 번제 ④속죄제

☞ 화목제를 다루는 레위기 3장 17절에는 '너희는 기름과 피를 먹지 말라'는 말씀이 나오고, 레위기 7장 23-27절에는 '모든 기름은 여호와의 것으로 먹으면 죽임 당한다'는 말씀이 나온다. 희생제물이 기름과 가장 밀접한 관계를 가지고 있는 제사는 화목제로 기름은 모두 태웠다. 정답은 ②번.

4. 하나님께 대한 완전한 헌신과 드림을 의미하는 제사는?
① 번제 ② 소제 ③ 화목제 ④ 속죄제

☞ 레위기에 나오는 제사의 의미와 특징을 정리하면, 번제는 모두 태우는 제사로 '하나님께 대한 완전한 헌신과 드림'을 의미하고(레1:9), 소제는 '곡물로 드리는 제사'로 소제물의 남은 것은 아론과 그 자손에게 돌려야 하고(레2:3), 누룩과 꿀을 소제에는 사용하지 못한다(레2:11). 대신 언약의 소금은 소제에 빠져서는 안 된다(레2:13). 화목제(감사제)는 '나누는 잔치'의 의미를 가지며, 속죄제는 '지은 죄를 속함 받기 위하여' 드리는 것이다. 속건제는 '성물에 대하여 부지중에 범죄'하거나 '여호와의 계명 중 하나를 부지중에 범했을 때' 드리는 것이다(레5:15,17). 정답은 ①번.

5. 제사와 관련된 다음 설명 중 틀린 것은?
① 속건제의 제물은 제사장에게 돌려야 한다.
② 소제의 남은 것은 아론과 그 자손이 회막 뜰에서 먹도록 해야 한다.
③ 속건제에서 비둘기를 바칠 힘도 안 되면, 고운 가루 에바 1/5을 바쳐야 한다.
④ 이웃의 재물에 대한 범죄를 속함 받기 위해서는 이웃에게 물건에 1/5을 더하여 돌려보내고 흠 없는 숫양으로 속건제를 바쳐야 한다.

☞ 레위기 7장 1절에서 7절을 보면, 속건제물의 기름과 콩팥 등은 화제로 드리고 제물은 제사장에게 돌려야 한다. 레위기 6장 16절에는 소제의 남은 것은 아론과 그 자손이 회막 뜰에서 먹도록 해야 한다고 기록되

어 있다. 레위기 5장의 속건제 규례를 보면, 증인이 되어 맹세시키는 소리를 듣고도 그 본 일이나 아는 것을 진술치 아니한 경우, 누구든지 부정한 것을 만진 경우, 부지중에 사람의 부정에 접촉하고 그 부정을 깨달았을 경우, 무심중에 입으로 맹세를 발하여 그 맹세한 것을 범한 경우에 속건제를 바쳐야 한다(레5:1-6). 이때 제물로는 어린 암양이나 염소를 속죄제로 바쳐야 하는데, 힘이 안 되면 산비둘기 둘이나 집비둘기 새끼 둘을 바치고, 이것에도 힘이 안 되면 고운 가루 에바 1/10을 바쳐야 한다(레5:6-11). 이때 기름과 유향은 놓지 말고, 한 움큼 외에는 제사장의 몫으로 돌려야 한다(레5:12-13). 이웃의 재물에 대한 범죄를 속함 받기 위해서는 이웃에게 물건에 1/5을 더하여 돌려보내고 흠 없는 숫양으로 속건제를 바쳐야 한다(레6:2-7). 정답은 ③번.

6. 속죄제를 드림에 있어 대상과 제물이 맞지 않는 것은?
① 온 이스라엘 회중이 죄를 범한 경우 - 흠 없는 수송아지
② 제사장이 죄를 범한 경우 - 흠 없는 수송아지
③ 족장이 범죄한 경우 - 흠 없는 숫염소
④ 평민이 범죄한 경우 - 흠 없는 숫염소

☞ 속죄제물을 바칠 때 죄를 범한 이들이 자신이 바칠 제물에 안수를 하는 것이 일반적인데, 온 이스라엘 회중이 죄를 범한 경우에는 장로들이 안수를 한다(레4:15). 바치는 제물로는 제사장과 온 이스라엘 회중이 죄를 범한 경우에는 흠 없는 수송아지를, 족장이 범죄 한 경우에는 흠 없는 숫염소를, 평민이 범죄 한 경우에는 흠 없는 암염소를 제물로 바친다. 만일 어린양을 속죄 제물로 가져오고자 할 때는 흠 없는 암컷을 가져와야 한다(레4:13-35). 정답은 ④번.

7. 제사장과 제물을 바친 자가 함께 친교의 식사를 하는 제사는?
① 소제　② 화목제　③ 속죄제　④ 속건제

☞ 번제는 모두 태우는 제사로 먹을 음식이 남지 않고, 소제와 속죄제와 속건제는 제사장이 먹는다. 화목제는 제사장과 제물을 바친 자가 함께 친교의 식사를 갖는다(레7:15-18). 정답은 ②번.

8. 제사장 위임식을 할 때 위임식 숫양의 피를 아론과 아들들의 신체에 발랐다. 다음 중 바르지 않는 신체부위는?

① 오른쪽 귀　② 오른쪽 볼
③ 오른쪽 엄지손가락　④ 오른쪽 엄지발가락

☞ 제사장 위임식은 7일 동안 거행된다. 위임식 순서를 살펴보면, 먼저 제사장이 될 자를 물로 씻기고, 옷을 입히고, 관 씌우고, 기름을 바르고 나아가 속죄제와 번제를 드리게 한다. 뒤이어 위임제사 화목제를 드리고, 관유와 단 위의 피는 제사장의 옷에 뿌려 거룩하게 하고, 회막문에서 고기를 삶아 떡과 함께 먹는다. 식사 후 남는 것은 불사르고 위임식이 진행되는 7일 동안은 회막 밖으로 나가지 못하도록 한다. 위임식 숫양의 피를 제사장이 될 자들의 오른쪽 귀와 오른쪽 엄지손가락, 오른쪽 엄지발가락에 바른다. 이 바르는 의식은 거룩을 상징하는 것이다. 첫 제사장 위임식 때 위임식 숫양의 흔든 가슴(요제)은 모세의 음식이 되었는데, 이후에는 제물의 가슴을 흔들어 드리는 요제물은 아론과 그 자손의 몫으로 돌려졌다(레7:30-31). 참고로 오른쪽 뒷다리를 들어 드리는 거제는 피와 기름을 드리는 자의 몫이다(레7:33). 정답은 ②번.

9. 레위기 11장에 나오는 말씀에 근거할 때 다음 중 먹을 수 있는 것은?

① 돼지　② 토끼　③ 메뚜기　④ 갈매기

☞ 레위기 11장에는 정/부정한 음식에 대한 규례가 나온다. 육지에서 먹을 수 있는 것은 굽이 갈라져 쪽발이 되고, 새김질을 하는 것, 물에서 먹을 수 있는 것은 지느러미와 비늘이 있는 것, 곤충 중에서 먹을 수 있는 것은 다리가 있어 뛰는 것으로 메뚜기, 귀뚜라미, 베짱이, 팥중이 등

이다. 반면 먹을 수 없는 것으로는 육지에서는 낙타, 사반, 토끼, 돼지가 있고, 새 중에서는 독수리, 솔개, 물수리, 말똥가리, 까마귀, 타조, 타흐마스, 갈매기, 새매, 올빼미, 가마우지, 부엉이, 흰 올빼미, 사다새, 너새, 황새, 백로, 오디새, 박쥐가 있다. 또한 날개가 있으나 기는 곤충은 가증하여 먹지 못 하도록 하였다(레11:1-23). 정답은 ③번.

10. '내가 거룩하니 너희도 거룩하라'는 말씀이 나오지 않는 곳은?
① 레위기 11장 45절　　② 레위기 19장 2절
③ 레위기 20장 7절　　④ 마태복음 5장 48절

☞ '내가 거룩하니 너희도 거룩하라'는 말씀은 레위기 11장 45절, 19장 2절, 20장 7절, 베드로전서 1장 16절에 나온다. 비슷한 형태를 갖추고 있으나 다른 내용의 말씀으로는 마태복음 5장 48절의 '너희 아버지의 온전하심과 같이 너희도 온전하라'는 것과 누가복음 6장 36절의 '너희 아버지의 자비로우심 같이 너희도 자비로운 자가 되라'는 말씀이 있다. 정답은 ④번.

11. 여자 아이를 출산 후 경우 며칠이 지나야 깨끗해질 수 있는가?
① 33일　② 40일　③ 66일　④ 80일

☞ 해산 이후 여인의 정결법과 관련하여 레위기 12장에 나와 있는데, 남자 아이를 출산한 경우에는 7일 동안 부정하고, 33일이 지나야 깨끗해지게 되며, 여자 아이를 출산한 경우에는 14일 동안 부정하고, 66일이 지나야 깨끗해지게 된다(레12:1-5). 이 결례의 기간이 지나면 속죄제와 번제를 드려야 하는데, 속죄 제물로는 산비둘기 또는 집비둘기를, 번제로는 일 년 된 어린 양을 드려야 한다. 어린 양에 힘이 미치지 못하면 산비둘기 또는 집비둘기 새끼 둘로 하나는 번제물로 하나는 속죄 제물로 드려도 된다(레12:6-8). 나병과 관련된 정결법은 레위기 13-14장에 나와 있는데, 환처가 피부보다 우묵하고 흰털이 돋고 난육이 생기면 부정한 것으로 나병환자는 옷을 찢고 머리를 풀며 윗입술을 가리우고

'부정하다 부정하다' 외쳐야 한다(레13:45). 나병이 나으면 제사장이 확인하고 정결해지는 의식을 행해야 하는데, 이때 산새 두 마리, 백향목, 홍생실, 우슬초를 가져와서 한 새는 질그릇 안에서 잡고 그 피를 나병환자에게 일곱 번 뿌려 정하다 하고 다른 새는 놀려 보낸다(레14:4-8). 이 의식 후에도 자기 장막 밖에서 칠일을 거해야 하며 제사는 정결 진단 후 8일에 드려야 한다(레14:10-20). 유출과 설정에 대한 정결법은 레위기 15장에 나와 있는데, 설정한 자는 저녁까지 부정하고 유출중인 여인과 동침하면 7일간 부정하게 된다(레15:24). 정답은 ④번.

12. 대 속죄일은 몇 월 몇일인가 ?

① 7월 1일 ② 7월 10일 ③ 7월 15일 ④ 7월 21일

☞ 이스라엘 자손의 모든 죄에 대해 1년 1차 속죄하는 대 속죄일은 7월 10일이다. 7월 1일은 나팔절, 7월 15일은 초막절이다. 초막절은 장막절, 수장절이라고도 하는데 7월 15일부터 7일간 거행된다. 첫 날과 제 8일은 성회로 모이는데 이 기간 동안 노동해서는 안 된다. 이스라엘에서 난 자는 이 기간 중 다 초막에 거해야 한다. 정답은 ②번.

13. '이웃 사랑하기를 네 자신과 같이 하라'는 말씀이 나오지 않는 곳은?

① 마태복음 22장 39절 ② 마가복음 12장 31절

③ 누가복음 10장 27절 ④ 요한복음 13장 34절

☞ '이웃 사랑하기를 네 자신과 같이 하라'는 말씀은 레위기 19장 18절에 나오며, 복음서에서는 마태복음 22장 39절, 마가복음 12장 31절, 누가복음 10장 27절 등 공관복음에만 등장한다. 요한복음 13장 34절은 예수께서 제자들의 발을 씻기신 후, '너희는 서로 사랑하라'는 새 계명을 주시는 본문이다. 정답은 ④번.

14. 과목을 심게 된 경우 몇 년째에 그 과목을 먹을 수 있는가?

① 3년　　　　② 4년　　　　③ 5년　　　　④ 6년

☞ 과목을 심은 경우 3년 동안은 할례 받지 못한 것으로 여겨 먹지 못하고, 4년째는 여호와께 드리고 5년째에 먹을 수 있다(레19:23-25). 정답은 ③번.

15. 자식을 몰렉에게 주는 사람은 돌로 쳐 죽이라 하셨는데 누가 돌을 던질 수 있는가?

① 의인들　　② 제사장들　　③ 그 지방 사람들　　④ 친지들

☞ 레위기 20장은 여러 가지 생활규례에 대한 말씀이 나온다. 자식을 몰렉에게 준 사람은 그 지방 사람이 돌로 쳐서 죽여야 한다(레20:2) 아버지나 어머니를 저주한 자도 죽여야 하며, 아내와 자기의 장모를 함께 데리고 사는 자는 불살라 죽이고, 짐승과 교합하면 둘 다 죽여야 한다. 남자와 여자가 접신하거나 박수무당이 되는 경우에도 돌로 쳐 죽여야 한다(레20:27). 정답은 ③번.

16. 제사장이 해서는 안 되는 행위 중 틀린 것은?

① 머리털을 깎아 대머리 같게 하는 것　　② 수염 양쪽을 깎는 것

③ 살을 베는 것　　④ 처녀를 취하여 아내로 삼는 것

☞ 제사장이 지켜야 할 규례는 레위기 21장에 나온다. 제사장은 머리털을 깎아 대머리 같게 하는 것, 수염 양쪽을 깎는 것, 살을 베는 것을 해서는 안 된다(레21:5). 또한 기생이나 부정한 여인, 이혼당한 여인과는 혼인해서는 안 되고, 오직 처녀만을 취하여 아내로 삼아야 한다(레21:13). 제사장의 딸이 행음할 시에는 그녀를 불살라야 한다(레21:9). 정답은 ④번.

17. 다음 중 성물을 먹을 수 없는 사람은?

① 제사장이 돈을 주고 산 자　　② 제사장의 집에서 출생한 자

③ 제사장의 객이나 품꾼　④ 이혼하여 집에 돌아 온 제사장의 딸

☞ 성물을 먹는 규례에 대해서는 레위기 22장에 나온다. 외국인, 제사장의 객이나 품꾼, 외국인에게 출가한 제사장의 딸은 성물을 먹지 못한다(레22:10-12). 그러나 제사장이 돈으로 샀거나 그 집에서 출생한 자, 이혼, 과부되어 함께 거하는 제사장의 딸은 성물을 먹을 수 있다(레22:10-13). 부지중에 성물을 먹게 되면 그 성물에 1/5을 더하여 제사장에게 주어야 한다(레22:14). 정답은 ③번.

18. 진설병에 대한 다음 설명 중 옳지 않은 것은?
① 진설병은 매 안식일마다 진설해야 한다.
② 진설해야 할 떡은 이스라엘 지파의 수와 같은 12개이다.
③ 각 떡은 에바 3/10로 만들어야 한다.
④ 진설병은 한 줄에 여섯씩 두 줄로 놓아야 한다.

☞ 진설병에 대한 말씀은 레위기 24장 5절에서 9절까지 나온다. '떡 열두 개을 굽되 각 덩이를 십분의 이 에바로 하여 여호와 앞 순결한 상 위에 두 줄로 한 줄에 여섯씩 진설하고... 안식일마다 이 떡을 여호와 앞에 항상 진설할지니' 정답은 ③번.

19. 여호와의 이름을 훼방하다 돌로 쳐 죽임당한 이의 아버지는 어느 나라 사람인가?
① 애굽　② 모압　③ 암몬　④ 에돔

☞ 여호와의 이름을 훼방한 사람은 단 지파 디브리의 딸 슬로밋의 아들로서, 그의 아버지는 애굽 사람이다(레24:10-23). 정답은 ①번.

20. 성내에 있는 가옥을 몇 년 안에 무르지 못하면 희년에도 돌려받지 못하는가?
① 1년　② 3년　③ 5년　④ 7년

☞ 안식년과 희년에 대한 규례가 레위기 25장에 나와 있다. 안식년은 매 7년마다 돌아오는데, 이 해에는 토지를 쉬게 하여야 한다. 6년째 되는 해에 하나님께서는 3년 쓸 것을 주시겠다 약속하셨다(레25:21). 희년은 50년마다 돌아오는 것으로 자기의 본 소유를 다시 회복하는 해이다. 희년 정신의 기초는 레위기 25장 23절에 나와 있는 '토지를 영구히 팔지 말 것은 토지는 다 내 것임이니라 너희는 거류민이요 동거하는 자로서 나와 함께 있느니라'는 말씀이다. 무를 힘이 없어 남의 품에 넘어갔던 자신의 토지를 희년에는 다시 돌려받게 된다. 그러나 성벽이 없는 가옥은 희년에 돌려받을 수 있으나, 성내의 가옥을 팔았을 경우에는 1년 안에는 무를 수 있으나 무르지 못한 경우 희년에도 돌려받지 못하였다(레25:33). 그러나 레위인은 예외이다(레25:29-30). 정답은 ①번.

21. 반 세겔은 몇 게라인가?

① 10게라 ② 20게라 ③ 30게라 ④ 40게라

☞ 레위기 27장 25절을 보면, 한 세겔은 20게라이다. 따라서 반 세겔은 10게라이다. 참고로 보리 한 호멜은 은 50세겔이다(레27:16). 정답은 ①번.

22. 60세 이상의 여자가 바치는 서원의 값은 얼마인가?

① 은 5세겔 ② 은 10세겔 ③ 은 15세겔 ④ 은 20세겔

☞ 레위기 27장 1-8절까지 기록되어 있는 서원의 값은 나이와 성별에 따라 차이가 있다. 1개월에서 5세까지는 남자는 은 5세겔, 여자는 은 3세겔, 5세에서 20세까지는 남자는 은 20세겔, 여자는 은 10세겔, 20세에서 60세까지는 남자는 은 50세겔, 여자는 은 30세겔, 60세 이상은 남자는 은 15세겔, 여자는 은 10세겔이다. 정답은 ②번.

✣ 레위기 주요내용

1. 각 장의 주요내용 : 1장은 번제, 2장은 소제, 3장은 화목제, 4장은 속죄제, 5장은 속건제, 11장은 정/부정의 동물, 16장은 대속죄일, 19장은 거룩(2절 - 너희는 거룩하라 나 여호와 너희 하나님이 거룩함이니라)과 사랑(18절 - 이웃 사랑하기를 네 자신과 같이 하라)의 말씀, 23장은 여러 절기들, 25장은 안식년과 희년, 27장은 서원에 대한 값.
2. 희생제물이 기름과 가장 밀접한 관계를 가지고 있는 제사 : 화목제(기름은 모두 태움).
3. 제사의 의미와 특징 : 번제는 모두 태우는 제사로 '하나님께 대한 완전한 헌신과 드림'을 의미하고(레1:9), 소제는 '곡물로 드리는 제사'로 소제물의 남은 것은 아론과 그 자손에게 돌려야 하고(레2:3), 누룩과 꿀을 소제에는 사용하지 못하며(레2:11), 대신 언약의 소금은 소제에 빠져서는 안 된다(레2:13). 화목제(감사제)는 '나누는 잔치'의 의미를 가지며, 속죄제는 '지은 죄를 속함 받기 위하여' 드리는 것이다. 속건제는 '성물에 대하여 부지중에 범죄'하거나 '여호와의 계명 중 하나를 부지중에 범했을 때' 드리는 것이다(레5:15,17).
4. 레위기 5장의 속건제 규례 : 증인이 되어 맹세시키는 소리를 듣고도 그 본 일이나 아는 것을 진술치 아니한 경우, 누구든지 부정한 것을 만진 경우, 부지중에 사람의 부정에 접촉하고 그 부정을 깨달았을 경우, 무심중에 입으로 맹세를 발하여 그 맹세한 것을 범한 경우에 속건제를 바쳐야 한다(레5:1-6). 이때 제물로는 어린 암양이나 염소를 속죄제로 바쳐야 하는데, 힘이 안 되면 산비둘기 둘이나 집비둘기 새끼 둘을 바치고, 이것에도 힘이 안 되면 고운 가루 에바 1/10을 바쳐야 한다(레5:6-11). 이때 기름과 유향은 놓지 말고, 한 움큼 외에는 제사장의 몫으로 돌려야 한다(레5:12-13). 이웃의 재물에 대한 범죄를 속함 받기 위해서는 이웃에게 물건에 1/5을 더하여 돌려보내고 흠 없는 숫양으로 속건제를 바쳐야 한다(레6:2-7).

5. 속죄제물을 바칠 때 : 죄를 범한 이들이 자신이 바칠 제물에 안수를 하는 것이 일반적인데, 온 이스라엘 회중이 죄를 범한 경우에는 장로들이 안수를 한다(레4:15). 바치는 제물로는 제사장과 온 이스라엘 회중이 죄를 범한 경우에는 흠 없는 수송아지를, 족장이 범죄 한 경우에는 흠 없는 숫염소를, 평민이 범죄 한 경우에는 흠 없는 암염소를 제물로 바친다. 만일 어린양을 속죄 제물로 가져오고자 할 때는 흠 없는 암컷을 가져와야 한다(레4:13-35).
6. 제사 음식 : 번제는 모두 태우는 제사로 먹을 음식이 남지 않고, 소제와 속죄제와 속건제는 제사장이 먹는다. 화목제는 제사장과 제물을 바친 자가 함께 친교의 식사를 갖는다(레7:15-18).
7. 제사장 위임식 : 7일 동안 거행된다. 위임식 순서를 살펴보면, 먼저 제사장이 될 자를 물로 씻기고, 옷을 입히고, 관 씌우고, 기름을 바르고 나아가 속죄제와 번제를 드리게 한다. 뒤이어 위임제사 화목제를 드리고, 관유와 단 위의 피는 제사장의 옷에 뿌려 거룩하게 하고, 회막문에서 고기를 삶아 떡과 함께 먹는다. 식사 후 남는 것은 불사르고 위임식이 진행되는 7일 동안은 회막 밖으로 나가지 못하도록 한다. 위임식 숫양의 피를 제사장이 될 자들의 오른쪽 귀와 오른쪽 엄지손가락, 오른쪽 엄지발가락에 바른다. 이 바르는 의식은 거룩을 상징하는 것이다. 첫 제사장 위임식 때 위임식 숫양의 흔든 가슴(요제)은 모세의 음식이 되었는데, 이후에는 제물의 가슴을 흔들어 드리는 요제물은 아론과 그 자손의 몫으로 돌려졌다(레7:30-31). 참고로 오른쪽 뒷다리를 들어 드리는 거제는 피와 기름을 드리는 자의 몫이다(레7:33).
8. 레위기 11장의 정/부정한 음식에 대한 규례 : 육지에서 먹을 수 있는 것은 굽이 갈라져 쪽발이 되고, 새김질을 하는 것, 물에서 먹을 수 있는 것은 지느러미와 비늘이 있는 것, 곤충 중에서 먹을 수 있는 것은 다리가 있어 뛰는 것으로 메뚜기, 귀뚜라미, 베짱이, 팥중이 등이다. 반면 먹을 수 없는 것으로는 육지에서는 낙타, 사반, 토끼, 돼지가 있고, 새 중에서는 독수리, 솔개, 물수리, 말똥가리, 까마귀, 타조, 타흐

마스, 갈매기, 새매, 올빼미, 가마우지, 부엉이, 흰 올빼미, 사다새, 너새, 황새, 백로, 오디새, 박쥐가 있다. 또한 날개가 있으나 기는 곤충은 가증하여 먹지 못 하도록 하였다(레11:1-23).

9. 내가 거룩하니 너희도 거룩하라 : 레위기 11장 45절, 19장 2절, 20장 7절, 베드로전서 1장 16절에 기록.

10. 해산 이후 여인의 정결법 : 레위기 12장에 나와 있는데, 남자 아이를 출산한 경우에는 7일 동안 부정하고, 33일이 지나야 깨끗해지게 되며, 여자 아이를 출산한 경우에는 14일 동안 부정하고, 66일이 지나야 깨끗해지게 된다(레12:1-5). 이 결례의 기간이 지나면 속죄제와 번제를 드려야 하는데, 속죄 제물로는 산비둘기 또는 집비둘기를, 번제로는 일 년 된 어린 양을 드려야 한다. 어린 양에 힘이 미치지 못하면 산비둘기 또는 집비둘기 새끼 둘로 하나는 번제물로 하나는 속죄 제물로 드려도 된다(레12:6-8).

11. 나병과 관련된 정결법 : 레위기 13-14장에 나와 있는데, 환처가 피부보다 우묵하고 흰털이 돋고 생살이 생기면 부정한 것으로 나병환자는 옷을 찢고 머리를 풀며 윗입술을 가리우고 '부정하다 부정하다' 외쳐야 한다(레13:45). 나병이 나으면 제사장이 확인하고 정결해지는 의식을 행해야 하는데, 이때 산새 두 마리, 백향목, 홍생실, 우슬초를 가져와서 한 새는 질그릇 안에서 잡고 그 피를 나병환자에게 일곱 번 뿌려 정하다 하고 다른 새는 날려 보낸다(레14:4-8). 이 의식 후에도 자기 장막 밖에서 칠일을 거해야 하며 제사는 정결 진단 후 8일에 드려야 한다(레14:10-20).

12. 유출과 설정에 대한 정결법 : 레위기 15장에 나와 있는데, 설정한 자는 저녁까지 부정하고 유출중인 여인과 동침하면 7일간 부정하게 된다(레15:24).

13. 7월에 있는 절기 : 이스라엘 자손의 모든 죄에 대해 1년 1차 속죄하는 대 속죄일은 7월 10일이다. 7월 1일은 나팔절, 7월 15일은 초막절이다. 초막절은 장막절, 수장절이라고도 하는데 7월 15일부터 7일간 거

행된다. 첫 날과 제 8일은 성회로 모이는데 이 기간 동안 노동해서는 안 된다. 이스라엘에서 난 자는 이 기간 중 다 초막에 거해야 한다.

14. 이웃 사랑하기를 네 자신과 같이 하라 : 레위기 19장 18절, 마태복음 22장 39절, 마가복음 12장 31절, 누가복음 10장 27절 등 공관복음에만 기록.
15. 과목을 심은 경우 : 3년 동안은 할례 받지 못한 것으로 여겨 먹지 못하고, 4년째는 여호와께 드리고 5년째에 먹을 수 있다(레19:23-25).
16. 여러 가지 생활규례 : 레위기 20장에 나온다. 자식을 몰렉에게 준 사람은 그 지방 사람이 돌로 쳐서 죽여야 한다(레20:2) 아버지나 어머니를 저주한 자도 죽여야 하며, 아내와 장모를 아울러 취한 자는 불살라 죽이고, 짐승과 교합하면 둘 다 죽여야 한다. 남자와 여자가 접신하거나 박수무당이 되는 경우에도 돌로 쳐 죽여야 한다(레20:27).
17. 제사장이 지켜야 할 규례 : 레위기 21장에 나온다. 제사장은 머리털을 깎아 대머리 같게 하는 것, 수염 양쪽을 깎는 것, 살을 베는 것을 해서는 안 된다(레21:5). 또한 기생이나 부정한 여인, 이혼당한 여인과는 혼인해서는 안 되고, 오직 처녀만을 취하여 아내로 삼아야 한다(레21:13). 제사장의 딸이 행음할 시에는 그녀를 불살라야 한다(레21:9).
18. 성물을 먹는 규례 : 레위기 22장에 나온다. 외국인, 제사장의 객이나 품꾼, 외국인에게 출가한 제사장의 딸은 성물을 먹지 못한다(레22:10-12). 그러나 제사장이 돈으로 샀거나 그 집에서 출생한 자, 이혼, 과부되어 함께 거하는 제사장의 딸은 성물을 먹을 수 있다(레22:10-13). 부지중에 성물을 먹게 되면 그 성물에 1/5을 더하여 제사장에게 주어야 한다(레22:14).
19. 진설병 : 레위기 24장 5절에서 9절까지 나온다. '떡 열둘을 굽되 매 덩이를 십분의 이 에바로 하여 여호와 앞 순결한 상 위에 두 줄로 한 줄에 여섯씩 진설하고... 안식일마다 이 떡을 여호와 앞에 항상 진설할지니'

20. 여호와의 이름을 훼방하다 죽은 사람 : 단 지파 디브리의 딸 슬로밋의 아들로서, 그의 아버지는 애굽 사람이다(레24:10-23).

21. 안식년과 희년에 대한 규례 : 레위기 25장에 나와 있다. 안식년은 매 7년마다 돌아오는데, 이 해에는 토지를 쉬게 하여야 한다. 6년째 되는 해에 하나님께서는 3년 쓸 것을 주시겠다 약속하셨다(레25:21). 희년은 50년마다 돌아오는 것으로 자기의 본 소유를 다시 회복하는 해이다. 희년 정신의 기초는 레위기 25장 23절에 나와 있는 '토지를 영구히 팔지 말 것은 토지는 다 내 것임이니라 너희는 거류민이요 동거하는 자로서 나와 함께 있느니라'는 말씀이다. 무를 힘이 없어 남의 품에 넘어갔던 자신의 토지를 희년에는 다시 돌려받게 된다. 그러나 성벽이 없는 가옥은 희년에 돌려받을 수 있으나, 성내의 가옥을 팔았을 경우에는 1년 안에는 무를 수 있으나 무르지 못한 경우 희년에도 돌려받지 못하였다(레25:33). 그러나 레위인은 예외이다(레25:29-30).

22. 한 세겔은 20게라(레27:25), 보리 한 호멜은 은 50세겔(레27:16).

23. 서원의 값 : 레위기 27장 1-8절까지 기록되어 있는데 나이와 성별에 따라 차이가 있다. 1개월에서 5세까지는 남자는 은 5세겔, 여자는 은 3세겔, 5세에서 20세까지는 남자는 은 20세겔, 여자는 은 10세겔, 20세에서 60세까지는 남자는 은 50세겔, 여자는 은 30세겔, 60세 이상은 남자는 은 15세겔, 여자는 은 10세겔이다.

민수기

1. 민수기에서 인구조사가 기록된 곳은 몇 장 몇 장인가?
① 1, 25장 ② 1, 26장 ③ 2, 25장 ④2, 26장

☞ 민수기는 '수'와 관련이 깊은 본문이다. 민수기에는 1장과 26장 두 번에 걸친 인구조사를 기록하고 있다. 1장의 인구조사는 출애굽 둘째 해 둘째 달 첫째 날에 시내광야에서 하나님의 명령에 의해 시행된 것이다. 이때 싸움에 나갈 수 있는 20세 이상 남자의 수는 603,550명으로 계수되었고, 지파 중 인구가 가장 많은 지파는 유다지파로 74,600명, 가장 적은 지파는 므낫세 지파로 32,200명이었다. 26장의 인구조사는 요단가 모압 평지에서 싯딤 음행 사건 이후에 실시된 것으로 이때 계수된 20세 이상 싸움에 나갈 수 있는 자의 수는 601,730명, 인구가 가장 많은 지파는 유다지파로 76,500명, 가장 적은 지파는 시므온 지파로 22,000명 이었다. 2차 인구조사가 1차 인구조사보다 사람의 수가 준 것은 싯딤 음행 사건으로 24,000명이 죽임을 당했기 때문이며, 2차 때 시므온 지파가 가장 적은 수를 기록하게 된 것은 싯딤 음행 사건으로 죽임을 당한 이들 중 시므온 지파가 가장 많았기 때문일 것이다. 이렇게 추측하는 이유는 비느하스에 의해 죽임을 당한 이가 시므온의 족장 중 하나인 시므리이기 때문이다(민25:14). 정답은 ②번.

2. 고라일당의 반역 사건은 민수기 몇 장에 기록되어 있는가?

① 11장 ② 13장 ③ 16장 ④ 17장

☞ 민수기 각 장의 주요내용을 살펴보면, 1장은 시내광야에서의 1차 인구조사(20세 이상 싸움에 나갈 수 있는 자는 603,550명), 2장은 지파의 진 배치, 3장은 레위지파에 대한 보고와 1개월 이상 된 자 계수(22,000명), 5장은 의심의 소제(생각나게 하는 소제), 6장은 나실인에 대한 규례와 제사장 축복문, 8장은 레위인에 대한 규례, 9장은 부정중이거나 여행중인 자들이 지키는 두 번째 유월절(2월 14일), 11장 다베라 사건과 만나와 메추라기, 12장은 모세가 구스여인을 취한 것에 대한 미리암과 아론의 비방, 13장은 가데스 바네아에서의 열 두 명의 정탐꾼 파견, 16장은 고라 일당의 반역, 17장은 아론의 싹난 지팡이(살구꽃), 18장은 소금언약, 20장은 가데스에서의 미리암의 죽음과 호르산에서의 아론의 죽음, 21장은 불뱀사건, 22장에서 24장까지는 발람의 이야기, 25장은 싯딤에서의 음행사건, 26장은 2차 인구조사(601,730명), 27장은 슬로브핫의 딸들이 기업을 요구함, 29장은 나팔절, 속죄일, 초막절, 32장은 요단 동편을 얻은 르우벤, 갓, 므낫세 반 지파, 33장은 출애굽 경로 회고, 35장은 도피성(민35장, 신4장, 신19장, 수20장), 36장은 슬로브핫의 딸들이 므낫세 자손에게 시집감으로 지파의 재산을 보존하는 이야기 등이다. 정답은 ③번.

3. 종족의 진 배치에서 북쪽에 있어야 하는 지파가 아닌 것은?

① 단 ② 납달리 ③ 갓 ④ 아셀

☞ 종족의 진 배치에 대해 민수기 2장에 자세한 설명이 나와 있다. 종족의 진 배치는 동, 서, 남, 북 네 방향으로 하게 되는데, 중앙에는 성막이 있게 된다. 각 지파별 배치위치와 20세 이상으로 싸움에 나갈 자들의 수를 살펴보면, 동쪽에는 유다, 잇사갈, 스불론으로 186,400명, 남쪽에는 르우벤, 시므온, 갓으로 151,450명, 서쪽에는 에브라임, 므낫세, 베냐민으로 108,100명, 북쪽에는 단, 아셀, 납달리로 157,600명이다. 중앙의

성막과 각 지파 사이에는 레위 자손들이 자리 잡게 되는데 동쪽에는 모세와 아론, 남쪽에는 고핫 자손, 서쪽에는 게르손 자손, 북쪽에는 므라리 자손이다. 정답은 ③번.

4. 이스라엘 3대 절기가 아닌 것은?
① 초막절 ② 칠칠절 ③ 유월절 ④나팔절

☞ 이스라엘의 3대 절기는 유월절과 이어지는 무교절, 맥추절(오순절, 칠칠절), 초막절(수장절, 장막절)이다. 나팔절은 7월 1일에 지키는 것으로 이 날에는 성회로 모이고 아무 노동도 해서는 안 되며 나팔을 불어야 한다. 정답은 ④번.

5. 이스라엘의 절기에 대한 내용이 나오지 않는 곳은?
① 출애굽기 23장 ② 레위기 23장 ③ 민수기 16장 ④신명기 16장

☞ 이스라엘 3대 절기에 대한 말씀은 출애굽기 23장, 레위기 23장, 신명기 16장에 나온다. 민수기 29장에도 절기법이 등장하는데 여기에는 7월 1일의 나팔절, 7월 10일의 속죄일, 7월 15일의 초막절 등 7월에 있는 절기들만 기록되어 있다. 정답은 ③번.

6. 이스라엘의 처음 난 자들을 속하기 위하여 한 명당 몇 세겔을 취하였는가?
① 3세겔 ② 5세겔 ③ 7세겔 ④ 10세겔

☞ 하나님께서는 레위인을 택하여 이스라엘 중 처음 난 자들을 대신케 하셨다. 그래서 레위인 중 1개월 이상 된 남자와 이스라엘의 처음 난 자들을 계수해보니, 레위지파는 22,000명, 이스라엘의 장자는 22,273명으로 드러났다. 따라서 대신할 수 없는 273명을 속하기 위하여 한 사람당 5세겔씩을 내게 하였는데 그것을 다 합하니 1,365세겔이었다(민 3:46-50). 참고로 1세겔은 20게라이다(레27:25). 민수기 26장의 제 2차

인구조사 때에는 1개월 이상으로 계수함을 입은 레위인의 수가 23,000명으로 1차 때에 비해 1,000명이 늘었다(민26:62). 정답은 ②번.

7. 레위 자손은 성막에서 몇 살까지 일할 수 있는가?
   ① 50살　② 60살　③ 70살　④ 80살

☞ 레위자손이 성막에서 일할 수 있는 나이에 대해 민수기 본문 안에는 두 가지 서로 다른 기술이 되어 있다. 민수기 4장 3절에는 30세에서 50세, 8장 24-25절에서는 25세에서 50세로, 일을 시작할 수 있는 나이는 상이하지만, 일할 수 있는 나이의 한계는 50세로 동일하다. 정답은 ①번.

8. 나실인에 대한 규례는 민수기 몇 장에 나오는가?
   ① 민수기 5장　② 민수기 6장　③ 민수기 7장　④ 민수기 8장

☞ 나실인은 하나님 앞에서 자신의 삶을 특별히 구별한 사람으로, 구별의 기간은 다양하다. 나실인이 특별히 지켜야 할 규례를 살펴보면, 자기 몸을 구별하는 모든 날 동안에 포도주와 독주를 마시지 말고 포도나무 소산은 아무것도 먹지 말아야 하며, 자기 몸을 구별하여 드린 표가 머리에 있으므로 삭도를 대지 말아야 하며, 시체를 가까이 하지 말아야 한다(민6:2-6). 특별히 자기 부모 형제자매가 죽은 때에라도 그로 인하여 몸을 더럽히지 말아야 하고, 우연히 시체와 접촉한 경우에는 제 7일에 머리를 밀어야 한다(민6:9). 이런 경우에 이전 것은 무효화되고 속건제를 드리며 다시 기간을 정하여 나실인의 삶을 살아야 한다(민6:12). 정답은 ②번.

9. 지휘관들이 예물봉헌을 할 때 가장 마지막 날에 예물을 드린 자는?
   ① 유다 지파 나손　② 르우벤 지파 엘리술
   ③ 에브라임지파 엘리사마　④ 납달리 지파 아히라

☞ 민수기 7장을 보면, 단에 기름을 바르던 날에 지휘관들이 수레 여섯

과 소 열 두 마리를 봉헌하는 장면과 하나님께서 하루 한 사람씩 지파를 대표하여 단의 봉헌 예물을 드리라고 명하시는 장면이 나온다. 지휘관들이 봉헌한 수레 여섯과 소 열 두 마리는 성막에서 일하는 레위 자손에게 주어졌는데, 게르손 자손은 수레 둘과 소 넷, 므라리 자손은 수레 넷과 소 여덟마리를 받았고, 고핫 자손은 성소에서 어깨로 성물을 메는 일을 하는 까닭에 수레와 소를 받지 않았다(민7:6-9). 지휘관들이 지파를 대표하여 봉헌한 순서는 진 배치의 순서를 따라 동-남-서-북으로 12일 동안 진행되었다. 제일 먼저 예물을 드린 지휘관은 유다지파의 나손이고, 제일 마지막에 예물을 드린 자는 납달리 지파의 아히라이다. 예물을 드린 순서와 각 지파의 지휘관을 살펴보면, 유다(나손), 잇사갈(느다넬), 스불론(엘리압), 르우벤(엘리술), 시므온(슬루미엘), 갓(엘리아삽), 에브라임(엘리사마), 므낫세(가말리엘), 베냐민(아비단), 단(아히에셀), 아셀(바기엘), 납달리(아히라)이다. 정답은 ④번.

10. 호밥은 모세와 어떤 관계인가?

① 장인　② 당숙　③ 삼촌　④ 처남

☞ 시내광야에서 1년간 머무르던 이스라엘 백성은 출애굽 2년 2월 20일에 바란광야로 이동을 하였다(민10:11-12). 이때 모세의 처남인 호밥은 자신의 친족에게 돌아가고자 하였고, 모세는 '우리를 떠나지 마소서 당신은 우리가 광야에서 어떻게 진 칠지를 아나니 우리의 눈이 되리이다'라고 부탁하며 호밥을 만류하는 장면이 나온다(민10:30-32). 정답은 ④번.

11. 이스라엘 백성이 만나에 대해 불평하면서 애굽에서 먹었다고 언급한 음식이 아닌 것은?

① 오이　② 부추　③ 마늘　④ 포도

☞ 민수기 11장에는 이스라엘 백성의 원망에 대해 하나님께서 진 끝을 사르신 '다베라' 사건이 나온다. 다베라는 '불사름'이라는 뜻이다. 또한

이스라엘 중에 섞여 사는 무리가 탐욕을 품고 이스라엘 자손을 선동하여 만나에 대해 불평하는 장면과 이들에 대해 하나님께서 2규빗쯤의 메추라기를 1개월간 내려 탐욕을 품은 이들을 진멸하시는 '기브롯 핫다아와' 사건이 나온다. 기브롯 핫다아와는 '탐욕의 무덤'이라는 뜻이다. 이때 만나에 대해 불평하며 그들이 애굽에서 먹었다고 언급하는 음식이 있는데, 생선, 오이, 참외, 부추, 파, 마늘이다(민11:5). 정답은 ④번.

12. 모세가 구스 여인을 취한 곳은 어디인가?

① 기브롯 핫다아와 ② 하세롯 ③ 바란광야 ④ 가데스 바네아

☞ 기브롯 핫다아와(민11장)에서 하세롯으로 이동한 후(민11:35) 모세가 구스 여인을 취하였다. 이 일로 미리암과 아론이 모세를 비방하였는데, 성경은 '이 사람 모세는 온유함이 지면의 모든 사람보다 더하더라'고 하여 그들의 비방에 대한 모세의 반응을 간접적으로 보여준다(민12:3). 모세를 비방한 일로 미리암은 나병이 걸려 7일간 진 밖에 있게 되었다. 이 사건 후 하세롯에서 바란광야로 이동하여 그곳에 진을 치게 되었다(민12:16). 정답은 ②번.

13. 다음 중 아낙자손이 아닌 사람은?

① 아히만 ② 세새 ③ 달매 ④ 에스골

☞ 민수기 13장에는 바란광야 가데스 바네아에서 가나안 땅을 탐지하기 위해 각 지파에서 1명씩 12명을 40일 동안 정탐 보내는 장면이 나온다. 이 12명 중에는 이후에 출애굽 1세대 중 20세 이상으로서는 유일하게 가나안에 입성하는 유다 지파 여분네의 아들 갈렙과 에브라임 지파 눈의 아들 여호수아(원래 이름은 호세아인데, 모세가 여호수아라 칭하여 불렀다)가 속해 있었다. 이 12명이 가나안 땅을 정탐하러 간 시기는 포도가 처음 익을 즈음이었는데, 이들은 정탐을 끝내고 포도송이와 무화과와 석류를 가지고 돌아왔다(민13:23). 그들이 포도송이를 벤 고로 그곳을 '에스골(송이)'이라 칭하였다(민13:24). 정탐꾼들은 가나안에서 네

피림의 후예인 아낙 자손을 보았는데, 가나안에는 아낙 자손 '아히만, 세새, 달매'가 거하고 있었다. 이들이 40일간의 정탐을 끝내고 돌아와 보고한 자리에서 유다 지파의 갈렙은 '올라가 치자 우리가 이기리라'는 낙관적인 보고를, 나머지 사람들은 '우리는 메뚜기와 같다'는 부정적인 보고를 하였다. 10명의 정탐꾼들의 부정적인 보고를 듣고 낙담한 이스라엘 백성은 '그들은 우리의 먹이라 그들의 보호자는 그들에게서 떠났고 여호와는 우리와 함께 하시느니라 그들을 두려워하지 말라'는 갈렙과 여호수아를 돌로 치려고 하였고, 이때 하나님께서는 20세 이상 계수된 자 중 여호수아와 갈렙을 제외한 모든 이들은 가나안에 들어가지 못한다는 것과 탐지한 날 수 하루를 일년으로 환산하여 총 40년간 그들이 광야에서 유리하며 소멸될 것을 말씀하셨다. 또한 악평을 한 10명의 정탐꾼들은 재앙으로 죽이셨다(민14:29-38). 정답은 ④번.

14. 모세에 대항한 아비람은 어느 지파 사람인가?

① 르우벤 ② 레위 ③ 유다 ④ 에브라임

☞ 민수기 16장에는 고라 일당의 반역 사건이 나온다. 이 사건은 레위의 증손, 고핫의 손자, 이스할의 아들 고라와 르우벤 자손 엘리압의 아들 다단과 아비람과 벨렛의 아들 온이 이스라엘 족장 250인과 함께 모세와 아론을 대적한 사건이다. 고라는 레위 지파로, 다단, 아비람, 온은 이스라엘의 장자인 르우벤 지파로 모세와 아론에게 독점된 권력의 분배를 요구하였다. 그런데 이 요구가 하나님 보시기에 악하여, 고라를 따르던 모든 사람과 그들의 소유는 땅이 갈라져 삼키우고, 족장 250인은 불이 나와 삼켰다. 족장들이 들던 있던 향로는 이후 제단을 싸는 철판을 제작하는데 사용되어졌다(민16:38). 이 사건에 대해 이튿날 이스라엘 백성이 원망하였고, 하나님께서는 원망하는 이들에게 염병의 재앙을 내리셔서 14,700명이 죽임을 당하였다(민16:49). 이 사건 후 모세가 아론에게 백성을 위해 속죄할 것을 명하였고, 아론이 향로를 가지고 죽은 자와 산 자 사이에 섰을 때에 염병이 그치게 되었다(민16:48). 정답은 ①번.

15. 다음 설명 중 옳지 않은 것은?
① 아론의 지팡이에는 살구열매가 열렸다.
② 하나님께서는 아론과 소금 언약을 맺으셨다.
③ 부정을 깨끗하게 하는 데 사용하는 물은 염소를 태운 재이다.
④ 시체를 만지면 7일 동안 부정하다.

☞ 고라일당의 반역 사건 이후 하나님께서는 모세와 아론을 선택하셨음을 보이시기 위해 각 지파 족장들의 이름을 쓴 지팡이 열둘을 증거궤 앞에 두게 하셨다. 이때 레위의 지팡이에는 아론의 이름을 쓰게 하셨다. 이튿날 모세가 증거의 장막에 들어가 보니, 아론의 지팡이에는 살구열매가 열려 있었다. 하나님께서는 살구열매가 열린 이 지팡이를 증거궤 앞에 두어 반역한 자들에 대한 표징이 되게 하셨다(민17:10). 소금언약은 하나님께서 아론과 그의 후손들과 맺으신 것으로 이스라엘 자손이 여호와께 거제로 드리는 모든 성물을 영영한 응식(應食)으로 주시겠다는 것이다(민18:19). 이스라엘 백성은 레위인에게 십일조를, 레위인은 그들이 받은 십일조의 십일조를 하나님께 거제로 드려야 하는데, 그 거제물은 제사장 아론에게 돌려졌다(레18:28). 부정을 깨끗하게 하는 물은 흠 없고 아직 멍에 매지 아니한 붉은 암송아지를 제사장 엘르아살이 진 밖으로 끌어낸 후 잡고 그 재를 거두어 진 밖에 간직하였다가 만들게 된다(민19:1-10). 사람의 시체를 만진 자는 칠일 동안 부정하며, 제 삼일과 칠일에 이 잿물로 스스로 정결하게 해야 한다(민19:11-12). 정답은 ③번.

16. 가데스에 대한 설명 중 맞지 않는 것은?
① 가데스는 에돔 변방에 있는 성읍이다.
② 가데스에서 미리암이 죽어, 거기에 장사되었다.
③ 가데스에서 므리바 사건이 있었다.
④ 가데스에서 아론이 죽은 후, 이스라엘 백성이 30일간 애곡하였다.

☞ 민수기 20장에는 미리암과 아론의 죽음 기사가 등장한다. 미리암은

이스라엘 백성이 신 광야에 이르러 가데스에 거한 후 죽게 되어, 그곳에 장사되었다(민20:1). 아론은 가데스에서 진행하여 호르산에 이르러 그곳에서 죽게 되는데, 이때 아론의 나이 123세였다(민33:39). 아론이 가나안에 들어가지 못하고 에돔 땅 변경 호르산에서 죽게 된 것은 '므리바(다툼)' 사건 때문이었다(민20:24). 므리바 사건은 가데스에서 있었는데 물이 없어 불평하는 이스라엘 백성으로 인해 모세와 아론이 하나님께 간구했을 때, 하나님께서는 반석에게 명하여 물을 내게 하셨다(민20:8). 그러나 모세는 반석에게 명하는 대신 '우리가 너희를 위하여 이 반석에서 물을 내랴' 하면서 지팡이로 반석을 두 번 쳐서 물이 나오게 하였다. 하나님의 말씀에 대한 거역으로 인해 모세와 아론은 꿈에도 그리던 가나안 입성을 앞두고 죽음을 맞이하게 된 것이다. 아론이 죽은 후 그의 세 번째 아들 엘르아살이 대제사장직을 계승하였고, 이스라엘 백성은 30일간 애곡하였다(민20:28-29). 정답은 ④번.

17. '(   )을 만들어 장대 위에 매달아라. 물린 자마다 그것을 보면 살리라'에서 (   ) 안에 들어가야 할 알맞은 말은?

① 불뱀　　② 놋뱀　　③ 금뱀　　④은뱀

☞ 민수기 21장을 보면, 에돔 땅을 지나가던 이스라엘 백성들의 아우성치는 원망의 소리를 들으시고 하나님께서 불뱀을 보내시어 그들을 심판하시는 사건이 나온다. 이때 백성들의 회개와 모세의 중보로 하나님께서 불뱀에 물린 이들이 살 수 있는 길을 제시하시는데 본문의 말씀을 보면 '여호와께서 모세에게 이르시되 불뱀을 만들어 장대 위에 달라 물린 자마다 그것을 보면 살리라'(민21:8) 라고 되어 있다. 이 말씀에 근거하여 모세가 놋뱀을 만들어 장대 위에 달았고, 그것을 본 이들이 살게 된다. 하나님이 만들라고 하신 것은 불뱀이었고, 그 불뱀을 만든 재료가 놋인 것이다. 이때 모세가 만든 놋뱀은 히스기야의 종교개혁때 우상폐지의 일환으로 부수어지게 되는데, 그때 놋뱀을 부른 말이 놋조각이라는 뜻의 '느후스단'이다(왕하18:4). 정답은 ①번.

18. 발람에게 이스라엘을 저주해 달라고 요청한 발락은 어느 나라 왕인가?

① 모압　　② 에돔　　③ 암몬　　④ 애굽

☞ 민수기 22장부터 24장까지 발람의 이야기가 나온다. 브올의 아들 발람은 모압왕 십볼의 아들 발락으로부터 이스라엘을 저주해 달라는 요청을 받는다. 1차 요청을 받은 발람은 하나님으로부터 '가지도 말고 저주하지도 말라'(민22:12)는 말씀을 듣고 거절하지만, 2차 요청 때는 '일어나 함께 가라 그러나 내가 네게 이르는 말만 준행하라'(민22:20)는 말씀을 듣고 그들과 함께 길을 떠난다. 그 과정에서 발람의 나귀가 길에 있는 하나님의 사자를 보고 피하는 장면과 채찍질하는 발람에게 말하는 장면이 나온다. 민수기 22장에 나귀가 말하는 것은 창세기 3장에 뱀이 말하는 것과 함께 성경에 기록된 동물이 말하는 유일한 장면이다. 정답은 ①번.

19. 다음 중 발람이 말한 내용이 아닌 것은?

① 하나님이 저주하지 않으신 자를 내가 어찌 저주하며

② 하나님은 사람이 아니시니 거짓말을 하지 않으시고

③ 한 별이 야곱에게서 나오며 한 규가 이스라엘에게서 일어나서

④ 나의 출생으로부터 지금까지 나를 기르신 하나님

☞ 모압 왕 발락의 인도에 따라 발람이 이동한 경로를 살펴보면, 기랏후솟(민22:39), 바알의 산당(민22:41), 비스가산(민23:14), 브올산(민23:28)이고, 발람이 이스라엘 백성을 세 번 축복한 곳은 바알의 산당, 비스가산, 브올산이다. 위의 ①번의 말씀은 민수기 23장 8절, ②번의 말씀은 민수기 23장 19절, ③번의 말씀은 민수기 24장 17절에 기록되어 있다. ④번의 말씀은 창세기 48장 15절 말씀으로 야곱이 요셉을 축복할 때 고백한 것이다. 정답은 ④번.

20. 싯딤 음행 사건과 관련된 다음 설명 중 옳지 않은 것은?

① 이스라엘 백성이 모압 여자들과 음행하고 바알브올을 섬겼다.
② 여호와의 진노로 염병이 발하여 14.000명이 죽었다.
③ 비느하스가 고스비와 시므리를 창으로 찔러 죽였다.
④ 비느하스에게 영원한 제사장의 직분인 평화의 언약이 주어졌다.

☞ 이스라엘 백성이 모압 여자와 음행하고 바알브올을 섬긴 '싯딤 음행 사건'에 대해 하나님께서는 염병을 보내시어 이스라엘 백성들을 심판하셨다. 심판의 과정에서 제사장 아론의 손자 엘르아살의 아들 비느하스가 미디안 여인 고스비(수르의 딸)와 시므온 지도자 중 하나인 시므리를 창으로 찔러 죽이자 염병이 그쳤으며 염병으로 죽은 자는 총 24,000명이었다(민25:7-9). 이 일을 감행한 비느하스에게 하나님께서는 영원한 제사장 직분의 언약인 평화의 언약을 주셨다(민25:12-13). 이 사건으로 인해 하나님께서는 미디안인들을 대적하여 그들을 칠 것을 이스라엘에게 명령하셨다(민25:17). 정답은 ②번.

21. 다음 중 슬로브핫의 딸이 아닌 사람은?

① 노아 ② 호글라 ③ 말라 ④ 야엘

☞ 므낫세의 현손 마길의 증손 길르앗의 손자 헤벨의 아들 슬로브핫의 딸들은 말라, 노아, 호글라, 밀가, 디르사이다. 이들은 아버지의 죽음으로 인해 아버지의 기업이 타인에게 넘어가지 않도록 모세에게 요구하였고, 이 요구를 듣고 하나님께 물은 모세는 다음과 같은 응답을 얻게 된다. 즉, '사람이 죽고 아들이 없으면 그의 기업을 그의 딸에게, 딸도 없으면 그의 기업을 그의 형제에게, 형제도 없으면 그의 기업을 그의 아버지의 형제에게, 그의 아버지의 형제도 없으면 그의 기업을 가장 가까운 친족에게 주라는 것'이다(민27:8-11). 이 말씀에 의해 슬로브핫의 기업이 그 딸들에게 주어졌다. 그런데 민수기 36장을 보면 이 딸들이 다른 지파 남자에게 시집가면 므낫세 지파의 기업은 줄고, 다른 지파의 기업이 늘어난다는 므낫세 지파의 문제제기가 나온다. 이 문제제기에 대해 모세

는 슬로브핫의 딸들은 므낫세 지파 남자에게 시집감으로서 기업이 타 지파에게 넘어가지 못하도록 명하였고, 슬로브핫의 딸들이 므낫세 지파 남자에게 시집감으로서 이 문제는 해결되었다(민36:10-12). 정답은 ④번.

22. 미디안과의 원수 갚음의 전쟁에서 각 지파에게서 뽑은 군인의 수는 몇 명인가?

① 1,000명　　② 2,000명　　③ 3,000명　　④4,000명

☞ 미디안과의 원수 갚음의 전쟁은 민수기 31장에 나온다. 이 전쟁을 치루기 위해서 각 지파에서 1,000명씩이 차출되었고(민31:4) 엘르아살의 아들 비느하스도 이 전쟁에 함께 하였다(민31:6). 이 전쟁에서 브올의 아들 발람도 칼에 맞아 죽게 된다(발람의 죽음에 대한 기사가 여호수아 13장 22절에 나온다). 전쟁에서 승리를 거두고 돌아온 군인과 이스라엘 회중들이 전리품을 반씩 나누어 가졌으며, 군인들은 자신들의 몫에서 1/500을 여호와의 거제로 제사장 엘르아살에게, 회중들은 자신들의 몫에서 1/50을 성막 담당 레위인에게 주었다(민31:25-30). 전쟁 중 시체를 만진 자는 3일과 7일에 몸을 깨끗하게 하고 7일에는 옷을 빨아 깨끗하게 한 후에 진영에 들어오도록 하였다(민31:19-24). 정답은 ①번.

23. 요단 동편 땅을 얻은 지파가 아닌 것은?

① 르우벤　　② 아셀　　③ 갓　　④므낫세

☞ 아모리인의 왕 시혼과 바산 왕 옥의 나라를 갓 자손과 르우벤 자손과 므낫세 반 지파에게 주었다(민32:33). 정답은 ②번.

24. 민수기 34장에는 가나안 땅의 경계가 나타난다. 서쪽 경계는?

① 에돔지역　　② 긴네렛　　③ 대해　　④요단지역

☞ 가나안 땅의 경계에 대한 말씀이 민수기 34장 1-12절까지 나와 있다. 동쪽 경계는 하살에난에서 염해까지, 서쪽 경계는 대해, 남쪽 경계는 염

해에서 바다까지, 북쪽 경계는 대해에서 하살에난까지이다. 정답은 ③번.

25. 레위인에게 주어진 성읍은 총 몇 성읍인가?
① 42성읍 ② 44성읍 ③ 46성읍 ④ 48성읍

☞ 레위인에게 주어진 성읍은 6개의 도피성과 42개의 성읍을 합친 총 48 성읍과 그 초장이다(민35:6-7, 수21:41). 여호수아 21장에는 레위 사람들에게 주어지는 성읍이 자손별로 자세하게 기록되어 있다. 레위의 아들인 게르손, 그핫, 므라리 자손과 제사장 아론 자손에게 성읍이 주어졌는데, 게르손 자손에게는 13 성읍과 그 목초지들(수21:33), 그핫 자손에게는 10 성읍과 그 목초지들(수21:26), 므라리 자손에게는 12 성읍과 그 목초지들(수21:40), 아론 자손에게는 13성읍과 그 목초지들이 주어졌다(수21:19). 정답은 ④번.

✤ 민수기 주요내용

1. 인구조사 : 1장과 26장에 기록. 1장의 인구조사는 출애굽 2년 2월 1일에 시내광야에서 하나님의 명령에 의해 시행된 것이다. 이때 싸움에 나갈 수 있는 20세 이상 남자의 수는 603,550명으로 계수되었고, 지파 중 인구가 가장 많은 지파는 유다지파로 74,600명, 가장 적은 지파는 므낫세 지파로 32,200명이었다. 26장의 인구조사는 요단 가 모압 평지에서 싯딤 음행 사건 이후에 실시된 것으로 이때 계수된 20세 이상 싸움에 나갈 수 있는 자의 수는 601,730명, 인구가 가장 많은 지파는 유다지파로 76,500명, 가장 적은 지파는 시므온 지파로 22,000명 이었다.
2. 각 장의 주요 내용 : 1장은 시내광야에서의 1차 인구조사(20세 이상 싸움에 나갈 수 있는 자는 603,550명), 2장은 지파의 진 배치, 3장은 레위지파에 대한 보고와 1개월 이상된 자 계수(22,000명), 5장은 의

심의 소제(생각나게 하는 소제), 6장은 나실인에 대한 규례와 제사장 축복문, 8장은 레위인에 대한 규례, 9장은 부정중이거나 여행중인 자들이 지키는 두 번째 유월절(2월 14일), 11장 다베라 사건과 만나와 메추라기, 12장은 모세가 구스여인을 취한 것에 대한 미리암과 아론의 비방, 13장은 가데스 바네아에서의 열 두 명의 정탐꾼 파견, 16장은 고라 일당의 반역, 17장은 아론의 싹난 지팡이(살구꽃), 18장은 소금언약, 20장은 가데스에서의 미리암의 죽음과 호르산에서의 아론의 죽음, 21장은 불뱀사건, 22장에서 24장까지는 발람의 이야기, 25장은 싯딤에서의 음행사건, 26장은 2차 인구조사(601,730명), 27장은 슬로브핫의 딸들이 기업을 요구함, 29장은 나팔절, 속죄일, 초막절, 32장은 요단 동편을 얻은 르우벤, 갓, 므낫세 반 지파, 33장은 출애굽 경로 회고, 35장은 도피성(민35장, 신4장, 신19장, 수20장), 36장은 슬로브핫의 딸들이 므낫세 자손에게 시집감으로 지파의 재산을 보존하는 이야기.

3. 종족의 진 배치 : 민수기 2장에 자세한 설명이 나와 있다. 종족의 진 배치는 동, 서, 남, 북 네 방향으로 하게 되는데, 중앙에는 성막이 있게 된다. 각 지파별 배치위치와 20세 이상으로 싸움에 나갈 자들의 수를 살펴보면, 동쪽에는 유다, 잇사갈, 스불론으로 186,400명, 남쪽에는 르우벤, 시므온, 갓으로 151,450명, 서쪽에는 에브라임, 므낫세, 베냐민으로 108,100명, 북쪽에는 단, 아셀, 납달리로 157,600명이다. 중앙의 성막과 각 지파 사이에는 레위 자손들이 자리잡게 되는데 동쪽에는 모세와 아론, 남쪽에는 고핫 자손, 서쪽에는 게르손 자손, 북쪽에는 므라리 자손이다.
4. 이스라엘의 3대 절기 : 유월절과 이어지는 무교절, 맥추절(오순절, 칠칠절), 초막절(수장절, 장막절)이다.
5. 이스라엘 3대 절기에 대한 말씀 : 출애굽기 23장, 레위기 23장, 신명기 16장에 나온다. 민수기 29장에도 절기법이 등장하는데 여기에는 7월 1일의 나팔절, 7월 10일의 속죄일, 7월 15일의 초막절 등 7월에

있는 절기들만 기록되어 있다.

6. 장자 대속 세겔 : 하나님께서는 레위인을 택하여 이스라엘 중 처음 난 자들을 대신하게 하셨다. 그래서 레위인 중 1개월 이상 된 남자와 이스라엘의 처음 난 자들을 계수해보니, 레위지파는 22,000명, 이스라엘의 장자는 22,273명으로 드러났다. 따라서 대신할 수 없는 273명을 속하기 위하여 한 사람당 5세겔씩을 내게 하였는데 그것을 다 합하니 1,365세겔이었다(민3:46-50). 참고로 1세겔은 20게라이다(레27:25). 민수기 26장의 제 2차 인구조사 때에는 1개월 이상으로 계수함을 입은 레위인의 수가 23,000명으로 1차 때에 비해 1,000명이 늘었다(민26:62).

7. 레위인의 노동 나이 : 민수기 4장 3절에는 30세에서 50세, 8장 24-25절에서는 25세에서 50세로, 일을 시작할 수 있는 나이는 상이하지만, 일할 수 있는 나이의 한계는 50세로 동일하다.

8. 나실인에 대한 규례 : 민수기 6장에 기록되어 있다. 나실인이 특별히 지켜야 할 규례를 살펴보면, 자기 몸을 구별하는 모든 날 동안에 포도주와 독주를 마시지 말고 포도나무 소산은 아무것도 먹지 말아야 하며, 자기 몸을 구별하여 드린 표가 머리에 있으므로 삭도를 대지 말아야 하고, 시체를 가까이 하지 말아야 한다(민6:2-6). 특별히 자기 부모 형제자매가 죽은 때에라도 그로 인하여 몸을 더럽히지 말아야 하고, 우연히 시체와 접촉한 경우에는 제 7일에 머리를 밀어야 한다(민6:9). 이런 경우에 이전 것은 무효화되고 속건제를 드리며 다시 기간을 정하여 나실인의 삶을 살아야 한다(민6:12).

9. 지휘관들의 예물봉헌 : 민수기 7장을 보면, 단에 기름을 바르던 날에 지휘관들이 수레 여섯과 소 열 두 마리를 봉헌하는 장면과 하나님께서 하루 한 사람씩 지파를 대표하여 단의 봉헌 예물을 드리라고 명하시는 장면이 나온다. 지휘관들이 봉헌한 수레 여섯과 소 열 두 마리는 성막에서 일하는 레위 자손에게 주어졌는데, 게르손 자손은 수레 둘과 소 넷, 므라리 자손은 수레 넷과 소 여덟마리를 받았고, 고핫 자손

은 성소에서 어깨로 성물을 메는 일을 하는 까닭에 수레와 소를 받지 않았다(민7:6-9). 지휘관들이 지파를 대표하여 봉헌한 순서는 진 배치의 순서를 따라 동-남-서-북으로 12일 동안 진행되었다. 제일 먼저 예물을 드린 지휘관은 유다지파의 나손이고, 제일 마지막에 예물을 드린 자는 납달리 지파의 아히라이다. 예물을 드린 순서와 각 지파의 지휘관을 살펴보면, 유다(나손), 잇사갈(느다넬), 스불론(엘리압), 르우벤(엘리술), 시므온(슬루미엘), 갓(엘리아삽), 에브라임(엘리사마), 므낫세(가말리엘), 베냐민(아비단), 단(아히에셀), 아셀(바기엘), 납달리(아히라)이다.

10. 다베라 : 불사름. 민수기 11장.
11. 기브롯 핫다아와 사건 : 2규빗 쯤의 메추라기를 1개월간 내려 탐욕을 품은 이들을 진멸하신 사건. '탐욕의 무덤'이라는 뜻.
12. 애굽에서 먹었다고 언급하는 음식 : 생선, 오이, 참외, 부추, 파, 마늘이다(민11:5).
13. 모세가 구스 여인을 취한 곳 : 하세롯
14. 아낙자손 : 아히만, 세새, 달매
15. 에스골 : 송이
16. 고라 일당의 반역 사건 : 민수기 16장에 기록. 레위의 증손, 고핫의 손자, 이스할의 아들 고라와 르우벤 자손 엘리압의 아들 다단과 아비람과 벨렛의 아들 온이 이스라엘 지휘관 250인과 함께 모세와 아론을 대적한 사건. 고라를 따르던 모든 사람과 그들의 소유는 땅이 갈라져 삼키우고, 지휘관 250인은 불이 나와 삼켰다. 지휘관들이 들고 있던 향로는 이후 제단을 싸는 철판을 제작하는데 사용되어졌다(민16:38). 이 사건에 대해 이튿날 이스라엘 백성이 원망하였고, 하나님께서는 원망하는 이들에게 염병의 재앙을 내리셔서 14,700명이 죽임을 당하였다(민16:49).
17. 아론의 싹난 지팡이 : 살구열매
18. 부정을 깨끗게 하는 물 : 흠 없고 아직 멍에 매지 아니한 붉은 암송

아지를 제사장 엘르아살이 진 밖으로 끌어낸 후 잡고 그 재를 거두어 진 밖에 간직하였다가 만들게 된다(민19:1-10). 사람의 시체를 만진 자는 칠일 동안 부정하며, 제 삼일과 칠일에 이 잿물로 스스로 정결하게 해야 한다(민19:11-12).

19. 미리암과 아론의 죽음 : 민수기 20장에 기록. 미리암은 이스라엘 백성이 신 광야에 이르러 가데스에 거한 후 죽게 되어, 그곳에 장사되었다(민20:1). 아론은 가데스에서 진행하여 호르산에 이르러 그곳에서 죽게 되는데, 이때 아론의 나이 123세였다(민33:39).
20. 므리바 사건 : 가데스에서 있었는데 이 일로 모세와 아론은 가나안 입성을 앞두고 죽음을 맞이하게 됨.
21. 아론 사후 : 그의 세 번째 아들 엘르아살이 대제사장직을 계승하였고, 이스라엘 백성은 30일간 애곡하였다(민20:28-29).
22. 불뱀 사건 : 민수기 21장에 기록. 에돔 땅을 지나가던 이스라엘 백성들의 아우성치는 원망의 소리를 들으시고 하나님께서 불뱀을 보내시어 그들을 심판하신 사건. 하나님이 만들라고 하신 것은 불뱀이었고, 그 불뱀을 만든 재료가 놋. 이때 모세가 만든 놋뱀은 히스기야의 종교개혁때 우상폐지의 일환으로 부수어지게 되는데, 그때 놋뱀을 부른 말이 놋조각이라는 뜻의 '느후스단'이다(왕하18:4).
23. 발람의 이야기 : 민수기 22장부터 24장까지 기록. 브올의 아들 발람은 모압왕 십볼의 아들 발락으로부터 이스라엘을 저주해 달라는 요청을 받는다. 1차 요청을 받은 발람은 하나님으로부터 '가지도 말고 저주하지도 말라'(민22:12)는 말씀을 듣고 거절하지만, 2차 요청 때는 '일어나 함께 가라 그러나 내가 네게 이르는 말만 준행하라'(민22:20)는 말씀을 듣고 그들과 함께 길을 떠난다.
24. 나귀가 말하는 장면 : 민수기 22장. 창세기 3장에는 뱀이 말하는 장면 기록.
25. 발람이 이동한 경로 : 기럇후솟(민22:39), 바알의 산당(민22:41), 비스가산(민23:14), 브올산(민23:28)이고, 발람이 이스라엘 백성을 세 번 축복한 곳은 바알의 산당, 비스가산, 브올산이다.

26. 싯딤 음행 사건 : 이스라엘 백성이 모압 여자와 음행하고 바알브올을 섬긴 사건. 제사장 아론의 손자 엘르아살의 아들 비느하스가 미디안 여인 고스비(수르의 딸)와 시므온 지휘관 중 하나인 시므리를 창으로 찔러 죽이자 염병이 그쳤으며 염병으로 죽은 자는 총 24,000명이었다(민25:7-9). 이 일을 감행한 비느하스에게 하나님께서는 영원한 제사장 직분의 언약인 평화의 언약을 주셨다(민25:12-13).

27. 므낫세 지파 슬로브핫의 딸 : 말라, 노아, 호글라, 밀가, 디르사. 민수기 27장과 36장에 기록.

28. 미디안과의 전쟁에서 각 지파에서 뽑은 군인의 수 : 1,000명

29. 전리품 분배 : 군인들은 자신들의 몫에서 1/500을 여호와의 거제로 제사장 엘르아살에게, 회중들은 자신들의 몫에서 1/50을 성막 담당 레위인에게 주었다(민31:25-30). 전쟁 중 시체를 만진 자는 3일과 7일에 몸을 깨끗하게 하고 7일에는 옷을 빨아 깨끗하게 한 후에 진영에 들어오도록 하였다(민31:19-24).

30. 요단 동편 땅을 얻은 지파 : 아모리인의 왕 시혼과 바산 왕 옥의 나라를 갓 자손과 르우벤 자손과 므낫세 반 지파에게 주었다(민32:33).

31. 가나안 땅의 경계 : 민수기 34장 1-12절에 나와 있다. 동쪽 경계는 하살에난에서 염해까지, 남쪽 경계는 염해에서 바다까지, 서쪽 경계는 대해, 북쪽 경계는 대해에서 하살에난까지이다.

32. 레위인에게 주어진 성읍 : 6개의 도피성과 42개의 성읍을 합친 총 48성읍과 그 초장이다(민35:6-7, 수21:41). 여호수아 21장에는 레위 사람들에게 주어지는 성읍이 자손별로 자세하게 기록되어 있다. 레위의 아들인 게르손, 그핫, 므라리 자손과 제사장 아론 자손에게 성읍이 주어졌는데, 게르손 자손에게는 13 성읍과 그 목초지들(수21:33), 그핫 자손에게는 10 성읍과 그 목초지들(수21:26), 므라리 자손에게는 12 성읍과 그 목초지들(수21:40), 아론 자손에게는 13 성읍과 그 목초지들이 주어졌다(수21:19).

신명기

1. 신명기는 모세가 이스라엘 백성들에게 어디에서 행한 설교를 기록하고 있는 본문인가?
   ① 시내산　　② 바란광야　　③ 비스가산　　④ 모압평지

☞ 모세오경의 마지막 책인 신명기는 출애굽 40년 11월 1일에 아라바 광야(모압 광야)에서 모세가 이스라엘 백성들에게 전한 하나님의 말씀을 기록하고 있다(신1:1-3). 전체적인 내용은 약속의 땅 가나안을 얻기 위해 준비하고 명심해야 할 것들이다. 정답은 ④번.

2. '이스라엘아 들으라'로 시작하는 '쉐마'는 신명기 몇 장에 있는가?
   ① 3장　　② 4장　　③ 5장　　④ 6장

☞ 신명기 각 장의 주요내용을 살펴보면, 4장은 도피성(신명기 19장도 도피성), 5장은 십계명(출애굽기 20장에도 나옴), 6장은 쉐마, 11장은 그리심산에서 축복을 에발산에서 저주를 선포할 것 명령, 16장은 3대 절기(출애굽기 23장, 레위기 23장, 신명기 16장에 3대 절기 나옴), 18장은 나와 같은 선지자 하나를 일으키리라(15절), 20장은 전쟁 시 집으로 돌아갈 자들 열거, 23장은 하나님의 총회에 못 들어오는 자 열거, 26장은 이스라엘의 신앙고백(내 조상은 방랑하는 아람 사람으로서 애굽에

내려가 거기에서 소수로 거류하였더니...), 27장과 28장은 축복과 저주, 29장과 30장은 모압언약, 31장은 후계자로 여호수아를 세움, 32장은 모세의 노래, 33장은 이스라엘 자손을 위한 모세의 축복, 34장은 모세의 죽음이 기록되어 있다. 정답은 ④번.

3. 얍복 강가는 어느 족속의 땅인가?

① 암몬 ② 모압 ③ 에돔 ④ 두로

☞ 이스라엘 백성의 광야 여정에 있어 정탐꾼을 파송하였던 가데스 바네아에서 세렛 시내를 건너기까지 그들이 걸린 기간은 38년이었다(신2:14). 이 기간 동안 이스라엘 백성은 많은 족속과 부딪치게 되었는데, 하나님께서는 세일산을 에서에게 주었으므로 그들과 다투지 말 것과 롯 자손에게 아르를 기업으로 주었으므로 모압과 암몬을 괴롭히지 말 것을 명하셨다(신2:5,9). 얍복 강가는 암몬 족속의 땅이다(신2:37). 정답은 ①번.

4. 다음 중 같은 지명이 아닌 것은?

① 아바림 산 ② 느보산 ③ 비스가산 ④ 호르산

☞ 호르산은 아론이 123세에 죽은 곳이다(민20:22-29). 아바림 산, 느보산, 비스가산은 같은 이름인데, 모세가 가데스의 므리바 물 사건으로 가나안에 입성하지 못하고 120세에 죽은 곳이다(신34:1-8). 정답은 ④번.

5. 요단 동편에 있는 도피성이 아닌 것은?

① 기럇아르바 ② 베셀 ③ 길르앗 라못 ④ 바산 골란

☞ 도피성은 총 6개로 요단 동편에 3개, 요단 서편에 3개가 있으며, 요단 동편에 있는 것은 르우벤 지파의 베셀, 갓 지파의 길르앗 라못, 므낫세 반 지파의 바산 골란이며, 요단 서편에 있는 것은 납달리 지파의 갈릴리 게데스, 에브라임 지파의 세겜, 유다 지파의 기럇아르바이다. 정답은 ①번.

6. 도피성에 대한 언급이 나오지 않는 곳은?

① 민수기 35장 ② 신명기 4장 ③ 신명기 20장 ④여호수아 20장

☞ 도피성은 부지중에 살인한 자를 위하여 만든 것으로 판결 시까지 죽지 않게 하고 그 성전 제사장이 죽을 때까지 머문 후 제사장이 죽게 되면 자기 곳으로 가도록 하였다. 도피성에 대한 언급은 민수기 35장, 신명기 4장, 19장, 여호수아 20장, 역대상 6장 67절에 나와 있다. 정답은 ③번.

7. '하나님을 사랑하라'는 '쉐마'의 말씀이 언급된 신약본문이 아닌 것은?

① 마태복음 22장 37절 ② 마가복음 12장 30절

③ 누가복음 10장 27절 ④ 요한복음 13장 34절

☞ '이스라엘아 들으라 우리 하나님 여호와는 오직 유일한 여호와시니 너는 마음을 다하고 뜻을 다하고 힘을 다하여 네 하나님 여호와를 사랑하라'는 쉐마의 첫 선포의 말씀이 공관복음인 마태복음 22장 37절, 마가복음 12장 30절, 누가복음 10장 27절에 인용되어 있다. 요한복음 13장 34절은 예수께서 제자들의 발을 씻기신 후, '서로 사랑하라'는 새 계명을 주시는 본문이다. 정답은 ④번.

8. 다음 중 예수께서 사탄의 시험을 받으실 때 인용하신 신명기 본문이 아닌 것은?

① 신명기 6장 13절 ② 신명기 6장 16절

③ 신명기 8장 3절 ④ 신명기 8장 6절

☞ 광야에서 예수를 시험한 사탄의 시험의 내용이 마태복음 4장과 누가복음 4장에 다른 순서로 기록되어 있다. 마태복음 4장은 돌로 떡덩이가 되게 하라는 것이 첫 번째, 성전 꼭대기에서 뛰어 내리라는 것이 두 번째, 사탄에게 절하라는 것이 세 번째 시험으로 기록되어 있는데(마 4:1-11), 누가복음 4장에서는 두 번째와 세 번째 시험의 내용이 순서를 달리 하고 있다(눅4:1-13). 마태복음 4장의 시험을 중심으로 살펴볼

때, 첫 번째 시험 시 예수께서는 '사람이 떡으로만 살 것이 아니요 하나님의 입으로부터 나오는 모든 말씀으로 살 것이라'는 신명기 8장 3절의 말씀을, 두 번째 시험 시 '주 너의 하나님을 시험치 말라'는 신명기 6장 16절을, 세 번째 시험 시 '주 너의 하나님께 경배하고 다만 그를 섬기라'는 신명기 6장 13절을 인용하셨다. 정답은 ④번.

9. 이스라엘 백성으로 하여금 광야의 길을 걷게 하신 이유 중 맞지 않는 것은?
   ① 이스라엘 백성을 낮추게 하시려고
   ② 이스라엘 백성을 시험하사 하나님의 명령을 지키는지를 알아보시고자
   ③ 사람이 떡으로만 사는 것이 아님을 알게 하시고자
   ④ 광야의 길이 가장 이동하기에 가장 안전한 길이므로

☞ 광야의 길을 걷게 하신 이유에 대해 신명기 8장은 위의 ①, ②, ③번과 '마침내 이스라엘 백성을 복 주시고자 함'이라 기록하고 있다(신8:2-16). 광야의 여정을 마감하고 가나안 입성을 앞두고 있는 이스라엘 백성에게 하나님께서는 가나안 7족속인 헷, 기르가스, 아모리, 가나안, 브리스, 히위, 여부스 족속과 무슨 언약도 맺지 말고 불쌍히 여기지도 말며, 혼인하지도 말 것을 명하셨다(신7:1-3). 정답은 ④번.

10. 언약궤를 만들 때 사용된 나무는?
   ① 싯딤나무　② 잣나무　③ 백향목　④ 감람나무

☞ 신명기 10장 3절을 보면, 싯딤나무로 언약궤를 만들었음을 알 수 있는데, 싯딤나무는 아카시아, 조각목과 같은 것을 가리키는 이름이다. 정답은 ①번.

11. 스스로 죽은 짐승과 관련된 조치에 있어 틀린 설명은?
   ① 스스로 죽은 것은 먹지 못한다.

② 스스로 죽은 것을 성중에 우거하는 객에게 줄 수 있다.
③ 스스로 죽은 것을 이방인에게 줄 수 있다.
④ 스스로 죽은 것과 관련된 말씀은 신명기 14장 21절에 나온다.

☞ 신명기 14장은 레위기 11장처럼, 정한 짐승과 부정한 짐승에 대한 규례가 기록되어 있다. 짐승 중에 굽이 갈라져 쪽발도 되고 새김질도 하는 것은 먹을 수 있으나, 낙타와 토끼와 사반은 새김질은 하나 굽이 갈라지지 아니하였으니 부정하고, 돼지는 굽은 갈라졌으나 새김질을 못하므로 부정하다. 물고기 중 지느러미와 비늘 있는 것은 먹을 수 있으나, 지느러미와 비늘 없는 것은 부정하다. 새 중에서는 독수리, 솔개, 물수리, 말똥가리, 까마귀, 타조, 타흐마스, 갈매기, 새매, 올빼미, 가마우지, 부엉이, 흰 올빼미, 사다새, 너새, 황새, 백로, 오디새, 박쥐가 부정하다. 또한 날기도 하고 기어다니는 것은 부정하니 이것도 먹지 말아야 한다. 스스로 죽은 것과 관련해서는 신명기 14장 21절에 기록되어 있다. 스스로 죽은 것은 먹지 못 하나, 그것을 성중에 우거하는 객에게 주어 먹게 하거나 이방인에게 팔아도 가하다. 정답은 ③번.

12. 이스라엘 왕은 하나님의 율법서를 등사하여 평생 자기 옆에 두고 읽어서 여호와 하나님 경외하기를 배우며 그 율법을 지켜 행해야 한다는 내용의 말씀이 들어 있는 책은?
① 역대상 ② 신명기 ③ 열왕기상 ④사무엘상

☞ 이스라엘에 왕정제도가 나타나기 전에 이스라엘 왕이 준수해야 할 여러 규례가 신명기 17장 14절 이후에 기록되어 있다. 왕이 지켜야 할 규례는 크게 네 가지인데, '병마를 많이 두지 말며(군사력에 의존하지 말 것), 아내를 많이 두지 말고, 은금을 많이 두지 말고, 율법서를 등사하여 평생 자기 곁에 두고 읽어서 여호와 하나님 경외하기를 배우며 그 율법을 지켜 행해야 한다는 것'이다. 정답은 ②번.

13. 다음 설명 중 옳지 않은 것은?

① 매 7년 끝 면제년에 이스라엘 민족끼리는 꾸어준 것을 면제해야 한다.

② 면제년에 이방인에게 꾸어준 것도 면제해야 한다.

③ 재판에 있어 한 사람의 증거로는 사람을 죽일 수 없다.

④ 송사로 서로 다툰 경우에는 무조건 제사장과 재판장의 판결을 따라야 한다.

☞ 7년마다 찾아오는 면제년에 이스라엘 민족끼리는 꾸어준 것을 면제해야 하지만, 이방인에게는 꾸어준 것을 독촉할 수 있다(신15:3). 재판에 있어 사형을 언도할 시에는 반드시 두 사람이나 세 사람의 증거가 있어야 한다(신17:6). 송사로 서로 다툰 경우에는 제사장과 재판장의 판결을 무조건 순종해야 한다(신17:11). 정답은 ②번.

14. 보복법이 나오는 본문이 아닌 곳은?

① 출애굽기 21장 ② 레위기 24장 ③ 민수기 17장 ④ 신명기 19장

☞ '생명은 생명으로, 눈은 눈으로, 이는 이로, 손은 손으로, 발은 발로'의 보복법은 출애굽기 21장, 레위기 24장, 신명기 19장에 기록되어 있다. 보복법은 언뜻 보기에는 잔인한 법조항으로 보이지만, 자신이 당한 피해 이상의 복수를 다짐하는 인간의 죄성에 비추어볼 때, 자신이 피해 입은 만큼의 배상을 요구하는 공정한 법조항임을 알 수 있다. 정답은 ③번.

15. 전쟁 시 집으로 돌아갈 자의 조건이 아닌 경우는?

① 새 집을 건축하고 낙성식을 못한 자

② 포도원을 만들고 그 과실을 먹지 못한 자

③ 두려워서 마음에 겁내는 자

④ 새로운 사업을 시작한 자

☞ 전쟁과 관련된 말씀이 신명기 20장에 기록되어 있는데, 전쟁 시 집으로 돌아갈 자의 조건을 네 가지로 규정해 놓고 있다. '새 집을 건축하

고 낙성식을 못한 자, 포도원을 만들고 그 과실을 먹지 못한 자, 여자와 약혼하고 그와 결혼하지 못한 자, 두려워서 마음이 허약한 자'이다. 성읍을 치려 할 때는 먼저 평화를 선언하고, 평화하기를 싫어하거든 그 성읍을 공격해야 한다(신20:10-12). 공격하고자 하는 성읍의 나무를 베는 것은 가하지만, 먹을 수 있는 과목을 베어서는 안 된다. 그것은 이스라엘의 양식이 되기 때문이다(신20:19-20). 정답은 ④번.

16. 피살된 시체는 있는데, 누가 살인자인지 알지 못할 때 제물로 바치는 짐승은?

① 암송아지　　② 수송아지　　③ 암양　　④ 숫양

☞ 피살된 시체가 있는데 그를 죽인 자를 알지 못할 때는 성의 원근을 측정하여 가장 가까운 성읍 장로들이 부리지 아니하고 멍에를 메지 아니한 암송아지를 취하여 물이 항상 흐르고 갈지도 않고 씨를 뿌린 일도 없는 골짜기로 그 송아지를 끌고 가서 거기서 암송아지의 목을 꺾어야 한다(신21:1-9). 정답은 ①번.

17. 다음 중 행할 수 있는 조항은 무엇인가?

① 입는 겉옷 네 귀에 술을 만드는 것
② 포도 두 종자를 섞어 파종하는 것
③ 소와 나귀를 겨리하여 함께 밭을 가는 것
④ 양털과 베실을 섞어 짠 옷을 입는 것

☞ 신명기 22장 9절에서 11절까지는 함께 하지 말아야 할 것 세 가지가 기록되어 있다. 포도 두 종자를 섞어 파종하지 말 것, 소와 나귀를 겨리하여 밭을 갈지 말 것, 양털과 베실을 섞어 짠 옷을 입지 말 것이다. 입는 겉옷 네 귀에 술을 만드는 것은 해야 하는 명령이다(신22:12). 정답은 ①번.

18. 다음 중 음행한 죄로 죽임을 당해야 하는 대상이 아닌 것은?

① 처녀인 체하고 남의 아내가 된 여자

② 유부녀와 통간한 남자

③ 들에서 남자에게 강간당한 여자

④ 약혼한 여자와 통간한 남자

☞ 순결에 관한 법이 신명기 22장 13절부터 30절까지 기록되어 있다. 여기에 보면 음행한 죄로 죽이는 경우가 몇 가지 있는데, 처녀인 체하고 남의 아내가 된 여자, 유부녀와 통간한 남자와 그 유부녀, 약혼한 여자와 통간한 남자와 여자, 약혼한 처녀를 들에서 강간한 남자이다. 들에서 강간을 당한 경우에는 도움을 요청하는 소리를 질러도 구원할 자가 없음으로 인해 피해자인 여성은 죽임 당하지 아니한다(신22:27). 또한 처녀를 처녀가 아니라고 누명을 씌운 경우에는 은 100세겔을 처녀의 아버지에게 주고 그 여자로 평생에 아내로 삼아야 하며, 약혼하지 아니한 처녀와 통간한 경우에는 처녀 아버지에게 은 50세겔을 주고 그 처녀를 평생의 아내로 맞이해야 한다(신22:13-19,28-29). 정답은 ③번.

19. 에돔 사람은 몇 대후에 여호와의 총회에 들어올 수 있는가?

① 3대 ② 5대 ③ 10대 ④ 영원히 못 들어옴

☞ 신명기 23장에는 여호와의 총회에 들어오지 못하는 자와 얼마의 시간이 지난 후에 들어올 수 있는 자에 대한 기록이 있다. 고환이 상한 자나 음경이 잘린 자는 여호와의 총회에 들어오지 못하며, 사생자는 10대에 이르기까지 들어오지 못한다. 에돔 사람은 이스라엘의 형제이므로, 애굽 사람은 이스라엘이 그 땅에서 객이 되었으므로 둘 다 3대 이후에 들어올 수 있다. 롯의 후손인 암몬과 모압은 영원히 여호와의 총회에 들어오지 못한다. 정답은 ①번.

20. 신명기 26장 5절에 나오는 이스라엘의 신앙고백이다. '내 조상은 방

랑하는 (　　　　) 사람으로서...' (　) 안에 알맞은 말은?
① 히브리　② 아람　③ 가나안　④ 우르

☞ 신명기 26장 5절에서 11절까지는 가나안에 입성한 이후 토지소산의 만물을 바치는 예식을 치를 때, 이스라엘이 고백해야 할 신앙 고백문이 기록되어 있다. '내 조상은 방랑하는 아람 사람으로서'로 시작하는 고백문에는 이스라엘의 출애굽 여정과 가나안 입성에서의 하나님의 도우심과 은혜가 기록되어 있다. 정답은 ②번.

21. 축복의 산인 그리심 산에 서야 할 지파가 아닌 것은?
① 레위　② 르우벤　③ 요셉　④ 베냐민

☞ 이스라엘 백성이 요단을 건넌 후에 행해야 될 내용들이 신명기 27장에 기록되어 있다. 크게 세 가지를 볼 수 있는데, 가나안에 들어가면 돌을 취해 석회를 바르고 그곳에 율법을 기록하여 에발산에 세워야 한다는 것(신27:1-4), 다듬지 않은 돌로 단을 쌓고 번제를 드리라는 것(신27:6), 그리심산에서는 축복을 에발산에서는 저주를 선포하라는 것이다(신27:12-13). 축복과 저주 선언은 이스라엘 12지파가 여섯씩 나뉘어 시므온, 레위, 유다, 잇사갈, 요셉, 베냐민 지파는 그리심산에서 축복을, 르우벤, 갓, 아셀, 스불론, 단, 납달리 지파는 에발산에서 저주를 선포하는 것이다. 에발산에서의 저주는 열두 번 선포되는데 백성은 그 때마다 아멘으로 화답해야 한다(신27:15-26). 정답은 ②번.

22. 호렙에서 이스라엘 자손과 세우신 언약 외에 여호와께서 모세에게 명하신 모압 땅에서 그들과 세우신 언약의 말씀은 어디에 나오는가?
① 신명기 27장　② 신명기 29장　③ 신명기 31장　④ 신명기 33장

☞ 모압 땅에서 세우신 '모압 언약'은 신명기 29-30장에 걸쳐 기록되어 있다. 모압 언약의 대표적인 말씀은 신명기 30장 15-16절로, '보라 내가 오늘 생명과 복과 사망과 화를 네 앞에 두었나니 곧 내가 오늘 네게

명하여 네 하나님 여호와를 사랑하고 그 모든 길로 행하며 그 명령과 규례와 법도를 지키라 하는 것이라 그리하면 네가 생존하며 번성할 것이요 또 네 하나님 여호와께서 네가 가서 차지할 땅에서 네게 복을 주실 것임이니라'이다. 이 모압 언약 때 하나님께서는 천지를 불러서 증거를 삼으셨다(신30:19). 정답은 ②번.

23. 정기 면제년 어느 절기에 율법을 회중에게 낭독해 주어야 하는가?
① 유월절 ② 나팔절 ③ 대 속죄일 ④ 초막절

☞ 모세는 율법을 써서 레위 자손 제사장들과 이스라엘 모든 장로들에게 주면서, 매 칠년 끝 해 곧 정기 면제년의 초막절에 온 이스라엘이 네 하나님 여호와 앞 그 택하신 곳에 모일 때에 이 율법을 낭독하여 온 이스라엘로 듣게 하라고 명하였다(신31:9-11). 정답은 ④번.

24. 모세의 노래나 시가 나오는 곳이 아닌 곳은?
① 출애굽기 15장 ② 민수기 20장 ③ 신명기 32장 ④ 시편 90편

☞ 출애굽기 15장을 보면, 홍해 도하 후 모세와 미리암의 노래가 나온다. 모세와 미리암의 노래는 동일한 내용을 고백하고 있는데 노래를 부르는 주어가 서로 다르다. 모세는 '내가 여호와를 찬송하리니 그는 높고 영화로우심이요 말과 그 탄 자를 바다에 던지셨음이로다'라고 노래 부르는 주어를 1인칭 단수 '내가'를 사용하지만, 미리암의 노래는 주어가 2인칭 복수인 '너희는'이다. 신명기 32장은 '하늘이여 귀를 기울이라 내가 말하리라 땅은 내 입의 말을 들을지어다'로 시작하는 모세의 노래가 나온다. 시편 90편 '우리의 연수가 칠십이요 강건하면 팔십이라도 그 연수의 자랑은 수고와 슬픔뿐이요 신속히 가니 우리가 날아가나이다'도 시편에 기록된 유일한 모세의 노래이다. 정답은 ②번.

25. 신명기 33장에서 모세가 이스라엘을 축복했을 때 제외된 자손은?

① 르우벤 ② 레위 ③ 시므온 ④단

☞ 야곱의 자녀에 대한 축복의 말씀과 모세의 이스라엘 지파에 대한 축복의 말씀은 그 성경본문이 끝나기 한 장 전에 기록되어 있다(창49장. 신33장). 신명기 33장의 이스라엘 자손을 위한 모세의 축복에는 시므온 지파가 제외되어 있는데, 아마도 민수기 25장의 싯딤 음행 사건 때문이 아닐까 추측된다. 모세의 축복의 내용을 지파별로 살펴보면 다음과 같다.

1. 르우벤 - 살고 죽지 아니하고 그 사람 수가 적지 아니하기를 원하도다.
2. 유다 - 그 대적을 치게 하시기를 원하나이다.
3. 레위 - 주의 둠밈과 우림이 주의 경건한 자에게 있도다. 맛사에서 시험하시고 므리바 물가에서 그와 다투셨도다. 그 재산을 풍족하게 하시고 그 손의 일을 받으소서.
4. 베냐민 - 여호와의 사랑을 입은 자는 그 곁에 안전히 살리로다.
5. 요셉 - 첫 수송아지 같이 위엄 있고 그 뿔이 들소의 뿔 같도다.
6. 스불론 - 너는 밖으로 나감을 기뻐하라.
7. 잇사갈 - 너는 장막에 있음을 즐거워하라.
8. 갓 - 암사자같이 엎드리고 팔과 정수리를 찢는도다. 자기를 위하여 먼저 기업을 택함.
9. 단 - 바산에서 뛰어 나오는 사자의 새끼로다.
10. 납달리 - 서쪽과 남쪽을 차지할지로다.
11. 아셀 - 아들들 중에 더 복을 받으며 그 형제에게 기쁨이 되며 그 발이 기름에 잠길지로다. 사는 날을 따라서 능력이 있으리로다.

정답은 ③번.

26. 모세의 죽음 후 이스라엘 백성이 애곡한 기간은?

① 30일 ② 40일 ③ 60일 ④ 70일

☞ 한 사람의 죽음에 대해 가장 긴 애곡기간이 기록되어 있는 인물은 야

곱이다. 창세기 50장 3절을 보면, 야곱의 죽음 후 '애굽 사람들이 70일 동안 애곡하였다' 기록하고 있다. 이것은 왕의 죽음에 대한 예우와 비슷한 수준으로, 야곱의 아들 요셉이 지닌 권력의 힘을 보여주는 것이다. 막벨라 굴에 묻어달라는 야곱의 유언을 준수하기 위해 요셉이 이동 중 요단강 건너 아닷 타작마당에 이르러 아버지를 위하여 7일 동안 또 애곡하였다(창50:10). 이때 '애굽인의 곡함'이라는 '아벨미스라임'이라는 지명이 생겨났다(창50:11). 출애굽의 영도자였던 모세와 아론의 죽음 후에는 이스라엘이 30일 동안 애곡하였다(민20:29, 신34:8). 정답은 ①번.

✣ 신명기 주요내용

1. 신명기 : 출애굽 40년 11월 1일에 아라바 광야(모압 광야)에서 모세가 이스라엘 백성들에게 전한 하나님의 말씀을 기록(신1:1-3).
2. 각 장의 주요내용 : 4장은 도피성(신명기 19장도 도피성), 5장은 십계명(출애굽기 20장에도 나옴), 6장은 쉐마, 11장은 그리심산에서 축복을 에발산에서 저주를 선포할 것 명령, 16장은 3대 절기(출애굽기 23장, 레위기 23장, 신명기 16장에 3대 절기 나옴), 18장은 나와 같은 선지자 하나를 일으키리라(15절), 20장은 전쟁 시 집으로 돌아갈 자들 열거, 23장은 하나님의 총회에 못 들어오는 자 열거, 26장은 이스라엘의 신앙고백(내 조상은 방랑하는 아람 사람으로서 애굽에 내려가 거기에서 소수로 거류하였더니...), 27장과 28장은 축복과 저주, 29장과 30장은 모압언약, 31장은 후계자로 여호수아를 세움, 32장은 모세의 노래, 33장은 이스라엘 자손을 위한 모세의 축복, 34장은 모세의 죽음.
3. 얍복 강가 : 암몬 족속의 땅(신2:37).
4. 아론별세 : 호르산, 123세(민20:22-29).
5. 모세별세 : 아바림 산(느보산, 비스가산), 120세(신34:1-8).
6. 도피성 : 요단 동편에 있는 것은 르우벤 지파의 베셀, 갓 지파의 길르앗 라못, 므낫세 반 지파의 바산 골란이며, 요단 서편에 있는 것은 납달리 지파의 갈릴리 게데스, 에브라임 지파의 세겜, 유다 지파의 기럇 아르바이다.
7. 도피성 기록 : 민수기 35장, 신명기 4장, 19장, 여호수아 20장, 역대상 6장 67절.
8. 하나님을 사랑하라 : 마태복음 22장 37절, 마가복음 12장 30절, 누가복음 10장 27절에 기록.
9. 사탄의 시험 시 인용하신 본문 : 신명기 8장 3절(사람이 떡으로만 사는 것이 아니요), 신명기 6장 16절(주 너희 하나님을 시험치 말라),

신명기 6장 13절(주 너희 하나님께 경배하고 다만 그를 섬기라).

10. 가나안 7족속 : 헷, 기르가스, 아모리, 가나안, 브리스, 히위, 여부스 족속.
11. 언약궤를 만든 나무 : 싯딤나무(아카시아, 조각목), 신명기 10장 3절.
12. 정한 짐승과 부정한 짐승에 대한 규례 : 신명기 14장, 레위기 11장.
13. 왕이 준수해야 할 규례 : 병마를 많이 두지 말며, 아내를 많이 두지 말고, 은금을 많이 두지 말고, 율법서를 등사하여 평생 자기 곁에 두고 읽어서 여호와 하나님 경외하기를 배우며 그 율법을 지켜 행해야 한다는 것. 신명기 17장에 기록.
14. 보복법 : 출애굽기 21장, 레위기 24장, 신명기 19장에 기록.
15. 전쟁 시 집으로 돌아갈 자 : 새 집을 건축하고 낙성식을 못한 자, 포도원을 만들고 그 과실을 먹지 못한 자, 여자와 약혼하고 결혼하지 못한 자, 두려워서 마음이 허약한 자. 신명기 20장에 기록.
16. 살인자를 알지 못할 경우 : 가장 가까운 성읍 장로들이 멍에를 메지 아니한 암송아지의 목을 꺾음.
17. 하지 말아야 할 것 세 가지 : 포도 두 종자를 섞어 파종하지 말 것, 소와 나귀를 겨리하여 밭 갈지 말 것, 양털과 베실을 섞어 짠 옷을 입지 말 것. 신명기 22장 9절에서 11절.
18. 처녀를 처녀가 아니라고 누명을 씌운 경우 : 은 100세겔을 처녀의 아버지에게 주고 그 여자로 평생에 아내로 삼아야 함.
19. 약혼하지 아니한 처녀와 통간한 경우 처녀 아버지에게 은 50세겔을 주고 그 처녀를 평생의 아내로 맞이해야 함.
20. 하나님의 총회 참석 여부 : 고환이 상한 자나 음경이 잘린 자는 하나님의 총회에 들어오지 못하며, 사생자는 10대에 이르기까지 들어오지 못한다. 에돔 사람은 이스라엘의 형제이므로, 애굽 사람은 이스라엘이 그 땅에서 객이 되었으므로 둘 다 3대 이후에 들어올 수 있다. 롯의 후손인 암몬과 모압은 영원히 여호와의 총회에 들어오지 못한다.
21. 이스라엘의 신앙고백 : 내 조상은 유리하는 아람 사람으로서. 신명기

26장 5절.

22. 축복의 산인 그리심 산에 서야 할 지파 : 시므온, 레위, 유다, 잇사갈, 요셉, 베냐민 지파.
23. 저주의 산인 에발산에 서야 할 지파 : 르우벤, 갓, 아셀, 스불론, 단, 납달리 지파.
24. 모압 언약 : 신명기 29-30장.
25. 율법 낭독 : 정기 면제년의 초막절에.
26. 모세의 노래나 시 : 출애굽기 15장, 신명기 32장, 시편 90편.
27. 신명기 33장에서 모세가 이스라엘을 축복했을 때 제외된 자손 : 시므온
28. 모세의 각 지파 축복내용
    1. 르우벤 - 살고 죽지 아니하고 그 사람 수가 적지 아니하기를 원하도다.
    2. 유다 - 그 대적을 치게 하시기를 원하나이다.
    3. 레위 - 주의 둠밈과 우림이 주의 경건한 자에게 있도다. 맛사에서 시험하시고 므리바 물가에서 그와 다투셨도다. 그 재산을 풍족하게 하시고 그 손의 일을 받으소서.
    4. 베냐민 - 여호와의 사랑을 입은 자는 그 곁에 안전히 살리로다.
    5. 요셉 - 첫 수송아지 같이 위엄 있고 그 뿔이 들소의 뿔 같도다.
    6. 스불론 - 너는 밖으로 나감을 기뻐하라.
    7. 잇사갈 - 너는 장막에 있음을 즐거워하라.
    8. 갓 - 암사자같이 엎드리고 팔과 정수리를 찢는도다. 자기를 위하여 먼저 기업을 택함.
    9. 단 - 바산에서 뛰어 나오는 사자의 새끼로다.
    10. 납달리 - 서쪽과 남쪽을 차지할지로다.
    11. 아셀 - 아들들 중에 더 복을 받으며 그 형제에게 기쁨이 되며 그 발이 기름에 잠길지로다. 사는 날을 따라서 능력이 있으리로다.
29. 죽음 애곡기간 : 야곱(70일+ 7일, 아벨미스라임), 모세와 아론(30일).

여호수아

1. '길갈 할례 사건'은 여호수아 몇 장에 기록되어 있는가?
① 5장 ② 6장 ③ 7장 ④ 8장

☞ 성경 '여호수아'는 약속의 땅인 가나안을 정복하고 이스라엘 각 지파에게 정복한 땅을 분배하는 내용을 담고 있다. 각 장의 주요내용을 살펴보면, 2장은 여리고에 정탐꾼을 파송하는 장면과 라합, 3장은 요단강 도하, 4장은 길갈에 기념비 세움, 5장은 길갈에서의 할례, 6장은 여리고성 점령, 7장은 아간의 죄와 아골 골짜기, 8장은 아이성 점령, 9장은 여호수아를 속이는 기브온 거민, 10장은 아모리 다섯 왕과의 싸움, 13장에서 19장까지는 정복한 가나안 땅 분배, 20장은 도피성, 21장은 레위 사람의 성읍, 22장은 요단 동쪽 지파들의 돌아감과 엣 사건, 24장은 여호수아의 세겜 연설이다. 정답은 ①번.

2. '나의 종 모세가 네게 명령한 ( )을 다 지켜 행하고...'에서 ( )안에 알맞은 말은?
① 명령 ② 유언 ③ 말씀 ④ 율법

☞ 여호수아 1장은 모세의 죽음 이후 이스라엘 백성들을 인도하여 가나안 정복 전쟁을 치러야 할 여호수아의 내면적 두려움과 그것을 극복시

켜 주시는 하나님의 확신 있는 약속이 기록되어 있다. 위의 말씀은 여호수아 1장 7절의 말씀으로 본문을 보면, '오직 강하고 극히 담대하여 나의 종 모세가 네게 명령한 율법을 다 지켜 행하고 우로나 좌로나 치우치지 말라 그리하면 어디로 가든지 형통하리니'라고 기록되어 있다. 정답은 ④번.

3. 다음 중 하나님을 '위로 하늘, 아래로 땅에 하나님'이라고 고백하지 않은 사람은?

① 모세　② 여호수아　③ 라합　④ 솔로몬

☞ 성경에 하나님을 '위로 하늘, 아래로 땅에 하나님'이라고 고백한 인물은 세 명으로 '모세, 라합, 솔로몬'이다. 모세는 신명기 4장 39절에서 '그런즉 너는 오늘 위로 하늘에나 아래로 땅에 오직 여호와는 하나님이시요 다른 신이 없는 줄을 알아 명심하고'라고 하였고, 라합은 여호수아 2장 11절에서 정탐꾼과의 만남 때 '우리가 듣자 곧 마음이 녹았고 너희로 말미암아 사람이 정신을 잃었나니 너희의 하나님 여호와는 위로는 하늘에서도 아래로는 땅에서도 하나님이시니라'고 고백하였다. 또한 솔로몬은 열왕기상 8장 23절에서 '이스라엘의 하나님 여호와여 위로 하늘과 아래로 땅에 주와 같은 신이 없나이다'라고 고백하였다. 위의 고백 외에, 야곱은 '나의 출생으로부터 나를 기르신 하나님'(창48:15), 요나는 '바다와 육지를 지으신 하늘의 하나님 여호와'(욘1:9), 한나는 '여호와는 지식의 하나님이시라 행동을 달아보시느니라'(삼상2:3)고 하나님을 고백하였다. 정답은 ②번.

4. 정탐꾼들이 라합에게 이스라엘이 여리고성을 공격할 때 어떤 색깔의 줄을 창에 메어 달라고 하였는가?

① 청색　② 붉은색　③ 노란색　④ 하얀색

☞ 여호수아 2장에는 싯딤에서 2명의 정탐꾼을 여리고로 파송하는 장면

이 나온다. 이들은 여리고 성에 있는 기생 라합의 집에 머물러 있었는데, 여리고 왕이 라합에게 직접 군인들의 행방을 질문하였으나(수2:3), 라합은 지붕에 벌여 놓은 삼대 밑에 이 정탐꾼들을 숨겨 주어 그들을 보호하였다. 위기를 넘긴 정탐꾼들은 삼대 밑에 숨어 있다 산으로 피신하였고, 그곳에서 3일을 머문 후(수2:22), 이스라엘 백성에게로 돌아왔다. 라합과 헤어지기 전 정탐꾼들은 이스라엘이 여리고성을 공격할 때에 창에 붉은 줄을 매어 달아 라합의 집임을 표시할 것을 명하였고, 라합은 정탐꾼들이 떠나자마자 창문에 붉은 줄을 매어 달았다(수2:21). 라합의 순종으로 라합과 그의 가족은 여리고성의 멸망으로부터 구원받을 수 있게 되었다(수6:25). 정답은 ②번.

5. 요단강을 건널 때 언약궤와 이스라엘 회중과의 간격은 얼마였는가?
① 1,000규빗 ② 2,000규빗 ③ 3,000규빗 ④ 4,000규빗

☞ 이스라엘 백성이 요단강을 건너는 장면이 여호수아 3장에 기록되어 있다(참고로 이스라엘의 홍해 도하 사건은 출애굽기 14장에 기록되어 있다). 그들은 요단에 이르러 3일 동안 유숙한 뒤(수3:1-2), 요단강을 건너게 되었다. 하나님의 언약궤를 멘 레위 제사장들의 발이 물가에 잠기자 요단강 물이 말랐고(수3:15-16), 이스라엘 백성은 마른 요단강 길을 건너게 되었다(수3:17). 백성이 요단강을 다 건넌 후에 언약궤를 멘 제사장들이 육지를 밟았고, 육지를 밟는 동시에 요단 물이 도로 흐르게 되었다(수4:18). 요단강을 건널 때 언약궤와 이스라엘 회중과의 간격이 2,000규빗이 되어야 한다고 하나님께서 명하셨다(수3:4). 정답은 ②번.

6. 요단 동쪽을 차지한 지파에서는 몇 명이 요단강을 건넜는가?
① 20,000명 ② 30,000명 ③ 40,000명 ④ 50,000명

☞ 요단 동쪽을 차지한 르우벤, 갓, 므낫세 반 지파에서는 40,000명 가량의 군사들이 이스라엘 백성들보다 앞서 요단강을 건너가 이스라엘의 가나안 정복을 도왔다(수4:12-13). 가나안 땅을 정복하고, 지파들의 땅

분배가 마친 후 이들이 요단 동쪽 길르앗으로 돌아오는 장면은 여호수아 22장에 기록되어 있다(수22:9). 정답은 ③번.

7. 이스라엘 백성이 요단강에서 주운 열 두 돌을 길갈에 세운 날은?
① 1월 1일 ② 1월 10일 ③ 1월 14일 ④ 1월 21일

☞ 요단강을 건널 때 요단강 가운데서 열 두 지파가 돌 한 개씩을 취하여 첫째 달 십일에 길갈에 열 두 돌을 세웠다(수4:19-20). 이렇게 돌을 세운 이유는 후에 자손들이 이 돌이 무엇을 기념하느냐 물을 때, 이스라엘 백성들이 요단강을 마른 땅처럼 건넜음을 알려주게 하기 위함이었다(수4:21-22). 이 첫째 달 십일은 유월절 양을 취하는 날이다(출12:3). 요단강을 건넌 이스라엘 백성은 1월 14일에 여리고 평지에서 유월절을 지켰으며, 유월절 이튿날에 그 땅 소산을 먹었고, 그 땅 소산을 먹은 다음 날에 만나가 그치게 되었다(수5:10-12). 정답은 ②번.

8. 요단강을 건넌 후 이스라엘 백성들이 할례를 시행한 곳은?
① 여리고 ② 길갈 ③ 요단강가 ④ 아이성

☞ 요단강을 건너고 가나안 정복전쟁을 시작하기 전, 여호수아는 부싯돌로 칼을 만들어 할례산에서 이스라엘 자손들에게 할례를 행하였다(수5:3). 여호수아가 이렇게 할례를 시행한 이유는 광야 노중에서 난 자들은 할례를 받지 못하였기 때문이다(수5:5). 이 할례시행에 대해 하나님께서는 '내가 오늘 애굽의 수치를 너희에게서 떠나가게(원어:굴러가게) 하였다'하셨으며(수5:9), 이것을 기념하여 그곳 이름을 '굴러간다'는 뜻의 '길갈'이라 명하였다(수5:9). 이 길갈은 가나안 점령 과정에서 이스라엘 본대의 진이 있는 곳이기도 하다(수5:10, 10:6). 정답은 ②번.

9. 여호수아가 여리고성을 점령한 후, 다시 여리고성을 건축하는 자는 자식을 잃는 저주를 받을 것이라 하였는데 실제 저주를 받은 사람은

누구인가?

① 아비람　　② 스굽　　③ 호함　　④ 히엘

☞ 이스라엘의 여리고성 정복 기사는 여호수아 6장에 기록되어 있다. 이스라엘은 6일 동안 하루에 한 바퀴, 7일째에는 7바퀴 등 여리고성을 총 13바퀴를 돌았다. 여리고성을 점령한 후 여호수아는 '누구든지 일어나서 이 여리고 성을 건축하는 자는 여호와 앞에서 저주를 받을 것이라 그 기초를 쌓을 때에 그의 맏아들을 잃을 것이요 그 문을 세울 때에 그의 막내아들을 잃으리라 하였더라'(수6:26) 하였는데, 열왕기상 16장 34절을 보면 이 예언이 성취되고 있음을 볼 수 있다. 즉, 벧엘 사람 히엘이 여리고를 건축하는 과정에서, 터를 쌓을 때에 맏아들 아비람을 잃었고 그 성문을 세울 때에 막내 아들 스굽을 잃었다. 정답은 ④번.

10. 여리고성 전투 시 물건을 훔친 아간은 어느 지파 사람인가?

① 르우벤　　② 유다　　③ 갓　　④ 므낫세

☞ 아간의 범죄로 인해 이스라엘은 아이성과의 1차 전투에서 3,000명이 출정하여 36명이 전사하는 패배를 경험하게 된다(수7:4-5). 이 패배로 낙담하는 여호수아에게 하나님께서는 여리고성의 모든 것을 진멸하라는 명령을 준행하지 않은 이가 있음을 말씀하셨고, 그와 그의 모든 소유를 불사를 것을 명하셨다(수7:10-15). 이에 여호수아가 아침 일찍 일어나 물건을 훔친 자를 찾고자 하였는데, 유다 지파 세라의 증손이요 삽디의 손자요 갈미의 아들인 아간이 뽑히게 되었다(수7:18). 아간이 여리고성 전투에서 훔친 것은 시날 산의 아름다운 외투 한 벌과 은 이백 세겔, 금 오십 세겔이었다(수7:21). 모든 이스라엘 백성이 아간과 그의 모든 가족과 소유를 돌로 치고 불살랐는데, 그곳의 이름을 '괴로움'이라는 뜻의 '아골'이라 불렀다(수7:25-26). 아간을 심판한 이후 이스라엘은 2차로 아이성을 공격하였는데, 이 때는 용사 30,000명을 출정시켰으며, 매복작전으로 아이성을 점령하였고, 아이성의 남녀 12,000명을 죽였다(수8:25). 정답은 ②번.

11. 다음 설명 중 옳지 않은 것은?

① 여호수아를 속이고 이스라엘과 화친관계를 맺은 자들은 기브온 거민이다.

② 아모리 다섯 왕이 기브온 거민을 친 일로 이스라엘이 이들과 전쟁을 치루었다.

③ 태양이 중천에 머문 일은 야살의 책에 기록되었다.

④ 아모리 다섯 왕이 도망하여 피신한 곳은 아둘람 굴이었다.

☞ 기브온 거민(히위족속, 수11:19)은 이스라엘을 속이고 화친관계를 맺었으며, 이들은 이스라엘 회중을 위하여 나무 패며 물 긷는 자가 되었다(수9:3-21). 기브온 거민이 이스라엘과 화친관계를 맺은 일로 아모리 다섯 왕, 즉 예루살렘 왕 아도니세덱, 헤브론 왕 호함, 야르뭇 왕 비람, 라기스 왕 야비아, 에글론 왕 드빌이 기브온을 공격하였고, 기브온 사람들의 구조요청을 받고 여호수아가 군대를 이끌고 나갔다(수10:3-7). 아모리 다섯 왕과의 전쟁에서 하나님께서는 벧호론 비탈에서부터 아세가에 이르기까지 하늘로부터 우박을 내리셔서 아모리 군대를 진멸하셨는데, 전쟁시 칼에 죽은 자보다 우박에 죽은 자가 더욱 많을 정도였다(수10:11). 아모리 사람과의 전쟁시, 여호수아는 '태양아 너는 기브온 위에 머무르라 달아 너도 아얄론 골짜기에 그리할지어다'는 기도를 드렸는데(수10:12), 이 기도의 응답으로 태양이 중천에 머물렀다는 것이 '야살의 책'에 기록되어 있다(수10:13). 아모리 다섯 왕은 도망하여 막게다 굴에 숨었는데, 여호수아가 이들을 끌어내어 그들의 목을 밟아 죽였고(수10:24), 나무에 매어 달았다가 해 질 때에 이들의 시체를 막게다 굴 안으로 집어 던지고 큰 돌로 굴 어귀를 막았다(수10:16-27). 아둘람 굴은 다윗과 그와 함께 한 400명이 숨어 피난한 곳이다(삼상22:1-2). 정답은 ④번.

12. 이스라엘 백성이 요단 서쪽에서 정복한 왕의 수는?

① 30명 ② 31명 ③ 32명 ④ 33명

☞ 하솔 왕 야빈이 주도한 연합군과의 전쟁이 여호수아 11장에 기록되어 있다. 이 연합군은 메롬 물가에 진치고 이스라엘과 전쟁하였으나, 이스라엘의 습격에 패배하였다(수11:1-9). 요단 서쪽에서 이스라엘은 기브온 거민 외에는 화친하지 않고 모두 쳐서 취하였는데, 그 왕들의 총수가 31명이었다(수12:24). 이스라엘이 정복한 땅에는 아낙 사람이 하나도 남지 않았고, 가사와 가드와 아스돗에만 적은 수의 아낙 사람이 남게 되었다(수11:22). 정답은 ②번.

13. 요단 서쪽의 땅 분배에서 가장 마지막으로 땅을 분배받은 지파는?
① 유다 ② 시므온 ③ 납달리 ④ 단

☞ 각 지파별 땅 분배에 대한 기사가 여호수아 13장부터 19장까지 기록되어 있다. 13장은 요단 동쪽 땅 분배에 대한 것으로 르우벤, 갓, 므낫세 반 지파의 땅이 기록되어 있다. 14장부터는 요단 서쪽의 땅 분배에 대한 기사가 나오는데, 땅을 분배하는 방식은 제비뽑기였다(수15:1). 최초로 제비 뽑아 땅을 분배받은 지파는 유다지파였고(수15:1), 가장 마지막으로 제비 뽑아 땅을 분배받은 지파는 단 지파였다(수19:40). 정답은 ④번.

14. 다음 중 여호수아가 차지한 땅은?
① 헤브론 ② 드빌 ③ 딤낫 세라 ④ 베셀

☞ 여호수아 14장 6절에서 15절까지 그니스 사람 여분네의 아들 갈렙이 헤브론을 차지하는 장면이 기록되어 있다. 갈렙이 가데스 바네아에서 정탐꾼으로 가나안에 파송되었을 때 그의 나이 40세였고, 땅을 차지할 때의 나이는 85세이다(수14:7-10). 여호수아는 갈렙에게 헤브론을 기업으로 주었으며, 이 헤브론의 옛 이름은 '기럇아르바'였다. '아르바'는 아낙 사람 가운데 가장 큰 사람으로 아낙의 아버지이다(수14:15, 15:13). '드빌'은 본 이름이 기럇세벨인 곳으로 옷니엘이 차지한 땅이다. 여호수아는 에브라임 산지 '딤낫 세라'를 차지하였다(수19:50). 정답은 ③번.

15. 다음 중 세겜 성과 연관되지 않은 사람은?

① 여호수아　② 아비멜렉　③ 요셉　④압살롬

☞ 세겜은 야곱이 밧단아람에서 돌아온 후 하몰 자손에게 돈을 주고 산 곳으로, 여호수아 24장 32절에서는 산 값을 금 100개라 하고 있고, 창세기 33장 19절에서는 은 100개라 기록하고 있다. 가나안 정착 후 세겜은 요셉 자손의 기업이 되었다(수24:32). 요셉이 110세에 애굽에서 죽을 때, 출애굽시 자신의 뼈도 함께 가지고 갈 것을 부탁하였고, 요셉의 부탁에 따라 이스라엘 백성은 가나안 정착 후 세겜에 요셉의 뼈를 장사하였다(수24:32). 요셉과 향년이 동일한 여호수아는(수24:29) 죽기 직전 이스라엘 백성들을 세겜에 모으고 하나님에 대한 신앙을 분명히 할 것을 연설하였다(수24:1-28). 기드온(여룹바알)의 첩의 아들인 아비멜렉은 기드온의 아들 70명을 한 반석위에서 죽이고 세겜에 가서 왕이 되었다(삿9:1-6). 다윗의 아들 압살롬과 관련 깊은 지명은 헤브론이다(삼하15:10). 정답은 ④번.

16. 갈렙의 딸이자 옷니엘의 아내인 사람은?

① 악사　② 여미마　③ 긋시아　④ 게렌합북

☞ 갈렙이 기럇세벨을 취하는 자에게 자신의 딸 악사를 주겠다고 하였는데, 갈렙의 아우요 그나스의 아들인 옷니엘이 본 이름이 기럇세벨인 '드빌'을 쳐서 그것을 취하였고, 약속대로 갈렙은 자신의 딸 악사를 옷니엘에게 아내로 주었다(수15:16-17). '여미마, 긋시아, 게렌합북'은 욥의 딸 이름이다(욥42:14). 정답은 ①번.

17. 가나안 땅 분배 시 여리고를 차지한 지파는?

① 유다　② 에브라임　③ 시므온　④베냐민

☞ 아직 땅을 분배받지 못한 일곱 지파가 실로에서 모여 제비뽑기를 할 때, 가장 먼저 제비를 뽑은 지파가 베냐민 지파였다. 베냐민 지파는 가

장 강력한 유다 자손과 요셉 자손의 중간 땅을 뽑게 되었는데(수18:11), 그곳 중 하나가 여리고이다(수18:21). 시므온 지파는 유다 자손의 분깃이 너무 많았으므로 유다 자손의 기업 중 일부를 얻게 되었다(수19:9). 정답은 ④번

18. 여호수아 18장에서, 땅을 분배받지 못한 일곱 지파가 자신들의 땅을 제비뽑은 장소는?

① 길갈　　② 실로　　③ 기브온　　④ 헤브론

☞ 이스라엘 백성이 가나안 정착 후 회막을 세운 곳이 실로이다(수18:1). 실로에 회막을 세운 이후에도 땅을 분배받지 못한 일곱 지파가 있어, 여호수아가 각 지파 당 세 명씩을 선정하여 자신들이 기업으로 받을 땅의 모양을 그려 가지고 오라고 하였다(수18:8). 그 사람들이 나가 그 땅을 두루 다니며 일곱 부분으로 책에 그린 후 실로 진으로 돌아왔고, 여호수아가 실로에서 제비를 뽑아 땅을 분배하였다(수18:9-10). 정답은 ②번.

19. 도피성 중 요단 서쪽 납달리 지파 내에 있는 도피성은?

① 베셀　　② 바산 골란　　③ 갈릴리 게데스　　④ 세겜

☞ 부지중 오살한 자를 피하게 하여 피의 복수를 금하게 하는 곳인 도피성에 대한 기록은 민수기 35장, 신명기 4장, 19장, 여호수아 20장, 역대상 6장 67절에 기록되어 있다. 도피성은 총 여섯 개로 요단 동쪽에 세 개, 요단 서쪽에 세 개가 있다. 도피성이 있는 곳을 각 지파의 땅과 함께 살펴보면, 요단 동쪽에는 르우벤 지파의 베셀, 갓 지파의 길르앗 라못, 므낫세 지파의 바산 골란이고, 요단 서쪽에는 납달리 지파의 갈릴리 게데스, 에브라임 지파의 세겜, 유다 지파의 기럇 아르바이다(수20:7-8). 정답은 ③번.

20. 제사장 아론 자손에게 주어진 성읍의 수는?

① 13 성읍　② 25 성읍　③ 36 성읍　④ 48 성읍

☞ 여호수아 21장에는 레위 사람들에게 주어지는 성읍이 기록되어 있다. 레위의 아들인 게르손, 그핫, 므라리 자손과 제사장 아론 자손에게 성읍이 주어졌는데, 게르손 자손에게는 13 성읍과 그 목초지(수21:33), 그핫 자손에게는 10 성읍과 그 목초지(수21:26), 므라리 자손에게는 12 성읍과 그 목초지(수21:40), 아론 자손에게는 13 성읍과 그 목초지가 주어졌다. 이들에게 주어진 성읍을 총 합치면 레위 자손에게 주어진 성읍은 48 성읍과 그 목초지들이다(수21:41). 정답은 ①번.

21. 요단 동쪽 지파들이 요단 가에 쌓은 단의 이름은?

① 엘　② 엣　③ 엠　④ 엔

☞ 요단 서쪽 땅을 점령하고, 지파들의 땅 분배가 끝난 후 요단 동쪽 지파인 르우벤, 갓, 므낫세 반 지파가 자신들의 땅 길르앗으로 돌아가는 장면이 여호수아 22장에 나온다. 이들은 돌아가면서 요단 가에 큰 제단을 쌓았는데, 이것을 우상숭배로 오해한 요단 서쪽 지파들이 이들과 전쟁을 하고자 하였고 제사장 비느하스가 백성을 이끌고 가서 오해를 풂으로 이 문제는 해결되었다. 요단 동쪽 지파들이 이 제단을 쌓은 이유는 요단 서쪽 지파들이 자신들을 향하여 '너희는 여호와께 분깃이 없다 못하게 하려 함'이었다(수22:27). 오해가 해결된 후 르우벤 자손과 갓 자손이 그 제단의 이름을 '엣'이라 칭하여 '이 제단은 여호와께서 하나님이 되시는 증거'라 하였다(수22:34). 참고로, 창세기 31장에 라반과 야곱이 세운 '증거의 무더기'를 라반은 '여갈사하두다', 야곱은 '갈르엣'이라 하였다(창31:47). 정답은 ②번.

22. '너희가 섬길 자를 오늘 택하라 오직 나와 내 집은 여호와를 섬기겠노라'고 말한 사람은?

① 여호수아　　② 모세　　③ 사무엘　　④ 다윗

☞ 여호수아서의 마지막 부분은 여호수아의 고별사(23장)와 세겜연설(24장)이 기록되어 있다. 여호수아의 고별사에서 주목해야 할 본문은 '너희 하나님 여호와 그는 너희를 위하여 싸우시는 자니라'(수23:3)와 '보라 나는 오늘날 온 세상이 가는 길로 가려니와'(수23:14)이다. 여호수아는 세겜연설에서 하나님에 대한 온전한 신앙을 강조하였는데 대표적인 본문이 '이제는 여호와를 경외하며 성실과 진정으로 그를 섬길 것이라'(수24:14)와 '만일 여호와를 섬기는 것이 너희에게 좋지 않게 보이거든 너희 조상들이 강 저쪽에서 섬기던 신들이든지 또는 너희가 거주하는 땅에 있는 아모리 족속의 신들이든지 너희가 섬길 자를 오늘 택하라 오직 나와 내 집은 여호와를 섬기겠노라'(수24:15)는 말씀이다. 여호수아는 세겜 연설의 말들을 율법 책에 기록하고 큰 돌을 취하여 여호와의 성소 곁에 있는 상수리나무 아래 세웠다. 이 돌로 언약의 증거를 삼은 것이다(수24:26-27). 정답은 ①번.

23. '여호와께서 이스라엘 족속에게 말씀하신 선한 말씀이 하나도 남음이 없이 다 응하였더라'라는 것은 어디에 있는 말씀인가?
① 여호수아　　② 사사기　　③ 사무엘상　　④사무엘하

☞ 위의 말씀은 여호수아 21장 45절에 기록되어 있다. 정답은 ①번.

✣ 여호수아 주요내용

1. 각 장의 주요내용 : 2장은 여리고에 정탐꾼을 파송하는 장면과 라합, 3장은 요단강 도하, 4장은 길갈에 기념비 세움, 5장은 길갈에서의 할례, 6장은 여리고성 점령, 7장은 아간의 죄와 아골 골짜기, 8장은 아

이성 점령, 9장은 여호수아를 속이는 기브온 거민, 10장은 아모리 다섯 왕과의 싸움, 13장에서 19장까지는 정복한 가나안 땅 분배, 20장은 도피성, 21장은 레위 사람의 성읍, 22장은 요단 동쪽 지파들의 돌아감과 엣 사건, 24장은 여호수아의 세겜 연설.

2. '위로 하늘, 아래로 땅에 하나님'이라고 고백한 인물 : 모세(신4:39), 라합(수2:11), 솔로몬(왕상8:23).
3. 라합이 매단 줄의 색깔 : 붉은 줄(수2:21).
4. 요단강을 건널 때 언약궤와 이스라엘 회중과의 간격 : 2,000규빗.
5. 요단 동쪽 지파의 군대 파견 : 요단 동쪽을 차지한 르우벤, 갓, 므낫세 반 지파에서는 40,000명 가량의 군사들이 이스라엘 백성들보다 앞서 요단강을 건너가 이스라엘의 가나안 정복을 도왔다(수4:12-13).
6. 이스라엘 백성이 요단강에서 주운 열 두 돌을 길갈에 세운 날 : 1월 10일.
7. 이스라엘 백성들이 할례를 시행한 곳 : 길갈.
8. 여리고성 재건축 저주 : 여호수아. 열왕기상 16장 34절을 보면, 벧엘 사람 히엘이 여리고를 건축하는 과정에서, 터를 쌓을 때에 맏아들 아비람을 잃었고 그 성문을 세울 때에 막내 아들 스굽을 잃었다.
9. 유다 지파 아간이 훔친 물건 : 유다 지파 세라의 증손이요 삽디의 손자요 갈미의 아들인 아간이 시날 산의 아름다운 외투 한 벌과 은 이백 세겔, 금 오십 세겔을 훔침(수7:21).
10. 아간과 그의 모든 소유물을 죽인 곳 : '괴로움'이라는 뜻의 '아골'이라 부름(수7:25-26).
11. 기브온 거민 : 이스라엘을 속이고 화친관계를 맺음. 이스라엘 회중을 위하여 나무 패며 물 긷는 자가 됨(수9:3-21).
12. 태양이 중천에 머뭄 : 아모리 다섯왕과의 전쟁. 야살의 책에 기록.
13. 아모리 다섯 왕이 숨은 곳 : 막게다 굴.
14. 이스라엘 백성이 요단 서쪽에서 정복한 왕의 수 : 31명.
15. 최초로 제비 뽑아 땅을 분배받은 지파 : 유다지파(수15:1).

16. 요단 서쪽의 땅 분배에서 가장 마지막으로 땅을 분배받은 지파 : 단 지파(수19:40).
17. 여호수아가 차지한 땅 : 딤낫 세라.
18. 갈렙이 차지한 땅 : 헤브론, 옛 이름은 기랏아르바.
19. 갈렙이 헤브론을 차지할 때의 나이 : 85세.
20. 옷니엘이 차지한 땅 : 드빌(기럇세벨).
21. 세겜 성과 연관된 사람 : 여호수아(세겜연설), 아비멜렉(세겜에 가서 왕이 됨), 요셉(세겜에 요셉의 뼈를 장사).
22. 갈렙의 딸이자 옷니엘의 아내 : 악사.
23. 여리고를 차지한 지파 : 베냐민 지파(가장 강력한 유다 자손과 요셉 자손의 중간 땅을 뽑게 됨. 수18:11).
24. 유다 자손의 기업 중 일부를 얻게 된 지파 : 시므온 지파(수19:9).
25. 땅을 분배받지 못한 일곱 지파가 자신들의 땅을 제비뽑은 장소 : 실로.
26. 요단 동쪽 도피성 : 르우벤 지파의 베셀, 갓 지파의 길르앗 라못, 므낫세 지파의 바산 골란.
27. 요단 서쪽 도피성 : 납달리 지파의 갈릴리 게데스, 에브라임 지파의 세겜, 유다 지파의 기럇아르바.
28. 제사장 아론 자손에게 주어진 성읍의 수 : 13성읍과 그 목초지.
29. 게르손 자손에게 주어진 성읍의 수 : 13성읍과 그 목초지.
30. 그핫 자손에게 주어진 성읍의 수 : 10성읍과 그 목초지.
31. 므라리 자손에게 주어진 성읍의 수 : 12성읍과 그 목초지.
32. 레위 자손에게 주어진 성읍의 수 : 48 성읍과 그 목초지들(수21:41).
33. 요단 동쪽 지파들이 요단 가에 쌓은 단의 이름 : 엣.
34. 너희 섬길 자를 오늘날 택하라 오직 나와 내 집은 여호와를 섬기겠노라 : 여호수아.

사사기

1. 기드온과 300용사의 이야기는 사사기 몇 장에 나오는가?
   ① 6장 ② 7장 ③ 8장 ④ 9장

☞ 사사기 각 장의 주요 내용을 살펴보면, 3장은 사사 옷니엘과 에훗, 삼갈, 4장은 사사 드보라, 5장은 드보라와 바락의 노래, 6장은 기드온를 사사로 부르심, 7장은 기드온과 300용사, 9장은 기드온의 아들 아비멜렉과 요담의 나무비유, 10장은 사사 돌라, 야일, 입다, 11장은 입다의 딸, 12장은 입다와 에브라임 지파간의 싸움, 사사 입산, 압돈, 13-16장은 사사 삼손, 17-18장은 미가 집의 제사장과 단 지파, 19-21장은 베냐민 지파와 이스라엘 간의 전쟁 이다. 정답은 ②번.

2. 다음 설명 중 옳지 않은 것은?
   ① 모세의 장인은 겐 사람이다.
   ② 예루살렘에는 여부스 사람이 베냐민 지파와 함께 거하였다.
   ③ 여호수아는 110세에 죽어, 딤낫 헤레스에 장사되었다.
   ④ '보김'은 '눈물'이라는 뜻이다.

☞ 사사기 4장 11절을 보면, '모세의 장인 호밥의 자손 중 겐 사람'이라는 말씀이 나온다. 이 말씀만을 보게 되면 '호밥'이 모세의 장인인 것으

로 오해할 수 있으나, 출애굽기 3장 1절과 민수기 10장 29절을 보면, 모세의 장인은 미디안 제사장 이드로(르우엘)이고 호밥은 이드로의 아들이므로 모세와의 관계에서는 처남인 것을 알 수 있다. 확실한 것은 이드로나 호밥이 겐 사람이라는 것이다(삿1:16,4:11). 베냐민 자손이 여부스 사람을 쫓아내지 못하여 예루살렘에 함께 거하게 되었다는 말씀은 사사기 1장 21절에, 여호수아가 110세에 죽어 딤낫 헤레스(세라)에 장사되었다는 것은 사사기 2장 8-9절에 기록되어 있다. 보김은 사사기 2장에 등장하는 것으로, 하나님의 사자의 책망을 듣고 이스라엘 백성이 소리 높여 운 사건과 연관된 것으로, 그 뜻은 '우는 자들'이라는 것이다(삿2:5). 정답은 ④번.

3. 다음 사사 중 통치 기간이 가장 긴 사사는?
① 옷니엘 ② 에훗 ③ 기드온 ④ 삼손

☞ 사사기에서 최초의 사사로 등장하는 옷니엘은 갈렙의 아우 그나스의 아들이다. 그는 기럇세벨(드빌)을 취하여 갈렙의 딸 악사를 아내로 얻은 이로서, 그의 통치 기간은 40년이다(삿3:11). 베냐민 지파 게라의 아들 왼손잡이 사사 에훗은 모압 왕 에글론을 죽이고, 80년간 사사로 통치하였다(삿3:30). 므낫세 지파 요하스의 아들 기드온은 미디안을 물리치고, 40년간 사사로 통치하였다(삿8:28). 단 지파 마노아의 아들 삼손은 블레셋과 대적한 이로 20년간 사사로 통치하였다(삿16:31). 이외에도 통치기간이 20년 이상인 사사는 잇사갈 사람 도도의 손자 부아의 아들 돌라로 23년(삿10:1-2)이고, 길르앗 사람 야일도 22년(삿10:3)을 통치하였다. 정답은 ②번.

4. 다음 사사 중 통치 기간이 가장 짧은 사사는?
① 입산 ② 엘론 ③ 압돈 ④ 입다

☞ 베들레헴 사람 입산은 아들 30, 딸 30을 낳았으며, 7년간 사사로 통치한 후 베들레헴에 장사되었다(삿12:8-10). 스불론 사람 엘론은 10년

간 사사로 통치한 후 아얄론에 장사되었다(삿12:11-12). 비라돈 사람 힐렐의 아들 압돈은 아들 40, 손자 30이 있었으며, 사사로 8년간 통치한 후 비라돈에 장사되었다(삿12:13-15). 길르앗 사람 입다는 암몬을 물리친 사사로 6년간 통치하였다(삿12:7). 정답은 ④번.

5. 다음 중 블레셋과 대적한 사사는 누구인가?
① 옷니엘 ② 에훗 ③ 삼갈 ④ 드보라

☞ 사사별 대적한 국가와 왕들을 살펴보면, 옷니엘은 메소포타미아 구산리사다임, 에훗은 모압왕 에글론, 삼갈은 블레셋, 드보라는 가나안 왕 야빈과 군대장관 시스라, 기드온은 미디안, 입다는 암몬, 삼손은 블레셋이다. 정답은 ③번.

6. 사사기에 의하면, 이스라엘을 가장 오랜 기간 지배한 이방 나라는?
① 메소포타미아 ② 모압 ③ 가나안 ④ 미디안

☞ 옷니엘에 의해 무너진 메소포타미아 구산 리사다임 왕은 이스라엘을 8년 동안 지배하였고(삿3:8), 왼손잡이 사사 에훗에게 죽임 당한 모압왕 에글론은 18년간 이스라엘을 지배하였다(삿3:14). 랍비돗의 아내 여선지 드보라와 바락에 의해 무너진 가나안왕 야빈은 이스라엘을 20년간 지배하였고(삿4:3), 기드온에 의해 무너진 미디안은 7년간 이스라엘을 지배하였다(삿6:1). 정답은 ③번.

7. 다음 사사 중 아들을 가장 많이 낳은 사사는?
① 야일 ② 입산 ③ 기드온 ④ 압돈

☞ 길르앗 사람 야일은 22년간 이스라엘 사사로 통치하였는데, 아들 삼십이 있어 나귀 삼십을 탔으며 성읍 삼십을 두었다. 그 성읍을 '야일의 동네'라는 뜻의 '하봇야일'이라 불렀다(삿10:3-4). 베들레헴 사람 입산은 아들 30이 있었고, 비라돈 사람 압돈은 아들 40에 손자 30이 있어

나귀 칠십 필을 탔다. 미디안을 물리친 사사 기드온은 70명의 아들이 있었으며, 그 중 하나인 아비멜렉이 요담을 제외한 모든 이들을 살해하였다(삿8:30, 9:5). 정답은 ③번.

8. 가나안을 물리치는데 있어 드보라와 협력한 바락은 어느 지파 사람인가?
① 단 ② 납달리 ③ 므낫세 ④ 베냐민

☞ 사사의 소속 지파(출신지역)를 살펴보면, 옷니엘은 유다 지파, 에훗은 베냐민 지파, 바락은 납달리 지파, 기드온은 므낫세 지파, 돌라는 잇사갈 지파, 야일과 입다는 길르앗 사람, 입산은 베들레헴, 엘론은 스불론, 압돈은 비라돈, 삼손은 단 지파이다. 정답은 ②번.

9. 가나안의 군대 장관 시스라를 말뚝 박아 죽인 사람은 누구인가?
① 야엘 ② 삼갈 ③ 입산 ④ 야일

☞ 아낫의 아들 삼갈은 소 모는 막대기로 블레셋 사람 600명을 죽였다(삿3:31). 삼갈과 동일하게 블레셋과 대적한 사사는 삼손이 있다. 삼손은 다곤 신당에서 블레셋 사람 3,000명과 함께 죽음을 맞이하였다(삿16:27,30). 가나안의 군대 장관 시스라를 말뚝 박아 죽인 이는 겐 사람 헤벨의 아내 야엘이다(삿4:17-21). 정답은 ①번.

10. 다음 중 기드온과 직접적인 연관이 있는 것이 아닌 것은 ?
① 여호와 샬롬 ② 여룹바알 ③ 양털 뭉치 ④ 바락

☞ 사사기 6장부터 8장까지 등장하는 기드온의 이야기에서 중요한 몇 단어를 열거해 보면, '여호와는 평강'이라는 뜻의 '여호와 샬롬', '바알과 쟁론할 것이다'는 뜻의 '여룹바알', 양털뭉치에 내린 이슬의 이적 두 번, 군사 300명, 부하 부라, 나팔, 빈 항아리, 횃불, 미디안의 두 방백 오렙과 스엡 죽임, 미디안과 싸우러 갈 때 부르지 않았다고 시비를 건 에브라임 지파, 왕으로 세우고자 하는 백성들의 제의를 거절함, 에봇을 만

들어 오브라에 두어 그것이 집에 올무가 됨, 아들 70명, 오브라에 장사됨, 40년간 사사로 통치함 등이다. 드보라에게 바락이 있었다면, 기드온에게는 부하 부라가 있었다(삿7:10). 정답은 ④번.

11. 기드온의 첫 군사에서 두려워 떠는 자를 보내고 남은 군사의 수는?
① 5,000명 ② 10,000명 ③ 15,000명 ④ 20,000명

☞ 신명기 20장을 보면, 전쟁 시 집으로 돌아갈 자의 조건을 네 가지로 규정해 놓고 있다. '새 집을 건축하고 낙성식을 못한 자, 포도원을 만들고 그 과실을 먹지 못한 자, 여자와 약혼하고 그와 결혼하지 못한 자, 두려워서 마음이 허약한 자'이다. 미디안과의 전쟁을 앞두고 기드온에게 처음 모인 군사의 수는 32,000명이었다. 하나님께서는 이들의 숫자가 너무 많다고 하시며 두려워 떠는 자를 돌아가게 하셨는데 이때 돌아간 이의 수가 22,000명이고, 남은 자가 10,000명이었다(삿7:3). 그런데 하나님께서는 이 숫자도 많다고 하시며, 물가에 내려가서 손으로 물을 움켜 입에 대고 핥은 자 300명으로 미디안과의 전쟁을 치르도록 하셨다. 미디안과의 전쟁 시 기드온은 300명을 3대로 나누어 나팔과 빈 항아리와 횃불을 들고 전쟁을 치르도록 하였다. 정답은 ②번.

12. 기드온과 입다에게 싸움에 자신들을 부르지 않았다고 시비를 건 지파는?
① 르우벤 ② 유다 ③ 베냐민 ④ 에브라임

☞ 미디안을 물리친 기드온과 암몬을 물리친 입다에게 동일하게 '싸우러 갈 때에 우리를 부르지 않았다'(삿8:1, 12:1)고 시비를 건 지파는 에브라임 지파이다. 에브라임 지파의 시비에 대해 므낫세 지파였던 기드온은 '에브라임의 끝물 포도가 아비에셀의 만물 포도보다 낫지 아니하냐'(삿8:2)고 에브라임을 추켜세우며 그들의 성난 마음을 달래어 갈등을 해결하였다. 그러나 길르앗 사람 입다는 에브라임 지파와 전쟁을 하여 에브라임 사람 42,000명을 죽였다. 이때 에브라임 사람임을 확인하는 용도로 사용된 용어가 '쉽볼렛'인데 에브라임 사람은 '쉽볼렛'이라 발음

하지 못하고 '십볼렛'이라 하였다(삿12:1-6). 정답은 ④번.

13. 세겜 사람들에게 행한 요담의 나무 왕 비유에서 세 번째 등장하는 나무는?

① 감람나무 ② 무화과나무 ③ 포도나무 ④ 가시나무

☞ 아비멜렉이 기드온의 아들 70명을 한 반석에서 죽일 때, 기드온(여룹바알)의 막내 아들 요담은 스스로 숨어 생명을 유지하였다(삿9:5). 이후에 세겜 사람들이 아비멜렉을 왕으로 삼았음을 듣고 요담이 그리심산 꼭대기에 서서 세겜 사람들을 향해 외친 비유가 바로 나무 왕 비유이다. 나무 왕 비유에 등장하는 나무의 순서는 감람나무 - 무화과나무 - 포도나무 - 가시나무 이며, 마지막 가시나무는 아비멜렉을 가리키는 것이다. 이후에 아비멜렉은 한 여인이 던진 맷돌에 맞은 후, 청년에게 부탁하여 칼에 찔려 죽게 되었다(삿9:53-54, 삼하11:21). 정답은 ③번.

14. 요담의 나무 왕 비유에서 '나의 단 것, 나의 아름다운 실과를 버릴 수 없다'고 한 나무는?

① 감람나무 ② 무화과나무 ③ 포도나무 ④ 가시나무

☞ 나무 왕 비유에서 감람나무는 '나의 기름은 하나님과 사람을 영화롭게 하나니 내가 어찌 그것을 버리겠느냐'(삿9:9) 하였고, 무화과나무는 '나의 단 것, 나의 아름다운 열매를 내가 어찌 버리겠느냐'(삿9:11)고 하였으며, 포도나무는 '하나님과 사람을 기쁘게 하는 내 포도주를 내가 어찌 버리겠느냐'(삿9:13)하며 왕에 오르라고 하는 제의를 거절하였다. 정답은 ②번.

15. 이스라엘 여자들이 입다의 딸을 위해 매년 몇 일씩 애곡하였는가?

① 3일 ② 4일 ③ 5일 ④ 6일

☞ 길르앗 사람 입다는 그모스를 섬기는 암몬 사람들과 전쟁을 치루었

다. 전쟁의 발단은 암몬의 왕이 이스라엘이 출애굽 후 차지한 자신들의 영토(아르논에서부터 얍복, 요단까지)를 돌려 달라는 것에서 기인한다(삿11:13). 암몬의 왕의 이야기를 듣고 입다는 이스라엘이 그 땅을 차지한 지 300년이 지났다는 이야기를 하며 암몬 왕의 제의를 거절한다(삿11:26). 입다와 암몬과의 전쟁을 시작하면서 입다는 하나님의 도움으로 전쟁에서 이기게 되면 집으로 돌아간 후 가장 먼저 자신의 집에서 자신을 영접하는 이를 여호와께 번제로 드리겠다는 서원을 한다(삿11:31). 전쟁에서 승리한 후 자신의 집에 도착했을 때, 입다를 가장 먼저 영접한 이는 그의 무남독녀 딸이었다. 딸은 번제로 하나님께 바쳐지기 전에 두 달 동안 산에 올라가 친구들과 더불어 처녀로 죽게 됨을 애곡하였는데, 이것이 규례가 되어 이스라엘 여자들은 입다의 딸을 위하여 매년 4일씩 애곡하였다(삿11:40). 정답은 ②번.

16. 다음 중 삼손과 직접적으로 연관된 것이 아닌 것은?
① 나실인 ② 라맛레히 ③ 수수께끼 ④ 쉽볼렛

☞ 소라 땅에 사는 단 지파 마노아의 아들 사사 삼손에 대한 이야기가 사사기 13장에서 16장까지 기록되어 있다. 삼손은 태어날 때부터 하나님께 바치운 나실인이었으므로(삿13:5), 그의 부모는 포도주와 독주, 부정한 것을 먹지 못 하도록 하였고, 나실인이 자기 몸을 구별하여 드린 표가 머리에 있으므로(민6:2-6) 삼손의 머리에 삭도도 대지 않았다. 삼손은 마하네단(기럇여아림, 삿18:12)에서 비로소 하나님의 신에 감동되었다(삿13:25). 사사기 14장에는 삼손이 장성한 후에 딤나에 있는 블레셋 여자와 연애하고 결혼하여 잔치에 초대된 자들에게 베푸는 수수께끼가 등장한다. 수수께끼의 내용은 '먹는 자에게서 먹는 것이 나오고 강한 자에게서 단 것이 나오는 것은'으로 블레셋 사람과 베옷 30, 겉옷 30의 내기를 하였다. 블레셋 사람들은 삼손의 아내를 통해 '무엇이 꿀보다 달겠으며 무엇이 사자보다 강하겠느냐'는 정답을 맞추었고, 이에 분개한 삼손은 아스글론 사람 30명을 죽이고 그들의 옷을 노략하여 수수께끼를

푼 자들에게 옷을 주고, 집으로 돌아왔다(삿14장). 얼마 후 자신의 아내가 다른 이의 아내가 된 일로 인해 삼손은 여우 300을 붙들어서 블레셋 곡식밭을 태웠으며, 나귀 턱뼈로 일천 명의 블레셋 사람을 죽이기도 하였다. 이때 생겨난 용어가 '턱뼈의 산'이라는 '라맛레히'이다(삿15:14-17). 또한 목말라 울부짖을 때 하나님이 샘물을 내신 일로 '부르짖은 자의 샘'이라는 '엔학고레'라는 샘이 생긴 사건도 있다(삿15:18-19). 이후 삼손은 은 1,100을 받고 삼손을 블레셋 사람에게 넘기고자 했던 들릴라에 의해 '칡 일곱'과 '새 줄'의 결박을 받았고, 마지막으로는 '머리털 일곱'을 민 일로 힘이 사라져 붙잡히게 되었다(삿16:4-21). 그는 다곤 신당에서 블레셋 사람 3,000여명과 함께 죽음으로 최후를 맞이하였으며, 그의 사사 통치기간은 20년이었다(삿16:31). '쉽볼렛'은 입다와 에브라임 사이에서 일어난 전쟁과 관련된 용어이다(삿12:1-6). 정답은 ④번.

17. 에브라임 사람 미가가 만든 신상을 빼앗아 간 지파는?
① 단 ② 납달리 ③ 베냐민 ④ 레위

☞ 에브라임 산지의 미가라는 이는 은 200으로 신상과 에봇과 드라빔을 만들고 베들레헴의 레위 청년을 취하여 자신의 집 제사장을 삼았다(삿17:4-13). 이때 단 지파는 아직 땅을 분배받지 못하여 자신들이 거할 땅을 찾고 있었는데, 땅을 탐지하던 다섯 사람이 미가의 집에 이르러 신상과 에봇과 드라빔을 발견하였고, 군사 600을 동행하여 이후에 이것을 탈취하였다(삿18:18). 또한 미가의 집 제사장으로 있던 베들레헴 레위 청년에게도 '내가 한 사람의 집의 제사장이 되는 것과 이스라엘 한 지파, 한 가족의 제사장이 되는 것이 어느 것이 낫겠느냐' 하며 그를 미가의 집에서 취하여 단 지파의 제사장으로 삼았다(삿18:19-20). 단 자손은 이후 라이스를 정복하고 그곳을 단이라 불렀고(삿18:29), 모세의 손자 게르손의 아들 요나단과 그 자손을 제사장으로 삼았다(삿18:30). 정답은 ①번.

18. 기브아는 어느 지파의 땅인가?

① 유다　　② 에브라임　　③ 단　　④ 베냐민

☞ 에브라임 산지 레위 사람의 첩의 죽음으로 촉발된 베냐민 지파와 이스라엘간의 전쟁 이야기가 사사기 19장부터 21장까지 기록되어 있다. 기브아는 베냐민 지파의 땅으로 이곳에서 레위 사람의 첩이 베냐민 사람들에 의해 강간당하여 죽게 되었고, 레위 사람은 첩의 시신을 열 두 덩이로 나누어 이스라엘 각 지파에게로 보내었다(삿19:29). 정답은 ④번.

19. 이스라엘 지파와의 전쟁에서 패한 베냐민 600명이 림몬 바위에 숨어 지낸 기간은?

① 1달　　② 2달　　③ 3달　　④ 4달

☞ 레위 사람의 첩의 죽음을 보고 이스라엘 각 지파에서 40만 명이 모여 26,000명의 베냐민 지파와 기브아의 왼손잡이 700명과 전쟁을 치르게 되었다(삿20:2,15-16). 1차 전쟁에서는 이스라엘 사람 22,000명이 죽임을 당하였고, 2차 전쟁에서도 이스라엘 사람 18,000명이 죽임을 당하였다(삿20:21,25). 그러나 3차 전쟁에서는 매복 작전을 통해 이스라엘이 승리를 하였고(죽은 베냐민 사람의 수가 사사기 20장 35절에는 25,100명, 사사기 20장 46절에는 25,000명으로 되어 있다), 죽음을 피하여 도망한 베냐민의 남은 600명은 림몬 바위에 숨어 4달을 지내게 되었다(삿20:47). 한 지파가 끊어질 위기를 보고, 이스라엘은 남은 600명의 남자를 위해 미스바에 참석하지 않은 야베스 길르앗의 처녀 400명과 실로의 처녀 200명을 아내로 주어 지파가 존속될 수 있도록 하였다(삿21:12,23). 정답은 ④번.

20. '이스라엘에 왕이 없으므로 사람이 각기 자기의 (　　)에 옳은 대로 행하였더라' (　) 안에 알맞은 말은?

① 생각　　② 믿음　　③ 소견　　④ 신념

☞ 사사기에 가장 마지막 구절인 사사기 21장 25절은 사사기 시대의 상황을 간략하게 정리해주고 있다. '그 때에 이스라엘에 왕이 없으므로 사람이 각기 자기의 소견에 옳은 대로 행하였더라' 정답은 ③번.

✥ 사사기 주요내용

1. 각 장의 주요 내용 : 3장은 사사 옷니엘과 에훗과 삼갈, 4장은 사사 드보라, 5장은 드보라와 바락의 노래, 6장은 기드온를 사사로 부르심, 7장은 기드온과 300용사, 9장은 기드온의 아들 아비멜렉과 요담의 나무비유, 10장은 사사 돌라, 야일, 입다, 11장은 입다의 딸, 12장은 입다와 에브라임 지파간의 싸움, 사사 입산, 압돈, 13-16장은 사사 삼손, 17-18장은 미가 집의 제사장과 단 지파, 19-21장은 베냐민 지파와 이스라엘 간의 전쟁.
2. 모세의 장인 : 겐 사람.
3. 예루살렘에 베냐민 지파와 함께 거한 족속 : 여부스.
4. 여호수아 : 향년 110세, 딤낫 헤레스에 장사.
5. 보김 - 우는 자들.
6. 최초의 사사 : 옷니엘(갈렙의 아우 그나스의 아들. 유다지파). 기랏세벨(드빌)을 취하여 갈렙의 딸 악사를 아내로 얻음. 메소포타미아 구산리사다임(이스라엘 8년 지배) 물리침. 통치 기간은 40년(삿3:11).
7. 왼손잡이 사사 : 베냐민 지파 게라의 아들 에훗. 모압 왕 에글론(이스라엘 18년 지배)을 죽이고, 80년간 사사로 통치(삿3:30).
8. 기드온 : 므낫세 지파 요하스의 아들. 미디안(이스라엘 7년 지배)을 물리치고, 40년간 사사로 통치(삿8:28). 아들 70명.
9. 삼손 : 단 지파 마노아의 아들. 블레셋과 대적한 이로 20년간 사사로 통치(삿16:31).

10. 입산 : 베들레헴 사람. 아들 30, 딸 30을 낳음. 7년간 사사로 통치한 후 베들레헴에 장사(삿12:8-10).
11. 엘론 : 스불론 사람. 10년간 사사로 통치한 후 아얄론에 장사(삿12:11-12).
12. 압돈 : 비라돈 사람 힐렐의 아들. 아들 40, 손자 30이 있었으며, 나귀 칠십 필을 탔다. 사사로 8년간 통치한 후 비라돈에 장사(삿12:13-15).
13. 입다 : 길르앗 사람. 암몬을 물리친 사사로 6년간 통치(삿12:7).
14. 블레셋과 대적한 사사 : 삼갈(소 모는 막대기로 블레셋 사람 600명을 죽임), 삼손.
15. 드보라 : 가나안 왕 야빈(이스라엘 20년 지배)과 군대장관 시스라와 싸움. 납달리 지파 바락이 도움.
16. 야일 : 길르앗 사람. 22년간 이스라엘 사사로 통치. 아들 삼십이 있어 나귀 삼십을 탔으며 성읍 삼십을 둠(그 성읍을 '야일의 동네'라는 뜻의 '하봇야일'이라 불렀다).
17. 아비멜렉 : 요담을 제외한 기드온의 70 아들 살해 후 세겜에서 왕이 됨.
18. 헤벨의 아내 야엘 : 가나안의 군대 장관 시스라를 말뚝 박아 죽임.
19. 기드온과 연관된 이름 : 여호와 샬롬(여호와는 평강). 여룹바알(바알과 쟁론할 것이다).
20. 기드온의 행적 : 양털뭉치에 내린 이슬의 이적 두 번, 군사 300명, 부하 부라, 나팔, 빈 항아리, 횃불, 미디안의 두 방백 오렙과 스엡 죽임, 미디안과 싸우러 갈 때 부르지 않았다고 시비를 건 에브라임 지파, 왕으로 세우고자 하는 백성들의 제의를 거절함, 에봇을 만들어 오브라에 두어 그것이 집에 올무가 됨, 아들 70명, 오브라에 장사됨, 40년간 사사로 통치함.
21. 기드온의 군사의 수 : 처음 모인 군사의 수는 32,000명. 두려워 떠는 자를 돌아가게 하셨는데 이때 돌아간 이의 수가 22,000명이고, 남은 자가 10,000명. 물가에 내려가서 손으로 물을 움켜 입에 대고 핥은

자 300명을 3대로 나누어 나팔과 빈 항아리와 횃불을 들고 전쟁을 치름.

22. 기드온과 입다에게 싸움에 자신들을 부르지 않았다고 시비를 건 지파 : 에브라임
23. 쉽볼렛 : 길르앗 사람 입다는 에브라임 지파와 전쟁을 하여 에브라임 사람 42,000명을 죽였다. 이때 에브라임 사람임을 확인하는 용도로 사용된 용어가 '쉽볼렛'인데 에브라임 사람은 '쉽볼렛'이라 발음하지 못하고 '십볼렛'이라 하였다(삿12:1-6).
24. 요담의 나무 왕 비유 : 그리심산 꼭대기에 서서 세겜 사람들에게 선포. 비유에 등장하는 나무의 순서는 감람나무 - 무화과나무 - 포도나무 - 가시나무 이며, 마지막 가시나무는 아비멜렉을 가리키는 것.
25. 나무의 왕 거절 이유 : 감람나무는 '나의 기름은 하나님과 사람을 영화롭게 하나니 내가 어찌 그것을 버리겠느냐'(삿9:9) 하였고, 무화과나무는 '나의 단 것, 나의 아름다운 열매를 내가 어찌 버리겠느냐'(삿9:11) 하였으며, 포도나무는 '하나님과 사람을 기쁘게 하는 내 포도주를 내가 어찌 버리겠느냐'(삿9:13)하며 왕에 오르라고 하는 제의를 거절.
26. 이스라엘 여자들이 입다의 딸을 위해 매년 4일씩 애곡.
27. 삼손과 연관된 것 : 나실인. 라맛레히(턱뼈의 산). 엔학고레(울부짖은 자의 샘). 수수께끼(먹는 자에게서 먹는 것이 나오고 강한 자에게서 단 것이 나오는 것은. 블레셋 사람과 베옷 30, 겉옷 30의 내기를 함).
28, 삼손이 하나님의 신에 감동된 곳 : 마하네단.
29. 에브라임 사람 미가가 만든 신상을 빼앗아 간 지파 : 단 지파.
30. 기브아 : 베냐민 지파의 땅.
31. 이스라엘 지파와 베냐민 지파와의 전쟁 : 레위 사람의 첩의 죽음이 계기. 이스라엘 각 지파에서 40만 명이 고여 26,000명의 베냐민 지파와 기브아의 왼손잡이 700명과 전쟁을 치르게 됨(삿20:2, 15-16). 1차 전쟁에서는 이스라엘 사람 22,000명이 죽임을 당하였

고, 2차 전쟁에서도 이스라엘 사람 18,000명이 죽임을 당하였다(삿20:21,25). 그러나 3차 전쟁에서는 매복 작전을 통해 이스라엘이 승리를 하였고(죽은 베냐민 사람의 수가 사사기 20장 35절에는 25,100명, 사사기 20장 46절에는 25,000명으로 되어 있다), 죽음을 피하여 도망한 베냐민의 남은 600명은 림몬 바위에 숨어 4달을 지내게 되었다(삿20:47). 한 지파가 끊어질 위기를 보고, 이스라엘은 남은 600명의 남자를 위해 미스바에 참석하지 않은 야베스 길르앗의 처녀 400명과 실로의 처녀 200명을 아내로 주어 지파가 존속될 수 있도록 하였다(삿21:12, 23).

32. 가장 마지막 구절 : 21장 25절(그 때에 이스라엘에 왕이 없으므로 사람이 각기 자기의 소견에 옳은 대로 행하였더라).

룻 기

1. 룻기의 시대적 배경은 언제인가?
   ① 사사시대　② 통일왕국시대　③ 바벨론포로기　④ 중간기

   ☞ 이방 여인을 주인공으로 하고 있는 룻기는 '사사들이 치리하던 때'를 시대적 배경으로 하고 있다(룻1:1). 정답은 ①번.

2. 나오미의 남편은 어느 지역 사람인가?
   ① 세겜　② 갈릴리　③ 여리고　④ 베들레헴

   ☞ 나오미를 중심으로 룻기의 인물들을 살펴보면, 그의 남편 엘리멜렉은 유다 베들레헴 사람이고, 첫째 아들은 말론으로 이후에 룻을 아내로 맞이하게 되고(룻4:10), 둘째 아들은 기룐으로 오르바를 아내로 맞이하게 된다. 나오미의 가족이 흉년으로 인해 모압으로 떠나기 전 그들이 살았던 곳은 유다 베들레헴(에브랏)으로, 야곱의 아내 라헬이 죽어 장사된 곳이다(창35:19). 나오미의 남편과 아들 둘은 모압 이주 후 모압에서 죽게 된다(룻1:3-5). 정답은 ④번.

3. 룻은 어느 이방 나라 사람인가?
   ① 에돔　② 모압　③ 암몬　④ 애굽

☞ 룻과 오르바는 모압 여인이다(룻1:4). 정답은 ②번.

4. 나오미가 스스로 바꾼 자신의 이름은?
① 마라　② 회복　③ 엘림　④ 해로이

☞ 모압 땅에서 룻과 더불어 나오미가 베들레헴으로 돌아왔을 때는 보리 추수를 시작할 때였다(룻1:22). 나오미는 돌아온 뒤 자신을 '희락'이라는 뜻의 '나오미'라 부르는 베들레헴 사람들에게 '괴로움'이라는 뜻의 '마라'라 부를 것을 요청하였다(출애굽기 15장 23-26절을 보면, 마라는 '쓴 물'이라는 뜻으로 이곳에서 나뭇가지를 물에 던져 쓴 맛을 없애고 이스라엘 백성이 물을 마셨다). 모압에서의 삶이 그만큼 고달프고 힘들었음을 알 수 있다. 정답은 ①번.

5. 그 형제의 집 세우기를 즐겨 아니하는 자를 무엇이라 부르는가?
① 배은망덕한 자의 집　② 의무를 다하지 않는 자의 집
③ 형제사랑을 저버린 자의 집　④ 신 벗김 받은 자의 집

☞ 신명기 25장 5절에서 10절까지를 보면, 죽은 형제에 대해 다른 형제들이 져야 할 의무가 기록되어 있다. 자식 없이 남편을 사별한 아내는 남편의 형제의 아내가 됨으로서, 죽은 남편을 계승할 수 있는 자녀를 출산해야 한다. 그러나 형제 중 그 형제의 집 세우기를 즐겨 아니할 경우에는 그 형제의 아내가 장로들 앞에서 그에게 나아가서 그의 발에서 신을 벗기고 그 얼굴을 침을 뱉으며 '그 형제의 집 세우기를 즐겨 아니하는 자에게는 이같이 할 것이라'고 해야 한다. 이렇게 형제의 집 세우기를 거부하는 자를 '신 벗김 받은 자의 집'이라 칭하라 하셨다(신25:10, 룻4:7). 룻기에서도 보아스 보다 엘리멜렉과 더욱 가까운 기업 무를 자가 있었지만 그는 자신의 신을 벗어 보아스에게 기업 무를 권한을 이양하였다(룻4:8). 정답은 ④번.

6. 보아스와 룻 사이에서 태어난 아들의 이름은?

① 살몬　② 오벳　③ 이새　④ 엘리멜렉

☞ 룻기 4장 18절 이하를 보면, 베레스의 계보가 기록되어 있다. '베레스는 헤스론을 낳고, 헤스론은 람을 낳았고, 람은 암미나답을 낳았고, 암미나답은 나손을 낳았고, 나손은 살몬을 낳았고, 살몬은 라합과 결혼하여 보아스를 낳았고(마1:5), 보아스는 룻과 결혼하여 오벳을 낳았고(마1:5), 오벳은 이새를 낳고, 이새는 다윗을 낳았다'(룻4:18-22). 따라서 룻은 다윗의 증조할머니(조부의 엄마)가 된다. 정답은 ②번.

✥ 룻기 주요내용

1. 시대적 배경 : 사사시대.
2. 나오미를 중심으로 살펴 본 가족관계 : 그의 남편 엘리멜렉은 유다 베들레헴 사람이고, 첫째 아들은 말론으로 이후에 룻을 아내로 맞이하게 되고(룻4:10), 둘째 아들은 기룐으로 오르바를 아내로 맞이하게 된다. 나오미의 가족이 흉년으로 인해 모압으로 떠나기 전 그들이 살았던 곳은 유다 베들레헴(에브랏)으로, 야곱의 아내 라헬이 죽어 장사된 곳이다(창35:19). 나오미의 남편과 아들 둘은 모압 이주 후 모압에서 죽게 된다(룻1:3-5).
3. 룻 : 모압여인.
4. 나오미(희락)가 스스로 바꾼 자신의 이름 : 마라(괴로움).
5. 그 형제의 집 세우기를 즐겨 아니하는 자 : 신 벗김 받은 자의 집(신명기 25장 5-10절).
6. 보아스와 룻 사이에서 태어난 아들 : 오벳(오벳-이새-다윗).
7. 룻과 다윗과의 관계 : 증조할머니(조부의 엄마).

사무엘상

1. 다윗과 골리앗의 싸움은 사무엘상 몇 장에 나오는가?

① 15장　② 16장　③ 17장　④ 18장

☞ 사무엘상 각 장의 주요내용을 살펴보면, 1장은 사무엘의 출생, 2장은 한나의 노래, 3장은 하나님께서 사무엘을 부르심, 4장은 언약궤를 빼앗김, 7장은 미스바 대각성, 8장은 백성의 왕 요구, 10-11장은 사울이 길갈에서 왕으로 세움 받음, 12장은 사무엘의 마지막 말, 15장은 사울의 잘못, 16장은 사무엘이 다윗에게 기름부음, 17장은 다윗과 골리앗의 싸움, 20장은 다윗과 요나단의 우정, 21장은 다윗 일행이 놉에서 진설병을 먹음, 24,26장은 다윗이 사울을 살려줌, 25장은 사무엘의 죽음, 28장은 사울이 엔돌의 신접한 여인을 찾음, 31장은 사울과 요나단의 죽음이다. 정답은 ③번.

2. 사무엘의 아버지는 누구인가?

① 도후　② 엘리후　③ 여로함　④ 엘가나

☞ 사무엘의 아버지는 에브라임 산지 라마다임소빔에 엘가나로서 그는 여로함의 아들이요 엘리후의 손자요 도후의 증손이요 숩의 현손이다. 엘가나에게는 두 아내가 있었는데 한 명은 사무엘의 어머니인 한나이고,

다른 한 명은 브닌나였다(삼상1:1-2). 정답은 ④번.

3. '여호와는 지식의 하나님이시라 행동을 달아 보시느니라'고 노래한 사람은?
   ① 한나 ② 드보라 ③ 미리암 ④ 마리아

☞ 성경에 기록된 여인들의 노래(기도)를 살펴보면, 이스라엘의 홍해 도하 후 출애굽기 15장에 나와 있는 미리암의 노래(너희는 여호와를 찬송하라, 출15:21), 가나안 왕 야빈과 시스라를 물리친 후 사사기 5장에 나와 있는 드보라의 노래(주를 사랑하는 자는 해가 힘 있게 돋음 같게 하시옵소서, 삿5:31), 사무엘을 출산한 후 사무엘상 2장에 나와 있는 한나의 기도(여호와는 지식의 하나님이시라 행동을 달아 보시느니라, 여호와는 죽이기도 하시고 살리기도 하시며 스올에 내리게도 하시고 거기에서 올리기도 하시는도다, 삼상2:3, 6), 예수탄생 고지를 들은 후 누가복음 1장에 나와 있는 마리아의 노래(내 마음이 하나님 내 구주를 기뻐하였음은 그의 여종의 비천함을 돌아 보셨음이라, 눅1:47-48) 등이 있다. 위의 고백은 한나의 기도 중에 나온다. 정답은 ①번.

4. 엘리의 아들들에 대한 다음 설명 중 옳지 않은 것은?
   ① 엘리의 두 아들은 홉니와 비느하스이다.
   ② 행실이 나빠 여호와를 알지 못하였다.
   ③ 엘리 98세 때 두 아들이 함께 죽었다.
   ④ 이방종교의 여사제와 동침하였다.

☞ 엘리의 두 아들 홉니와 비느하스에 대해 성경은 '행실이 나빠 여호와를 알지 못함'(삼상2:12), '여호와의 제사를 멸시함'(삼상2:17), '회막문 수종 드는 여인과 동침함'(삼상2:22), '아버지의 말을 듣지 아니함'(삼상2:25) 등으로 그들의 죄악을 열거하고 있다. 홉니와 비느하스는 블레셋과의 전쟁에서 죽임을 당하였고, 이때 언약궤도 빼앗기게 되었다(삼상

4:11). 두 아들의 전사 소식과 언약궤를 빼앗겼다는 소식을 듣고 엘리도 98세에 목이 부러져 죽게 되었다. 엘리가 사사로 통치한 기간은 40년이었다(삼상4:18). 한편, 비느하스의 아내는 아이를 낳아 하나님의 '영광이 떠남'이라는 의미로 아들의 이름을 '이가봇'이라 하였다(삼상4:19-22). 정답은 ④번.

5. 잠자리에 누웠던 사무엘은 몇 번째 여호와의 부르심에 '말씀하옵소서'라고 응답하였는가?

① 두 번째　② 세 번째　③ 네 번째　④ 다섯 번째

☞ 하나님께서 사무엘을 부르시는 장면이 사무엘상 3장에 기록되어 있다. '사무엘아'라고 하나님께서 부르신 총 횟수는 4회 이고, 네 번째 부르심에 사무엘은 '말씀하옵소서 주의 종이 듣겠나이다'라고 응답하였다(삼상3:10). 부르심을 통해 하나님께서 사무엘에게 알리신 것은 제사장 엘리 집안에 대한 심판의 내용이다(삼상3:11-14). 정답은 ③번.

6. 다음 중 블레셋에게 빼앗겼던 이스라엘의 법궤가 체류한 적이 없는 도시 이름은?

① 아스돗　② 가드　③ 에그론　④아스글론

☞ 이스라엘이 빼앗긴 법궤의 이동경로를 보면, 에벤에셀 → 아스돗 → 가드 → 에그론 → 벧세메스 → 기럇여아림의 아비나답의 집 순서이다. 블레셋 땅 아스돗에서는 언약궤를 다곤 신상 곁에 두었는데 다곤의 머리와 두 손목이 끊어지고 독종의 재앙이 생겨 가드로 옮기게 되었다(삼상5:1-8). 그러나 가드에서도 독한 종기의 재앙으로 인해 에그론으로 보내어졌으며(악성 종기의 재앙은 애굽에서 열 재앙 중 여섯 번째 재앙이다), 에그론 백성들의 호소로 언약궤를 벧세메스로 보냈는데, 이때 새 수레를 젖 나는 소 두 마리가 끌고, 수레에는 언약궤와 금 쥐 다섯, 금 독종 다섯 형상을 실어 보냈다. 금 독종 다섯은 블레셋 사람들이 여호와

께 속건제로 바친 것으로, 다섯인 이유는 아스돗, 가사, 아스글론, 가드, 에그론을 위하여 각각 하나씩 바쳤기 때문이다(삼상6:17). 벧세메스에서는 사람들이 언약궤를 들여다 본고로 (오만) 칠십 명이 죽임을 당하였고, 벧세메스 사람들의 요청으로 언약궤는 기럇여아림의 아비나답의 집으로 옮겨 그곳에서 20년간 머물렀으며, 아비나답의 아들 엘르아살이 언약궤를 지키는 일을 맡았다(삼상7:1-2). 정답은 ④번.

7. 다음 단어와 그 뜻이 맞지 않는 것은?

① 이가봇 - 영광이 떠남 ② 에벤에셀 - 도움의 돌
③ 사무엘 - 하나님의 도우심 ④ 셀라하마느곳 - 분리하는 바위

☞ 이가봇은 이스라엘이 에벤에셀(도움의 돌 - 여호와께서 여기까지 우리를 도우셨다, 삼상7:12)에 진 치고 블레셋과 싸움을 할 때 전사한 엘리의 둘째 아들 비느하스의 아들이다. 언약궤를 빼앗기고, 시부와 남편이 죽었음을 인하여, 비느하스의 아내가 아들의 이름을 '영광이 떠남'이라는 뜻의 '이가봇'이라 하였다(삼상4:21-22). 엘가나와 한나의 아들 사무엘은 '하나님의 들으심'이라는 뜻으로 야곱의 둘째 아들 '시므온'과 그 뜻이 동일하다. '셀라하마느곳'은 사울이 마온 황무지에서 다윗을 잡고자 할 때, 블레셋의 침입으로 다윗 추적을 포기하고 돌아간 곳으로, 그 뜻은 '분리하는 바위'이다(삼상23:28). 정답은 ③번.

8. 다음 설명 중 옳지 않은 것은?

① 사무엘의 집은 라마에 있었다.
② 사무엘의 두 아들 요엘과 아비야는 브엘세바에서 사사가 되었다.
③ 사울은 베냐민 지파 기스의 아들로 암양을 찾으러 다니다 사무엘을 만났다.
④ 사울이 왕으로 뽑힌 곳은 미스바이고, 왕으로 세움 받은 곳은 길갈이다.

☞ 사무엘은 해마다 벧엘, 길갈, 미스바로 순회하며 이스라엘을 다스렸고, 자신의 집 라마로 돌아왔다(삼상7:16-17). 이스라엘 백성이 왕을 요구하게 된 주요 이유 중 하나가 사무엘의 두 아들 요엘과 아비야의 굽은 판결 때문이었다. 그들은 브엘세바에서 사사가 되었는데, 뇌물을 취하고 판결을 굽게 하므로 이스라엘 모든 장로가 사무엘을 찾아가 '우리에게 왕을 세워 우리를 다스리게 하소서'라고 요청하였다(삼상8:1-5). 최초의 이스라엘 왕인 사울은 베냐민 지파 마드리의 가족 기스의 아들로(삼상10:21), 암나귀를 찾으러 다니다가 사무엘을 만나 머리에 기름부음을 받았다(삼상10:1). 이후 백성들 앞에서 사울이 왕으로 뽑힌 곳은 미스바이고(삼상10:17-24), 왕으로 세움 받은 곳은 암몬 사람을 물리친 후 길갈에서이다(삼상11:15). 정답은 ③번.

9. 사울이 왕이 될 때의 그의 나이는?
① 20세 ② 30세 ③ 40세 ④ 50세

☞ 사무엘상 13장 1절을 보면, '사울이 왕이 될 때에 사십 세라'고 기록하고 있다. 사울을 이어 왕이 된 다윗은 30세에 즉위하여 7년 6개월 동안은 유다를, 33년 동안은 온 이스라엘과 유다를 통치하였다(삼하5:4-5). 사울 사후, 사울의 군장 넬의 아들 아브넬이 사울의 아들 이스보셋을 데리고 마하나임으로 건너가서 이스라엘 왕을 삼았을 때, 이스보셋의 나이도 40세였다(삼하2:9). 정답은 ③번.

10. '여호와의 구원은 사람이 많고 적음에 달리지 아니하였다'라고 말한 사람은?
① 사울 ② 사무엘 ③ 다윗 ④ 요나단

☞ 위의 말은 요나단이 블레셋을 습격할 때 자기의 무기 든 소년(사무엘상 13장 22절을 보면, 오직 사울과 그 아들 요나단만 칼과 창이 있었다)에게 한 말이다(삼상14:6). 참고로 '전쟁은 여호와께 속한 것인즉'이라

고 말한 이는 다윗이다(삼상17:47). 정답은 ④번.

11. 하나님께서 사울을 왕으로 세우신 것을 후회하신다고 하신 것은 어느 사건 후인가?

① 길갈에서 사울이 망령된 제사를 드렸을 때

② 아말렉과의 전쟁에서 전멸하지 않고 왕과 전리품을 남겼을 때

③ 갈멜에 자기 기념비를 세웠을 때

④ 사울이 악신이 들려 다윗을 죽이고자 할 때

☞ 사울이 왕이 된 후, 가장 먼저 잘못한 행위는 길갈에서 사무엘을 기다리지 못하고 스스로 제사를 주관한 일이다. 이때 사무엘은 '왕의 나라가 길지 못할 것이라'고 사울을 책망하였다. 사무엘상 15장 아말렉과의 전쟁에서 하나님은 사울에게 불쌍히 여기지 말고 아말렉의 모든 것을 전멸하라 하셨는데, 사울은 아말렉 왕 아각과 좋은 것들은 전리품으로 남겨 놓았다(삼상15:9). 이 일로 인해 하나님께서는 사무엘에게 '내가 사울을 왕으로 세운 것을 후회하노니'라고 말씀하셨다(삼상15:11). 정답은 ②번.

12. 다음 중 전쟁에 참전한 이새의 아들이 아닌 사람은?

① 엘리압 ② 말기수아 ③ 아비나답 ④ 삼마

☞ 이새에게는 모두 8명의 아들이 있었다(삼상16:10-11). 그 중 블레셋과의 전쟁 시 사울을 따라 싸움에 나간 아들은 장성한 세 아들로서 장자 엘리압, 아비나답, 삼마였다(삼상17:13). 말기수아는 요나단, 리스위와 형제로서 사울의 아들이다(삼상14:49). 정답은 ②번.

13. 골리앗은 블레셋 어느 지역 사람인가?

① 가사 ② 에그론 ③ 가드 ④ 아스글론

☞ 사울과 이스라엘 백성들이 엘라(상수리) 골짜기에 진치고 블레셋과

항오를 벌릴 때 블레셋에서 싸움을 돋우는 자가 골리앗이었다. 그는 가드 사람으로 신장이 여섯 규빗 한 뼘이나 되었다(삼상17:4). 이후에 다윗은 놉 제사장 아히멜렉을 찾아가 자신이 엘라골짜기에서 죽인 골리앗의 칼을 취하여 가져갔다(삼상21:9). 정답은 ③번.

14. 다윗과 그 일행에게 진설병을 제공한 놉의 제사장은 누구인가?
① 아히멜렉　　② 아비아달　　③ 사독　　④ 도엑

☞ 사울을 피하여 도망하던 중 다윗과 그 일행은 아히둡의 아들 놉 제사장 아히멜렉으로부터 진설병을 얻어먹게 된다(삼상21:6). 이 일을 에돔 사람이요 사울의 목자장인 도엑이 사울에게 전하였고, 이 일로 놉의 제사장 85명이 죽임을 당하였다(삼상22:18). 이때 죽음의 위기에서 살아나 다윗을 찾아간 이가 아히멜렉의 아들 아비아달이다(삼상22:20). 정답은 ①번.

15. 모압 땅에 있던 다윗에게 '유다로 들어가라'고 한 선지자는?
① 나단　　② 아히야　　③ 잇도　　④ 갓

☞ 놉 제사장 아히멜렉으로부터 골리앗의 칼을 취한 후, 다윗은 사울을 피해 골리앗의 고향 가드왕 아기스에게 갔다. 다윗을 두려워하는 자들 때문에 자신을 위장하기 위해 미친 척하며 그곳에 있었으나(시편 34편은 다윗이 아비멜렉 앞에서 미친 척하다가 쫓겨나서 지은 시이다) 곧 아둘람 굴로 도망하였다. 아둘람 굴에 있는 다윗을 찾아 환난 당한 자와 빚진 자와 마음이 원통한 자가 왔는데 그 수가 사백 명 가량 되었다(삼상22:2). 다윗이 아둘람 굴에서 나와 자신의 부모를 모압 왕에게 부탁하고 거기 있었는데 그 때 선지자 갓이 다윗에게 '이 요새에 있지 말고 떠나 유다 땅으로 들어가라'고 명하였다(삼상22:5). 그 명령을 듣고 다윗이 헤렛 수풀로 이동하였다. 선지자 갓은 사무엘하 24장에 인구조사에 대한 하나님의 심판을 전하는 자로도 등장한다(삼하24:11). 정답은 ④번.

16. 다윗이 사울의 옷자락만 베고 사울의 생명을 살린 곳은 어디인가?
① 엔게디 황무지 ② 마온 황무지 ③ 십 황무지 ④ 하길라 산

☞ 사울의 추적을 피해 다윗이 피신한 지역을 살펴보면, 놉 → 가드 → 아둘람 굴 → 모압 → 헤렛수풀 → 십 황무지 → 마온 황무지 → 엔게디 황무지 → 바란 광야 → 하길라 산 → 가드이다. 십 황무지에서 다윗과 요나단은 언약을 맺었고, 엔게디 황무지에 있는 굴에서 다윗이 사울을 죽일 수 있는 기회가 있었으나 '기름 부음 받은 자를 칠 수 없다'하여 그의 옷자락만을 베었다(삼상24:4). 이것이 다윗과 사울의 1차 만남이었고, 하길라산에서의 2차 만남 때도 사울을 죽일 수 있는 기회가 있었으나 사울의 창과 물병만 가지고 사울의 생명은 건드리지 않았다(삼상26:11). 정답은 ①번.

17. 나발의 아내였다가 다윗의 아내가 된 사람의 이름은?
① 아히노암 ② 아비가일 ③ 미갈 ④ 다말

☞ '미련한 자'라는 뜻의 마온 사람 나발은 다윗을 영접하지 않았으나 그의 아내 아비가일은 남편 대신 다윗을 정성껏 영접하였다. 이 일로 열흘 후에 나발이 죽은 후(삼상25:38), 아비가일은 다윗의 아내가 되었다. 아내가 되어줄 것을 요청하는 다윗의 말에 대해, 아비가일은 '내 주의 여종은 내 주의 전령들의 발 씻길 종이니이다'라고 응답하였다(삼상25:41). 다윗은 아비가일과 아히노암(사울의 아내 이름도 아히노암이다. 삼상14:50)을 아내로 취하였고, 이전에 블레셋 사람 포피 200개를 베어와(사울은 100개를 요구하였는데 다윗은 200개를 가져왔음) 아내 삼았던 사울의 딸 미갈은 사울이 갈림에 사는 라이스의 아들 발디(사무엘하 3장 15절에는 '발디엘'이라 되어 있음)에게 주었다(삼상25:44). 정답은 ②번.

18. 가드 왕 아기스가 다윗에게 선물로 준 성읍은?
① 가드 ② 가사 ③ 시글락 ④ 에그론

☞ 다윗이 사울을 피해 자신의 사람 600명과 함께 가드왕 아기스에게로 가서 함께 동거하자, 사울은 다윗을 다시는 수색하지 아니하였다(삼상27:1-4). 함께 왕도에 거하는 것이 부담스럽다는 다윗에게 아기스는 시글락을 선물로 주었으며, 이런 이유로 시글락이 오늘까지 유다 왕국에 속하게 되었다(삼상27:6-7). 다윗이 블레셋에 거한 총 날 수는 일 년 사 개월이었다(삼상27:7). 정답은 ③번.

19. 사울이 신접한 여인을 만나기 위해 찾아 간 곳은?
① 길갈 ② 갈멜 ③ 엔돌 ④ 길보아

☞ 길갈은 사울이 이스라엘 왕으로 세움을 받은 곳이자(삼상11:15), 사무엘을 기다리지 못하고 직접 망령된 제사를 드린 곳이다(삼상13:8-15). 갈멜은 사울이 자기 기념비를 세운 곳이며(삼상15:12), 길보아는 사울이 블레셋 사람과의 전투에서 전사한 곳이다(삼상31:2, 대상10:1-6). 사울이 신접한 여인을 찾아가 사무엘을 불러 낸 곳은 엔돌이며, 그 때 사무엘은 사울과 아들들이 블레셋 사람들에게 죽임을 당할 것이라 알려주었다(삼상28:8-19). 정답은 ③번.

20. 다음 중 아말렉과 전쟁을 치루어 보지 않은 사람은?
① 여호수아 ② 삼손 ③ 사울 ④ 다윗

☞ 아말렉은 아브라함의 손자 에서의 후손으로(창36:12), 이스라엘 출애굽 후 이스라엘과 르비딤에서 싸운 최초의 이방 족속이다(출17장). 아말렉과의 전쟁 시 모세는 아론과 훌의 도움을 받아 기도하였고, 여호수아는 나가 싸워 이스라엘이 이기게 되었다. 이때 생겨난 용어가 '여호와는 나의 기'라는 '여호와 닛시'이다(출17:15). 사울은 사무엘상 15장에서 아말렉과 전쟁을 벌였는데, 이때 하나님께서는 사울에게 불쌍히 여기지 말고 아말렉의 모든 것을 전멸하라 하셨는데, 사울은 아말렉 왕 아각과 좋은 것들은 전리품으로 남겨 놓았다(삼상15:9). 이 일로 인해 하나님께서는 사무엘에게 '내가 사울을 왕으로 세운 것을 후회하노라'라고

말씀하셨다(삼상15:11). 다윗은 사무엘상 30장에서 자신이 가드 왕 아기스로부터 받은 시글락 성읍을 아말렉이 공격한 일로 그들과 전쟁을 벌였다. 아말렉을 전멸한 후 다윗은 전리품을 전쟁에 참여하지 않고 브솔 시내에서 쉬게 했던 200명에게도 나누어주어, 이 공동분배의 정신을 이스라엘의 율례와 규례로 삼았다(삼상30:21-25). 삼손이 싸운 민족은 블레셋이다. 정답은 ②번.

21. 길보아 전투에서 죽은 사울의 아들이 아닌 사람은?
① 요나단 ② 아비나답 ③ 말기수아 ④ 엘리압

☞ 사무엘상 31장 2절과 역대상 10장 2절을 보면, 사울과 함께 죽임 당한 아들이 세 명 등장하는데, '요나단, 아비나답, 말기수아'이다. 사무엘상 14장 49절에 기록되어 있는 사울의 자녀들을 살펴보면, 아들로는 '요나단, 리스위, 말기수아'가 있고 딸로는 '메랍'과 다윗의 아내가 되었다가 발디(발디엘)의 아내가 된 '미갈'이 있다. 아들 명단에는 리스위가, 전사자 명단에는 아비나답이 있는데, 두 이름이 동일 인물을 가리키는 것인지는 명확하지 않다. 엘리압은 다윗의 첫째 형 이름이다(삼상17:13). 정답은 ④번.

✤ 사무엘상 주요내용

1. 각 장의 주요내용 : 1장은 사무엘의 출생, 2장은 한나의 노래, 3장은 하나님께서 사무엘을 부르심, 4장은 언약궤를 빼앗김, 7장은 미스바 대각성, 8장은 백성의 왕 요구, 10-11장은 사울이 길갈에서 왕으로 세움 받음, 12장은 사무엘의 마지막 말, 15장은 사울의 잘못, 16장은 사무엘이 다윗에게 기름부음, 17장은 다윗과 골리앗의 싸움, 20장은 다윗과 요나단의 우정, 21장은 다윗 일행이 놉에서 진설병을 먹음, 24,26장은 다윗이 사울을 살려줌, 25장은 사무엘의 죽음, 28장은 사

울이 엔돌의 신접한 여인을 찾음, 31장은 사울과 요나단의 죽음.

2. 사무엘의 아버지 : 엘가나(에브라임 산지 라마다임소빔).
3. 엘가나의 두 아내 : 사무엘의 어머니인 한나, 브닌나.
4. 여호와는 지식의 하나님이시라 행동을 달아보시느니라 : 한나의 노래.
5. 성경에 기록된 여인들의 노래(기도) : 이스라엘의 홍해 도하 후 출애굽기 15장에 나와 있는 미리암의 노래(너희는 여호와를 찬송하라, 출15:21), 가나안 왕 야빈과 시스라를 물리친 후 사사기 5장에 나와 있는 드보라의 노래(주를 사랑하는 자는 해가 힘 있게 돋음 같게 하시옵소서, 삿5:31), 사무엘을 출산한 후 사무엘상 2장에 나와 있는 한나의 기도(여호와는 지식의 하나님이시라 행동을 달아 보시느니라, 여호와는 죽이기도 하시고 살리기도 하시며 스올에 내리게도 하시고 거기에서 올리기도 하시는도다, 삼상2:3, 6), 예수탄생 고지를 들은 후 누가복음 1장에 나와 있는 마리아의 노래(내 마음이 하나님 내 구주를 기뻐하였음은 그의 여종의 비천함을 돌아 보셨음이라, 눅1:47-48) 등이 있다.
6. 엘리의 아들들 : 홉니와 비느하스. 행실이 나빠 여호와를 알지 못함. 엘리 98세때 두 아들이 블레셋과의 전쟁에서 함께 죽음. 여호와의 제사를 멸시함. 회막문 수종 드는 여인과 동침함. 아버지의 말을 듣지 아니함.
7. 비느하스의 아들 : 이가봇(영광이 떠남).
8. 하나님께서 사무엘을 부르신 횟수 : 4회(네 번째 부르심에 사무엘은 '말씀하옵소서 주의 종이 듣겠나이다'라고 응답).
9. 하나님께서 사무엘에게 알리신 내용 : 제사장 엘리 집안에 대한 심판.
10. 이스라엘이 빼앗긴 법궤의 이동경로 : 에벤에셀 → 아스돗(다곤의 머리와 두 손목이 끊어지고 독한 종기의 재앙이 생김) → 가드(독한 종기의 재앙) → 에그론 → 벧세메스 → 기럇여아림의 아비나답의 집.
11. 에그론에서 벧세메스로 법궤를 옮길 때 : 새 수레를 젖 나는 소 두 마리가 끌고, 수레에는 언약궤와 금 쥐 다섯, 금 독종 다섯 형상을 실어 보냈다. 금 독종 다섯은 블레셋 사람들이 여호와께 속건제로

바친 것으로, 다섯인 이유는 아스돗, 가사, 아스글론, 가드, 에그론을 위하여 각각 하나씩 바쳤기 때문이다(삼상6:17). 벧세메스에서는 사람들이 언약궤를 들여다 본고로 (오만) 칠십 명이 죽임을 당하였고, 벧세메스 사람들의 요청으로 언약궤는 기럇여아림의 아비나답의 집으로 옮겨 그곳에서 20년간 머물렀으며, 아비나답의 아들 엘르아살이 언약궤를 지키는 일을 맡았다.

12. 주요단어의 뜻 : 이가봇(영광이 떠남). 에벤에셀(도움의 돌). 사무엘(하나님의 들으심). 셀라하마느곳(분리하는 바위).
13. 사무엘의 집 소재지 : 라마(해마다 벧엘, 길갈, 미스바로 순회하며 이스라엘을 다스림).
14. 사무엘의 두 아들 : 요엘과 아비야. 브엘세바에서 사사가 됨. 이들의 굽은 판결로 백성들이 왕을 요구하게 됨.
15. 사울 : 베냐민 지파 기스의 아들. 암나귀를 찾으러 다니다 사무엘을 만남.
16. 사울이 왕으로 뽑힌 곳 : 미스바.
17. 사울이 왕으로 세움 받은 곳 : 암몬 사람을 물리친 후 길갈.
18. 사울이 왕이 될 때의 나이 : 40세(사울의 아들 이스보셋이 마하나임에서 이스라엘 왕이 될 때 나이도 40세).
19. 다윗이 왕이 될 때의 나이 : 30세에 즉위하여 7년 6개월 동안은 유다를, 33년 동안은 온 이스라엘과 유다를 통치(삼하5:4-5).
20. 여호와의 구원은 사람의 많고 적음에 달리지 아니하였다 : 요나단.
21. 전쟁은 여호와께 속한 것인즉 : 다윗(삼상17:47).
22. 하나님께서 사울을 왕으로 세우신 것을 후회하신다고 하신 것 : 아말렉과의 전쟁에서 전멸하지 않고 왕과 전리품을 남긴 후에.
23. 사울이 자기 기념비를 세운 곳 : 갈멜.
24. 전쟁에 참전한 이새의 아들들 : 장자 엘리압과 아비나답, 삼마.
25. 골리앗 : 블레셋 가드 사람.
26. 다윗과 그 일행에게 진설병을 제공한 놉의 제사장 : 아히멜렉. 이 일을 에돔 사람이요 사울의 목자장인 도엑이 사울에게 전하였고, 이

일로 놉의 제사장 85명이 죽임을 당하였다(삼상22:18). 이때 죽음의 위기에서 살아나 다윗을 찾아간 이가 아히멜렉의 아들 아비아달이다(삼상22:20).

27. 모압 땅에 있던 다윗에게 '유다로 들어가라'고 한 선지자 : 갓. 사무엘하 24장에 인구조사에 대한 하나님의 심판을 전하는 자로도 등장한다(삼하24:11).
28. 다윗이 사울의 옷자락만 베고 사울의 생명을 살린 곳 : 엔게디 황무지.
29. 사울의 창과 물병만 가지고 사울의 생명은 살린 곳 : 하길라산.
30. 나발의 아내였다가 다윗의 아내가 된 사람 : 아비가일.
31. 가드 왕 아기스가 다윗에게 선물로 준 성읍 : 시글락.
32. 다윗이 블레셋에 거한 총 날 수 : 일 년 사 개월(삼상27:7).
33. 사울이 신접한 여인을 만나기 위해 찾아 간 곳 : 엔돌.
34. 아말렉과의 전쟁 : 아말렉은 아브라함의 손자인 에서의 후손(창36:12). 이스라엘 출애굽 후 이스라엘과 르비딤에서 싸운 최초의 이방 족속(출17장). 아말렉과의 전쟁 시 모세는 아론과 훌의 도움을 받아 기도하였고, 여호수아는 나가 싸워 이스라엘이 이기게 되었다. 이때 생겨난 용어가 '여호와는 나의 기'라는 '여호와닛시'이다(출17:15). 사울은 사무엘상 15장에서 아말렉과 전쟁을 벌였는데, 이때 하나님께서는 사울에게 불쌍히 여기지 말고 아말렉의 모든 것을 전멸하라 하셨는데, 사울은 아말렉 왕 아각과 좋은 것들은 전리품으로 남겨 놓았다(삼상15:9). 이 일로 인해 하나님께서는 사무엘에게 '내가 사울을 왕으로 세운 것을 후회하노니'라고 말씀하셨다(삼상15:11). 다윗은 사무엘상 30장에서 자신이 가드 왕 아기스로부터 받은 시글락 성읍을 아말렉이 공격한 일로 그들과 전쟁을 벌였다. 아말렉을 전멸한 후 다윗은 전리품을 전쟁에 참여하지 않고 브솔시내에서 쉬게 했던 200명에게도 나누어주어, 이 공동분배의 정신을 이스라엘의 율례와 규례로 삼았다(삼상30:21-25).
35. 길보아 전투에서 죽은 사울의 아들들 : 요나단. 아비나답. 말기수아.

사무엘하

1. 밧세바의 일로 인한 나단의 다윗 책망은 사무엘하 몇 장에 나오는가?
   ① 11장 ② 12장 ③ 13장 ④ 14장

☞ 사무엘하 각 장의 주요내용을 살펴보면, 1장은 사울과 아들들의 길보아 산에서의 전사와 다윗의 슬픈 노래, 2장은 다윗이 유다의 왕이 됨, 5장은 다윗이 온 이스라엘의 왕이 됨, 6장은 언약궤를 다윗성으로 옮김, 7장은 나단의 묵시와 다윗의 기도, 11장은 밧세바를 범한 다윗의 범죄, 12장은 선지자 나단의 책망(가난한 자와 부자의 양 비유), 15장은 압살롬의 반역, 18장은 압살롬의 전사와 다윗의 울음, 20장은 세바의 반역, 22장은 다윗의 노래, 23장은 다윗의 마지닥 말, 24장은 인구조사이다. 정답은 ②번.

2. 사울과 요나단의 전사소식을 전한 청년은 어느 나라 백성인가?
   ① 애굽 ② 구스 ③ 암몬 ④ 아말렉

☞ 사울과 그 아들들이 전사한 길보아산 전투(사울을 장사한 사람은 길르앗 야베스 사람들이었다, 삼하2:4)는 다윗이 시글락 성읍을 공격한 아말렉과 싸운 시점과 비슷한 시기인 듯하다. 왜냐하면 다윗이 아말렉을 물리치고 시글락 성읍으로 돌아와 이틀을 유하고 제 삼일에 이스라엘

진에서 도망 온 사람으로부터 사울과 그 아들들의 전사 소식을 듣게 되기 때문이다. 이때 전사소식을 전한 청년이 자신이 사울을 죽였음을 고백하게 되었고, 다윗은 그 청년의 국적을 물은 후, 그가 '아말렉' 사람이라는 말을 듣고 이스라엘 청년으로 하여금 그를 죽이도록 명하였다(삼하1:11-16). 다윗이 그 청년을 죽이라 명한 것은 그가 하나님의 기름부음 받은 자를 죽였기 때문이다. 정답은 ④번.

3. 사울과 요나단의 전사소식을 듣고 다윗이 부른 노래는 무엇인가?
① 활 노래 ② 장송곡 ③ 야살의 노래 ④ 애가

☞ 사울과 요나단의 죽음을 추모하며 다윗이 부른 노래는 활 노래로, 이 노래를 유다 족속에게 가르쳐 부르게 하였다(삼하1:17-18). 이 노래는 '야살의 책'에 기록되어 있는데, 주요내용으로는 '이스라엘아 네 영광이 산 위에서 죽임을 당하였도다 오호라 두 용사가 엎드러졌도다'(삼하1:19)와 '사울과 요나단이 생전에 사랑스럽고 아름다운 자이러니 죽을 때에도 서로 떠나지 아니하였도다 그들은 독수리보다 빠르고 사자보다 강하였도다'(삼하1:23)라는 말씀이다. 정답은 ①번.

4. 사울의 아들 이스보셋이 왕이 된 곳은 어디인가?
① 길갈 ② 마하나임 ③ 미스바 ④ 예루살렘

☞ 사울 사후, 유다 사람들이 헤브론에서 다윗에게 기름을 부어 다윗을 유다 족속의 왕으로 삼았다(삼하2:4). 다윗은 유다 족속을 7년 6개월간 통치하였다(삼하2:11). 비슷한 시기에 사울의 군장 넬의 아들 아브넬이 사울의 아들 이스보셋을 데리고 마하나님(사무엘하 17장 24절을 보면, 압살롬을 피해 다윗이 도망한 곳도 '마하나임'이다)으로 가서 그를 이스라엘의 왕으로 삼았다. 이스보셋이 왕에 등극할 때의 나이는 사울이 왕으로 등극할 때와 동일한 40세였으며(삼상13:1), 그는 두 해 동안 이스라엘을 통치하였다(삼하2:10). 정답은 ②번.

5. 스루야의 세 아들이 아닌 사람은?

① 아브넬 ② 요압 ③ 아비새 ④ 아사헬

☞ 사무엘하 2장 18절을 보면, '스루야의 세 아들 요압과 아비새와 아사헬'이라는 말씀이 나온다. 이 중 요압은 다윗의 군대장관이었고(삼하 8:16,20:23), 아사헬은 들노루 같이 빠른 발을 가지고 있었으나 사울의 군대장관 아브넬에게 죽임을 당하였다(삼하2:23). 정답은 ①번.

6. 헬갓핫수림이라는 지명이 있는 곳은 어디인가?

① 마하나임 ② 기브아 ③ 기브온 ④ 유다

☞ 사울의 아들 이스보셋과 이새의 아들 다윗이 각각의 왕이 된 후에 두 진영의 신복 12명씩 기브온에 모여 싸움을 벌였다. 그 싸움이 너무나 격렬하여 싸움을 벌인 장소를 '날카로운 칼의 밭'이라는 뜻의 '헬갓핫수림'이라 하였다(삼하2:16). 그곳은 기브온에 있다. 정답은 ③번.

7. 압살롬의 어머니 이름은 무엇인가?

① 마아가 ② 아히노암 ③ 학깃 ④ 에글라

☞ 사무엘하 3장 2-5절을 보면, 다윗이 헤브론에서 낳은 아들들이 기록되어 있다. 순서대로 아들의 이름과 그의 어머니의 이름을 살펴보면, 암논의 어머니는 아히노암, 길르압의 어머니는 갈멜 사람 나발의 아내 되었던 아비가일, 압살롬의 어머니는 그술 왕 달매의 딸 마아가, 아도니야의 어머니는 학깃, 스바댜의 어머니는 아비달, 이드르암의 어머니는 에글라 이다. 정답은 ①번.

8. 지체장애를 가진 요나단의 아들은?

① 시바 ② 시므이 ③ 길함 ④ 므비보셋

☞ 요나단이 길보아 산 전투에서 전사할 때 그에게는 다섯 살짜리 아들

이 있었는데, 유모가 급히 도망하던 중에 아이를 떨어 뜨려 다리를 절게 되었다. 그 아들의 이름은 므비보셋이다(삼하4:4). 다윗은 요나단과의 우정으로 인해 므비보셋을 왕자 중 하나와 같이 대우하였다. 정답은 ④번.

9. '바알브라심'이라는 용어는 다윗과 어느 민족과의 전쟁에서 연유한 것인가?

① 아말렉 ② 블레셋 ③ 암몬 ④ 모압

☞ 다윗이 전 이스라엘의 왕이 된 것은 그의 나이 30세였을 때이고, 그는 40년간 이스라엘을 통치하였다(삼하5:4). 통치 초기에 여부스 인에게서 시온 산성을 빼앗아 다윗 성(예루살렘 성)이라 이름하였고(삼하5:9), 두로왕 히람이 백향목과 목수와 석수를 보내어 다윗의 집을 지어주었다(삼하5:11). 이때 다윗이 이스라엘의 왕이 되었다는 소식을 듣고 블레셋이 공격해왔으며, 하나님께서는 물을 흩음 같이 블레셋을 물리치도록 도와 주셨다. '바알브라심'이란 '주께서 흩으시다'는 뜻으로 블레셋과의 전쟁에서 생겨난 용어이다(삼하5:20). 정답은 ②번.

10. 죽는 날까지 자식이 없었던 다윗의 아내는 누구인가?.

① 아히노암 ② 에글라 ③ 아비달 ④ 미갈

☞ 아비나답의 집에서 20년간 머물러 있던 언약궤를 다윗이 예루살렘 성으로 옮기는 장면이 사무엘하 6장에 기록되어 있다. 언약궤를 블레셋에 빼앗겼을 때부터 언약궤가 있었던 경로를 살펴보면, 에벤에셀→아스돗→가드→에그론→벧세메스→ 랏여아림의 아비나답의 집 순서이다. 사무엘하 6장에는 아비나답의 집에서 아비나답의 아들 아효와 웃사가 새 수레를 끌고 언약궤를 옮기는 장면이 나오는데, 나곤의 타작마당에서 웃사가 궤를 잡았다가 죽임을 당하게 되는 사건이 발생했다. 이때 '웃사를 침'이라는 뜻의 '베레스웃사'라는 이름이 생겨나게 되었다(삼하6:8). 그 후 언약궤는 가드 사람 오벧에돔의 집에 있다가 다윗 성(예루살렘 성)으로 옮겨 왔는데, 언약궤가 다윗성에 들어올 때 다윗이 기뻐 춤추는

것을 미갈이 비방한 일로 인해 미갈은 죽는 날까지 자식이 없게 되었다(삼하6:23). 정답은 ④번.

11. 역대상 17장과 내용이 동일한 곳은 사무엘하 몇 장인가?
① 5장 ② 6장 ③ 7장 ④ 8장

☞ 역대상 17장은 나단을 통해 다윗에게 주시는 하나님의 축복의 내용(다윗언약)이 기록되어 있는데, 동일한 내용이 사무엘하 7장에도 기록되어 있다. 축복의 내용 중에는 '땅에서 위대한 자들의 이름 같이 네 이름을 위대하게 만들어주리라'(삼하7:9)는 말씀과 '그는 내 이름을 위하여 집을 건축할 것이요 나는 그의 나라를 영원히 견고하게 하리라'(삼하7:13)는 후손에 대한 축복의 약속이 담겨져 있다. 이러한 하나님의 축복에 대해 다윗은 감사의 기도를 드렸는데, 주요 내용으로는 '주 여호와여 나는 누구이오며 내 집은 무엇이기에 나를 여기까지 이르게 하셨나이까'(삼하7:18), '주와 같은 이가 없고 주 외에는 신이 없음이니이다'(삼하7:22), '주 여호와여 오직 주는 하나님이시며 주의 말씀들이 참되시니이다'(삼하7:28)는 말씀이 있다. 참고로, 역대상 19장과 사무엘하 10장도 내용이 동일하다. 정답은 ③번.

12. 다윗 통치 전반기의 다윗의 참모 중 서기관은 누구였는가?
① 스라야 ② 브나야 ③ 여호사밧 ④ 이라

☞ 사무엘하 8장 15절에서 18절까지 다윗의 통치 전반기의 참모들의 이름이 기록되어 있다. 군대장관은 요압, 제사장은 아히둡의 아들 사독과 아비아달의 아들 아히멜렉, 사관은 여호사밧, 서기관은 스라야, 그렛 사람과 블렛 사람을 관할하는 장관은 여호야다의 아들 브나야, 대신은 다윗의 아들들이 담당하였다. 다윗의 통치 후반기의 참모들의 이름은 사무엘하 20장 23절에서 26절까지 기록되어 있다. 군대장관은 요압, 제사장은 아히둡의 아들 사독과 아비아달, 사관은 아힐룻의 아들 여호사밧, 서기관은 스와, 그렛 사람과 블렛 사람의 지휘관은 여호야다의 아들

브나야, 감역관은 아도람, 대신은 야일 사람 '이라'가 담당하였다. 참고로 열왕기상 4장 2절부터 6절까지 나와 있는 솔로몬의 참모들을 살펴보면, 제사장은 사독의 아들 아사리아, 사독, 아비아달, 서기관은 시사의 아들 엘리호렙과 아히야, 사관은 아힐룻의 아들 여호사밧, 군대장관은 여호야다의 아들 브나야, 지방 관장의 두령은 나단의 아들 아사리아, 제사장이요 왕의 벗인 자는 나단의 아들 사붓, 궁내대신은 아히살, 노동감독관은 압다의 아들 아도니람 이다. 정답은 ①번.

13. 밧세바의 남편 우리아는 어느 민족과의 전투에서 전사하였는가?
① 블레셋 ② 모압 ③ 암몬 ④ 아말렉

☞ 암몬의 왕 나하스가 죽은 일로 다윗이 조문객들을 암몬으로 보내었는데, 나하스의 아들 하눈이 조문객들의 수염과 의복을 자른 일이 발생했다. 이 일로 수염이 자라기까지 조문객들은 여리고에 머물러 있어야 했고(삼하10:5), 다윗과 암몬 사이에는 전쟁이 발생하여 요압과 아비새가 암몬과 아람을 물리치게 되었다(삼하10장, 대상19장). 이 전쟁 중 왕들이 출전할 때에(삼하11:1), 다윗이 우리아의 아내 밧세바를 범한 사건이 발생했다. 다윗은 자신의 죄를 은혜하기 위해 우리아를 암몬의 랍바성 전투 시 성에 가까이 배치시켜 죽임을 당하게 하였다(삼하11:15-25). 정답은 ③번.

14. 밧세바가 낳은 다윗의 아들은 하나님의 징계로 몇 일만에 죽게 되었는가?
① 4일 ② 5일 ③ 6일 ④ 7일

☞ 우리아가 죽은 후, 다윗은 밧세바를 자신의 아내로 삼았다(삼하11:27). 그러나 다윗의 행위가 하나님 보시기에 악하여 밧세바가 낳은 아이는 7일 만에 죽게 된다(삼하12:18). 아이의 죽음 후 다윗과 밧세바는 두 번째 아이를 낳게 되었는데 그가 바로 다윗을 이어 이스라엘의 왕이 된 솔로몬이다. 나단 선지자를 통해 하나님께서는 솔로몬의 이름을

'여디디야'라 부르셨는데, 그 이름의 뜻은 '여호와께 사랑을 입음'이라는 뜻이다(삼하12:24-25). 정답은 ④번.

15. 다말이 암논에게 강간당한 몇 년 후에 압살롬이 암논에게 복수하였는가?

① 1년 ② 2년 ③ 3년 ④ 4년

☞ 암논은 아히노암의 아들로 다윗이 헤브론에서 낳은 아들 중 장자이다. 그가 압살롬의 누이 다말을 사랑하던 중, 다윗의 형 시므아의 아들인 요나답이라는 친구의 권고를 듣고 다말을 강간하고서는 그녀를 버리게 된다. 이 사건을 마음에 새긴 압살롬은 2년 후에 양털을 깎는 잔치에 암논을 초대하였고, 그를 죽인 후, 그술 왕 암미훌의 아들 달매에게로 도망하였다. 압살롬이 그술 왕에게로 도망한 것은 그의 어머니가 그술 왕 달매의 딸 마아가였기 때문이다(삼하3:3). 정답은 ②번.

16. 압살롬이 다윗에게 반역할 때 압살롬의 모사가 된 사람은 누구인가?

① 후새 ② 잇대 ③ 아히도벨 ④ 시므이

☞ 그술 왕 달매에게로 도망한 압살롬은 요압이 드고아 여인에게 시킨 '두 아들 비유'로 인해 다시 돌아오게 되었으나 이 년이 지나서야 다윗을 보게 되었다(삼하14:1-33). 압살롬에게는 아들 셋과 딸 하나가 있었는데(이 말씀은 사무엘하 18장 18절에 '압살롬의 아들이 없다'는 말씀과 모순된다), 딸의 이름이 누이와 동일한 '다말'이었다(삼하14:27). 4년 후(삼하15:7), 압살롬은 헤브론에서 왕이 되는 반역을 행하는데, 이때 다윗의 모사였던 아히도벨이 압살롬의 모사가 되었다(삼하15:12). 그러나 후에 아히도벨은 다윗이 첩보원으로 보낸 아렉 사람 후새의 계략(대대적인 공격)이 채택되고, 자신의 계략(기습공격)이 채택되지 않은 일로 자살하였다(삼하17:23). 정답은 ③번.

17. 압살롬의 전사소식을 전한 사람은 어느 민족 사람인가?

① 암몬 ② 모압 ③ 블레셋 ④ 구스

☞ 압살롬은 요압을 대신하여 아마사를 군장으로 삼고, 후새의 계략대로 대대적인 공격을 감행하고자 하였다. 이때 후새는 요나단과 아히마아스를 통해 압살롬의 공격계획을 다윗에게 알렸고, 다윗은 마하나임으로 피신하였으며, 군대를 요압과 아비새와 가드 사람 잇대의 삼 대로 나누어 전쟁을 대비하였다. 압살롬과의 전쟁을 앞두고 다윗은 요압과 아비새와 잇대에게 압살롬을 죽이지 말 것을 특별히 부탁하였으나, 요압이 상수리나무에 머리털이 걸린 압살롬(사무엘하 14장 26절에, 압살롬이 머리털을 깎을 때에 왕의 저울로 달아본 즉 이백 세겔이었다는 기록이 있다)의 심장을 창으로 찔렀고, 요압의 무기를 맡은 청년 열 명이 압살롬을 쳐 죽였다(삼하18:9-15). 압살롬과의 전쟁에서 승전하였다는 소식은 아히마아스가, 압살롬의 전사 소식은 구스 사람이 다윗에게 알렸다(삼하18:28-33). 정답은 ④번.

18. 마하나임에서 다윗을 공궤했던 바르실래는 몇 살이었나?

① 60세 ② 70세 ③ 80세 ④ 90세

☞ 다윗이 마하나임에 거할 때 그를 공궤한 사람은 바르실래로, 그는 거부였으며 나이가 80세나 되는 노인이었다. 다윗은 바르실래의 호의를 갚고자 함께 예루살렘으로 갈 것을 요청하였으나 바르실래는 대신 '김함'을 보낼테니 그에게 호의를 베풀어 줄 것을 부탁하였다(삼하19:31-39). 정답은 ③번.

19. 다음 중 요압에 의해 죽임당한 사람이 아닌 것은?

① 아마사 ② 압살롬 ③ 아브넬 ④ 세바

☞ 이스보셋을 마하나임으로 데리고 가서 이스라엘의 왕으로 삼았던 아브넬은 사울의 첩이었던 리스바를 취한 일로 인해 이스보셋과 불화하게

된다(삼하3:7-8). 이 일로 아브넬은 다윗을 찾아와 다윗을 도울 것을 제안하였고, 다윗은 블레셋 사람 포피 일백으로 정혼하였던 미갈을 데리고 올 것을 요청하였다. 다윗의 요청에 따라 미갈은 다시 다윗에게로 돌아왔고, 미갈의 남편되었던 발디엘은 '바후림'까지 울며 왔다가 다시 집으로 돌아갔다(삼하3:16). 그런데 뒤늦게 아브넬이 다윗에게로 왔다는 것을 알게 된 요압은 자신의 동생 아사헬을 죽인 일로 인해 아브넬을 살해하게 된다(삼하3:27). 에브라임 수풀 상수리 나무에 머리털이 걸린 압살롬의 심장을 요압이 찔렀고, 그의 무기 든 청년 열명이 압살롬을 쳐 죽였다(삼하18:14-15). 아마사는 압살롬이 반역을 일으킬 때 요압을 대신하여 군지휘관이 된 자로, 요압과는 친척관계이다(삼하17:25). 아마사를 요압이 기브온 큰 바위 곁에서 찔러 죽였다(삼하20:10). 정답은 ④번.

20. 블레셋과의 전쟁에서 손가락, 발가락이 각기 여섯 개씩인 자를 죽인 자는 누구인가?

① 아비새 ② 십브개 ③ 엘하난 ④ 요나단

☞ 블레셋의 거인들을 죽인 다윗의 용사들에 대한 이야기가 사무엘하 21장 15절에서 22절까지 기록되어 있다. 다윗을 죽이고자 하였던 이스비브놉을 아비새가, 장대한 자 중 하나인 '삽'을 후사 사람 십브개가, 골리앗의 아우 라흐미를 엘하난이, 손가락과 발가락이 각기 여섯 개씩인 자를 다윗의 형 삼마의 아들 요나단이 죽였다. 정답은 ④번.

21. 대적과 사울의 손에서 구원받음을 찬양한 다윗의 노래는 사무엘하 몇 장에 나오는가?

① 21장 ② 22장 ③ 23장 ④ 24장

☞ 모든 대적의 손과 사울의 손으로부터 구원함을 받은 날에 다윗이 노래로 하나님을 찬양한 본문이 사무엘하 22장이며, 동일한 내용이 시편 18편이다. 이 노래는 '여호와는 나의 반석이시요 나의 요새시요 나를 위

하여 나를 건지시는 자시요'로 시작되며 주요 말씀으로는 '나를 강한 원수와 미워하는 자에게서 건지셨음이여 그들은 나보다 강했기 때문이로다'(삼하22:18), '하나님의 도는 완전하고 여호와의 말씀은 진실하니 그는 자기에게 피하는 모든 자에게 방패시로다'(삼하22:31)가 있다. 바로 다음 장 사무엘하 23장에는 다윗의 마지막 말이 기록되어 있는데, 다윗은 자기를 가리켜 '높이 세워진 자, 야곱의 하나님께로부터 기름 부음 받은 자, 이스라엘의 노래 잘 하는 자'라 기술하고 있다(삼하23:1). 참고로, 모세의 노래는 신명기 32장에, 다윗의 노래는 사무엘하 22장에 기록되어 있는데 노래는 본문(신명기는 34장, 사무엘하는 24장) 끝나기 두 장 전에 기록되어 있다. 마지막 말 혹은 축복은 본문 끝나기 한 장전에 기록되어 있다(창세기 49장의 야곱의 축복, 신명기 33장의 모세의 축복, 사무엘하 23장의 다윗의 마지막 말). 정답은 ②번.

22. 적진을 뚫고 베들레헴 성문 곁 우물물을 떠 온 다윗의 용사가 아닌 사람은?

① 아비새 ② 요셉밧세벳 ③ 엘르아살 ④ 삼마

☞ 다윗의 용사들에 대한 기록이 사무엘하 23장 8절에서 39절, 역대상 11장 10절에서 47절까지 등장한다. 다윗의 용사는 도합 37명이며(삼하23:39), 그 중 베들레헴 성문 곁 우물물을 다윗에게 떠 온 세 용사는 요셉밧세벳(아디노), 엘르아살, 삼마이다(삼하23:8-18). 정답은 ①번.

23. 다윗의 인구조사로 인해 하나님의 심판을 받아 죽은 이의 숫자는?

① 3만 명 ② 5만 명 ③ 7만 명 ④ 9만 명

☞ 사무엘하 24장과 역대상 21장에는 다윗이 시행한 인구조사에 대해 기록하고 있다. 그러나 인구조사를 시행한 동기, 인구 수, 하나님이 선택하게 하신 심판의 내용, 타작마당을 산 가격에 있어 상반된 기록을 하고 있다. 먼저 인구조사를 시행한 동기와 관련하여 사무엘하 24장 1절은 '여호와께서 그들을 치시려고 다윗을 격동시키사 가서 이스라엘과 유다

의 인구를 조사하라'고 명하신 것으로 나와 있고, 역대상 21장 1절에는 '사탄이 일어나 이스라엘을 대적하고 다윗을 충동하여 이스라엘을 계수하게 하였다'고 기록하고 있다. 인구수도 사무엘하 24장 9절은 '이스라엘에서 칼을 빼는 담대한 자가 팔십만, 유다에서는 오십만', 역대상 21장 5절은 '이스라엘 중에 칼을 뺄만한 자가 백십만, 유다에서는 사십 칠만'이라고 기록하고 있다. 하나님께서 선택하게 하신 심판의 내용에서는 3개월 도망과 3일 전염병은 동일하나 기근의 기간에 있어 사무엘하 24장 13절에서는 7년, 역대상 21장 12절에서는 '3년'으로 기록하고 있다. 여부스 사람 아라우나(오르난)의 타작 마당을 산 가격도 사무엘하 24장 24절에서는 '은 오십 세겔', 역대상 21장 25절에서는 '금 육백 세겔'로 나와 있다. 두 본문에서 동일하게 기록되어 있는 것은 하나님의 심판의 내용을 전한 이가 갓 선지자라는 것과(삼하24:11, 대상21:9), 3일간의 전염병으로 7만 명이 죽었다는 것(삼하24:15, 대상21:14)이다. 사무엘하 24장 8절을 보면 총 인구조사의 기간은 9개월 20일 이었고, 역대상 21장 6절을 보면 요압이 왕의 명령을 밉게 여겨 인구조사 시 레위와 베냐민 사람은 계수하지 않았다고 기록되어 있다. 정답은 ③번.

24. 다음 설명 중 옳지 않은 것은?

① 이스보셋을 죽인 자는 레갑과 바아나로 이들은 다윗에게 처형당하였다.
② 언약궤가 다윗성에 들어오던 날 모든 백성은 떡 한 개와 고기 한 조각과 건포도 떡 한 덩어리씩을 받았다.
③ 압살롬의 반역으로 도망할 때, 다윗은 후궁 열 명을 두어 궁을 지키게 하였다.
④ 사울이 기브온 사람을 죽인 일로 인해 다윗이 사울의 자손 다섯 명을 기브온 거민에게 주어 죽게 하였다.

☞ 레갑과 바아나는 베냐민 족속 브에롯 사람 림몬의 아들들로서 이스보셋의 군장이었다. 이들은 이스보셋을 죽인 후 그 목을 들고 다윗을 찾아갔으나 다윗에 의해 처형당하게 되었다(삼하4:2-12). 언약궤가 다윗

성에 들어오던 날 모든 백성이 떡 한 개와 고기 한 조각과 건포도 떡 한 덩어리씩을 받았다는 말씀은 사무엘하 6장 19절에 나온다. 압살롬의 반역은 사무엘하 15장에 기록되어 있는데, 다윗과 그 신복들이 먼 궁을 뜻하는 '벧메르학'으로 도망할 때 다윗은 후궁 열 명을 남겨 두어 궁을 지키게 하였다(삼하15:16). 압살롬은 입성한 후, 다윗이 남긴 후궁들과 동침하였다(삼하16:22). 여호수아가 가나안 정복전쟁을 할 때 기브온 거민이 이스라엘을 속여 화친조약을 맺었다. 그런데 이 조약을 깨고 사울이 기브온 거민을 죽인 일로 이스라엘에 3년 기근이 발생했다. 이에 다윗이 사울의 자손 7명(알모니, 므비보셋<요나단의 아들 므비보셋이 아님>, 아드리엘의이 아들 5명)을 기브온 거민에게 주어 기브아에서 목 매어 죽이도록 하였다. 이들이 죽은 때는 보리 베기 시작하는 때였다(삼하21:8-9). 정답은 ④번.

24. 다윗이 가로되 '여호와여 원컨대 (　　　　　)의 모략을 어리석게 하옵소서'에서 (　) 안에 올바른 말은?

① 아히도벨　　② 시므이　　③ 후새　　④압살롬

☞ 다윗의 모사였다가 압살롬의 반역 시 압살롬과 함께 한 자는 길로 사람 아히도벨이다(삼하15:12). 정답은 ①번.

✤ 사무엘하 주요내용

1. 각 장의 주요내용 : 1장은 사울과 아들들의 길보아 산에서의 전사와 다윗의 슬픈 노래, 2장은 다윗이 유다의 왕이 됨, 5장은 다윗이 온 이스라엘의 왕이 됨, 6장은 언약궤를 다윗성으로 옮김, 7장은 나단의 묵시와 다윗의 기도, 11장은 밧세바를 범한 다윗의 범죄, 12장은 선지자 나단의 책망(가난한 자와 부자의 양 비유), 15장은 압살롬의 반역, 18장은 압살롬의 전사와 다윗의 울음, 20장은 세바의 반역, 22장은 다윗의 노래, 23장은 다윗의 마지막 말, 24장은 인구조사.
2. 사울과 요나단의 전사소식을 전한 사람 : 아말렉 청년(다윗이 죽임).
3. 사울과 그 아들들이 전사한 곳 : 길보아산.
4. 사울을 장사한 사람 : 길르앗 야베스 사람들.
5. 사울과 요나단의 죽음을 추모하며 다윗이 부른 노래 : 활 노래. 야살의 책에 기록.
6. 사울의 아들 이스보셋이 왕이 된 곳 : 마하나임(사울의 군장 아브넬이 도움).
7. 스루야의 세 아들 : 요압, 아비새, 아사헬(들노루 같이 빠른 발을 가지고 있었으나 사울의 군대장관 아브넬에게 죽임을 당함).
8. 헬갓핫수림 : 날카로운 칼의 밭(기브온 땅).
9. 다윗의 아들과 그들의 어머니 : 암논의 어머니는 아히노암, 길르압의 어머니는 갈멜 사람 나발의 아내 되었던 아비가일, 압살롬의 어머니는 그술 왕 달매의 딸 마아가, 아도니야의 어머니는 학깃, 스바댜의 어머니는 아비달, 이드르암의 어머니는 에글라.
10. 지체장애를 가진 요나단의 아들 : 므비보셋(요나단이 길보아 산 전투에서 전사할 때 5살).
11. 바알브라심 : 주께서 흩으시다. 블레셋과의 전쟁에서 생겨난 용어(삼하5:20).
12. 죽는 날까지 자식이 없었던 다윗의 아내 : 미갈.

13. 베레스웃사 : 웃사를 침. 나곤의 타작마당에서.

14. 나단을 통해 다윗에게 주시는 하나님의 축복의 내용(다윗언약) : 역대상 17장, 사무엘하 7장.

15. 다윗의 통치 전반기의 참모들 : 군대장관은 요압, 제사장은 아히둡의 아들 사독과 아비아달의 아들 아히멜렉, 사관은 여호사밧, 서기관은 스라야, 그렛 사람과 블렛 사람을 관할하는 지휘관은 여호야다의 아들 브나야, 대신은 다윗의 아들들이 담당.

16. 다윗의 통치 후반기의 참모들 : 군대장관은 요압, 제사장은 아히둡의 아들 사독과 아비아달, 사관은 아힐룻의 아들 여호사밧, 서기관은 스와, 그렛 사람과 블렛 사람의 지휘관은 여호야다의 아들 브나야, 감역관은 아도람, 대신은 야일 사람 '이라'가 담당.

17. 솔로몬의 참모들 : 제사장은 사독의 아들 아사리아, 사독, 아비아달, 서기관은 시사의 아들 엘리호렙과 아히야, 사관은 아힐룻의 아들 여호사밧, 군대장관은 여호야다의 아들 브나야, 지방 관장의 두령은 나단의 아들 아사리아, 제사장이요 왕의 벗인 자는 나단의 아들 사붓, 궁내대신은 아히살, 노동 감독관은 압다의 아들 아도니람(왕상 4:2-6).

18. 밧세바의 남편 우리아 : 암몬과의 랍바성 전투에서 전사.

19. 솔로몬 : 다윗과 밧세바의 두 번째 아이. 하나님께서 솔로몬의 이름을 '여디디야'라 부르심. 그 이름의 뜻은 '여호와께 사랑을 입음'이라는 것.

20. 압살롬의 복수 : 다말이 암논에게 강간당한 2년 후 복수.

21. 압살롬이 도망간 곳 : 그술 왕 암미훌의 아들 달매에게로 도망.

22. 압살롬이 다윗에게 반역할 때 압살롬의 모사가 된 사람 : 아히도벨.

23. 다윗이 압살롬 진영에 보낸 모사 : 후새.

24. 압살롬의 전사소식을 전한 사람 : 구스 사람.

25. 압살롬과의 전쟁에서 승전하였다는 소식을 전한 사람 : 아히마아스.

26. 마하나임에서 다윗을 공궤했던 사람 : 바르실래. 80살. 자기 대신 '김함'을 다윗과 함께 보냄.
27. 요압에 의해 죽임당한 사람 : 아마사(압살롬의 군지휘관), 압살롬, 아브넬(사울의 군지휘관).
28. 블레셋의 거인들을 죽인 다윗의 용사들 : 다윗을 죽이고자 하였던 이스비브놉을 아비새가, 장대한 자 중 하나인 '삽'을 후사 사람 십브개가, 골리앗의 아우 라흐미를 엘하난이, 손가락과 발가락이 각기 여섯 개씩인 자를 다윗의 형 삼마의 아들 요나단이 죽임.
29. 대적과 사울의 손에서 구원받음을 찬양한 다윗의 노래 : 사무엘하 22장. 시편 18편.
30. 적진을 뚫고 베들레헴 성문 곁 우물물을 떠 온 다윗의 용사 : 요셉밧세벳(아디노), 엘르아살, 삼마(삼하23:8-18).
31. 다윗의 인구조사로 인해 하나님의 심판을 받아 죽은 이 : 7만 명.
32. 총 인구조사 기간 : 9개월 20일(삼하24:8).
33. 이스보셋을 죽인 자 : 레갑과 바아나(다윗이 처형).
34. 언약궤가 다윗성에 들어오던 날 모든 백성이 받은 것 : 떡 한 개와 고기 한 조각과 건포도 떡 한 덩이(삼하6:19).
35. 기브온 거민에게 준 사울 자손의 수 : 7명(알모니, 므비보셋, 아드리엘의 아들 5명). 기브온 거민이 기브아에서 목 매어 죽임. 이들이 죽은 때는 보리 베기 시작하는 때.

열왕기상

1. 다윗이 나이 많아 늙게 되었을 때 다윗을 시중 든 여자는 어디 출신인가?
   ① 아말렉 ② 스바 ③ 수넴 ④ 암몬

☞ 다윗이 나이 많아 늙게 되었을 때 다윗의 몸을 따뜻하게 하기 위해 신복들이 수넴 여자 아비삭을 데려와 다윗을 받들어 모시게 하였다. 왕이 아비삭과 잠자리는 같이 하지 않았다고 성경은 기록하고 있다(왕상 1:4). 정답은 ③번.

2. 솔로몬이 왕으로 기름 부음 받은 곳은 어디인가?
   ① 홍해 물가 ② 요단 강가 ③ 그릿 시내 ④ 기혼 시내

☞ 다윗이 늙었을 때 학깃의 아들 아도니야가 스스로 왕이 되리라 음모한 일이 있다. 이때 스루야의 아들 요압과 제사장 아비아달은 학깃을 따랐고(왕상1:7), 제사장 사독과 여호야다의 아들 브나야와 선지자 나단과 시므이와 레이와 다윗에게 속한 용사들은 아도니야와 함께 하지 않았다(왕상1:8). 이 음모로 인해 나단과 밧세바가 다윗에게 솔로몬을 왕으로 추대할 것을 제안하였고, 다윗이 그 제안을 수용하여 솔로몬을 다윗의 노새에 태우고 기혼 시내로 내려가 사독과 나단이 그곳에서 솔로몬에게 기름 부어 이스라엘의 왕으로 삼았다(왕상1:45). 정답은 ④번.

3. 다음 중 브나야가 죽인 사람이 아닌 것은?

① 아도니야　② 요압　③ 시므이　④ 아비아달

☞ 학깃의 아들 아도니야는 스스로 왕이 되고자 한 음모가 실패하고 다윗 왕이 죽은 이후에 밧세바를 찾아와, 다윗을 시중들었던 수넴 여인 아비삭을 자기에게 아내로 줄 것을 요청하였다. 이 요청과 다윗 왕 시대에 왕이 되고자 한 음모로 인해 아도니야는 브나야에 의해 죽임을 당하였다(왕상2:25). 아도니야의 음모에 함께 한 요압도 브나야에 의해 죽임을 당하였다(왕상2:34). 그러나 제사장 아비아달은 죽임을 당하지는 않고 대신 고향 아나돗으로 유배를 가게 되었다(왕상2:26). 시므이는 예루살렘을 떠나지 말라는 명령을 어기고 가드에 다녀 온 일로 인해 역시 브나야에게 죽임을 당하였다(왕상2:46). 아도니야와 요압과 시므이를 죽인 브나야는 요압을 대신 해 군사령관이 되었고, 아나돗으로 유배간 아비아달을 대신해서는 사독이 제사장이 되었다(왕상2:35). 정답은 ④번.

4. 솔로몬이 일천 번제를 드린 곳은 어디인가?

① 아나돗　② 기브온　③ 예루살렘　④ 길르앗

☞ 솔로몬 통치 초기에 그는 기브온 산당으로 가서 일천 번제를 드리고, 꿈에서(왕상3:5) 하나님께 지혜를 구하였다. '나는 작은 아이라'(왕상3:7)며 스스로 낮추고 지혜를 구한 솔로몬에게 하나님께서는 '자기를 위하여 장수하기를 구하지 아니하며 부도 구하지 아니하며 자기 원수의 생명을 멸하기도 구하지 아니하고 오직 송사를 듣고 분별하는 지혜를 구하였은즉'(왕상3:11)이라고 하시며 지혜와 더불어 부귀와 영광도 솔로몬에게 주시겠다 약속하셨다(왕상3:13). 솔로몬이 일천 번제를 드린 기브온 산당에는 옛적 모세가 광야에서 지은 여호와의 장막과 번제단이 있었다(대상21:29). 정답은 ②번.

5. 솔로몬이 지은 잠언과 노래의 수는?

① 잠언 3,000 노래 1,005 ② 잠언 2,000 노래 1,005
③ 잠언 1,005 노래 3,000 ④ 잠언 1,005 노래 2,000

☞ 솔로몬이 통치하는 날 동안 유다와 이스라엘이 단에서부터 브엘세바에 이르기까지 각기 포도나무 아래와 무화과나무 아래에서 평안히 살았을 만큼(왕상4:25) 이스라엘은 부강하였다. 솔로몬의 지혜는 동쪽 모든 사람의 지혜와 애굽의 지혜보다 뛰어났는데(왕상4:30), 그는 잠언 3,000 가지와 노래 1,005 편을 지었다(왕상4:32). 정답은 ①번.

6. 성전 건축이 시작된 때는 몇 월인가?
① 1월 ② 2월 ③ 3월 ④ 4월

☞ 솔로몬이 성전을 건축하기 시작한 때는 출애굽 480년, 자신의 통치 4년째 되는 해였다(왕상6:1). 그 해 시브월, 즉 2월에 솔로몬은 성전건축을 시작하였는데, 두로 왕 히람이 성전 건축 재료로 사용할 백향목과 잣나무를 보내주었고, 솔로몬은 답례로 매년 식물을 보내주었다(왕상5:10-11). 성전 건축의 감독은 아도니람이 맡았고, 관리는 3,300명, 역군은 30,000명(이들은 한 달은 레바논에, 두 달은 집에 있었음), 짐꾼은 70,000명, 돌 뜨는 자는 80,000명이었다(왕상5:13-18). 정답은 ②번.

7. 솔로몬의 성전에서 언약궤를 두기 위한 내소의 길이, 너비, 높이는?
① 길이 60, 너비 20, 높이 30 규빗 ② 길이 40, 너비 20, 높이 30 규빗
③ 길이 20, 너비 20, 높이 20 규빗 ④ 길이 20, 너비 30, 높이 30 규빗

☞ 성전의 길이, 너비, 높이는 60, 20, 30 규빗이었으며(왕상6:2), 내소인 지성소의 길이, 너비, 높이는 20, 20, 20이었다(왕상6:19-20). 정답은 ③번.

8. 다음 설명 중 옳지 않은 것은?
① 솔로몬은 성전을 건축한 후에 왕궁을 건축하였다.
② 건축의 기간이 성전은 7년, 왕궁은 13년 이었다.

③ 왕궁의 길이, 너비, 높이는 정확히 성전의 두 배 크기였다.
④ 성전의 두 기둥 중 오른쪽 기둥이 야긴이다.

☞ 성전 건축은 솔로몬 통치 4년 시브월(2월)에 시작하여 11년 불월(8월)에 완공되었다(왕상6:37-38). 그 후에 솔로몬은 자신의 왕궁을 건축하였는데, 왕궁 건축에는 13년이 걸렸다(왕상7:1). 왕궁의 길이, 너비, 높이는 100, 50, 30 규빗으로 60, 20, 30 규빗의 성전 보다는 컸다. 성전 낭실 앞에 세우는 두 기둥이 있었는데, 오른쪽 기둥을 야긴, 왼쪽의 기둥을 보아스라 하였다. 야긴은 '저가 세우리라'는 뜻이고, 보아스는 '그에게 능력이 있다'는 뜻이다. 두 기둥 꼭대기에는 백합화 형상이 있었다(왕상7:21-22). 정답은 ③번.

9. 솔로몬의 성전 봉헌 기도는 열왕기상 몇 장에 나오는가?

① 6장　　② 7장　　③ 8장　　④ 9장

☞ 열왕기상의 주요 내용을 각 장 별로 살펴보면, 1장은 아도니야의 음모와 솔로몬의 왕위 등극, 2장은 다윗, 요압, 아도니야, 시므이의 죽음, 3장은 솔로몬의 일천 번제와 지혜로운 재판, 6장은 성전 건축, 8장은 성전 봉헌, 10장은 스바 여왕의 방문, 11장은 솔로몬의 대적들, 12장은 왕국 분열, 17-19장은 선지자 엘리야, 21장은 나봇의 포도원 이다. 솔로몬은 에다님월 곧 칠월 절기에 성전봉헌식을 거행하였는데, 이때 하나님의 궤를 다윗성에서 성전으로 옮겼다(왕상8:1-11). 성전봉헌식 때 행한 솔로몬의 기도 중에 기억해야 할 말씀으로는 '이스라엘의 하나님 여호와여 위로 하늘과 아래로 땅에 주와 같은 신이 없나이다'(왕상8:23, 성경에 하나님을 '위로 하늘과 아래로 땅'에 관련하여 고백한 인물은 세 명으르 모세<신4:39>, 라합<수2:11>, 솔로몬이다)와 '하나님이 참으로 땅에 거하시리이까 하늘과 하늘들의 하늘이라도 주를 용납하지 못하겠거든 하물며 내가 건축한 이 성전이오리이까'(왕상8:27)가 있다. 성전봉헌식 때 솔로몬은 14일간 희생 제물로 소 22,000마리, 양 120,000마리를 바쳤다(왕상8:63-66). 정답은 ③번.

10. 열왕기상 11장 3절에 의하면, 솔로몬의 후궁과 첩의 수는?
① 후궁 700, 첩 300　　② 후궁 600, 첩 400
③ 후궁 700, 첩 400　　④ 후궁 600, 첩 300

☞ 솔로몬은 통치 초부터 바로의 딸을 아내로 맞이하였는데, 이후에도 수많은 이방여인들을 아내로 맞이하여 이스라엘에 이방신 숭배가 자연스럽게 유입되도록 만든 인물이다. 그는 그모스를 섬기는 모압, 몰록과 밀곰을 섬기는 암몬, 아스다롯을 섬기는 시돈 여인들도 아내로 맞이하였다(왕상11:4-7). 하나님께서는 두 번이나 솔로몬에게 우상숭배에 대해 경고하셨지만 솔로몬은 하나님의 명령을 지키지 아니하였고(왕상11:9-10), 이에 대한 심판으로 하나님께서는 솔로몬의 아들의 때에 나라를 나누실 것을 예언하셨다(왕상11:12-13). 이렇듯 솔로몬은 수많은 여인들을 자신의 후궁과 첩으로 삼았는데 후궁의 수가 700, 첩의 수가 300이나 되었다(왕상11:3), 참고로 아가서 6장 8절에는 솔로몬의 왕비가 60, 후궁이 80, 시녀가 무수하다는 기록이 있다. 정답은 ①번.

11. 솔로몬의 통치 기간은 얼마인가?
① 30년　② 40년　③ 50년　④ 60년

☞ 열왕기상 11장에는 솔로몬의 대적들이 기록되어 있다. 에돔 사람 하닷(왕상11:14), 엘리아다의 아들 르손(왕상11:23), 솔로몬의 신복 느밧의 아들 여로보암(왕상11:26)이 그 주인공인데 이 중 여로보암은 요셉 족속의 역사를 감독했던 사람으로(왕상11:28), 실로 사람 선지자 아히야로부터 이스라엘의 10지파를 통치할 것이라는 예언을 듣게 된다(왕상11:31). 자신을 죽이고자 하는 솔로몬의 박해를 피해 여로보암은 애굽왕 시삭에게 피하였다가 솔로몬이 죽은 후 이스라엘로 돌아와 그의 아들 르호보암과 협상을 벌였지만, 결국은 분열왕국 북 이스라엘의 첫 번째 왕이 된다. 솔로몬이 이스라엘을 통치한 기간은 40년 이다(왕상11:42). 정답은 ②번.

12. 여로보암에게 이스라엘의 왕이 될 것을 예언한 선지자는 누구인가?
① 스마야 ② 오뎃 ③ 갓 ④ 아히야

☞ 여로브암에게 이스라엘 왕이 될 것이라 예언한 선지자는 실로 사람 '아히야'이다(왕상11:29). 아히야는 자신의 옷을 열 두 조각으로 찢고 여로보암에게 열 조각을 가지라 명하면서, 하나님께서 여로보암에게 이스라엘 열 지파를 통치할 수 있는 권한을 주셨으니 하나님의 율례와 명령을 잘 지킬 것을 당부하였다(왕상11:30-39) 이 예언의 말씀을 듣고 여로보암은 솔로몬의 박해를 피해 애굽 왕 시삭에게 피난 가 있다가 르호보암이 왕이 되자 귀국하여, 이스라엘의 고역을 줄여 달라고 요청하였으나 르호보암이 '내 아버지는 채찍으로 너희를 징계하였으나 나는 전갈 채찍으로 너희를 징치하리라'(왕상12:11)며 요청을 거부하자, 르호보암의 역군 감독 아도람을 이스라엘 백성이 돌로 쳐 죽이고, 여로보암을 이스라엘의 왕으로 삼았다(왕상12:20). 이에 르호보암이 유다와 베냐민 지파 십 팔 만명을 거느리고 전쟁을 하고자 하였으나, 선지자 스마야가 이 모든 일이 하나님으로 말미암은 것이니 전쟁을 하지 말라고 그들을 해산시켜 집으로 돌려보냈다(왕상12:21-24). 정답은 ④번.

13. 다음 중 여로보암이 행한 행위가 아닌 것은?
① 두 금송아지를 만들어 벧엘과 단에 세웠다.
② 레위 아닌 모든 백성으로 제사장을 삼았다.
③ 하나님의 사람을 잡고자 한 일로 평생 손이 마른 채 지냈다.
④ 8월 15일을 절기로 정해 벧엘에 올라가 분향했다.

☞ 여로보암이 왕이 된 후 행한 일들이 열왕기상 12장 25절부터 14장 20절까지 기록되어 있다. 여로보암은 세겜을 건축하여 거기에 살았으며, 부느엘도 건축하였다(왕상12:25). 그는 예루살렘 성전에 가서 제사드리는 자들이 르호보암에게로 마음이 돌이키게 될 것을 염려하여 벧엘과 단에 두 금송아지를 세우고 그곳에서 제사하라고 명하였다(왕상12:27-29).

또한 레위 아닌 모든 백성으로 제사장을 삼았고, 8월 15일을 절기로 정해 벧엘에 올라가 분향하였다(왕상12:31-33). 그를 책망하러 유다에서 온 하나님의 사람을 잡고자 할 때, 그의 손이 말랐으며, 그의 기도로 다시 손이 회복되어졌다(왕상13:6). 정답은 ③번.

14. 유다에서 온 선지자는 여로보암의 제단에 대해 누구에 의해 무너지리라 예언했는가?

① 앗시리아　② 아사　③ 요시야　④ 히스기야

☞ 열왕기상 13장 2절을 보면, '다윗의 집에 요시야라 이름 하는 아들을 낳으리니 그가 네 위에 분향하는 산당 제사장을 네 위에서 제물로 바칠 것이요 또 사람의 뼈를 네 위에서 사르리라'는 말씀이 나온다. 이 예언의 징조로 제단이 갈라지고 재가 쏟아졌으며 여로보암의 손이 말랐다가 다시 회복되어졌다(왕상13:3-6). 정답은 ③번.

15. 다음 왕들과 그들의 통치기간이 맞지 않는 것은?

① 남 유다 왕 르호보암 - 17년
② 북 이스라엘 왕 여로보암 1세　- 20년
③ 남 유다 왕 아사 - 41년
④ 남 유다 왕 여호사밧 - 25년

☞ 암몬 사람 나아마의 아들 르호보암은 41세에 유다 왕이 되어 17년 동안 다스렸다(왕상14:21). 느밧의 아들로 분열왕국 첫 이스라엘의 왕이 된 여로보암은 22년 동안 다스렸다(왕상14:20). 모친 마아가의 아세라상을 불태우고 태후의 위를 폐하였지만 산당은 없애지 아니하였던 유다 왕 아사는 41년 동안 다스렸다(왕상15:10). 모압, 암몬, 마온 사람들의 침공에 금식을 선포하고 여호와께 간구한 후, 드고아에 모인 백성들이 찬양대를 앞세우고 나가 싸워 이기도록 하였던 유다 왕 여호사밧은 25년 동안 다스렸다(왕상22:42). 정답은 ②번.

16. 애굽 왕 시삭이 예루살렘을 공격한 것은 르호보암 통치 몇 년째인가?

① 5년 ② 6년 ③ 7년 ④ 8년

☞ 르호보암 통치 5년에 애굽 왕 시삭이 예루살렘을 공격하여, 여호와의 전의 보물과 왕궁의 보물을 다 빼앗고, 솔로몬의 금 방패도 빼앗아 갔다. 르호보암은 시위대 대장에게 빼앗긴 금 방패 대신 놋 방패를 만들어 주었다(왕상14:25-28). 정답은 ①번.

17. 모친 마아가의 아세라 상을 찍어 불사른 왕은 누구인가?

① 아비야 ② 아사 ③ 나답 ④ 바아사

☞ 분열왕국 남 유다의 세 번째 왕은 아사이다. 그는 아비야의 아들로서, 그 모친은 아비살롬의 딸 마아가이다(왕상15:10). 아사는 41년 동안 다스렸는데 그의 통치 기간에 있었던 주요 행적을 살펴보면, 구스 사람 세라를 격파한 것과(대하14:9-15), 모친 마아가의 아세라상을 찍어 기드론 시냇가에서 불태우고 태후의 위를 폐한 것(왕상15:13), 북 이스라엘의 바아사왕이 라마를 점령하자 아람(수리아)왕 벤하닷에게 뇌물을 주어 도움을 요청한 일(대하16:1-5), 라마에서 빼앗은 돌과 재목으로 게바와 미스바를 건축한 일(대하16:6), 자신을 책망하던 하나니를 투옥한 일(대하16:10), 통치 39년에 발에 중병이 걸린 일(대하16:12) 등이 있다. 산당을 없애지는 않았으나, 일평생 아사의 마음이 여호와 앞에 온전하였다고 성경은 기록하고 있다(왕상15:14). 정답은 ②번.

18. 사마리아성을 건축한 왕은 누구인가?

① 시므리 ② 아합 ③ 오므리 ④ 바아사

☞ 시므리에 의해 살해당한 엘라왕의 군대장관 오므리는(왕상16:16) 시므리의 쿠데타를 7일 만에 진압하였다. 오므리의 공격으로 성이 함락됨을 보고 시므리는 왕궁에 불을 놓고 그 가운데서 죽었다(왕상16:18). 이후 이스라엘 백성이 둘로 나뉘어 그 절반은 기낫의 아들 디브니를, 절반

은 오므리를 좇았는데 오므리가 디브나를 이겨 왕이 되었다. 오므리가 왕이 된 때는 유다 왕 아사 제 삼십 일 년 때이며, 오므리는 12년을 통치(디르사에서 6년 통치)하였다. 그는 은 두 달란트로 세멜에게서 사마리아산을 사고 성을 건축하여 사마리아라 칭하였다(왕상16:21-24). 정답은 ③번.

19. 여리고성을 다시 건축하다가가 두 아들을 잃은 사람은 누구인가?
① 아비람 ② 스굽 ③ 아간 ④ 히엘

☞ 이스라엘이 여리고성을 총 13바퀴 돌고, 정복한 것이 여호수아 6장에 기록되어 있다. 여리고성을 점령한 후 여호수아는 '누구든지 일어나서 이 여리고성을 건축하는 자는 여호와 앞에서 저주를 받을 것이라 그 기초를 쌓을 때에 그의 맏아들을 잃을 것이요 그 문을 세울 때에 그의 막내 아들을 잃으리라'(수6:26) 하였는데, 열왕기상 16장 34절을 보면 이 예언이 성취되고 있음을 볼 수 있다. 즉, 벧엘 사람 히엘이 여리고를 건축하는 과정에서, 터를 쌓을 때에 장자 아비람을 잃었고 그 문을 세울 때에 말째 아들 스굽을 잃었다. 정답은 ④번.

20. 다음 중 엘리야에 대한 설명으로 맞지 않는 것은?
① 그는 디셉 사람으로 아합에게 3년 6개월간의 가뭄을 경고했다.
② 그릿 시냇가에 숨어 있을 때 까마귀가 그를 공궤하였다.
③ 수넴 여인의 아들을 살리고 그 집에 거하였다.
④ 기손 시내가에서 바알과 아세라 선지자들을 죽였다.

☞ 선지자 엘리야에 대한 기록이 열왕기상 17장부터 19장까지 나온다. 그는 길르앗에 거주하는 디셉 사람으로서 이스라엘 왕 아합에게 3년 6개월간의 가뭄이 있을 것을 예고하였으며, 그릿 시냇가에 머물러 있을 때는 까마귀가 아침저녁으로 떡과 고기를 공궤하여 주기도 하였다. 사르밧 과부의 아들이 죽게 되었을 때는 그 아이 위에 몸을 세 번 펴서 엎

드리고 하여 아이를 살리기도 하였다(왕상17:1-22). 열왕기사 18장에는 그 유명한 갈멜산에서의 바알과 아세라 선지자들과의 영적 전쟁의 기록이 있다. 아합의 궁내 대신 오바댜를 통하여 엘리야가 아합과 만나 갈멜산에서 바알선지자 450명과 아세라 선지자 400명과 자신이 대결하여 누구의 신이 기도에 응답하는지를 내기 하였다. 결국 엘리야의 기도에 하나님께서는 응답하셨고, 엘리야는 기손 시냇가에서 바알과 아세라 선지자들을 죽였다(왕상18:40). 정답은 ③번.

21. 하나님께서 엘리야에게 기름 부으라고 명한 사람이 아닌 것은?
① 오바댜 ② 하사엘 ③ 예후 ④ 엘리사

☞ 이세벨을 피해 엘리야는 브엘세바(왕상19:3), 광야길(왕상19:4), 호렙산(왕상19:8)으로 피신하였다. 광야길 로뎀 아래 아래서는 자신의 생명을 취하여 달라고 기도할 정도로 심신이 지쳐있던 엘리야에게 하나님께서는 천사를 통해 떡과 물 한 병을 주었고, 그것을 먹고 사십 주 사십야를 향하여 하나님의 산 호렙에 도착하였다(왕상19:8). 그는 호렙산에서 강한 바람과 지진, 불을 보았으나 거기에 하나님은 계시지 아니하였고 이후에 세미한 소리를 듣게 되었다(왕상19:11-12). 그때 하나님이 들려주신 음성은 '다메섹에 가서 이르거든 하사엘에게 기름을 부어 아람의 왕이 되게 하고 너는 또 님시의 아들 예후에게 기름을 부어 이스라엘의 왕이 되게 하고 또 아벨므홀라 사밧의 아들 엘리사에게 기름을 부어 너를 대신하여 선지자가 되게 하라 하사엘의 칼을 피하는 자를 예후가 죽일 것이요 예후의 칼을 피하는 자를 엘리사가 죽이리라 그러나 내가 이스라엘 가운데에 칠천 명을 남기리니 다 바알에게 무릎을 꿇지 아니하고 다 바알에게 입맞추지 아니한 자니라'(왕상19:15-18)이다. 정답은 ①번.

22. 아람 왕 벤하닷이 이스라엘을 공격할 때 이스라엘의 왕은 누구였는가?
① 오므리 ② 아합 ③ 아하시야 ④ 여호람

☞ 아합 왕 때 아람 왕 벤하닷이 사마리아 성을 포위하고 조공을 요구하

였으나 이스라엘이 이를 거절하므로 이스라엘과 아람 사이의 전쟁이 벌어졌다. 1차 전쟁 때 하나님께서는 각 지방 고관의 청년들 232인과 이스라엘 백성 7천명으로 승리케 하셨다. 1차 전쟁의 패배에 대해 아람 왕의 신복들은 '그들의 신은 산의 신이므로 그들이 우리보다 강하였거니와 우리가 만일 평지에서 그들과 싸우면 반드시 그들보다 강할지라'(왕상 20:23)고 제안하여 2차 전쟁이 일어났으나 여기에서도 이스라엘이 승리하고 벤하닷은 잡히게 되었다. 그러나 아합이 벤하닷을 풀어 주었고, 이 일로 선지자 중 한 사람이 아합에게 '내가 멸하기로 작정한 사람을 네 손으로 놓았은즉 네 목숨은 그의 목숨을 대신하고 네 백성은 그의 백성을 대신하리라 하셨나이다'(왕상20:42)라고 경고하였다. 정답은 ②번.

23. 파멸당할 것을 예언 받았지만 겸비함을 보여 자신의 때에 파멸을 면한 왕은 누구인가?

① 오므리 ② 아하시야 ③ 아합 ④ 여호람

☞ 이스르엘 사람 나봇의 포도원을 아합이 탐하였고, 그의 아낼 이세벨은 '여호와와 왕을 저주하였다'고 거짓 모함을 하여 나봇의 포도원을 강제로 빼앗고 나봇을 죽였다. 이 일로 인해 하나님께서는 엘리야를 통해 '또 네 집이 느밧의 아들 여로보암의 집처럼 되게 하고 아히야의 아들 바아사의 집처럼 되게 하리니'(왕상21:22)라고 경고하셨는데, 이때 아합은 그 옷을 찢고 굵은 베로 몸을 동이고 금식하고 굵은 베에 누우며 행보도 천천히 하는 모습을 보여 주었다(왕상21:27). 그때 하나님께서 엘리야에게 '아합이 내 앞에서 겸비함을 네가 보느냐'(왕상21:29)고 하시며 아합에게는 재앙을 내리지 아니하고 그 아들의 시대에 재앙을 내리리라고 심판을 유예하셨다(왕상21:29). 정답은 ③번.

24. 아합에게 흉한 예언을 하는 미가야의 뺨을 친 선지자는 누구인가?

① 스마야 ② 스가랴 ③ 시드기야 ④ 오뎃

☞ 유다 왕 여호사밧과 이스라엘 왕 아합이 동맹하여 길르앗라못을 아

람에게서 빼앗고자 전쟁을 하기에 앞서 선지자들에게 하나님의 뜻이 어떠한지를 묻게 되었다. 그때 선지자 400명과 그나아나의 아들 시드기야는 '올라가소서 주께서 그 성을 왕의 손에 넘기시리이다'(왕상22:6)라고 말하였고, 이믈라의 아들 미가야는 '내가 보니 온 이스라엘이 목자 없는 양 같이 산에 흩어졌는데 여호와의 말씀이 이 무리에게 주인이 없으니 각각 평안히 자기의 집으로 돌아갈 것이니라 하셨나이다'(왕상22:17)라고 불길한 예언을 하였다. 그때 거짓말하는 영의 지배를 받았던 그나아나의 아들 시드기야가 미가야의 뺨을 치는 사건이 발생했다(왕상22:24). 아합은 미가야의 예언을 무시하고 일반 군인의 모습으로 전쟁에 나갔다가 화살에 맞아 전사하였다(왕상22:29-37). 정답은 ③번.

25. 다음 설명 중 옳지 않은 것은?

① 호렙산에서 엘리야가 본 것의 순서는 강한 바람, 지진, 불이다.
② 솔로몬이 준 갈릴리 20성읍을 히람은 '가불'이라 칭하였다.
③ 솔로몬의 1년 세입은 금 600달란트였다.
④ 선지자 100명을 50명씩 숨기고 돌본 오바댜는 아합왕의 궁내 대신이었다.

☞ 성전 건축시 두로 왕 히람은 솔로몬에게 백향목과 잣나무와 금을 보냈다. 이에 대한 답례로 솔로몬은 매년 식물과 갈릴리 20성읍을 히람에게 주었는데, 히람은 그 성읍들이 마음에 들지 않아 '가불'이라 칭하였다(왕상9:13). 솔로몬 시대의 이스라엘 백성의 부강함을 설명하는 말 중에 '왕이 예루살렘에서 은을 돌 같이 흔하게 하고 백향목을 평지의 뽕나무 같이 많게 하였더라'(왕상10:27)는 말씀이 있다. 솔로몬 시대는 이스라엘이 가장 부강하고 평안했던 시대로 1년 세입만 금 666달란트였다(왕상10:14). ①번은 열왕기상 19장 11-12절에, ④번은 열왕기상 18장 3-4절에 기록되어 있다. 정답은 ③번.

✣ 열왕기상 주요내용

1. 다윗이 나이 많아 늙게 되었을 때 다윗을 수종 든 여자 : 수넴 여자 아비삭.
2. 솔로몬이 왕으로 기름 부음 받은 곳 : 기혼 시내.
3. 브나야가 죽인 사람들 : 아도니야, 요압, 시므이. 요압을 대신해 군대 장관이 됨.
4. 솔로몬이 일천 번제를 드린 곳 : 기브온 산당(옛적 모세가 광야에서 지은 여호와의 장막과 번제단이 있음).
5. 솔로몬이 지은 잠언과 노래의 수 : 잠언 3,000 노래 1,005.
6. 성전 건축이 시작된 때 : 출애굽 480년, 솔로몬 통치 4년째 되는 해 시브월, 즉 2월에 솔로몬은 성전건축을 시작.
7. 성전 건축 재료로 사용할 백향목과 잣나무를 보내준 왕 : 두로 왕 히람.
8. 성전 건축의 감독 : 아도니람.
9. 성전 건축에 동원한 인원 : 관리는 3,300명, 역군은 30,000명(이들은 한 달은 레바논에, 두 달은 집에 있었음), 담군은 70,000명, 돌 뜨는 자는 80,000명(왕상5:13-18).
10. 성전의 길이, 너비, 높이 : 60, 20, 30 규빗.
11. 내소인 지성소의 길이, 너비, 높이 : 20, 20, 20 규빗.
12. 건축 기간 : 성전은 7년, 왕궁은 13년.
13. 성전건축 완공 : 솔로몬 11년 불월(8월)에 완공.
14. 성전 낭실 앞에 세우는 두 기둥 : 오른편의 기둥을 야긴, 왼편의 기둥을 보아스라 함. 야긴은 '저가 세우리라'는 뜻이고, 보아스는 '그에게 능력이 있다'는 뜻이다. 두 기둥 꼭대기에는 백합화 형상이 있었다(왕상7:21-22).
15. 열왕기상의 주요 내용 : 1장은 아도니야의 음모와 솔로몬의 왕위 등극, 2장은 다윗, 요압, 아도니야, 시므이의 죽음, 3장은 솔로몬의 일천 번제와 지혜로운 재판, 6장은 성전 건축, 8장은 성전 봉헌, 10장은 스바 여왕의 방문, 11장은 솔로몬의 대적들, 12장은 왕국 분열, 17-19장은 선지자 엘리야, 21장은 나봇의 포도원.

16. 성전봉헌식 : 솔로몬은 에다님월 곧 칠월 절기에 성전봉헌식을 거행.
17. 성전봉헌식 때 솔로몬이 바친 제물 : 14일간 희생 제물로 소 22,000마리, 양 120,000마리.
18. 솔로몬의 후궁과 첩의 수 : 후궁의 수가 700, 첩의 수가 300(왕상 11:3). 아가서 6장 8절에는 솔로몬의 왕비가 60, 후궁이 80, 시녀가 무수하다고 기록.
19. 솔로몬의 통치 기간 : 40년(왕상11:42).
20. 여로보암에게 이스라엘의 왕이 될 것을 예언한 선지자 : 아히야.
21. 르호보암이 북이스라엘과 전쟁하고자 할 때 그들을 해산시킨 선지자: 스마야.
22. 여로보암의 행적 : 두 금송아지를 만들어 벧엘과 단에 세움. 레위 아닌 모든 백성으로 제사장을 삼음. 세겜을 건축하여 거기에 살았으며, 부느엘도 건축. 8월 15일을 절기로 정해 벧엘에 올라가 분향. 그를 책망하러 유다에서 온 하나님의 사람을 잡고자 할 때, 그의 손이 말랐으며, 그의 기도로 다시 손이 회복되어짐.
23. 유다 왕 아사 : 구스 사람 세라를 격파한 것과(대하14:9-15), 모친 마아가의 아세라상을 찍어 기드론 시냇가에서 불태우고 태후의 자리를 폐한 것(왕상15:13), 북 이스라엘의 바아사왕이 라마를 점령하자 아람(수리아)왕 벤하닷에게 뇌물을 주어 도움을 요청한 일(대하16:1-5), 라마에서 빼앗은 돌과 재목으로 게바와 미스바를 건축한 일(대하16:6), 자신을 책망하던 하나니를 투옥한 일(대하16:10), 통치 39년에 발에 중병이 걸린 일(대하16:12) 등이 있다. 산당을 없이하지는 않았으나, 일평생 아사의 마음이 여호와 앞에 온전하였다고 성경은 기록. 41년 동안 다스림.
24. 유다 왕 여호사밧 : 모압, 암몬, 마온 사람들의 침공에 금식을 선포하고 여호와께 간구한 후, 드고아에 모인 백성들이 찬양대를 앞세우고 나가 싸워 이기도록 하였음. 25년 동안 다스림.
25. 애굽 왕 시삭이 예루살렘을 공격한 때 : 르호보암 통치 5년.
26. 오므리 왕 : 은 두 달란트로 세멜에게서 사마리아산을 사고 성을 건축하여 사마리아라 칭함.

27. 여리고성을 다시 건축하다가가 두 아들을 잃은 사람 : 벧엘 사람 히엘이 여리고를 건축하는 과정에서, 터를 쌓을 때에 장자 아비람을 잃었고 그 문을 세울 때에 말째 아들 스굽을 잃었다.
28. 선지자 엘리야 : 길르앗에 거주하는 디셉 사람으로서 이스라엘 왕 아합에게 3년 6개월간의 가뭄이 있을 것을 예고하였으며, 그릿 시냇가에 머물러 있을 때는 까마귀가 아침 저녁으로 떡과 고기를 공궤하여 주기도 하였다. 사르밧 과부의 아들이 죽게 되었을 때는 그 아이 위에 몸을 세 번 펴서 엎드리고 하여 아이를 살리기도 하였다(왕상 17:1-22). 열왕기상 18장에는 그 유명한 갈멘산에서의 바알과 아세라 선지자들과의 영적 전쟁의 기록이 있다. 아합의 궁내 대신 오바댜를 통해 엘리야가 아합과 만나 갈멜산에서 바알선지 450명과 아세라 선지 400명과 자신이 대결하여 누구의 신이 기도에 응답하는지를 내기 하였다. 결국 엘리야의 기도에 하나님께서는 응답하셨고, 엘리야는 기손 시냇가에서 바알과 아세라 선지자들을 죽였다.
29. 하나님께서 엘리야에게 기름 부으라고 명한 사람 : 하사엘(아람왕), 예후(이스라엘왕), 엘리사(선지자). 하사엘의 칼을 피하는 자를 예후가 죽일 것이요 예후의 칼을 피하는 자를 엘리사가 죽이리라.
30. 호렙산에서의 엘리야 : 강한 바람과 지진, 불을 보았으나 거기에 하나님은 계시지 아니하였고 이후에 세미한 소리를 듣게 됨.
31. 아람 왕 벤하닷이 이스라엘을 공격할 때 이스라엘의 왕 : 아합.
32. 아합 : 엘리야 선지자를 통해 파멸당할 것을 예언 받았지만 겸비함을 보여 자신의 때에 파멸을 면함.
33. 아합에게 흉한 예언을 한 선지자 : 미가야.
34. 미가야의 뺨을 친 선지자 : 시드기야.
35. 가불 : 솔로몬이 준 갈릴리 20성읍을 히람이 칭한 이름.
36. 솔로몬의 1년 세입 : 금 666달란트.
37. 오바댜 : 선지자 100명을 50명씩 숨기고 돌본 아합왕의 궁내 대신.

열왕기하

1. 바알세붑에게 물으러 사람을 보내었다가 엘리야에게 책망 받은 이스라엘의 왕은?
   ① 여호아하스 ② 여호람 ③ 아하시야 ④ 예후

   ☞ 아합의 아들 아하시야는 다락 난간에서 떨어져 병들매 사자를 보내어 에그론의 신 바알세붑에게 이 병이 낫겠는가를 물어보게 하였다. 아하시야가 보낸 사자를 엘리야가 만나 '이스라엘에 하나님이 없어서 네가 에그론의 신 바알세붑에게 물으려고 보내느냐'(왕하1:6)고 책망하였고, 후에 아하시야가 엘리야를 만나고자 오십부장과 오십인을 두 번 보냈었는데 둘 다 불에 타 죽었다. 세 번째 보낸 자는 살아남았고, 이때 엘리야는 아하시야를 만나 그가 곧 침상에서 죽을 것이라 예언하였다. 엘리야의 예언처럼 아하시야는 죽었는데 그에게는 아들이 없어서 그의 형제 여호람이 이스라엘의 왕이 되었다. 여호람이 이스라엘의 왕이 될 때, 유다는 여호사밧의 아들 여호람의 통치 둘째 해였다. 남 유다와 북 이스라엘 모두 동일한 이름을 가진 자들이 왕이 된 것이다(왕하1:17). 정답은 ③번.

2. 아합의 아들 이스라엘 왕 여호람이 모압을 공격할 때 함께 한 이방 민족은?
   ① 암몬 ② 애굽 ③ 블레셋 ④ 에돔

☞ 모압 왕 메사가 아합 왕이 죽자, 새끼 양 십만의 털과 숫양 십만의 털을 이스라엘 왕에게 바치지 않았다. 이 일로 이스라엘 왕 여호람이 유다 왕 여호사밧과 에돔 왕과 더불어 메사를 공격하였다. 전쟁 중 물이 없어 괴로워할 때, 엘리사가 거문고 타는 자를 불러 왔고, 거문고를 탈 때에 엘리사가 하나님에 의해 감동되어 개천을 파게 하자 그곳에서 물이 흘러 나왔다(왕하3:16-17). 정답은 ④번.

3. 다음 중 엘리사가 행한 이적인 아닌 것은?
   ① 수넴 여인의 아들이 죽었을 때 게하시를 시켜 지팡이를 그 아들의 얼굴에 놓으매 일곱 번 재채기 한 후에 아이가 살아났다.
   ② 선지자의 제자가 죽고 그 아들들은 종으로 팔릴 지경에 놓였을 때 기름 이적을 일으켜 그 제자의 아내를 도왔다.
   ③ 길갈에서 국의 독을 없앴다.
   ④ 보리떡 20개와 채소로 100명 이상을 먹였다.

☞ 수넴 여인의 아들이 죽었을 때 게하시를 시켜 '인사를 하지도 받지도 말고 내 지팡이를 그 아이 얼굴에 놓으라'고 엘리사가 명하였고, 게하시가 그대로 준행하였지만 아이가 살아나지 않았다(왕하4:31). 이에 엘리사가 직접 아이에게로 가서 아이의 위에 올라 엎드려 자기 입을 그 입에, 자기 눈을 그 눈에, 자기 손을 그 손에 대고 그의 몸에 엎드리니 살이 차차 따뜻하여졌다(왕하4:34). 그렇게 한 번을 더하자 아이가 일곱 번 재채기 한 후에 눈을 뜨게 되었다(왕하4:35). ②번의 기적은 열왕기하 4장 1-7절, ③번의 기적은 열왕기하 4장 38-41절, ④번의 기적은 열왕기하 4장 42-44절에 기록되어 있다. 이외에도 '물에 빠진 도끼를 떠오르게 한 기적'(왕하6:1-7)과 사후에 '그의 뼈에 시체가 닿자 시체가 회생하여 일어 선 사건'(왕하13:21)도 있다. 정답은 ①번.

4. 게하시가 나아만으로부터 얻은 것은 무엇인가?

① 은 한 달란트와 옷 한 벌　② 은 한 달란트와 옷 두 벌
③ 은 두 달란트와 옷 한 벌　④ 은 두 달란트와 옷 두 벌

☞ 아람의 군대장관 나아만은 나병을 치료하기 위해 엘리사를 찾아와 요단강에서 일곱 번 목욕한 후에 깨끗하게 되었다. 병 고침을 받은 후, 나아만은 '내가 이제 이스라엘 외에는 온 천하에 신이 없는 줄을 아나이다'(왕하5:15)라고 고백하였고, 노새 두 마리에 실을 흙을 달라고 하여 이제는 하나님께만 제사를 드리겠다고 하였다(왕하5:17). 나아만은 엘리사에게 예물을 바치고자 하였으나 엘리사는 이를 거절하였고 나아만은 아람으로 길을 떠났다. 엘리사의 사환 게하시는 나아만을 좇아가서 엘리사가 요구한다 하여 은 한 달란트와 옷 두벌을 요구하였다(왕하5:22). 이 요구에 대해 나아만은 은 두 달란트와 옷 두 벌을 주었고, 이 일로 게하시는 나병에 걸리게 되었다(왕하5:27). 정답은 ④번.

5. 아람 왕이 엘리사를 잡고자 할 때 엘리사가 거한 곳은 어디인가?

① 도단　② 길갈　③ 벧엘　④ 여리고

☞ 엘리사가 아람왕의 계획을 이스라엘 왕에게 다 고하여 이스라엘을 구하는 일로 인해 아람 왕이 도단에 있는 엘리사를 잡고자 하였다. 요셉이 상인에게 팔린 곳도 도단이다(창37:17). 정답은 ①번.

6. 아람 군대가 도망갔다는 것을 이스라엘 왕에게 알린 나병환자는 몇 명인가?

① 1명　② 2명　③ 3명　④ 4명

☞ 아람 왕 벤하닷이 사마리아 성을 포위함으로 말미암아 이스라엘 백성들은 아들을 삶아 먹을 정도로 기근이 심각하였다(왕하6:28). 이때 엘리사는 '내일 이맘때에 사마리아 성문에서 고운 가루 한 스아를 한 세겔에 매매하고 보리 두 스아를 한 세겔로 매매하리라'(왕하7:1)고 예언하

였고, 이 엘리사의 예언을 비방한 한 장관은 그 다음날 사람들에게 밟혀 죽게 되었다(왕하7:17). 성문 어귀에 있던 나병환자 네 사람은 병거 소리와 말 소리를 듣고 도망간 아람 군대의 진영을 찾아가, 그들이 도망갔음을 알게 되었고 그곳에서 음식을 먹은 후에 이 소식을 이스라엘 왕에게도 고하였다. 정답은 ④번.

7. 아합의 딸인 아달랴와 결혼한 남 유다의 왕은?
   ① 여호사밧 ② 아하시야 ③ 여호람 ④ 요아스

☞ 아합의 딸 아달랴와 결혼한 남 유다의 왕은 여호람이다. 그는 삼십이세에 위에 나아가 팔년 동안 통치했다(왕하8:17-18). 역대하 21장 18-19절을 보면, 하나님께서 여호람을 치사 창자에 병이 들게 하셨고, 2년 후에 창자가 빠져나와 여호람은 죽게 되었다. 정답은 ③번.

8. 예후와 관련된 다음의 설명 중 옳지 않은 것은?
   ① 엘리사의 제자 중 하나인 청년 선지자에 의해 기름 부음을 받았다.
   ② 벧엘과 단의 금송아지를 부수었다.
   ③ 예후가 죽인 이스라엘 왕 요람의 시체를 그의 장관 빗갈이 나봇의 포도원에 던졌다.
   ④ 레갑의 아들 여호나답과 협력하여 아합에게 속한 자들을 진멸하였다.

☞ 열왕기하 10장 28-29절을 보면, '예후가 이와 같이 이스라엘 중에서 바알을 멸하였으나 이스라엘에게 범죄하게 한 느밧의 아들 여로보암의 죄 곧 벧엘과 단에 있는 금송아지를 섬기는 죄에서는 떠나지 아니하였더라'는 말씀이 있다. ①번은 열왕기하 9장 1-6절에, ③번은 열왕기하 9장 24-26절에, ④번은 열왕기하 10장 15-17절에 기록되어 있다. 포도주를 마시지 않는 레갑 자손의 이야기가 예레미야 35장에 기록되어 있다. 정답은 ②번.

9. 아달랴의 숙청 때 요아스를 구해 낸 사람은 누구인가?

① 아히노암 ② 야엘 ③ 여호세바 ④ 아수비

☞ 므깃도에서 예후에 의해 죽임당한 아하시야를 이어 그의 어머니인 아달랴가 정권을 잡고 아하시야의 씨를 진멸하고자 한 일이 있었다. 이 때 아하시야의 누이인 여호세바가 아하시야의 아들 요아스를 숨겨 성전에서 6년간 숨어 지내게 하였다(왕하11:1-3). 요아스는 이후 제사장 여호야다의 반란 때 왕으로 등극하였다. 정답은 ③번.

10. 다음 중 왕위에 오를 때 나이가 가장 어렸던 왕은?

① 요아스 ② 웃시야 ③ 요시야 ④므낫세

☞ 여호세바에 의해 아달랴의 숙청 때 목숨을 건진 요아스는 성전에서 6년간을 숨어 지낸 후 7살이 되던 때에 제사장 여호야다의 반란으로 왕에 등극하게 된다(왕하11:21). 요아스 다음으로 어린 나이에 등극한 왕은 요시야로서 8세이다(왕하22:1). 정답은 ①번.

11. 유다 왕 요아스에 대한 다음 설명 중 옳지 않은 것은?

① 아달랴의 숙청 때 여호세바의 도움으로 생명을 유지할 수 있었다.
② 왕으로 등극한 지 23년이 지난 후에 성전 수리를 하였다.
③ 왕으로 재임 중에 아람 왕 하사엘의 침공을 받았다.
④ 자신을 구해 준 여호세바가 죽은 후 악정을 펼쳤다.

☞ 요아스는 제사장 여호야다의 교훈을 받을 동안에는 여호와 보시기에 정직히 행하였으나, 여호야다가 130세에 죽은 후에는 악정을 펼쳤다(대하24:15). 특히 요아스는 여호야다의 아들 스가랴를 성전 뜰 안에서 돌로 쳐 죽였는데, 스가랴는 죽을 때 '여호와는 감찰하시고 신원하여 주옵소서'라고 기도하였다(대하24:22). 요아스는 시므앗의 아들 요사갈과 소멜의 아들 여호사바드에 의해 밀로궁에서 죽임 당하였다(왕하12:20-21). 정답은 ④번.

12. 엘리사를 가리켜 '내 아버지여 내 아버지여'라고 말한 이스라엘의 왕은?

① 요아스 ② 예후 ③ 여호아하스 ④ 여호람

☞ '내 아버지여 내 아버지여 이스라엘의 병거와 마병이여'라는 탄식은 엘리야의 승천 시 엘리사가 한 번 외쳤고(왕하2:12), 엘리사의 임종 전에 이스라엘 왕 요아스도 동일한 탄식을 하였다(왕하13:14). 두 번 다 엘리사와 관련이 있다. 정답은 ①번.

13. 요아스의 아들 여로보암이 이스라엘의 영토를 회복할 것을 예언한 선지자는 누구인가?

① 스바냐 ② 아모스 ③ 요나 ④ 미가

☞ 열왕기하 14장 25절을 보면, '여호와께서 그의 종 가드헤벨 아밋대의 아들 선지자 요나로 하신 말씀과 같이 여로보암이 이스라엘 영토를 회복하되 하맛 어귀에서부터 아라바 바다까지 하였으니'라는 말씀이 나온다. 정답은 ③번.

14. 다음 왕들과 그들의 몸에 들었던 병명이 맞지 않는 것은 ?

① 유다 왕 웃시야 - 나병 ② 유다 왕 아사 - 발 병

③ 유다 왕 아마샤 - 손 병 ④ 유다 왕 여호람 - 창자 병

☞ 유다 왕 웃시야(아사랴)는 하나님의 심판으로 나병이 들어 별궁에 거하였고 그 아들 요담이 대신 백성을 치리하였다(왕하15:5). 유다 왕 아마샤는 병과는 관련이 없으며, 모반한 무리에 의해 라기스에서 죽임을 당하였다(왕하14:19). 정답은 ③번.

15. 다메섹의 우상제단을 도입하고자 하였던 유다 왕은 누구인가?

① 아마샤 ② 웃시야 ③ 아하스 ④ 므낫세

☞ 아하스가 앗수르 왕 디글랏 빌레셀을 만나러 다메섹에 갔다가 거기 있는 제단을 보고 제사장 우리야로 하여금 그 구조와 제도의 양식대로 제단을 만들라고 명하였다(왕하16:10-11). 정답은 ③번.

16. 북 이스라엘이 앗수르에게 멸망할 때는 호세아 통치 몇 년째인가?
① 8년 ② 9년 ③ 10년 ④ 11년

☞ 앗수르 왕 살만에셀에 의해 북 이스라엘은 호세아 9년에 멸망하였다(왕하17:1-6). 정답은 ②번.

17. 모세의 놋뱀을 부수어버린 유다 왕은 누구인가?
① 히스기야 ② 므낫세 ③ 아몬 ④ 요시아

☞ 아하스의 아들 히스기야는 25세에 위에 나아가, 29년간 다스렸는데 그 모친의 이름은 스가리야의 딸 '아비'였다(왕하18:1-2). 그는 모세가 만든 놋뱀을(민수기 21장) 이스라엘 백성들이 그때까지 분향하는 것을 보고 그것을 부수어 '느후스단'이라 하였는데, 그 뜻은 '놋조각'이라는 것이다(왕하18:4). 정답은 ①번.

18. 앗수르 왕 산헤립이 남 유다를 침입할 때는 히스기야 통치 몇 년째인가?
① 12년 ② 14년 ③ 16년 ④ 18년

☞ 히스기야 통치 14년에 앗수르 왕 산헤립이 유다를 공격하였다. 산헤립의 군대장관 랍사게가 이스라엘에게 항복을 종용하였고, 힐기야의 아들로서 왕궁내의 책임자인 엘리야김과 서기관 셉나와 아삽의 아들 사관 요아가 랍사게와 대화하였다(왕하18:13-37). 정답은 ②번.

19. 다음은 히스기야 왕이 사신을 통해 이사야에게 한 말이다. '오늘은 (　　)과 (　　)과 (　　)의 날이라 아이가 임산하였으나 해산할 힘이 없도다' (　) 안에 들어가지 않는 말은 ?

① 심판 ② 환란 ③ 징벌 ④ 모욕

☞ 랍사게가 전한 말로 인해 히스기야는 옷을 찢고 굵은 베를 입고 여호와의 전에 들어갔고, 엘리야김과 셉나와 장로들에게 굵은 베를 입혀서 아모스의 아들 이사야에게 보내면서 이사야에게 다음과 같은 말을 전하였다. '오늘은 환란과 징벌과 모욕의 날이라 아이를 낳을 때가 되었으나 해산할 힘이 없도다'(왕하19:3). 정답은 ①번.

20. 산헤립을 이어 앗수르의 왕이 된 자는 누구인가?

① 디글랏 빌레셀 ② 살만에셀 ③ 랍사게 ④ 에살핫돗

☞ 앗수르의 왕을 순서대로 적으면 '디글랏 빌레셀 - 살만에셀 - 산헤립 - 에살핫돈'이다(왕하19:36-37). 정답은 ④번.

21. 히스기야 왕에 대한 다음 설명 중 옳지 않은 것은?

① 그의 통치 14년에 앗수르 왕 산헤립이 항복을 종용하였다.
② 하나님으로부터 15년의 생명연장을 받았다.
③ 병들어 죽게 되었을 때 무화과 반죽을 상처에 놓았다.
④ 바벨론 왕 느부갓네살의 편지와 예물을 받고 창고를 보여준 일로 이사야에게 책망을 받았다.

☞ 히스기야가 이사야 선지자로부터 책망을 받은 일은 바벨론 왕 부로닥발라단의 편지와 예물을 받고 창고를 보여준 일 때문이다(왕하20:12-21). ①번은 열왕기하 18장 13절에, ②번은 열왕기하 20장 6절에, ③번은 열왕기하 20장 7절에 기록되어 있다. 정답은 ④번.

22. 유다 왕 중 통치기간이 가장 길었던 왕은?

① 히스기야 ② 요시야 ③ 므낫세 ④웃시야

☞ 히스기야 왕은 29년(대하29:1), 요시야 왕은 31년(대하34:1), 므낫세 왕은 55년(대하33:1), 웃시야 왕은 52년(대하26:3)을 통치하였다. 정답은 ③번.

23. 남 유다 요시야 왕이 성전수리를 한 것은 그의 통치 몇 년째인가?
① 16년 ② 18년 ③ 20년 ④ 22년

☞ 유다 왕 요시야는 8세에 위에 나아가 31년간 다스렸다(왕하22:1). 그의 통치 18년에 성전수리를 하였는데, 서기관 사반이 담당하였다. 정답은 ②번.

24. 예루살렘의 멸망을 예언한 여 선지자 훌다의 남편은 누구인가?
① 샬롬 ② 사하반 ③ 살룸 ④ 사르밧

☞ 성전 수리 중 제사장 힐기야가 율법책을 발견했으며(왕하22:8), 발견한 책의 말씀에 대하여 묻기 위해 예복을 주관하는 살룸의 아내 여 선지자 훌다를 찾아갔다. 훌다를 방문한 사람들은 그녀로부터 예루살렘 멸망에 대한 예언을 듣게 되었다(왕하22:14-20). 정답은 ③번.

25. 요시야 왕에 대한 다음 설명 중 옳지 않은 것은?
① 남 유다에서 가장 어린 나이에 등극한 왕이다.
② 그의 통치 18년에 성전수리를 하였다.
③ 그의 통치 18년에 예루살렘에서 유월절을 지켰다.
④ 므깃도에서 애굽왕에 의해 죽임을 당하였다.

☞ 남 유다에서 가장 어린 나이에 등극한 왕은 요아스로서, 7세에 등극하였다(왕하11:21). ②번은 열왕기하 22장 3-7절에, ③번은 열왕기하 23장 23절에, ④번은 열왕기하 23장 29절에 기록되어 있다. 정답은 ①번.

26. 예루살렘이 멸망할 때의 왕은 누구인가?

① 여호아하스 ② 여호야김 ③ 시드기야 ④ 여호야긴

☞ 요시야 통치 이후 유다 왕의 순서는 여호아하스, 여호야김, 여호야긴, 시드기야 이다. 여호아하스는 애굽 왕 바로느고에게 잡혀가 애굽에서 죽임을 당하였고(왕하23:34), 여호야김은 여호아하스의 아우로서 원래의 이름은 엘리아김이었는데, 애굽 왕 바로느고에 의해 왕으로 등극하면서 이름이 바뀌었다. 그 다음 왕 여호야긴은 느부갓네살에 의해 포로로 끌려가 고생하다가(왕하24:15) 에윌므로닥이 즉위한 원년에 석방되어 선대를 받았다. 에윌므로닥이 즉위한 원년은 여호야긴이 사로 잡혀간 지 37년이 되는 해이며, 그해 12월 25일에(열왕기하 25장 27절에는 '12월 27일' 이라고 되어 있다) 그는 옥에서 나왔다(렘52:31). 유다의 마지막 왕은 시드기야로서 원래 이름은 맛다니야이다(왕하24:17). 그는 요시야의 막내아들이며, 예루살렘을 점령한 느부갓네살에 의해 왕으로 세움받았다. 그러나 친 애굽정책을 펼침으로 느부갓네살에 의해 두 눈이 뽑힌 채 바벨론으로 끌려가 거기서 죽는 날까지 옥에 감금되어 있었다(렘52:11). 유다는 B.C. 587년에 바벨론에 의해 멸망되었다. 그때가 시드기야 통치 11년이 되는 해이다(대하36:11). 정답은 ③번.

27. 다음 설명 중 옳지 않은 것은?

① 엘리야가 승천하기 전 이동한 경로는 길갈, 벧엘, 여리고, 요단이다.

② 유다 왕 아마샤가 소금 골짜기에서 에돔 사람 만 명을 죽였다.

③ 히스기야 시대에 산헤립의 죽은 군대의 수는 180,000명이다.

④ 요시야 왕 때 사람들이 몰록에게 제사드린 곳은 힌놈의 아들 골짜기의 도벳이었다.

☞ 히스기야 시대에 산헤립의 죽은 군대의 수는 185,000명이다. 히스기야에게 패배한 후에 산헤립은 니느웨로 돌아가서 그 신 니스록의 묘에 경배할 때에 아드람멜렉과 사레셀에 의해 죽임을 당하였다(왕하

19:35-37). ①번은 열왕기하 2장 1-6절에, ②번은 열왕기하 14장 7절에, ④번은 열왕기하 23장 10절에 기록되어 있다. 정답은 ③번.

28. 다음 설명 중 옳지 않은 것은?

① 유다 왕 아마샤가 셀라를 쳐서 취하고 그 이름을 욕드엘이라 하였다.

② 유다 멸망 후 느부갓네살이 총독으로 세운 자는 그달리야이다.

③ 앗수르 왕 '불'에게 은 일천 달란트를 바친 왕은 살룸이다.

④ 바벨론 왕 느부갓네살의 시위대장은 느부사라단이다.

☞ ①번은 열왕기하 14장 7절에, ②번은 열왕기하 25장 22절에, ④번은 열왕기하 25장 8절에 기록되어 있다. 앗수르 왕 '불'에게 은 일천 달란트를 바쳐 본국으로 돌아가게 한 왕은 살룸을 죽이고 왕이 된 므나헴이다(왕하15:14). 정답은 ③번.

❖ 열왕기하 주요내용

1. 아하시야 : 다락 난간에서 낙상. 바알세붑에게 물으러 사람을 보내었다가 엘리야에게 책망 받은 이스라엘의 왕.
2. 모압 왕 메사 공격 : 이스라엘 왕 여호람, 유다 왕 여호사밧, 에돔 왕
3. 엘리사가 행한 이적 : 기름 이적으로 선지자의 제자의 아내를 도움. 길갈에서 국의 독을 없앰. 보리떡 20개와 채소로 100명 이상을 먹임. 수넴 여인의 아들을 살려냄. 물에 빠진 도끼를 떠오르게 함. 사후에 그의 뼈에 시체가 닿자 시체가 회생하여 일어 선 사건.
4. 게하시가 나아만으로부터 얻은 것 : 은 두 달란트와 옷 두 벌.
5. 아람 왕이 엘리사를 잡고자 할 때 엘리사가 거한 곳 : 도단.
6. 아람 군대가 도망갔다는 것을 이스라엘 왕에게 알린 나병환자 : 4명.

7. 아합의 딸인 아달랴와 결혼한 남 유다의 왕 : 여호람. 32세에 위에 나아가 팔년 동안 다스림. 창자에 병이 들어 2년 후에 죽음.
8. 예후 : 엘리사의 제자 중 하나인 청년 선지자에 의해 기름 부음을 받음. 예후가 죽인 이스라엘 왕 요람의 시체를 그의 장관 빗갈이 나봇의 포도원에 던짐. 레갑의 아들 여호나답과 협력하여 아합에게 속한 자들을 진멸함.
9. 아달랴의 숙청 때 요아스를 구해 낸 사람 : 여호세바.
10. 왕위에 오를 때 나이가 가장 어렸던 왕 : 요아스(7살). 그 다음은 요시야로서 8세.
11. 요아스 : 통치 23년에 성전 수리를 함. 아람 왕 하사엘의 침공을 받음. 여호야다가 130세에 죽은 후에 악정을 펼침. 여호야다의 아들 스가랴를 성전 뜰 안에서 돌로 쳐 죽임. 시므앗의 아들 요사갈과 소멜의 아들 여호사바드에 의해 밀로궁에서 죽임 당함.
12. 내 아버지여 내 아버지여 : 엘리야의 승천 시 엘리사가, 엘리사의 임종 전에 이스라엘 왕 요아스가 외침.
13. 요아스의 아들 여로보암이 이스라엘의 영토를 회복할 것을 예언한 선지자 : 요나.
14. 왕의 몸에 들었던 병명 : 유다 왕 웃시야 - 나병. 유다 왕 아사 - 발병, 유다 왕 여호람 - 창자 병.
15. 다메섹의 우상제단을 도입하고자 하였던 유다 왕 : 아하스.
16. 아하스로부터 우상제단을 만들라는 명령을 받은 제사장 : 우리야.
17. 북 이스라엘이 앗수르에게 멸망할 때 : 호세아 통치 9년.
18. 모세의 놋뱀을 부수어버린 유다 왕 : 히스기야.
19. 부수어진 놋뱀 : 느후스단 - 놋조각이라는 뜻.
20. 앗수르 왕 산헤립이 남 유다를 침입할 때 : 히스기야 통치 14년.
21. 산헤립의 군대장관 : 랍사게.
22. 랍사게와 대화한 사람 : 힐기야의 아들로서 왕궁내의 책임자인 엘리야김과 서기관 셉나와 아삽의 아들 사관 요아.

23. 앗수르 왕의 순서 : 디글랏 빌레셀- 살만데셀 - 산헤립 - 에살핫돈.

24. 히스기야 : 그의 통치 14년에 앗수르 왕 산헤립이 항복을 종용. 하나님으로부터 15년의 생명연장을 받음. 병들어 죽게 되었을 때 무화과 반죽을 상처에 놓아 나음을 입음. 바벨론 왕 부로닥발라단의 편지와 예물을 받고 창고를 보여줌.

25. 유다 왕 중 통치기간이 가장 길었던 왕 : 므낫세(55년).

26. 요시야 : 그의 통치 18년에 성전수리를 하고, 예루살렘에서 유월절을 지킴. 므깃도에서 애굽왕에 의해 죽임 당함.

27. 성전수리 담당자 : 서기관 사반.

28. 율법책 발견 : 제사장 힐기야.

29. 훌다 : 살룸의 아내. 예루살렘 멸망에 대한 예언을 함.

30. 예루살렘이 멸망할 때 : 시드기야 통치 11년.

31. 엘리야가 승천하기 전 이동한 경로 : 길갈, 벧엘, 여리고, 요단.

32. 요시야 왕 때 사람들이 몰록에게 제사드린 곳 : 힌놈의 아들 골짜기의 도벳.

33. 욕드엘 : 유다 왕 아마샤가 셀라를 쳐서 취하고 부른 이름.

34. 유다 멸망 후 느부갓네살이 총독으로 세운 자 : 그달리야.

35. 앗수르 왕 '불'에게 은 일천 달란트를 바친 왕 : 므나헴.

36. 바벨론 왕 느부갓네살의 시위대장 : 느부사라단.

역대상

1. 아담으로부터 아브라함은 몇 대손인가?

① 18대　② 19대　③ 20대　④ 21대

☞ 유다서 14절에 의하면 노아는 아담의 10대손, 아브라함은 아담의 20대손이 된다. 정답은 ③번.

2. 역대상 2장에 의하면 다윗은 이새의 몇 째 아들인가?

① 다섯째　② 여섯째　③ 일곱째　④ 여덟째

☞ 역대상 2장 13-15절에 나와 있는 이새의 아들들을 순서대로 살펴보면, 맏아들은 엘리압, 둘재 아비나답, 셋째 시므아, 넷째 느다넬, 다섯째 랏대, 여섯째 오셈, 일곱째가 다윗이다. 그러나 사무엘상 17장 13절에는 셋째의 이름이 '삼마'로 되어 있고, 사무엘상 16장 10-11절에는 다윗이 여덟 번째 아들로 되어 있다. 정답은 ③번.

3. 역대상 5장 2절에 의하면 르우벤의 장자 명분이 누구에게로 돌려졌는가?

① 유다　② 잇사갈　③ 요셉　④ 베냐민

☞ 역대상 5장 2절은 '유다는 형제보다 뛰어나고 주권자가 유다에게서 났으나 장자의 명분은 요셉에게 있으니라'고 기록되어 있다. 정답은

③번.

4. 앗수르 왕 불이 포로로 잡아 할라, 하볼, 하라와 고산 하숫가에 이주시킨 지파가 아닌 것은?

① 르우벤　② 갓　③ 므낫세 반 지파　④ 유다

☞ 앗수르 왕 '불'은 디글랏 블레셋1세를 가리킨다. 하나님이 그의 마음을 움직이셔서 요단 동편 땅에 거하던 르우벤, 갓, 므낫세 반 지파를 사로잡아 할라, 하볼, 하라와 고산 하숫가로 옮겼다(대상5:26). 정답은 ④번.

5. 레위 자손 중 찬송하는 자가 아닌 것은?

① 아삽　② 헤만　③ 여두둔　④ 에스골

☞ 그핫의 자손 사무엘의 아들 요엘의 자녀인 헤만은 찬송하는 자이다(대상6:33). 그의 오른쪽에는 게르손 자손인 아삽이(대상6:39), 그의 왼쪽에는 므라리 자손인 에단(여두둔)이 직구를 수행하였다(대상6:44). 역대상 25장을 보면, 아삽은 신령한 노래를 하며(대상25:2), 여두둔은 수금을 타고(대상25:3), 헤만은 하나님의 말씀을 받드는 왕의 선견자이다(대상25:5). 여호와 찬송하기를 배워 익숙한 자의 수효가 288인이었다(대상25:7). 정답은 ④번.

6. 다음 중 도피성이 있지 않은 곳은?

① 실로　② 베셀　③ 바산골란　④ 헤브론

☞ 도피성은 총 6개로, 베셀, 길르앗 라못, 바산골란, 세겜, 헤브론(기럇 아르바), 갈릴리 게데스이다. 정답은 ①번.

7. 딸만 있었던 슬로브핫은 어느 지파 사람인가?

① 잇사갈　② 므낫세　③ 납달리　④ 단

☞ 슬로브핫은 므낫세의 둘째 아들이며(대상7:15), 그의 딸들의 이름은 말라, 노아, 호글라, 밀가, 디르사이다(민27:1). 슬로브핫의 딸들에 대한 이야기가 민수기 27장과 36장에 기록되어 있다. 정답은 ②번.

8. 다윗은 시온 산성을 어느 부족에게서 빼앗았는가?
① 기브온 ② 여부스 ③ 에돔 ④ 기르가스

☞ 역대상 11장 4-9절을 보면, 여부스인들로부터 예루살렘성을 빼앗아 다윗성이라 명명한 사건이 기록되어 있다. 이때 여부스 사람을 가장 먼저 친 사람은 스루야의 아들 요압으로 이 일로 그는 두목이 되었다(대상11:6). 정답은 ②번.

9. 하나님의 법궤가 오벧에돔의 집에 머문 기간은?
① 1개월 ② 2개월 ③ 3개월 ④ 4개월

☞ 실로에 있다가 블레셋과의 전쟁에서 빼앗긴 법궤의 이동경로를 보면, 실로 - 에벤에셀 - 아스돗 - 가드 - 에그론 - 벧세메스 - 기럇여아림의 아비나답의 집 - 가드 사람 오벧에돔의 집 - 다윗성 순서이다. 머문 기간은 아비나답의 집에는 20년, 오벧에돔의 집에는 3개월 이다(대상13:14). 정답은 ③번.

10. 역대상 17장의 다윗계약은 사무엘하 몇 장에도 기록되어 있는가?
① 사무엘하 6장 ② 사무엘하 7장 ③ 사무엘하 8장 ④ 사무엘하 9장

☞ 나단을 통한 다윗에 대한 하나님의 축복의 약속을 담고 있는 다윗계약은 사무엘하 7장과 역대상 17장에 기록되어 있다. 하나님의 축복의 약속에 대한 다윗의 기도도 바로 뒤에 기록되어 있는데, 그 기도의 시작은 '여호와 하나님이여 나는 누구이오며 내 집은 무엇이기에 나에게 이에 이르게 하셨나이까(대상17:16)'이고 감사의 기도 중 '주와 같은 이가 없고 주 외에는 하나님이 없나이다(대상17:20)'라는 고백도 담겨져 있다. 정답은 ②번.

11. 요압이 다윗의 인구조사 시 계수에서 제외시킨 지파는 레위와 또 어느 지파인가?

① 르우벤　② 유다　③ 에브라임　④ 베냐민

☞ 역대상 21장의 다윗의 인구조사시 요압이 왕의 명령을 밉게 여겨 레위와 베냐민 사람을 계수하지 아니하였다(대상21:6). 이때 계수된 인구는 이스라엘 중에 칼을 빼만한 자가 일백십 만이요 유다 중에 칼을 빼만한 자가 사십칠 만이었다(대상21:5). 정답은 ④번.

12. 역대상 23장의 레위인의 일과 관련하여 찬송하는 레위인은 총 몇 명인가?

① 2,000명　②4,000명　③ 6.000명　④ 8,000명

☞ 역대상 23장에는 레위 사람의 일과 그 일을 감당하는 30세 이상의 레위 사람의 숫자가 기록되어 있다. 30세 이상의 레위인은 모두 38,000명이고(대상23:3), 그 중 24,000명은 하나님의 전 사무를 보았고, 6,000명은 재판관과 유사, 4,000명은 찬송하는 자, 4,000명은 문지기의 역할을 감당하였다(대상23:4-5). 정답은 ②번.

13. 다윗은 레위인을 몇 반열로 나누었는가?

① 20 반열　② 22반열　③ 24 반열　④ 26 반열

☞ 다윗이 엘르아살의 자손 사독과 이다말의 자손 아히멜렉으로 더불어 저희를 나누어 각각 그 섬기는 직무를 맡겼는데 엘르아살 자손의 족장이 16 반열, 이다말 자손의 족장이 8 반열, 총 24반열로 나누었다(대상24:3-4). 이중 여덟 번째 반열이 아비야 반열이며, 세례요한의 아버지 사가랴는 아비엘 반열이었다(눅1:5). 역대상 27장에는 족장과 천부장과 백부장과 왕을 섬기는 유사들의 반열이 기록되어 있는데 각 반열은 24,000명으로 구성되었고, 한 달씩 교대하며 역할을 수행하였다(대상27:1). 정답은 ③번.

14. 하나님의 전 곳간과 성물 곳간을 맡은 자는 누구인가?

① 아사랴 ② 하나니 ③ 하나냐 ④ 아히야

☞ 레위 사람 중에 하나님의 전 곳간과 성물곳간을 맡은 자는 아히야이다(대상26:20). 정답은 ④번.

15. 다윗의 행적이 기록되어 있지 않은 것은?

① 사무엘의 글 ② 나단의 글 ③ 갓의 글 ④ 솔로몬의 글

☞ 다윗 왕의 시종 행적이 선견자 사무엘의 글과 선지자 나단의 글과 선견자 갓의 글에 다 기록되었다(대상29:29). 정답은 ④번.

16. 다윗의 인구조사는 역대상 몇 장에 기록되어 있는가?

① 20장 ② 21장 ③ 22장 ④ 23장

☞ 역대상 각 장의 주요내용을 살펴보면, 1장은 족보, 6장은 레위의 아들들, 13장은 하나님 법궤의 이동, 17장은 다윗계약, 21장은 다윗의 인구조사, 23장은 레위인들의 일, 24장은 아론자손의 반차, 25장은 찬송을 맡은 자들, 26장은 성전 문지기, 28장은 성전건축 지시이다. 정답은 ②번.

✤ 역대상 주요내용

1. 르우벤의 장자 명분이 누구에게로 돌려졌는가 : 요셉
2. 앗수르 왕 불이 포로로 잡아 할라, 하볼, 하라와 고산 하숫가에 이주시킨 지파 : 르우벤, 갓, 므낫세 반 지파.
3. 레위 자손 중 찬송하는 자 : 헤만. 오른쪽에 아삽. 왼쪽에 에단(여두둔).
4. 여호와 찬송하기를 배워 익숙한 자의 수효 : 288인(대상25:7).
5. 슬로브핫 : 므낫세 지파. 그의 딸들의 이름은 말라, 노아, 호글라, 밀가, 디르사.
6. 다윗이 시온 산성을 빼앗은 부족 : 여부스.
7. 법궤의 이동경로 : 실로 - 에벤에셀 - 아스돗 - 가드 - 에그론 - 벧세메스 - 기럇여아림의 아비나답의 집(20년) - 가드 사람 오벧에돔의 집(3개월) - 다윗성.
8. 다윗계약 : 사무엘하 7장과 역대상 17장에 기록.
9. 요압이 다윗의 인구조사 시 계수에서 제외시킨 지파 : 레위와 베냐민
10. 일하는 레위인 : 30세 이상의 레위인은 모두 38,000명이고(대상23:3), 그 중 24,000명은 하나님의 전 사무를 보았고, 6,000명은 재판관과 유사, 4,000명은 찬송하는 자, 4,000명은 문지기의 역할을 감당(대상23:4-5).
11. 다윗이 나눈 레위인의 반열 : 24 반열(엘르아살 자손의 족장이 16 반열, 이다말 자손의 족장이 8 반열)
12. 하나님의 전 곳간과 성물 곳간을 맡은 자 : 아히야.
13. 다윗의 행적이 기록된 곳 : 사무엘의 글. 나단의 글. 갓의 글.
14. 각 장의 주요내용 : 1장은 족보, 6장은 레위의 아들들, 13장은 하나님 법궤의 이동, 17장은 다윗계약, 21장은 다윗의 인구조사, 23장은 레위인들의 일, 24장은 아론자손의 반차, 25장은 찬송을 맡은 자들, 26장은 성전 문지기, 28장은 성전건축 지시.

역대하

1. 다음 중 같은 곳을 가리키는 용어가 아닌 것은?
① 모리아 산　② 예루살렘　③ 호렙산　④ 오르난 타작마당

☞ 모리아산, 예루살렘, 오르난의 타작 마당은 같은 곳을 가리키는 표현이다(대하3:1). 정답은 ③번.

2. 성전 안의 성물 중 솥과 부삽과 대접을 만든 사람은?
① 히람　② 후람　③ 하람　④ 호람

☞ 성전 안에 있는 물건들 중 솥과 부삽과 대접을 만든 이는 후람이다(대하4:11). 정답은 ②번.

3. 솔로몬의 성전 봉헌 기도는 역대하 몇 장에 기록되어 있는가?
① 4장　② 5장　③ 6장　④ 7장

☞ 솔로문이 성전을 건축하기 시작한 달은 왕위에 나아간 지 4년 2월 2일이었고(대하3:2), 성전을 봉헌한 시기는 에다님월 곧 일곱째 달 절기이다(왕상8:2). 솔로몬의 성전 봉헌기도는 열왕기상 8장과 역대하 6장에 기록되어 있다. 역대하 각 장의 주요내용을 살펴보면, 1장은 솔로몬의 일천번제와 지혜, 6장은 성전봉헌, 10-11장은 왕국분열, 29-32장은

히스기야 왕의 통치(성전 정화, 유월절, 종교개혁, 앗수르의 위협, 병과 치유, 교만), 34-35장은 유다 왕 요시야, 36장은 유다의 마지막 왕들이다. 정답은 ③번.

4. 솔로몬의 행적이 기록되지 않은 곳은?
   ① 갓의 글 ② 나단의 글 ③ 아히야의 예언 ④ 잇도의 묵시책

☞ 솔로몬의 시종 행적은 선지자 나단의 글과 실로 사람 아히야의 예언과 선견자 잇도의 묵시 책 곧 잇도가 느밧의 아들 여로보암에게 대하여 쓴 글에 기록되어 있다(대하9:29). 솔로몬은 예루살렘에서 40년간 통치하였다(대하9:30). 정답은 ①번.

5. 르호보암에게 형제와 싸우지 말고 집으로 돌아가라고 명한 예언자는?
   ① 아히야 ② 잇도 ③ 스마야 ④ 아사랴

☞ 르호보암 왕이 유다와 베냐민 지파에서 180,000명을 뽑아 북이스라엘과 전쟁을 하고자 할 때, 스마야는 '너희는 올라가지 말라 너희 형제와 싸우지 말고 각기 집으로 돌아가라'는 하나님의 말씀을 전하였다(대하11:1-4). 정답은 ③번.

6. 남 유다가 애굽 왕 시삭의 종이 될 것이라 하나님의 말씀을 전해 들은 선지자는 누구인가?
   ① 아히야 ② 잇도 ③ 스마야 ④ 아사랴

☞ 르호보암 통치 5년에 애굽 왕 시삭이 예루살렘을 공격하였다(대하12:2). 애굽 왕 시삭은 여호와의 전 보물과 왕궁의 보물을 빼앗고, 솔로몬의 금 방패도 빼앗아 가져갔으며, 르호보암은 대신 놋으로 방패를 만들어 경호 책임자들의 손에 맡겼다(대하12:9-10). 그때 스마야 선지자에게 하나님께서는 '그들이 시삭의 종이 되어 나를 섬기는 것과 세상 나라들을 섬기는 것이 어떠한지 알게 되리라'고 말씀하셨다(대하12:8). 정

답은 ③번.

7. 구스 사람 세라의 군대를 기도로 물리친 유다 왕은?
① 아사　② 아비야　③ 여호사밧　④ 여호람

☞ 아비야를 이어 남유다의 세 번째 왕이 된 아사는 하나님께 간구하여 구스 사람 세라의 군대를 그랄까지 추격하여 격파하였다(대하14:9-15). 또한 오뎃의 아들 아사랴 선지자를 통해 '너희 행위에는 상급이 있다'(대하15:7)는 말씀을 전해들은 아사 왕은 가증한 물건을 제하는 종교개혁운동을 단행한다(대하15:8). 그 가운데서 자신의 모친 마아가의 아세라 목상을 찍고 빻아 기드론 시냇가에서 불사르기도 하고, 모친의 태후의 자리를 폐하였다(대하15:16). 정답은 ①번.

8. 유다 왕 아사에 의해 옥에 갇혔던 선지자는 누구인가?
① 오뎃　② 아사랴　③ 하나니　④ 스마야

☞ 아사왕 통치 36년에 북 이스라엘 바아사왕이 유다를 침략하였다. 이때 아사는 아람 왕 벤하닷에게 도움을 청하여 바아사를 물리쳤고, 바아사가 라마를 건축하던 돌과 재목을 가져와 게바와 미스바를 건축하였다(대하16:6). 이때 선지자 하나니가 하나님을 의지하지 않고 아람왕을 의지한 아사에게 계속하여 전쟁이 있을 것이라 예언하였고(대하16:9), 아사는 노하여 하나니를 옥에 가두었다(대하16:10). 정답은 ③번.

9. 전국을 두루 다니며 율법을 가르치도록 한 유다 왕은?
① 히스기야　② 아하시야　③ 여호사밧　④ 요시야

☞ 여호사밧 왕은 자신의 통치 3년에 그의 방백들, 벤하일과 오바댜와 스가랴와 느다넬과 미가야를 보내어 유다 여러 성읍에 가서 가르치게 하고 또 그들과 함께 레위 사람 스마야와 느다냐와 스바댜와 아사헬과 스미라못과 여호나단과 오다노야와 도비야와 도바도니야 등 레위 사람

을 보내고 또 저희와 함께 제사장 엘리사마와 여호람을 보내어 여호와의 율법책을 가지고 유다에서 가르치되 그 모든 성읍들로 두루 다니며 백성들을 가르치게 하였다(대하17:7-9). 정답은 ③번.

10. 여호사밧과 아합이 힘을 합쳐 싸우고자 했던 이방나라는?

① 아람 ② 암몬 ③ 모압 ④ 에돔

☞ 여호사밧과 아합은 서로 연혼하였다(대하18:1). 아합이 여호사밧에게 길르앗 라못 치기를 권하여 선지자 400명과 시드기야에게 하나님의 뜻을 물었을 때, 그들은 '올라가소서 하나님이 그 성읍을 왕의 손에 붙이시리이다'라고 답하였다(대하18:5). 이때 이믈라의 아들 미가야는 이 전쟁으로 인해 아합이 죽을 것을 예언하였고 모든 선지자들은 거짓말하는 영의 지배를 받고 있다고 말하였다(대하18:16, 21). 이 일로 그나아나의 아들 시드기야가 미가야의 뺨을 치게 되었다(대하18:23). 길르앗 라못을 점령하고자 한 전쟁은 아람과의 전쟁이었다(대하18:30). 정답은 ①번.

11. 선견자 예후에 의해 책망 받은 유다왕은?

① 아사 ② 여호람 ③ 아하시야 ④ 여호사밧

☞ 길르앗 라못을 점령하고자 한 전쟁에서 북 이스라엘의 아합 왕은 변장한 채 전쟁에 참가했다가 전사하게 되었고, 여호사밧은 평안히 예루살렘으로 돌아왔다. 그러나 하나니의 아들 선견자 예후로부터 아합을 도운 일에 대해 여호사밧 왕은 책망을 받았다(대하19:1-3). 정답은 ④번.

12. '브라가'는 무슨 뜻인가?

① 승리 ② 송축 ③ 기쁨 ④ 신부

☞ 모압과 암몬이 여호사밧을 치러 올라왔을 때 여호사밧은 온 유다 백성에게 금식을 선포하고 기도하였다(대하20:1-3). 그때 여호와의 영이 레위 사람 야하시엘에게 임하여 '이 전쟁에는 너희가 싸울 것이 없나니

대열을 이루고 서서 너희와 함께한 여호와가 구원하는 것을 보라'(대하 20:17)는 음성을 듣게 된다. 여호사밧은 드고아 들로 나아가 노래하는 자를 택하여 거룩한 예복을 입히고 군대 앞에서 행하며 '여호와께 감사하세 그의 인자하심이 영원하도다'라고 찬양하게 하였다(대하20:21). 이 찬송이 시작될 때에 유다를 치러 온 암몬 자손과 모압과 세일 산 사람을 하나님이 치심으로 유다는 승리하였다. 여호사밧과 그 백성이 적군의 물건을 3일 동안 취하고, 제 4일에 브라가 골짜기에 모여 여호와를 송축하였다. 브라가는 '송축'이라는 뜻이다(대하20:26). 정답은 ②번.

13. 창자에 병이 들어 죽은 유다 왕은?

① 아사　　② 여호람　　③ 웃시야　　④ 아하시야

☞ 몸에 중한 병이 들었던 왕들을 살펴보면, 유다의 아사왕은 발에 중병이 걸려 죽었고, 여호람 왕은 창자에 병이 들어 죽었다. 웃시야 왕은 제단의 뿔을 잡으려다 나병에 걸렸고, 이스라엘의 아하시야 왕은 왕궁에서 낙상하였다. 정답은 ②번.

14. 요아스에 의해 돌에 맞아 죽은 제사장은?

① 우리야　　② 여호야다　　③ 스가랴　　④ 하나냐

☞ 요아스는 아달랴의 숙청 때 여호사브앗에 의해 유일하게 살아남은 아하시야의 아들이다. 여호사브앗은 여호람왕의 딸이요 아하시야의 누이요 제사장 여호야다의 아내이다(대하22:11). 요아스는 제사장 여호야다에 의해 성전에서 6년간 숨어 지내다가 여호야다의 반역 때 칠세의 나이로 왕위에 올랐다(대하24:1). 그는 여호야다가 살아 있을 동안에는 바알신당을 파괴하고, 여호와의 성전을 중수하는 등 올바른 통치를 하다가 여호야다가 130세에 죽은 후 우상을 숭배하게 되었다. 이 일로 제사장 여호야다의 아들 스가랴의 책망을 듣게 되었고, 요아스는 명을 내려 여호와의 전 뜰 안에서 스가랴를 돌로 쳐 죽였다(대하24:21). 정답은 ③번.

15. 유다 왕 아마샤와 전쟁한 이스라엘 왕은 누구인가?

① 여호람　　② 예후　　③ 여호아하스　　④ 요아스

☞ 유다 왕 아마샤는 에돔 사람을 물리친 후 세일 자손의 우상들을 가져다가 자기의 신으로 세우고 그 앞에 경배하며 분향하였다(대하25:14). 이 일로 하나님께서는 아마샤를 이스라엘 왕 요아스에게 붙이셨다(대하25:20). '서로 대면하자'는 아마샤의 제안에 대해 요아스는 '레바논 가시나무가 레바논 백향목에게 전갈을 보내어 이르기를 네 딸을 내 아들에게 주어 아내로 삼게 하라 하였더니 레바논 들짐승이 지나가다가 그 가시나무를 짓밟았느니라'는 비유를 들었다(대하25:18). 아마샤는 이후 모반한 무리가 보낸 사람에 의해 라기스에서 죽임을 당하였다(대하25:27). 정답은 ④번.

16. 왕에 대한 소개의 글 중, '농사를 좋아하였다'라는 평가를 받은 왕은?

① 웃시야　　② 요담　　③ 아하스　　④히스기야

☞ 웃시야 왕은 '농사를 좋아하였다'는 말씀이 역대하 26장 10절에 기록되어 있다. 정답은 ①번.

17. 사마리아에 거하며 '너희의 형제들 중에서 사로잡아 온 포로를 돌아가게 하라'고 말한 예언자는 누구인가?

① 호세아　　② 오뎃　　③ 아모스　　④ 미가

☞ 하나님이 유다 왕 아하스의 우상숭배를 심판하셔서 아람 왕의 손과 르말랴의 아들 베가에 손에 유다를 심판하셨다. 베가는 유다에서 하루에 용사 십 이만 명을 죽였으며, 이스라엘은 20만 명의 포로를 사로잡아 사마리아로 데려왔다(대하28:8). 그때 사마리아에 거하던 선지자 오뎃이 '너희의 형제들 중에서 사로잡아 온 포로를 놓아 돌아가게 하라 여호와의 진노가 너희에게 임박하였느니라'(대하28:11)는 경고를 하였다. 정답은 ②번.

18. 히스기야 통치 시기에 유다를 괴롭혔던 앗수르 왕은 누구인가?

① 디글랏빌레셀 ② 살만에셀 ③ 산헤립 ④ 에살핫돈

☞ 히스기야 통치 시기에 유다를 괴롭혔던 앗수르 왕은 산헤립이고, 그의 군대 장관은 랍사게이다(왕하18:19). 산헤립이 공격한 때는 히스기야 통치 14년이 되던 해이다(왕하18:13). 정답은 ③번.

19. 바벨론에 포로로 잡혀갔다 돌아온 후 종교개혁을 시도한 유다 왕은 누구인가?

① 므낫세 ② 아몬 ③ 요시야 ④ 여호아하스

☞ 히스기야의 아들 므낫세 왕은 힌놈의 아들 골짜기에서 그 아들들을 불 가운데로 지나게 할 정도로 우상숭배에 몰입하다가 하나님의 심판으로 바벨론에 잡혀 간 후 크게 겸비함을 보였다. 그 후 예루살렘에 돌아와서 그제야 여호와께서 하나님이신 줄을 알고(대하33:13), 모든 우상을 제거하고 여호와께만 제사를 지내는 종교개혁을 단행하였다. 그는 유다 왕 중 가장 오랜 기간인 55년을 통치한 왕이다. 정답은 ①번.

20. 유다 왕 요시야 시대 때 성전에서 율법책을 발견한 사람은 누구인가?

① 훌다 ② 힐기야 ③ 사반 ④ 살룸

☞ 요시야 왕 통치 18년에 대제사장 힐기야가 여호와의 전에 헌금한 돈을 꺼낼 때에 율법책을 발견하였다(대하34:14). 이 책을 서기관 사반이 요시야 왕 앞에서 낭독할 때에 왕이 율법의 말씀을 듣고 자기의 옷을 찢었다(대하34:19). 정답은 ②번.

21. 선지자 사무엘 이후로 유월절을 이같이 지킨 적이 없다는 평가를 받은 왕은 누구인가?

① 히스기야 ② 여호사밧 ③ 므낫세 ④ 요시야

☞ 요시야 왕 18년에 유월절을 지켰는데, 역대하 35장 18절은 그 유월절에 대해 이렇게 설명하고 있다. '선지자 사무엘 이후로 이스라엘 가운데서 유월절을 이같이 지키지 못하였고 이스라엘 모든 왕들도 요시야가 제사장들과 레위 사람들과 모인 온 유다와 이스라엘 무리와 예루살렘 주민과 함께 지킨 것처럼은 유월절을 지키지 못하였더라' 정답은 ④번.

22. 예레미야가 애가를 지은 것은 어느 왕의 죽음 때문인가?

① 요시야 ② 여호야김 ③ 여호야긴 ④ 시드기야

☞ 애굽 왕 바로느고가 갈그미스를 치러 올라올 때, 요시야가 므깃도 골짜기에서 느고를 막다가 활 쏘는 자에 의해 죽임을 당하게 되었다. 예루살렘 사람들이 요시야의 죽음을 슬퍼했고 예레미야는 그를 위하여 애가를 지었다(대하35:25). 정답은 ①번.

23. 다음 중 바벨론으로 끌려가지 않은 왕은 누구인가?

① 여호아하스 ② 여호야김 ③ 여호야긴 ④ 시드기야

☞ 유다의 마지막 왕들의 순서는 '여호아하스 - 여호야김 - 여호야긴 - 시드기야'이다. 이 중 여호아하스는 애굽 왕 느고에 의해 애굽으로 잡혀갔고(대하36:4), 여호야김, 여호야긴, 시드기야는 바벨론으로 잡혀갔다. 정답은 ①번.

24. 다음 설명 중 옳지 않은 것은?

① 솔로몬이 배를 만든 곳은 에시온게벨이며 금을 가져온 곳은 오빌이다.
② 예후는 혁명 전에 레갑의 아들 여호나답과 의논하였다.
③ 아하시야의 모친 아달랴는 오므리의 손녀이다.
④ 아달랴의 숙청 때 요아스를 살린 이는 제사장 여호야다이다.

☞ 아달랴의 숙청 때 요아스를 살린 이는 제사장 여호야다의 아내이며, 아하시야의 누이인 여호사브앗(여호세바)이다. ①번은 열왕기상 9장

26-28절, ②번은 열왕기하 10장 15-17절, ③번은 역대하 22장 2절에 기록되어 있다. 정답은 ④번.

25. 이 왕이 죽은 후, 유다와 예루살렘 주민이 그를 다윗 자손의 묘실 중 높은 곳에 장사하여 그의 죽음에 존경함을 표하였다. 이 왕은 누구인가?
① 히스기야 ② 요시야 ③ 요아스 ④여호사밧

☞ 히스기야 왕은 25세에 위에 나아가 29년을 통치하였으며, 그 모친의 이름은 스가랴의 딸 아비야이다(대하29:1). 그는 2월 14일에 유월절을 지켰으며(대하30:15), 종교개혁도 단행하였다. 그의 통치 기간에 앗수르 왕 산헤립이 유다를 위협하였으며, 이때 아모스의 아들 선지자 이사야와 함께 하나님께 기도하여 구원받기도 하였다(대하32:20-21). 그는 병들어 죽게 되었을 때 기도함으로 치유함을 받았으나, 그 일로 마음이 교만해져 하나님의 진노를 받았다(대하32:24-25). 그가 죽었을 때 온 유다와 예루살렘 주민이 다윗 자손의 묘실 중 높은 곳에 그를 장사하여 그의 죽음에 경의를 표하였다(대하32:33). 정답은 ①번.

26. '온 이스라엘이 목자 없는 양같이 흩어졌는데 여호와의 말씀이 이 무리가 주인이 없으니 각각 평안히 자기들의 집으로 돌아갈 것이니라 하셨나이다' 이 말을 한 사람은 누구인가?
① 에스겔 ② 스가랴 ③ 미가야 ④여호수아

☞ 위의 말씀은 아람과 길르앗 라못 전쟁을 하기에 앞서 아합왕에게 미가야 선지자가 한 말이다(대하18:16). 정답은 ③번.

✤ 역대하 주요내용

1. 성물 중 솥과 부삽과 대접을 만든 사람 : 후람.
2. 솔로몬의 성전 봉헌기도 : 열왕기상 8장과 역대하 6장에 기록.
3. 각 장의 주요내용 : 1장은 솔로몬의 일천번제와 지혜, 6장은 성전봉헌, 10-11장은 왕국분열, 29-32장은 히스기야 왕의 통치(성전 정화, 유월절, 종교개혁, 앗수르의 위협, 병과 치유, 교만), 34-35장은 유다 왕 요시야, 36장은 유다의 마지막 왕들.
4. 솔로몬의 행적이 기록된 곳 : 나단의 글. 아히야의 예언. 잇도의 묵시 책.
5. 솔로몬의 통치기간 : 40년.
6. 르호보암에게 형제와 싸우지 말고 집으로 돌아가라고 명한 예언자 : 스마야.
7. 남 유다가 애굽 왕 시삭의 종이 될 것이라 하나님의 말씀을 전해 들은 선지자 : 스마야.
8. 애굽 왕 시삭의 예루살렘 공격 : 르호보암 통치 5년.
9. 아사 왕 : 구스 사람 세라의 군대를 기도로 물리침. 오뎃의 아들 아사랴 선지자를 통해 '너희 행위에는 상급이 있다'(대하15:7)는 말씀을 전해 들음. 가증한 물건을 제하는 종고개혁운동을 단행. 자신의 모친 마아가의 아세라 목상을 찍고 빻아 기드론 시냇가에서 불사르기도 하고, 모친의 태후의 자리도 폐함.
10. 유다 왕 아사에 의해 옥에 갇혔던 선지자 : 하나니.
11. 전국을 두루 다니며 율법을 가르치도록 한 유다 왕 : 여호사밧.
12. 여호사밧과 아합이 힘을 합쳐 싸우고자 했던 이방나라 : 아람.
13. 선견자 예후에 의해 책망 받은 유다 왕 : 여호사밧.
14. 브라가 : '송축'이라는 뜻.
15. 유다 왕 아마샤와 전쟁한 이스라엘 왕 : 요아스.
16. '농사를 좋아하였다'라는 평가를 받은 왕 : 웃시야.

17. 사마리아에 거하며 '너희의 형제들 중에서 사로잡아 온 포로를 돌아가게 하라'고 말한 예언자 : 오뎃.
18. 바벨론에 포로로 잡혀갔다 돌아온 후 종교개혁을 시도한 유다 왕 : 히스기야의 아들 므낫세.
19. 유다 왕 요시야 시대 때 성전에서 율법책을 발견한 사람 : 대제사장 힐기야.
20. 선지자 사무엘 이후로 유월절을 이같이 지킨 적이 없다는 평가를 받은 왕 : 요시야.
21. 예레미야가 애가를 지은 이유 : 요시야의 죽음(대하35:25).
22. 유다의 마지막 왕들의 순서 : 여호아하스 - 여호야김 - 여호야긴 - 시드기야.
23. 여호아하스 : 애굽 왕 느고에 의해 애굽으로 잡혀감.
24. 여호야김, 여호야긴, 시드기야 : 바벨론으로 잡혀감.
25. 솔로몬이 배를 만든 곳 : 에시온게벨.
26. 솔로몬이 금을 가져온 곳 : 오빌.
27. 유다와 예루살렘 주민이 그를 다윗 자손의 묘실 중 높은 곳에 장사하여 그의 죽음에 경의를 표한 왕 : 히스기야.

에스라

1. 포로귀환의 칙령을 발표한 왕은 누구인가?

   ① 아닥사스다 ② 다리오 ③ 아하수에로 ④ 고레스

   ☞ 바사 왕 고레스는 통치 원년에 칙령을 선포하여 유다 백성들은 예루살렘에 올라가서 하나님의 전을 건축하라 명하였다(스1:1-3). 그는 느부갓네살 왕이 예루살렘에서 옮겨와 자신의 신당에 두었던 전 기명을 꺼내어 유다 목백 세스바살에게 주어 가져가도록 하였다(스1:7-11). 금, 은, 그릇의 합계가 오천 사백이었다(스1:11). 정답은 ④번.

2. 바벨론에서의 포로귀환을 예언한 선지자는 누구인가?

   ① 이사야 ② 에스겔 ③ 예레미야 ④ 다니엘

   ☞ 남 유다 백성이 바벨론에 포로로 잡혀가 70년 동안 바벨론을 섬길 것을 예언한 선지자는 예레미야이다(렘25:11). 정답은 ③번.

3. 바벨론에서의 귀환 때 1차 귀환자는 총 몇 명인가?

   ① 19,897명 ② 29,897명 ③ 39,897명 ④ 49,897명

   ☞ 1차 귀환자는 제사장, 레위인, 노래하는 자, 문지기, 느디님 사람들, 솔로몬 신복들, 지도자 등으로 온 회중의 합계가 42,360명, 노비가

7,337명, 노래하는 자가 200명(느헤미야 7장 67절에는 245명으로 기록되어 있다)으로 총 귀환자는 49,897명이었다(스2:64-65). 정답은 ④번.

4. 성전 재건을 방해한 자들의 조서로 인해 다리오 왕 몇 년까지 성전 재건이 중단되었는가?

① 1년 ② 2년 ③ 3년 ④ 4년

☞ 유다와 베냐민의 대적이 바벨론 포로에서 돌아와 성전을 재건하는 자들에게 '우리도 너희와 함께 건축하게 하라 우리도 너희 같이 너희 하나님을 찾노라 앗수르 왕 에살핫돈이 우리를 이리로 오게 한 날부터 우리가 하나님께 제사를 드리노라(스4:2)'며 자신들도 성전재건에 동참케 해달라고 요청하였으나 거절당하자 아하수에로 왕이 즉위할 때에 글을 올려 유다와 예루살렘 거민을 고소하였다(스4:6). 아닥사스다 왕 때에도 방백 르훔과 서기관 심새가 고소의 글을 올려 다리오 왕 제 이년가지 전 역사가 중단되었다(스4:24). 정답은 ②번.

5. 총독 닷드내와 스달보스내가 성전건축에 대한 조서의 확인을 누구에게 요청하였는가?

① 고레스 왕 ② 아하수에로 왕 ③ 아닥사스다 왕 ④ 다리오 왕

☞ 학개와 스가랴의 권면으로 스알디엘의 아들 스룹바벨과 요사닥의 아들 예수아가 성전건축을 재개하였다. 이 일로 강 서쪽 지방의 총독 닷드내와 스달보스내가 다리오 왕에게 조서를 보내어 유다 백성들이 성전을 건축하는 것이 고레스 왕의 칙령에 의한 것이 맞는지를 확인해 줄 것을 요청하였다(스5:17). 이 조서로 인해 다리오왕은 메대의 악메다 궁에서 고레스의 조서를 확인하고 성전건축을 허락하였다. 고레스가 내린 조서에는 전의 높이가 60 규빗, 너비가 60 규빗 이었다(스6:3). 정답은 ④번.

6. 성전 건축을 마친 때는 다리오 왕 통치 몇 년째인가?

① 4년　　② 5년　　③ 6년　　④ 7년

☞ 고레스 왕의 조서를 확인한 다리오 왕은 성전건축이 원활하게 진행되도록 조서를 내렸고, 이 조서를 받은 강 서편 총독 닷드내와 스달보스내가 협조하여 다리오 왕 육년 아달월 삼일에 성전 건축이 완성되었다. 정답은 ③번.

7. 학사 겸 제사장인 에스라는 아론의 몇 대손인가?
① 14대손　　② 16대손　　③ 18대손　　④ 20대손

☞ 바사 왕 아닥사스다 7년에 학사 겸 제사장인 에스라가 아닥사스다 왕의 조서를 가지고 귀환하였다. 그는 정월 초하루에 바벨론에서 길을 떠나 오월 초하루에 예루살렘에 도착하였는데(스7:9), 아닥사스다 왕이 내린 조서의 내용은 원하는 물량을 공급하겠다는 것이었다. 이 에스라는 대제사장 아론의 16대손, 엘르아살의 15대손, 비느하스의 14대손이다(스7:5). 정답은 ②번.

8. 에스라가 3일간 금식을 선포한 곳은 어디인가?
① 그발 강변　　② 얍복 강변　　③ 아하와 강변　　④ 유브라데

☞ 에스라는 백성과 함께 귀환하던 중 아하와 강가에서 3일간 금식을 선포하고 하나님 앞에서 스스로 겸비하여 평탄한 길을 간구하였다(스8:15,21). 정답은 ③번.

9. 이스라엘 백성들이 하나님의 전 앞 광장에 모인 날은 언제인가?
① 7월 1일　　② 7월 10일　　③ 7월 15일　　④ 9월 20일

☞ 예루살렘으로 돌아온 에스라는 이스라엘 백성들이 이방 여인과 혼인관계를 맺고 서로 섞이게 된 것에 대해 속옷과 겉옷을 찢고 머리털과 수염을 뜯으며 한탄하였다(스9:2). '나의 하나님이여 내가 부끄럽고 낯이

뜨거워서 감히 나의 하나님을 향하여 얼굴을 들지 못하오니 이는 우리 죄악이 많아 정수리에 넘치고 우리 허물이 커서 하늘에 미침이니이다' 라고 그는 기도하였다(스9:6). 에스라가 기도할 때 엘람 자손 여히엘의 아들 스가냐가 이방 여자 택한 것에 대해 회개하면서 이방 여인들을 모두 돌려보내겠다고 맹세하였다. 9월 20일에 유다와 베냐민 모든 사람이 하나님의 전 광장 앞에 모였는데 큰 비가 내렸다(스10:9). 이방 여인을 취한 자는 그들을 본국으로 돌려보낼 것을 맹세하였으나, 오직 아사헬의 아들 요나단과 디과의 아들 야스야가 일어나 반대하고 므술람과 레위 사람 삽브대가 저희를 도왔다(스10:15). 정답은 ④번.

✤ 에스라 주요내용

1. 포로귀환의 칙령을 발표한 왕 : 바사 왕 고레스 통치 원년.
2. 세스바살 : 전에 기명을 가지고 돌아온 책임자.
3. 바벨론에서의 포로귀환을 예언한 선지자 : 예레미야.
4. 바벨론에서의 귀환 때 1차 귀환자의 총 수 : 49,897명(회중의 합계가 42,360명, 노비가 7,337명, 노래하는 자가 200명).
5. 성전 재건 중단 : 다리오 왕 제 이년까지.
6. 다리오 왕에게 성전건축에 대한 조서의 확인을 요청한 총독 : 닷드내와 스달보스내.
7. 다리오왕이 고레스의 조서를 확인한 곳 : 메대의 악메다 궁.
8. 성전 건축을 마친 때 : 다리오 왕 육년 아달월 삼일.
9. 에스라 : 학사 겸 제사장. 아론의 16대손, 엘르아살의 15대손, 비느하스의 14대손.
10. 에스라가 3일간 금식을 선포한 곳 : 아하와 강변
11. 이스라엘 백성들이 하나님의 전 앞 광장에 모인 날 : 9월 20일

느헤미야

1. 느헤미야는 어느 왕의 술 맡은 관원장이었는가?

   ① 아닥사스다　② 고레스　③ 아하수에로　④ 다리오

   ☞ 하가랴의 아들 느헤미야는 수산 궁에서 아닥사스다 왕의 술 맡은 관원장으로 일하였다(느1:1, 11). 정답은 ①번.

2. 느헤미야의 동생 이름은 무엇인가?

   ① 하나냐　② 하니엘　③ 하나니　④ 하시온

   ☞ 느헤미야는 동생 하나니와 유다에서 온 두어 사람으로부터 예루살렘의 황폐함에 대한 소식을 듣고 금식하며 기도하였다(느1:2-11). 정답은 ③번.

3. 느헤미야의 성전 재건 시 방해한 자가 아닌 것은?

   ① 스가냐　② 산발랏　③ 도비야　④ 게셈

   ☞ 아닥사스다 왕 20년 니산월에 느헤미야는 예루살렘 성을 건축하도록 허락한 조서와 강 서쪽 총독과 삼림 감독 아삽에게 보내는 조서를 가지고 예루살렘에 돌아와 성전 건축을 위해 유다 사람들을 독려하였다. 이에 호론 사람 산발랏과 종이 되었던 암몬 사람 도비야와 아라비아 사람 게셈이 성전 재건을 방해하였다(느2:19). 도비야는 '성벽은 여우가 올라

가도 곧 무너지리라'며 냉소한 인물로(느4:3), 아라의 아들 스가냐의 사위가 되었고, 그의 아들 여호하난도 베레갸의 아들 므술람의 딸을 취하는 등, 유다에서 도비야와 동맹한 자가 많았다(느6:18). 정답은 ①번.

4. 예루살렘 성벽 건축은 어느 문의 건축으로부터 시작되었나?
① 마문 ② 양문 ③ 함밉갓문 ④ 샘문

☞ 예루살렘 성벽 재건은 대제사장 엘리아십이 그 형제 제사장들과 함께 양문을 건축하는 것에서 시작되었다(느3:1). 양문 외에도 예루살렘 성문은 마문, 분문, 함밉갓 문, 샘문, 골짜기 문 등이 있다. 정답은 ②번.

5. 가난한 자들의 울부짖음에 대해 느헤미야는 귀인과 민장들에게 받은 것의 얼마를 돌려보내라 하였는가?
① 십분의 일 ② 이십분의 일 ③ 오십분의일 ④ 백분의 일

☞ 유다 백성들의 울부짖음에 대해 느헤미야는 귀인과 민장들에게 받은 것의 백분의 일을 돌려보내라 명하였고, 귀인과 민장들이 순종하였다(느5:1-13). 정답은 ④번.

6. 느헤미야와 그 형제들이 총독의 녹을 받지 않은 기간은 얼마인가?
① 10년 ② 12년 ③ 14년 ④ 16년

☞ 느헤미야가 유다 땅 총독으로 세움을 받은 아닥사스다 왕 20년부터 32년까지 12년 동안 느헤미야와 형제들은 총독의 녹을 받지 않았다(느5:14). 정답은 ②번.

7. 느헤미야를 두렵게 하고자 거짓 예언을 한 자는 누구인가?
① 스마야 ② 산발랏 ③ 도비야 ④ 게셈

☞ 산발랏과 도비야와 게셈은 느헤미야를 해하고자 오노평지에서 만나

자고 네 번이나 요청하였으나 느헤미야는 이를 단호히 거절하였다. 다섯 번째에는 봉하지 않은 편지를 보내어 느헤미야가 왕이 되고자 한다는 음모가 있다고 공격하기도 하였다(느6:5-7). 이후에 므헤다벨의 손자 들라야의 아들 스마야는 이들에게 뇌물을 받고 느헤미야를 두렵게 하고자 거짓예언을 하였다(느6:10-14). 정답은 ①번.

8. 성벽 공사는 몇 일만에 완성되었는가?

① 40일 ② 46일 ③ 52일 ④ 58일

☞ 성벽 공사는 52일 만인 엘룰월 이십 오일에 완성되었다(느6:15). 정답은 ③번.

9. 충성스러운 사람이요 하나님을 경외함이 무리 중에서 뛰어난 자라는 평가를 받은 사람은?

① 스가냐 ② 엘리아십 ③ 하나니 ④ 하나냐

☞ 성 건축이 완성된 후, 느헤미야의 아우 하나니와 영문의 관원이자 충성스러운 사람이요 하나님을 경외함이 무리 중에서 뛰어난 자인 하나냐가 예루살렘의 통치자로 세움을 받았다(느7:2). 정답은 ④번.

10. 에스라가 수문 앞 광장에서 몇 월 몇 일에 율법을 낭독하였는가?

① 7월 1일 ② 7월 10일 ③ 7월 15일 ④ 7월 24일

☞ 에스라가 율법을 낭독한 내용이 느헤미야 8장에 기록되어 있다. 학사 겸 제사장인 에스라가 7월 1일 수문 앞 광장에서 율법을 낭독하였다(느8:1-3). 백성은 율법의 말씀을 듣고 모두 울었다. 이에 총독 느헤미야와 학사 겸 제사장인 에스라와 백성을 가르치는 레위 사람들이 '오늘은 너희 하나님 여호와의 성일이니 슬퍼하지 말며 울지 말라'(느8:9), '여호와로 인하여 기뻐하는 것이 너희의 힘이니라'(느8:10)고 그들을 위로하였다. 정답은 ①번.

11. 에스라와 느헤미야 때에 초막절을 지킨 것은 누구 이후로 처음 지킨 것인가?

① 모세　② 여호수아　③ 사무엘　④ 히스기야

☞ 7월 2일에 족장들과 제사장들과 레위 사람들이 율법책을 본즉 칠월 절기에 초막절을 지키라는 말씀을 발견하고, 백성이 나가서 초막을 지어 온 무리가 그 안에 거하였다. 이는 여호수아 이후로 이스라엘 백성이 처음 지킨 초막절이다(느8:17). 7월 24일에는 온 이스라엘 자손이 다 모여 금식하며 굵은 베를 입고 티끌을 무릅쓰고 하나님께 회개하였다. 정답은 ②번.

12. 느헤미야 10장에 기록되어 있는 백성들이 새롭게 맹세한 언약의 내용이 아닌 것은?

① 이방인과의 혼인 금지

② 안식일에 장사하지 않음

③ 하나님의 전을 위해 해마다 반 세겔 바침

④ 레위인에게 십일조 바침

☞ 백성들이 맹세한 언약의 내용은 이방인과의 혼인 금지, 안식일에 장사 금지, 안식년 준수, 하나님의 전을 위해 해마다 1/3세겔 바침, 첫 열매 드림, 레위인에게 십일조 바침, 레위인은 십일조의 십일조를 하나님께 바침 등이다(느10:28-39). 정답은 ③번.

13. 다음 설명 중 맞지 않는 것은?

① 유다와 베냐민 자손 중 십분의 일만 제비뽑아 예루살렘에 거하도록 하였다.

② 기도할 때에 감사하는 말씀을 인도하는 어른이 된 자는 박부갸이다.

③ 도비야와 연락한 대제사장은 엘리아십이다.

④ 대제사장 엘리아십의 손자 중 하나가 호론 사람 산발랏의 사위가 되어 느헤미야가 추방하였다.

☞ 기도할 때에 감사하는 말씀을 인도하는 자가 된 사람은 아삽의 증손 삽디의 손자 미가의 아들 맛다냐이고, 박부갸는 버금이 되었다(느 11:17). ①번은 예레미야 11장 1절에, ③번은 예레미야 13장 4절에, ④번은 느헤미야 13장 28절에 기록되어 있다. 정답은 ②번.

✣ 느헤미야 주요내용

1. 느헤미야 : 수산궁에서 아닥사스다 왕의 술 맡은 관원장.
2. 느헤미야의 동생 : 하나니.
3. 느헤미야의 성전 재건 시 방해한 자 : 호론 사람 산발랏, 암몬 사람 도비야, 아라비아 사람 게셈.
4. 예루살렘 성벽 건축의 시작 : 대제사장 엘리아십이 그 형제 제사장들과 함께 양문을 건축하는 것에서 시작.
5. 백분의 일 : 느헤미야가 귀인과 민장들에게 받은 것에서 돌려보내라고 한 수치.
6. 느헤미야와 그 형제들이 총독의 녹을 받지 않은 기간 : 12년(아닥사스다 왕 20년부터 32년까지).
7. 느헤미야를 두렵게 하고자 거짓 예언을 한 자 : 스마야.
8. 성벽 공사 완성 기간 : 52일 만인 엘룰월 이십 오일에 완성.
9. 충성스러운 사람이요 하나님을 경외함이 무리 중에서 뛰어난 자 : 하나냐.
10. 에스라가 수문 앞 광장에서 율법을 낭독한 날 : 7월 1일.
11. 에스라와 느헤미야 때에 초막절을 지킴 : 여호수아 이후로 처음 지킨 초막절(느8:17).
12. 백성들이 맹세한 언약의 내용 : 이방인과의 혼인 금지, 안식일에 장사 금지, 안식년 준수, 하나님의 전을 위해 해마다 1/3세겔 바침, 첫 열매 드림, 레위인에게 십일조 바침, 레위인은 십일조의 십일조를 하나님께 바침.
13. 기도할 때에 감사하는 말씀을 인도하는 자가 된 사람 : 맛다냐.
14. 버금 : 박부갸

에스더

1. 아하수에로 왕은 인도로부터 구스까지 몇 지방을 다스렸는가?
① 100 지방 ② 114 지방 ③ 127 지방 ④ 142 지방

☞ 에스더서의 이야기는 아하수에로 왕 때의 일이다. 아하수에로 왕은 인도로부터 구스까지 127 지방을 다스렸다(에1:1). 정답은 ③번.

2. 아하수에로 왕에게 명령에 순종하지 않는 왕후를 폐위할 것을 조언한 자는 누구인가?
① 헤개 ② 므무간 ③ 빅단 ④ 데레스

☞ 왕후 와스디가 잔치상에 나와 얼굴을 보이라는 아하수에로 왕의 명을 거역하자, 므무간이 여자들이 남편에게 존경심을 갖도록 하기 위해 와스디를 왕후에서 폐위시키고, 조서를 내릴 것을 조언하였다(에1:16-21). 므무간의 말대로 왕은 조서를 내려 남편으로 자기의 집을 주관하게 하였다(에1:22). 정답은 ②번.

3. 아하수에로의 왕비가 된 에스더는 어느 지파 사람인가?
① 베냐민 ② 유다 ③ 므낫세 ④ 납달리

☞ 에스더(하닷사)는 아비하일의 딸로서 베냐민 지파이다(에9:29). 모르

드개도 베냐민 자손으로서 그의 삼촌이 아비하일이었다(에2:15). 정답은 ①번.

4. 에스더가 왕후가 된 것은 아하수에로 왕 통치 몇 년 째인가?

① 4년 ② 5년 ③ 6년 ④ 7년

☞ 궁녀를 주관하는 자는 내시 헤개였다(에2:8). 에스더가 왕후가 된 것은 아하수에로 통치 7년 시월 곧 데벳월이었다(에2:16). 정답은 ④번.

5. 유대인 학살 계획을 세운 이는 누구인가?

① 빅단 ② 헤개 ③ 데레스 ④ 하만

☞ 빅단과 데레스는 내시로서 왕을 암살할 음모를 꾸미고 있었으나 모르드개에 의해 좌절되었고, 이 일로 나무에 매달려 죽임을 당하였다(에2:21-23). 헤개는 궁녀를 주관하는 내시였으며, 그를 통해 에스더가 아하수에로 왕에게로 나아가게 되었다. 하만은 아각 사람 함므다다의 아들로서 모르드개가 자신에게 절하지 않은 것에 원한을 품고 모르드개의 민족 유대인을 아달월 13일에 학살할 계획을 세웠다(에3:13). 정답은 ④번.

6. 하만은 모르드개를 처형하기 위해 몇 규빗 높이의 장대를 세웠는가?

① 40 규빗 ② 50 규빗 ③ 60 규빗 ④ 70 규빗

☞ 아각 사람 하만은 그의 아내 세레스와 친구들의 조언으로 오십 규빗 높이의 나무 장대를 세우고 모르드개를 그곳에 달아 죽이고자 하였다(에5:14). 그러나 하르보나의 고발로 하만이 그 장대에 매어 달려 죽게 되었다(에7:9-10). 정답은 ②번.

7. 부림일은 언제인가?

① 아달월 13-14일 ② 아달월 14-15일

③ 아달월 15-16일 ④ 아달월 16-17일

☞ '부르'는 '제비뽑다'는 뜻이다. 하만이 유대인을 진멸하기로 한 아달월 13일에 도리어 유대인들이 자신들의 대적 7만 5천명을 진멸하였고, 14일에도 하만의 열 아들을 나무에 다는 등 진멸이 이어졌다(에9:11-16). 이때부터 유대인들은 규례를 세워 아달월 십사일과 십오일을 부림일로 지켰다(에9:21). 이 날은 잔치를 베풀고 즐기며 서로 예물을 주며 가난한 자를 구제하는 날이다(에9:22). 정답은 ②번.

✤ 에스더 주요내용

1. 아하수에로 왕의 통치영역 : 인도로부터 구스까지 127 지방.
2. 폐위된 왕후 : 와스디.
3. 왕후 폐위할 것을 조언한 자 : 므무간.
4. 에스더 : 하닷사. 아비하일의 딸로서 베냐민 지파.
5. 궁녀를 주관하는 자 : 내시 헤개.
6. 에스더가 왕후가 된 때 : 아하수에로 통치 7년 시월 곧 데벳월.
7. 유대인 학살 계획을 세운 이 : 아각 사람 함므다다의 아들 하만.
8. 빅단과 데레스 : 내시로서 왕을 암살할 음모를 꾸미고 있었으나 모르드개에 의해 좌절.
9. 하만이 모르드개를 처형하기 위해 올린 장대의 높이 : 50 규빗.
10. 부림일 : 아달월 14-15일.

욥 기

1. 욥에 대한 다음의 설명 중 맞지 않는 것은?
   ① 그는 우스 땅에 거주하였다.
   ② 온전하고 정직하여 하나님을 경외하며 악에서 떠난 자였다.
   ③ 아들 여섯과 딸 넷이 있었다.
   ④ 양이 칠천, 낙타가 삼천, 소가 오백 겨리, 암나귀가 오백 등 동방에서 가장 훌륭한 자였다.

☞ 욥에게는 아들 일곱과 딸 셋이 있었다. 욥기 42장에 고난의 세월을 이긴 욥에게 하나님께서는 이전보다 두 배의 물질적 축복을 주셨는데, 아들과 딸은 이전의 숫자대로 허락하셨다(욥1:2, 42:13). 정답은 ③번.

2. 사탄이 욥의 몸에 나게 한 병은 무엇인가?
   ① 나병　　② 종기　　③ 중풍　　④ 손 마름

☞ 욥은 사탄으로부터 두 번의 시험을 받았다. 첫 번째는 그의 모든 소유와 자녀들을 빼앗겼고, 두 번째는 그 발바닥에서부터 정수리까지 종기가 났다(욥2:7). 욥은 질그릇 조각을 가져다가 자신의 몸을 긁었고, 아내는 '하나님을 욕하고 죽으라'고 말할 정도로 고통이 극심했다. 그러나 이 모든 일에 욥이 입술로 범죄하지 아니하였다(욥2:10). 정답은 ②번.

3. 욥의 친구 중 빌닷은 어디 출신인가?

① 데만 ② 수아 ③ 나아마 ④ 부스

☞ 욥이 고통 가운데 있을 때 그를 위로하기 위해 그의 세 친구, 데만 사람 엘리바스, 수아 사람 빌닷, 나아마 사람 소발이 방문하였다(욥 2:11). 그들은 욥의 고통을 보며 7일 동안 한 말도 하지 못하였다(욥 2:13). 정답은 ②번.

4. 욥이 자신의 생일을 저주하였다는 것은 욥기 몇 장에 기록되어 있는가?

① 2장 ② 3장 ③ 4장 ④ 5장

☞ 욥이 자신의 생일을 저주하였다는 것은 욥기 3장 1절에 기록되어 있다. 욥과 같이 자신의 생일을 저주한 자는 예레미야이다(렘20:14). 정답은 ②번.

5. 욥과 친구들의 1차 변론이 몇 장부터 몇 장까지 기록되어 있는가?

① 욥기 3-13장 ② 욥기 3-14장 ③ 욥기 4-13장 ④ 욥기4-14장

☞ 욥과 친구들의 변론은 3차까지 진행되었다. 1차 변론은 욥기 4-14장, 2차 변론은 15-21장, 3차 변론은 22-31장까지이다. 정답은 ④번.

6. 욥에게 전능자의 징계를 업신여기지 말라고 말한 사람은 누구인가?

① 엘리바스 ② 빌닷 ③ 소발 ④ 엘리후

☞ 위의 말은 엘리바스의 첫 번째 발언에 나오는 것으로 욥기 5장 17절에 기록되어 있다. 정답은 ①번.

7. 엘리바스의 첫 번째 발언에 대한 욥의 대답에서 어떤 자가 전능자 경외하기를 저버린다고 하였나?

① 어리석은 자 ② 악한 자 ③ 낙심한 자 ④ 교만한 자

☞ 욥은 엘리바스의 첫 번째 발언에 대한 대답에서 '낙심한 자가 비록 전능자를 경외하기를 저버릴지라도 그의 친구로부터 동정을 받느니라 내 형제들은 개울과 같이 변덕스럽고 그들은 개울의 물살 같이 지나가누나'라고 하였다(욥6:14-15). 정답은 ③번.

8. '네 시작은 미약하였으나 네 나중은 심히 창대하리라' 이 말은 누구의 말인가?

① 욥 ② 엘리바스 ③ 빌닷 ④ 소발

☞ 이 말은 수아 사람 빌닷의 첫 번째 발언에 나오는 것이다(욥8:7). 정답은 ③번.

9. 욥이 친구들을 가리켜며 사용한 표현이 아닌 것은?

① 거짓말을 지어내는 자 ② 쓸모 없는 의원
③ 재난을 주는 위로자들 ④ 고통에 무감각한 자

☞ ①번과 ②번은 나아마 사람 소발의 첫 번째 발언에 대한 대답에서(욥13:4), ③번은 데만 사람 엘리바스의 두 번째 발언에 대한 대답에 기록되어 있다(욥16:2). 정답은 ④번.

10. 욥이 자신의 날이 빠르다는 것을 말할 때 비유로 든 것이 아닌 것은?

① 바람 ② 베틀의 북 ③ 경주자 ④ 독수리

☞ ②번은 욥기 7장 6절에, ③번은 욥기 9장 25절에, ④번은 욥기 9장 26절에 기록되어 있다. 베틀의 북, 경주자, 독수리와 함께 욥은 자신의 날을 빠른 배에도 비유하였다(욥9:26). 정답은 ①번.

11. 다음 중 욥의 말이 아닌 것은?

① 무덤에게 너는 내 아버지라, 구더기더러 너는 내 어머니, 내 자매라

② 낙심한 자가 비록 전능자를 경외하기를 저버릴지라도 그의 친구로부터 동정을 받느니라
③ 말이 많으니 어찌 대답이 없으랴
④ 누가 능히 하나님께 지식을 가르치겠느냐

☞ ①번은 욥기 17장 14절에, ②번은 욥기 6장 14절에 ④번은 욥기 21장 22절에 기록되어 있다. ③번은 나아마 사람 소발의 첫 번째 발언에 나오는 말이다(욥11:2). 정답은 ③번.

12. 소발은 악인과 경건하지 못한 자가 무엇처럼 영원히 망한다고 하였는가?
① 자기의 똥 ② 죽을 육신 ③ 헛된 욕망 ④ 바람

☞ 소발은 그의 두 번째 발언에서 '악인이 이긴다는 자랑도 잠시요 경건하지 못한 자의 즐거움도 잠깐이니라'(욥20:5)고 하며, 그들은 '자기의 똥처럼 영원히 망할 것이라'고 하였다(욥20:7). 정답은 ①번.

13. 하나님은 겸손한 자를 구원하신다고 말한 이는 누구인가?
① 욥 ② 엘리바스 ③ 빌닷 ④ 소발

☞ '하나님은 겸손한 자를 구원하신다'는 말씀은 데만 사람 엘리바스의 세 번째 발언에 기록되어 있다(욥22:29). 정답은 ②번.

14. 내가 가는 길을 그가 아시나니 그가 나를 단련하신 후에는 내가 순금같이 되어 나오리라는 말씀은 욥기 몇 장 몇 절에 기록되어 있는가?
① 욥기 19장 25절 ② 욥기 20장 8절
③ 욥기 21장 18절 ④ 욥기 23장 10절

☞ 위의 말씀은 데만 사람 엘리바스의 세 번째 발언에 대한 욥의 대답에 나오는 것으로 욥기 23장 10절에 기록되어 있다. 욥기 19장 25-26절의 말씀은 '내가 알기에는 나의 대속자가 살아 계시니 마침내 그가 땅 위에

서실 것이라 내 가죽이 벗김을 당한 후에도 너가 육체 밖에서 하나님을 보리라'이다. 정답은 ④번.

15. 지혜와 명철에 대한 말씀은 욥기 몇 장에 기록되어 있는가?
① 욥기 25장 ② 욥기 26장 ③ 욥기 27장 ④ 욥기 28장

☞ 시가서에서 지혜장은 욥기 28장과 잠언 8장이다. 욥기 28장 28절에 '주를 경외함이 지혜요 악을 떠남이 명철이니라'고 기록되어 있다. 정답은 ④번.

16. 욥기 30장 욥의 마지막 말에서 욥은 자신이 무엇의 벗이 되었다고 하였나?
① 이리 ② 타조 ③ 하마 ④ 악어

☞ 욥기 30장에서 욥은 '나는 이리의 형제요 타조의 벗이로구나'(욥 30:29)라고 하며 자신의 질곡을 한탄하고, '내 수금은 통곡이 되고 내 피리는 애곡이 되었구나'라고 자신의 처지를 비유하였다(욥30:31). 정답은 ②번.

17. 욥이 자신의 눈과 약속한 내용은 무엇인가?
① 처녀를 주목하여 보지 않는 것
② 악인의 형통함을 부러워하지 않는 것
③ 의인의 고난에 눈 감지 않는 것
④ 말씀묵상을 게을리 하지 않는 것

☞ 욥은 자신의 눈과 약속을 했는데, 그 내용은 처녀를 주목하여 보지 않겠다는 것이다(욥31:1). 정답은 ①번.

18. 욥이 스스로를 의롭다고 여길 때 화를 낸 사람은 누구인가?
① 엘리후 ② 엘리바스 ③ 빌닷 ④ 소발

☞ 욥기 31장까지 친구들과 욥의 변론이 마무리되고 욥기 32장부터 37장까지 엘리후의 이야기가 기록되어 있다. 엘리후는 하나님보다 자기를 의롭게 여기는 욥과, 욥을 정죄하는 세 친구에게 화를 냈다. 엘리후는 람 족속 부스사람 바라겔의 아들로 욥과 친구들에 비해서는 연소자였다(욥32:1-5). 정답은 ①번.

19. 하나님께서는 어디 가운데서 욥에게 말씀하셨는가?

① 폭풍우　② 불　③ 지진　④ 천둥

☞ 욥기 38장부터 41장까지 하나님의 말씀이 기록되어 있다. 하나님께서는 폭풍우 가운데서 욥에게 말씀하셨다(욥38:1). 정답은 ①번.

20. 하나님의 창조물 중 모든 교만한 자들에게 군림하는 왕은 무엇인가?

① 베헤못　② 리워야단　③ 타조　④ 사자

☞ 타조에게는 하나님께서 총명을 주지 않으시고(욥39:13-17), 베헤못은 하나님이 만드신 것 중에 으뜸이다(욥40:15-19). 모든 교만한 자들에게 군림하는 왕은 리워야단이다(욥41:1, 34). 정답은 ②번.

21. 다음 중 욥의 딸이 아닌 사람은?

① 긋시아　② 여미마　③ 아히노암　④ 게렌합북

☞ 욥의 딸 이름이 욥기 42장 14절에 나와 있다. 첫째 딸은 여미마, 둘째는 긋시아, 셋째는 게렌합북이다. 정답은 ③번.

22. 욥기에 대한 다음 설명 중 틀린 것은?

① '네 시작은 미약하였으나 네 나중은 심히 창대하리라'라고 말한 이는 빌닷이다.

② 욥은 자신의 생일을 저주하였는데, 그 내용은 욥기 3장에 나온다.

③ 엘리후의 이야기는 31-37장에 기록되어 있다.
④ 40장에는 소 같이 풀을 먹는 베헤못이 등장한다.

☞ 욥기에서 욥과 친구들의 세 번에 걸친 변론은 4-31장에, 엘리후의 이야기는 32-37장에, 폭풍우 가운데서 하나님의 나타나심과 말씀하심은 38-41장에 기록되어 있다. ①번은 욥기 8장 7절에, ②번은 욥기 3장 1절에, 베헤못은 욥기 40장 15-19절에 기록되어 있다. 정답은 ③번.

23. 욥기에 대한 다음 설명 중 틀린 것은?
① 욥은 고난당하기 전보다 두 배의 재물을 갖게 되었다.
② 욥에게는 3명의 딸이 있었는데, 그 이름은 여미마, 긋시아, 게렌합북이다.
③ 고난당한 후에 욥은 140년을 살며 손자 4대를 보았다.
④ 세 친구 엘리바스와 빌닷, 소발은 욥에게 각각 3번씩 발언하였다.

☞ 세 친구와 욥의 변론은 3차에 걸쳐 이루어졌다. 1차 변론은 4-14장, 2차 변론은 15-21장, 3차 변론은 22-31장에 나와 있는데, 말하는 순서는 데만 사람 엘리바스, 수아 사람 빌닷, 나아마 사람 소발로 되어 있다. 엘리바스와 빌닷은 3번을, 그러나 소발은 2번을 말하였다. ①번은 욥기 42장 12절에, ②번은 욥기 42장 14절에, ③번은 욥기 42장 16절에 기록되어 있다. 정답은 ④번.

✣ 욥기 주요내용

1. 욥 : 우스 땅 거주. 온전하고 정직하여 하나님을 경외하며 악에서 떠난 자. 아들 일곱과 딸 셋. 양이 칠천, 낙타가 삼천, 소가 오백겨리, 암나귀가 오백 등 동방에서 가장 훌륭한 자.
2. 사탄이 욥의 몸에 나게 한 병 : 종기.

3. 욥의 세 친구 : 데만 사람 엘리바스, 수아 사람 빌닷, 나아마 사람 소발.
4. 자신의 생일을 저주한 인물 : 욥(욥기 3장 1절), 예레미야(렘20:14).
5. 욥과 친구들의 변론 : 1차 변론은 욥기 4-14장, 2차 변론은 15-21장, 3차 변론은 22-31장까지.
6. 욥에게 전능자의 징계를 업신여기지 말라고 말한 사람 : 엘리바스.
7. 전능자 경외하기를 저버릴 자 : 낙심한 자(욥이 한 이야기).
8. 네 시작은 미약하였으나 네 나중은 심히 창대하리라 : 수아 사람 빌닷의 말.
9. 욥이 친구들을 가리켜 사용한 표현 : 거짓말을 지어내는 자. 쓸모 없는 의원. 재난을 주는 위로자.
10. 욥이 자신의 날이 빠르다는 것을 말할 때 비유로 든 것 : 베틀의 북, 경주자, 독수리, 빠른 배.
11. 하나님은 겸손한 자를 구원하신다고 말한 이 : 엘리바스.
12. 내가 가는 길을 그가 아시나니 그가 나를 단련하신 후에는 내가 순금같이 되어 나오리라 : 욥기 23장 10절.
13. 욥기 19장 25-26절 : 내가 알기에는 나의 대속자가 살아 계시니 마침내 그가 땅 위에 서실 것이라 내 가죽이 벗김을 당한 후에도 내가 육체 밖에서 하나님을 보리라.
14. 지혜장 : 욥기 28장과 잠언 8장.
15. 욥기 28장 28절 : 주를 경외함이 곧 지혜요 악을 떠남이 명철이니라.
16. 욥의 한탄 : 나는 이리의 형제요 타조의 벗이로구나(욥30:29).
17. 욥이 자신의 눈과 약속한 내용 : 처녀를 주목하여 보지 않겠다는 것.
18. 욥이 스스로를 의롭다고 여길 때 화를 낸 사람 : 엘리후(람 족속 부스사람 바라겔의 아들).
19. 하나님께서는 욥에게 말씀 하신 곳 : 폭풍우 가운데서.
20. 모든 교만한 자들에게 군림하는 왕 : 리워야단.
21. 하나님이 만드신 것 중 으뜸 : 베헤못(욥40:15-19).
22. 욥의 딸 : 첫째 딸은 여미마, 둘째는 긋시아, 셋째는 게렌합북.

시 편

1. 시편 중 3권은 몇 편에서 몇 편까지인가?
   ① 72편 - 89편 ② 73편 - 89편 ③ 74편 - 89편 ④75편-89편

   ☞ 시편은 총 5권 150편으로 구성되어 있다. 1권은 시편 1-41편, 2권은 시편 42-72편, 3권은 시편 73-89편, 4권은 시편 90-106편, 5권은 시편 107-150편까지이다. 정답은 ②번.

2. 다음 중 율법에 관한 시가 아닌 것은?
   ① 시편 1편 ② 시편 19편 ③ 시편 69편 ④ 시편 119편

   ☞ 율법에 관한 시는 '복 있는 사람은'으로 시작하는 시편 1편과 '여호와의 율법은 완전하여 영혼을 소성시키며 여호와의 증거는 확실하여 우둔한 자를 지혜롭게 하며 여호와의 교훈은 정직하여 마음을 기쁘게 하고 여호와의 계명은 순결하여 눈을 밝게 하시도다'(시편19:7-8절)는 시편 19편, '행위가 온전하여 여호와의 율법을 따라 행하는 자들은 복이 있음이여'로 시작하는 시편 119편이 있다. 정답은 ③번.

3. 다음 중 각 시와 그 시의 표제어가 맞지 않는 것은?
   ① 시편 3편 - 다윗이 그의 아들 압살롬을 피할 때에 지은 시

② 시편 34편 - 다윗이 아비멜렉 앞에서 미친 체하다가 쫓겨나서 지은 시
③ 시편 54편 - 다윗이 가드에서 블레셋인에게 잡힌 때
④ 시편 60편 - 요압이 에돔을 소금 골짜기에서 쳐서 12,000명을 죽인 때

☞ 다윗이 가드에서 블레셋인에게 잡힌 때의 시는 시편 56편이다. 정답은 ③번.

4. 시편에 대한 다음 설명 중 틀린 것은?
① 120-135편은 성전에 올라가는 노래이다.
② 42-49편은 고라 자손의 시와 교훈이다.
③ 73-83편은 아삽의 시와 교훈이다.
④ 시편 중 모세의 것이 하나, 솔로몬의 것이 두 개가 있다.

☞ 성전에 올라가는 노래는 시편 120편에서 134편까지 이다. 42-49편은 고라 자손의 시이고, 50편은 아삽의 시이다. 73-83편은 아삽의 시이고, 84편은 '주의 장막이 어찌 그리 사랑스러운지요'로 시작하는 고라 자손의 시이다. 시편에는 모세의 시가 90편 하나, 솔로몬의 시는 72편과 127편 두 개가 있다. 정답은 ①번.

5. 각 시편에 대한 내용 중 맞지 않는 것은?
① 32편 - 회개의 시　② 100편 - 감사의 시
③ 102편 - 고난 당한 자의 기도　④ 138편 - 바벨론 포로의 노래

☞ 바벨론 포로의 노래는 시편 137편이다. '우리가 바벨론의 여러 강변 거기에 앉아서 시온을 기억하며 울었도다'로 시가 시작한다. 정답은 ④번.

6. 다음 시편 중 회개와 관련된 시가 아닌 것은?
① 6편　② 51편　③ 102편　④ 142편

☞ 시편에 있는 회개의 시는 6편, 32편, 38편, 51편, 102편, 130편, 143편이다. 그중 51편의 표제는 '다윗이 밧세바와 동침한 후 선지자 나단이 그에게 왔을 때', 102편은 '고난 당한 자가 마음이 상하여 그의 근심을 여호와 앞에 토로하는 기도'라 기록되어 있다. 정답은 ④번.

7. '어리석은 자는 그의 마음에 이르기를 하나님이 없다 하는도다'는 말씀은 시편 14편과 또 몇 편에 기록되어 있는가?

① 51편 ② 52편 ③ 53편 ④ 54편

☞ 시편 14편 1절과 시편 53편 1절에 위의 말씀이 기록되어 있다. 시편 10편 4절에는 '악인은 그의 모든 사상에 하나님이 없다 하나이다'라는 말씀이 기록되어 있다. 정답은 ③번.

8. 사무엘하 22장과 동일한 내용을 담고 있는 시편은 몇 편인가?

① 17편 ② 18편 ③ 19편 ④ 20편

☞ 시편 18편은 '여호와께서 다윗을 그 모든 원수들의 손에서와 사울의 손에서 건져 주신 날에 다윗이 이 노래의 말로 여호와께 아뢰어 이르되'라는 표제가 있으며 내용이 사무엘하 22장과 동일하다. 시는 '나의 힘이 되신 여호와여 내가 주를 사랑하나이다'로 시작한다. 정답은 ②번.

9. 메시아의 고난을 기록하고 있는 시편은 몇 편인가?

① 22편 ② 24편 ③ 26편 ④ 28편

☞ '내 하나님이여 내 하나님이여 어찌 나를 버리셨나이까'로 시작하는 시편 22편은 메시아의 고난을 기록하고 있다. 시편 22편 18절의 '내 겉옷을 나누며 속옷을 제비 뽑나이다'는 말씀은 요한복음 19장 24절에 군병들에 의해 성취되어졌다. 메시아와 관련된 또 하나의 시구는 시편 118편 22절의 '건축자가 버린 돌이 집 모퉁이의 머릿돌이 되었나니'이다. 정답은 ①번.

10. 하나님은 (　　　) 재판장이심이여, 매일 (　　)하시는 하나님이시로다. (　) 안에 적당한 말은?

① 사랑의, 용서 ② 의로우신, 분노 ③ 공정한, 판결 ④ 긍휼의, 사유

☞ '하나님은 의로우신 재판장이심이여, 매일 분노하시는 하나님이시로다'(시7:11). 정답은 ②번.

11. 성전 낙성가는 시편 몇 편인가?

① 30편　② 40편　③ 50편　④ 60편

☞ 성전 낙성가는 시편 30편, 성전에 올라가는 노래는 시편 120-134편이다. 정답은 ①번.

12. 온유한 자들은 땅을 차지한다는 말씀은 시편 몇 편에 나오는가?

① 33편　② 35편　③ 37편　④ 39편

☞ '온유한 자들은 땅을 차지한다'는 말씀은 시편 37편 11절에 나오며, 마태복음 5장 5절에도 기록되어 있다. 정답은 ③번.

13. 시편 중 사랑의 노래는 시편 몇 편인가?

① 45편　② 46편　③ 47편　④ 48편

☞ 주요 표제어가 있는 시편을 살펴보면, 3편은 다윗이 그의 아들 압살롬을 피할 때에 지은 시, 7편은 베냐민인 구시의 말에 따라 여호와께 드린 노래, 18편은 여호와께서 다윗을 그 모든 원수들의 손에서와 사울의 손에서 건져주신 날에 부른 노래, 30편은 성전 낙성가, 34편은 다윗이 아비멜렉 앞에서 미친 체하다가 쫓겨나서 지은 시, 45편은 사랑의 노래, 51편은 다윗이 밧세바와 동침한 후 선지자 나단이 그에게 온 때 지은 시, 52편은 에돔인 도엑이 사울에게 이르러 다윗이 아히멜렉의 집에 왔다고 말하던 때에, 54편은 십 사람이 사울에게 이르러 말하기를 다윗이

우리가 있는 곳에 숨지 아니하였나이까 하던 때에, 56편은 다윗이 가드에서 블레셋인에게 잡힌 때에, 57편은 다윗이 사울을 피하여 굴에 있던 때에, 59편은 사울이 사람을 보내어 다윗을 죽이려고 그 집을 지킨 때에, 60편은 다윗이 아람 나하라임과 아람소바와 싸우는 중에 요압이 돌아와 에돔을 소금 골짜기에서 쳐서 만 이천 명을 죽인 때에, 72편은 솔로몬의 시, 86편은 다윗의 기도, 90편은 하나님의 사람 모세의 기도, 92편은 안식일의 찬송시, 100편은 감사의 시, 102편은 고난 당한 자가 마음이 상하여 그 근심을 여호와 앞에 토로하는 기도, 120-134편은 성전에 올라가는 노래, 142편은 다윗이 굴에 있을 때에 지은 마스길(교훈)이다. 정답은 ①번.

14. '내가 새벽을 깨우리로다'는 말씀은 시편 몇 편 몇 편에 기록되어 있는가?

① 50편, 102편 ② 52편, 104편 ③ 55편, 106편 ④57편, 108편

☞ '내가 새벽을 깨우리로다'는 말씀은 시편 57편 8절과 108편 2절에 기록되어 있다. 정답은 ④번.

15. 시편 60편의 다윗의 시에서 '나의 목욕통'이라 한 나라는 어디인가?

① 에돔 ② 모압 ③ 길르앗 ④ 블레셋

☞ 시편 60편 7-8절과 108편 8-9절은 동일한 내용을 기록하고 있다. '길르앗이 내 것이요 므낫세도 내 것이며 에브라임은 내 머리의 투구요 유다는 나의 규이며 모압은 나의 목욕통이라 에돔에는 나의 신발을 던지리라 블레셋아 나로 말미암아 외치라 하셨도다' 정답은 ②번.

16. 시편에 있는 솔로몬의 시는 모두 합하여 몇 개인가?

① 2개 ② 3개 ③ 4개 ④ 5개

☞ 솔로몬의 시는 시편 72편과 127편이다. 정답은 ①번.

17. '내가 입을 열어 비유로 말하며'는 시편 몇 편에 기록되어 있는가?

① 76편　② 78편　③ 80편　④ 82편

☞ '내가 입을 열어 비유로 말하며'는 시편 78편 2절에 기록되어 있으며, 마태복음 13장 35절에 예수 그리스도의 비유 본문에서 성취되고 있다. 정답은 ②번.

18. '너희는 신들이며 다 지존자의 아들들이라'는 말씀은 시편 몇 편에 기록되어 있는가?

① 80편　② 82편　③ 84편　④ 86편

☞ '너희는 신들이며 다 지존자의 아들들'이라는 말씀은 시편 82편 6절에 기록되어 있으며, 요한복음 10장에서 '나와 아버지는 하나이다'는 예수 그리스도의 말에 대해 돌로 치려고 하는 무리를 향해 예수께서 인용하신 구절이기도 하다(요10:34). 정답은 ②번.

19. 시편의 제4권의 첫 시는 누구의 시인가?

① 고라　② 아삽　③ 모세　④ 다윗

☞ 시편의 제 4권은 90편에서 106편까지이다. 제 4권의 첫 시인 90편은 모세의 시로서 '우리의 연수가 칠십이요 강건하면 팔십이라도 그 연수의 자랑은 수고와 슬픔뿐(시90:10)'이라는 말씀이 기록되어 있다. 참고로 모세의 시나 노래는 출애굽기 15장, 신명기 32장, 시편 90편에 기록되어있다. 정답은 ③번.

20. '모세와 아론이 있고 그의 이름을 부르는 자들 중에는 (　)이 있도다' (　)안에 알맞은 인물은?

① 아브라함　② 야곱　③ 사무엘　④ 다윗

☞ 위의 말씀은 시편 99편 6절에 나오는 것으로, '모세와 아론이 있고

그의 이름을 부르는 자들 중에는 사무엘이 있도다'이다. 정답은 ③번.

21. 애굽 땅에서의 열 가지 재앙이 기록되어 있는 시편은?
① 104편 ② 105편 ③ 106편 ④ 107편

☞ 출애굽 시편은 시편 114편이고, 애굽 땅에서의 열 가지 재앙이 기록되어 있는 시편은 시편 105편이다. 정답은 ②번.

22. 예수께서 멜기세덱의 서열을 따라 영원한 제사장이 되신다는 말씀은 시편 몇 편에 나오는가?
① 104편 ② 110편 ③ 114편 ④ 120편

☞ 멜기세덱에 대한 기록은 창세기 14장과 시편 110편, 히브리서 5-7장에 나와 있다. 시편 110편 4절을 보면, '너는 멜기세덱의 서열을 따라 영원한 제사장이라'는 말씀이 나온다. 정답은 ②번.

23. 시편에서 가장 짧은 시는 몇 편인가?
① 115편 ② 117편 ③ 119편 ④ 121편

☞ 시편에서 가장 짧은 시는 2절만 있는 시편 117편이고, 가장 긴 시는 176절이 있는 시편 119편이다. 정답은 ②번.

24. 시편 136편에는 '그 인자하심이 영원함이로다'는 말씀이 몇 번 기록되어 있는가?
① 22번 ② 24번 ③ 26번 ④ 28번

☞ 시편 136편에는 '그 인자하심이 영원함이로다'는 후렴이 매 구절마다 나온다. 시편 136편은 26절까지 있으므로 총 26번의 후렴이 반복되고 있다. 정답은 ③번.

25. 연속적으로 시의 첫 서두가 '할렐루야'로 시작되는 것은 몇 편부터 몇 편까지인가?

① 145-150편　② 146-150편　③ 147-150편　④ 148-150편

☞ 시편의 마지막 146-150편까지의 다섯 개의 시는 모두 '할렐루야'로 시작된다. 또한 시편의 마지막 구절인 150편 6절은 '호흡이 있는 자마다 여호와를 찬양할지어다 할렐루야'로 마무리되고 있다. 정답은 ②번.

✣ 시편 주요내용

1. 시편 구성 : 총 5권 150편으로 구성. 1권은 시편 1-41편, 2권은 시편 42-72편, 3권은 시편 73-89편, 4권은 시편 90-106편, 5권은 시편 107-150편.
2. 율법에 관한 시 : 시편 1편. 시편 19편. 시편 119편.
3. 주요 표제어가 있는 시편 : 3편은 다윗이 그의 아들 압살롬을 피할 때에 지은 시, 7편은 베냐민 사람 구시의 말에 따라 여호와께 드린 노래, 18편은 여호와께서 다윗을 그 모든 원수들의 손에서와 사울의 손에서 건져주신 날에 다윗이 부른 노래, 30편은 성전 낙성가, 34편은 다윗이 아비멜렉 앞에서 미친체하다가 쫓겨나서 지은 시, 45편은 사랑의 노래, 51편은 다윗이 밧세바와 동침한 후 선지자 나단이 그에게 온 때 지은 시, 52편은 에돔인 도엑이 사울에게 이르러 다윗이 아히멜렉의 집에 왔다고 말하던 때에, 54편은 십 사람이 사울에게 이르러 말하기를 다윗이 우리가 있는 곳에 숨지 아니하였나이까 하던 때에, 56편은 다윗이 가드에서 블레셋인에게 잡힌 때에, 57편은 다윗이 사울을 피하여 굴에 있던 때에, 59편은 사울이 사람을 보내어 다윗을 죽이려고 그 집을 지킨 때에, 60편은 다윗이 아람 나하라임과 아람소바와 싸우는 중에 요압이 돌아와 에돔을 소금 골짜기에서 쳐서 만 이천 명을 죽인 때에, 72편은 솔로몬의 시, 86편은 다윗의 기도, 90편은 하나님의 사람 모세의 기도, 92편은 안식일의 찬송시, 100편은 감사의 시, 102편은 고난 당한 자가 마음이 상하여 그 근심을 여호와 앞에 토로하는 기도, 120-134편은 성전에 올라가는 노래, 142편은 다윗이 굴에 있을 때에 지은 마스길(교훈).
4. 솔로몬의 시 : 72편과 127편 두 개.
5. 바벨론 포로의 노래 : 시편 137편.
6. 회개의 시 : 시편 6편, 32편, 38편, 51편, 102편, 130편, 143편.
7. 어리석은 자는 그의 마음에 이르기를 하나님이 없다 하는도다 : 시편

14편 1절. 53편 1절.

8. 사무엘하 22장과 동일한 내용 : 18편.
9. 메시아의 고난을 기록하고 있는 시편 : 22편.
10. 온유한 자들은 땅을 차지한다 : 시편 37편 11절.
11. 내가 새벽을 깨우리로다 : 시편 57편 8절. 108편 2절.
12. 시편 60편 7-8절. 108편 8-9절 : 길르앗이 내 것이요 므낫세도 내 것이며 에브라임은 내 머리의 투구요 유다는 나의 규이며 모압은 나의 목욕통이라 에돔에는 나의 신발을 던지리라 블레셋아 나로 말미암아 외치라 하셨도다.
13. 내가 입을 열어 비유로 말하며 예로부터 감추어졌던 것을 드러내려 하니 : 시편 78편 2절.
14. 너희는 신들이며 다 지존자의 아들들이라 : 시편 82편 6절.
15. 시편 99편 6절 : 그의 제사장들 중에는 모세와 아론이 있고 그의 이름을 부르는 자들 중에는 사무엘이 있도다.
16. 애굽 땅에서의 열 가지 재앙이 기록 : 시편 105편.
17. 출애굽 시편 : 시편 114편.
18. 예수께서 멜기세덱의 서열을 따라 영원한 제사장이 되신다 : 시편 110편 4절.
19. 멜기세덱에 대한 기록 : 창세기 14장과 시편 110편, 히브리서 5-7장에 나옴.
20. 가장 짧은 시 : 시편 117편.
21. 가장 긴 시 : 시편 119편(176절).
22. 그 인자하심이 영원함이로다 : 시편 136편(26번 기록).
23. 연속적으로 시의 첫 서두가 '할렐루야'로 시작 : 시편 146-150편.
24. 시편의 마지막 구절 : 150편 6절(호흡이 있는 자마다 여호와를 찬양할지어다 할렐루야).

잠 언

1. 다음 중 솔로몬의 이름이 등장하지 않는 곳은?
① 시편 ② 잠언 ③ 전도서 ④ 아가

☞ 시편에는 솔로몬의 시가 72편, 127편 두 개가 있고, 잠언은 1장 1절에 '다윗의 아들 이스라엘 왕 솔로몬의 잠언이라'고 기록되어 있다. 전도서는 1장 1절에 '다윗의 아들 예루살렘 왕 전도자의 말씀이라'고 기록하여 직접적으로 솔로몬을 기록하고 있지 않고, 아가서는 1장 1절에 '솔로몬의 아가라'고 분명히 기록하고 있다. 정답은 ③번.

2. 잠언의 목적 중에서 명철한 자는 무엇을 얻을 수 있다고 기록되어 있나?
① 슬기 ② 지식 ③ 근신함 ④ 지략

☞ 잠언의 기록 목적이 잠언 1장 2절부터 5절까지 기록되어 있다. '이는 지혜와 훈계를 알게 하며 명철의 말씀을 깨닫게 하며 지혜롭게, 공의롭게, 정의롭게, 정직하게 행할 일에 대하여 훈계를 받게 하며 어리석은 자를 슬기롭게 하며 젊은 자에게 지식과 근신함을 주기 위한 것이니 지혜 있는 자는 듣고 학식이 더할 것이요 명철한 자는 지략을 얻을 것이라' 정답은 ④번.

3. 잠언의 저자가 아닌 사람은 누구인가?

① 다윗 ② 솔로몬 ③ 아굴 ④ 르무엘

☞ 잠언은 31장까지 있는데, 1장부터 29장까지는 솔로몬의 잠언, 30장은 아굴의 잠언, 31장은 르무엘의 잠언이다. 정답은 ①번.

4. 히스기야 왕의 신하들이 편집한 솔로몬의 잠언은 어디부터 어디까지인가?

① 잠언 23-29장 ②잠언 24-29장 ③ 잠언 25-29장 ④ 잠언 26-29장

☞ 잠언 1장부터 29장까지는 솔로몬의 잠언인데, 그 중 25-29장은 히스기야의 신하들이 편집한 솔로몬의 잠언이다. 정답은 ③번.

5. 잠언 4장에서 의인의 길은 무엇과 같다고 하였나?

① 돋는 햇살 ② 궁창의 빛 ③ 하늘의 별 ④ 시원한 생수

☞ 잠언 4장 18-19절에 '의인의 길은 돋는 햇살 같아서 크게 빛나 한낮의 광명에 이르거니와 악인의 길은 어둠 같아서 그가 걸려 넘어져도 그것이 무엇인지 깨닫지 못하느니라'라고 기록되어 있다. 정답은 ①번.

6. 손을 모으고 좀 더 누워 있자 하니 네 빈궁이 (　　　)같이 오며 네 곤핍이 (　　　) 같이 이르리라. (　)안에 알맞은 말들은?

① 바람, 번개 ② 화살, 빠른 배 ③ 베틀의 북, 경주자 ④ 강도, 군사

☞ 잠언 6장 10-11절과 24장 33-34절은 같은 말씀을 기록하고 있다. '좀더 자자, 좀더 졸자, 손을 모으고 좀더 누워 있자 하니 네 빈궁이 강도 같이 오며 네 곤핍이 군사 같이 이르리라' 정답은 ④번.

7. 잠언 6장에 기록되어 있는 여호와께서 미워하시는 것에 해당하지 않는 것은?

① 무죄한 자의 피를 흘리는 손 ② 악한 계교를 꾀하는 마음
③ 빨리 악으로 달려가는 발 ④ 채두자의 빚을 독촉하는 말

☞ 잠언 6장 16-19절을 보면 '여호와께서 미워하시는 것 곧 그의 마음에 싫어하시는 것이 예닐곱 가지이니 곧 교만한 눈과 거짓된 혀와 무죄한 자의 피를 흘리는 손과 악한 계교를 꾀하는 마음과 빨리 악으로 달려가는 발과 거짓을 말하는 망령된 증인과 및 형제 사이를 이간하는 자이니라'라는 말씀이 있다. 정답은 ④번.

8. 솔로몬의 잠언이라는 말씀이 1절에 기록되어 있지 않은 곳은?
① 잠언 1장 ② 잠언 10장 ③ 잠언 17장 ④ 잠언 25장

☞ 솔로몬의 잠언이라는 말씀이 1절에 기록되어 있는 곳은 잠언 1장, 10장, 25장이다. 정답은 ③번.

9. 다음은 잠언에 나오는 말씀들이다. 각 구절과 말씀이 맞지 않는 것은?
① 잠언 10장 19절 - 말이 많으면 허물을 면하기 어려우나 그 입술을 제어하는 자는 지혜가 있느니라.
② 잠언 10장 26절 - 게으른 자는 그 부리는 사람에게 마치 이에 식초 같고 눈에 연기 같으니라.
③ 잠언 11장 20절 - 아름다운 여인이 삼가지 아니하는 것은 마치 돼지 코에 금 고리 같으니라.
④ 잠언 11장 30절 - 의인의 열매는 생명나무라 지혜로운 자는 사람을 얻느니라.

☞ 아름다운 여인이 삼가지 아니하는 것은 마치 돼지 코에 금 고리 같다는 말씀은 잠언 11장 22절에 기록되어 있다. 정답은 ③번.

10. 잠언 12장에 의하면 징계를 싫어하는 자는 무엇과 같은가?

① 어리석은 자　② 연기　③ 하나님을 부인하는 자　④ 짐승

☞ 잠언 12장 1절은 '훈계를 좋아하는 자는 지식을 좋아하거니와 징계를 싫어하는 자는 짐승과 같으니라'이다. 정답은 ④번.

11. 다음 중 잠언에 나오는 말씀이 아닌 것은?
① 교만은 패망의 선봉이요 거만한 마음은 넘어짐의 앞잡이니라.
② 모든 지킬 만한 것 중에 더욱 네 마음을 지키라 생명의 근원이 이에서 남이니라.
③ 여호와를 경외하는 것은 악을 미워하는 것이라.
④ 지혜자의 마음은 초상집에 있으되 우매한 자의 마음은 혼인집에 있느니라.

☞ ①번-잠16:18, ②번-잠4:23, ③번-잠8:3절 ④번-전7:4. 정답은 ④번.

12. 다음 중 잠언에 나오는 말씀이 아닌 것은?
① 걱정이 많으면 꿈이 생기고 말이 많으면 우매한 자의 소리가 나타나느니라.
② 흩어 구제하여도 더욱 부하게 되는 일이 있나니 과도히 아껴도 가난하게 될 뿐이니라.
③ 유순한 대답은 분노를 쉬게 하여도 과격한 말은 노를 격동하느니라.
④ 마음의 경영은 사람에게 있어도 말의 응답은 여호와께로부터 나오느니라.

☞ ①번-전5:3, ②번-잠11:24, ③번-잠15:1절, ④번-잠16:1절. 정답은 ①번.

13. 도가니는 은을, 풀무는 금을 연단하거니와 여호와는 무엇을 연단하시는가?
① 신앙　② 믿음　③ 마음　④ 삶

☞ '도가니는 은을, 풀무는 금을 연단하거니와 여호와는 마음을 연단하시느니라'(잠17:3). 비슷한 말씀으로 '도가니로 은을, 풀무로 금을, 칭찬으로 사람을 단련하느니라'(잠27:21)는 말씀이 있다. 정답은 ③번.

14. 잠언에 의하면 무엇이 존귀의 길잡이인가?

① 지혜 ② 겸손 ③ 신앙 ④ 권력

☞ 잠언 15장 33절은 '여호와를 경외하는 것은 지혜의 훈계라 겸손은 존귀의 길잡이니라'는 말씀이, 잠언 18장 12절은 '사람의 마음의 교만은 멸망의 선봉이요 겸손은 존귀의 길잡이니라'는 말씀이 기록되어 있다. 정답은 ②번.

15. 잠언 30장 아굴의 잠언 중 옳지 않은 것은?

① 심히 기이히 여기고도 깨닫지 못하는 것들은 독수리의 자취, 뱀의 자취, 배의 자취, 남자가 여자와 함께 한 자취, 음녀의 자취이다.
② 세상을 진동시키며 견딜 수 없게 하는 것 서넛은 종이 임금된 것, 미련한 자가 배부른 것, 미움 받는 여자가 시잡 간 것, 여종이 주모를 이은 것이다.
③ 땅에 작고도 지혜로운 것 넷은 개미, 사반, 메뚜기, 도마뱀이다.
④ 잘 걸으며 위풍 있게 다니는 것 서넛은 사자, 사냥개, 수소, 왕이다.

☞ 잘 걸으며 위풍 있게 다니는 것 서넛은 사자, 사냥개, 숫염소, 왕이다. ①번은 잠언 30장 18-20절에, ②번은 잠언 30장 21-23절에, ③번은 잠언 30장 24-28절에, ④번은 잠언 30장 29-31절에 기록되어 있다. 정답은 ④번.

16. 아굴의 잠언 중 족한 줄을 알지 못하고 족하다 하지 아니하는 것에 포함되지 않는 것은?

① 스올 ② 아이 배지 못하는 태 ③ 물로 채울 수 없는 땅 ④ 욕망

☞ 족한 줄을 알지 못하여 족하다 하지 아니하는 것은 스올과 아이 배지 못하는 태와 물로 채울 수 없는 땅과 족하다 하지 아니하는 불이다(잠 30:15-16). 정답은 ④번.

17. 오직 필요한 양식으로 나를 먹이시옵소서 라고 기도한 사람은 누구인가?

① 다윗 ② 솔로몬 ③ 아굴 ④ 르무엘

☞ 잠언 30장은 야게의 아들 아굴의 잠언으로 그가 이디엘과 우갈에게 이른 것이다. 아굴의 잠언 중 그의 기도가 등장하는데, '곧 헛된 것과 거짓말을 내게서 멀리 하옵시며 나를 가난하게도 마옵시고 부하게도 마옵시고 오직 필요한 양식으로 나를 먹이시옵소서'라는 내용이다(잠30:7-8). 정답은 ③번.

18. 현숙한 여인에 대해 말하고 있는 것은 잠언 몇 장인가?

① 28장 ② 29장 ③ 30장 ④ 31장

☞ 르무엘의 잠언 중 '누가 현숙한 여인을 찾아 얻겠느냐 그의 값은 진주보다 더 하니라'(잠31:10)는 말씀이 있다. 사사시대를 시대적 배경으로 하는 룻기 3장 11절에는 보아스가 룻을 가리켜 '현숙한 여인'이라고 말하고 있다. 또한 잠언 31장 30절에는 '고운 것도 거짓되고 아름다운 것도 헛되나 오직 여호와를 경외하는 여자는 칭찬을 받을 것이라'는 말씀이 있다. 정답은 ④번.

19. 미련한 자의 입의 잠언은 술 취한 자가 손에 든 무엇과 같은가?

① 술병 ② 칼 ③ 가시나무 ④ 말씀

☞ 미련한 자의 입의 잠언은 술 취한 자가 손에 든 가시나무와 같다(잠 26:9). 정답은 ③번.

20. 잠언에 나오는 비유의 말씀 중 맞지 않는 것은?

① 경우에 합당한 말은 아로새긴 은 쟁반에 금 사과니라.

② 다투는 여자는 비오는 날에 이어 떨어지는 물방울이라.

③ 지혜 있는 자의 교훈은 생명나무라.

④ 의인의 길은 돋는 햇살 같다.

☞ 지혜 있는 자의 교훈은 생명의 샘이다(잠13:14). 생명나무와 관련된 말씀으로는 '의인의 열매는 생명 나무라'는 잠언 11장 30절과, '소원이 이루어지는 것은 곧 생명 나무니라'는 잠언 13장 12절 말씀이 있다. ①번은 잠언 25장 11절에, ②번은 잠언 27장 15절에, ④번은 잠언 4장 18절에 기록되어 있다. 정답은 ③번.

21. 잠언에 의하면 승리는 무엇이 많음에 달려 있는가?

① 지략　② 지혜　③ 기도　④ 믿음

☞ 잠언 24장 6절을 보면, '너는 전략으로 싸우라 승리는 지략이 많음에 있느니라'는 말씀이 있다. '지략'하면 생각나는 인물이 압살롬의 반역시 그와 함께 하였던 '아히도벨'과 다윗이 스파이로 보낸 '후새'이다. 결국 대대적인 공격을 하자는 후새의 계략이 채택됨으로, 아히도벨은 자살하게 된다. 정답은 ①번.

22. 사람이 귀를 돌려 율법을 듣지 아니하면 그의 (　　)도 가증하니라. (　)안에 알맞은 말은?

① 기도　② 사랑　③ 믿음　④ 지혜

☞ 사람이 귀를 돌려 율법을 듣지 아니하면 그의 기도도 가증하다(잠28:9). 정답은 ①번.

23. 다음 중 잠언에 나오는 말씀이 아닌 것은?

① 면책은 숨은 사랑보다 나으니라.

② 말에게는 채찍이요 나귀에게는 재갈이요 미련한 자의 등에는 막대기니라.

③ 심판은 거만한 자를 위하여 예비된 것이요 채찍은 어리석은 자의 등을 위하여 예비된 것이니라.

④ 형통한 날에는 기뻐하고 곤고한 날에는 되돌아 보아라.

☞ ①번은 잠언 27장 5절에, ②번은 잠언 26장 3절에, ③번은 잠언 19장 29절 말씀이다. ④번은 전도서 7장 14절 말씀이다. 정답은 ④번.

24. 겸손과 여호와를 경외함의 보상이 아닌 것은?

① 재물　② 건강　③ 영광　④ 생명

☞ 겸손과 여호와를 경외함의 보상은 재물과 영광과 생명이다(잠22:4). 정답은 ②번.

✣ 잠언 주요내용

1. 잠언의 기록 목적 : 잠언 1장 2절부터 5절까지 기록. 이는 지혜와 훈계를 알게 하며 명철의 말씀을 깨닫게 하며 지혜롭게, 공의롭게, 정의롭게, 정직하게 행할 일에 대하여 훈계를 받게 하며 어리석은 자를 슬기롭게 하며 젊은 자에게 지식과 근신함을 주기 위한 것이니 지혜 있는 자는 듣고 학식이 더할 것이요 명철한 자는 지략을 얻을 것이라.
2. 잠언의 저자 : 솔로몬(1장-29장), 아굴(30장), 르무엘(31장).
3. 히스기야 왕의 신하들이 편집한 솔로몬의 잠언 : 잠언 25-29장.
4. 의인의 길 : 돋는 햇살. 잠언 4장 18절.
5. 잠언 6장 10-11절. 24장 33-34절 : 좀더 자자, 좀더 졸자, 손을 모으고 좀더 누워 있자 하니 네 빈궁이 강도 같이 오며 네 곤핍이 군사 같이 이르리라.

6. 솔로몬의 잠언이라는 말씀이 1절에 기록되어 있는 곳 : 잠언 1장, 10장, 25장.
7. 징계를 싫어하는 자 : 짐승과 같음. 잠언 12장 1절.
8. 도가니는 은을, 풀무는 금을, 여호와는 마음을 연단 : 잠언 17장 3절.
9. 도가니로 은을, 풀무로 금을, 칭찬으로 사람을 단련함 : 잠언 27장 21절.
10. 잠언 15장 33절 : 여호와를 경외하는 것은 지혜의 훈계라 겸손은 존귀의 길잡이니라.
11. 잠언 18장 12절 : 사람의 마음의 교만은 멸망의 선봉이요 겸손은 존귀의 길잡이니라.
12. 심히 기이히 여기고도 깨닫지 못하는 것 서넛 : 독수리의 자취, 뱀의 자취, 배의 자취, 남자가 여자와 함께 한 자취, 음녀의 자취.
13. 세상을 진동시키며 견딜 수 없게 하는 것 서넛 : 종이 임금된 것, 미련한 자가 배부른 것, 미움 받는 여자가 시집간 것, 여종이 주모를 이은 것.
14. 땅에 작고도 지혜로운 것 넷 : 개미, 사반, 메뚜기, 도마뱀.
15. 잘 걸으며 위풍 있게 다니는 것 서넛 : 사자, 사냥개, 숫염소, 왕.
16. 족한 줄을 알지 못하고 족하다 하지 아니하는 것 : 스올과 아이 배지 못하는 태와 물로 채울 수 없는 땅과 족하다 하지 아니하는 불.
17. 오직 필요한 양식으로 나를 먹이시옵소서 : 아굴의 기도.
18. 현숙한 여인 : 잠언 31장.
19. 미련한 자의 입의 잠언 : 술 취한 자가 손에 든 가시나무(잠26:9).
20. 경우에 합당한 말 : 아로새긴 은 쟁반에 금 사과.
21. 다투는 여자 : 비오는 날에 이어 떨어지는 물방울.
22. 지혜 있는 자의 교훈 : 생명의 샘.
23. 승리 : 지략이 많음에 달려 있음(잠24:6).
24. 잠언 28장 9절 : 사람이 귀를 돌려 율법을 듣지 아니하면 그의 기도도 가증하다.
25. 겸손과 여호와를 경외함의 보상 : 재물과 영광과 생명(잠22:4).

전도서

1. 다음 중 전도서에 나오는 말씀이 아닌 것은?
   ① 지혜가 많으면 번뇌도 많으니 지식을 더하는 자는 근심을 더하느니라
   ② 지나치게 의인이 되지도 말며 지나치게 지혜자도 되지 말라
   ③ 너는 네 떡을 물 위에 던져라
   ④ 여호와의 이름은 견고한 망대라

   ☞ ①번은 전도서 1장 18절에, ②번은 전도서 7장 16절에, ③번은 전도서 11장 1절에 있는 말씀이다. ④번은 잠언 18장 10절에 있는 말씀이다. 정답은 ④번.

2. 전도서의 각 구절에 대한 내용이다. 옳지 않은 것은?
   ① 3장 1절 - 범사에 기한이 있고 천하 만사가 다 때가 있나니
   ② 4장 12절 - 세 겹 줄은 쉽게 끊어지지 아니하느니라
   ③ 7장 4절 - 지혜자의 마음은 초상집에 있으되 우매한 자의 마음은 혼인집에 있느니라
   ④ 11장 12절 - 너는 네 떡을 물 위에 던져라

   ☞ '너는 네 떡을 물 위에 던져라'는 말씀은 전도서 11장 1절 말씀이다. 정답은 ④번.

3. 때에 대하여 말하고 있는 것은 전도서 몇 장인가?

① 2장 ② 3장 ③ 4장 ④ 5장

☞ '범사에 기한이 있고 천하 만사가 다 때가 있나니'로 시작하는 전도서 3장은 때에 대하여 말하고 있다. 정답은 ②번.

4. 형통한 날에는 기뻐하고 곤고한 날에는 ( ). ( )안에 알맞은 말은?

① 기도하라 ② 되돌아 보아라 ③ 찬송하라 ④ 근심하라

☞ 형통한 날에는 기뻐하고 곤고한 날에는 되돌아 보아라(전7:14). 정답은 ②번.

5. 전도서 12장에서는 청년의 때에 무엇을 하라고 말하고 있는가?

① 창조주를 기억하라 ② 노년을 대비하라

③ 자신의 일을 개척하라 ④ 많은 공부를 통해 지혜를 얻어라

☞ 전도서의 마지막 장인 12장 1절은 '너는 청년의 때에 너의 창조주를 기억하라 곧 곤고한 날이 이르기 전에, 나는 아무 낙이 없다고 할 해들이 가깝기 전에'라고 말씀하고 있다. 정답은 ①번.

6. 모든 헛된 날에 네가 사랑하는 아내와 함께 즐겁게 살지어다 그것이 네가 평생에 해 아래에서 수고하고 얻은 네 ( )이니라. ( ) 안에 알맞은 말은?

① 기업 ② 열매 ③ 사랑 ④ 몫

☞ '몫'이라는 표현이 전도서 5장 18절에 '모든 수고 중에서 낙을 보는 것이 선하고 아름다움을 내가 보았나니 그것이 그의 몫이로다'와 전도서 9장 9절에 '해 아래에서 네게 주신 모든 헛된 날에 네가 사랑하는 아내와 함께 즐겁게 살지어다 그것이 네가 평생에 해 아래에서 수

고하고 얻은 네 몫이니라'에 나타나 있다. 정답은 ④번.

7. 전도서에 기록되어 있는 가장 마지막 말씀은 무엇인가?
   ① 그 손의 열매가 그에게로 돌아갈 것이요 그 행한 일로 말미암아 성문에서 칭찬을 받으리라
   ② 호흡이 있는 자마다 여호와를 찬양할지어다 할렐루야
   ③ 하나님은 모든 행위와 모든 은밀한 일을 선악 간에 심판하시리라
   ④ 내 사랑하는 자야 너는 빨리 달리라

   ☞ ①번은 잠언 31장 31절 말씀으로 잠언의 가장 마지막 말씀이다. ②번은 시편 150편 6절 말씀으로 시편의 가장 마지막 말씀이다. ③번은 전도서 12장 14절 말씀으로 전도서의 가장 마지막 말씀이다. ④번은 아가서 8장 14절 말씀으로 아가서의 가장 마지막 말씀이다. 정답은 ③번.

✤ 전도서 주요내용

1. 때에 대하여 말하고 있는 것 : 전도서 3장.
2. 전도서 7장 14절 : 형통한 날에는 기뻐하고 곤고한 날에는 되돌아 보아라.
3. 전도서 12장 1절 : 너는 청년의 때에 너의 창조주를 기억하라 곧 곤고한 날이 이르기 전에, 나는 아무 낙이 없다고 할 해들이 가깝기 전에
4. 전도서의 마지막 말씀 : 하나님은 모든 행위와 모든 은밀한 일을 선악 간에 심판하시리라.

아 가

1. 아가서의 여 주인공은 어디 여인인가?
   ① 길르앗 ② 술람미 ③ 애굽 ④ 예루살렘

   ☞ 아가서 6장 13절에 '돌아오고 돌아오라 술람미 여자야'라는 말씀이 있다. 정답은 ②번.

2. 아가서에 의하면, 솔로몬의 왕비와 후궁의 수는?
   ① 왕비 60, 후궁 80 ② 왕비 60, 후궁 90
   ③ 왕비 60, 후궁 100 ④ 왕비 60, 후궁 110

   ☞ 아가서 6장 8절에 '왕비가 육십 명이요 후궁이 팔십 명'이라는 말씀이 있다. 열왕기상 11장 3절에는 솔로몬의 후궁이 칠백 명이요 첩이 삼백 명이라 기록되어 있다. 정답은 ①번.

3. 아가서 4장에 기록되어 있는 사랑하는 자의 신체에 대한 묘사 중 맞지 않는 것은?
   ① 머리털 - 길르앗 산 기슭에 누운 염소 떼
   ② 이 - 목욕장에서 나오는 털 깎인 암양
   ③ 목 - 무기를 두려고 건축한 다윗의 망대

④ 유방 - 백합화 가운데서 꼴을 먹는 쌍태 어린 나귀

☞ 아가서 4장 1절에서 5절까지 사랑하는 자의 신체에 대한 묘사가 나와 있다. '네 눈이 비둘기 같고 네 머리털은 길르앗 산 기슭에 누운 염소 떼 같구나 네 이는 목욕장에서 나오는 털 깎인 암양 곧 새끼 없는 것은 하나도 없이 각각 쌍태를 낳은 양 같구나 네 입술은 홍색 실 같고 네 입은 어여쁘고 너울 속의 네 뺨은 석류 한 쪽 같구나 네 목은 무기를 두려고 건축한 다윗의 망대 곧 방패 천개, 용사의 모든 방패가 달린 망대 같고 네 두 유방은 백합화 가운데서 꼴을 먹는 쌍태 어린 사슴 같구나' 정답은 ④번.

4. 아가서 7장의 술람미 여인에 대한 묘사 중 맞지 않는 것은?

① 넓적다리는 구슬 꿰미 ② 유방은 암사슴의 쌍태 새끼
③ 목은 상아 망대 ④ 키는 백향목

☞ 아가서 7장 1절에서 7절까지는 술람미 여인에 대한 묘사가 기록되어 있다. '네 넓적다리는 둥글어서 숙련공의 손이 만든 구슬 꿰미 같구나 배꼽은 섞은 포도주를 가득히 부은 둥근 잔 같고 허리는 백합화로 두른 밀단 같구나 두 유방은 암사슴의 쌍태 새끼 같고 목은 상아 망대 같구나 눈은 헤스본 바드랍빔 문 곁에 있는 연못 같고 코는 다메섹을 향한 레바논 망대 같구나 머리는 갈멜 산 같고...... 네 키는 종려나무 같고 네 유방은 그 열매송이 같구나' 정답은 ④번.

5. 다음 중 아가서에 기록되어 있는 말씀이 아닌 것은?

① 내 누이, 내 신부는 잠근 동산이요 덮은 우물이요 봉한 샘이로구나

② 네 유방은 포도송이 같고 네 콧김은 사과 냄새 같고 네 입은 좋은 포도주 같을 것이니라

③ 사랑은 죽음 같이 강하고 질투는 스올 같이 잔인하며 불길 같이 일어나니 그 기세가 여호와의 불과 같으니라

④ 대저 음녀는 깊은 구덩이요 이방 여인은 좁은 함정이라
☞ ①번은 아가서 4장 12절에, ②번은 아가서 7장 8, 9절에, ③번은 아가서 8장 6절에 기록되어 있다. ④번은 잠언 23장 27절 말씀이다. 정답은 ④번.

✣ 아가 주요내용

1. 아가서의 여 주인공 : 술람미 여인.
2. 솔로몬의 왕비와 후궁의 수 : 왕비 60, 후궁 80(아6:8).
3. 사랑하는 자의 신체에 대한 묘사 : 네 눈이 비둘기 같고 네 머리털은 길르앗산 기슭에 누운 염소 떼 같구나 네 이는 목욕장에서 나오는 털 깎인 암양 곧 새끼 없는 것은 하나도 없이 각각 쌍태를 낳은 양 같구나 네 입술은 홍색 실 같고 네 입은 어여쁘고 너울 속의 네 뺨은 석류 한 쪽 같구나 네 목은 무기를 두려고 건축한 다윗의 망대 곧 방패 천 개, 용사의 모든 방패가 달린 망대 같고 네 두 유방은 백합화 가운데서 꼴을 먹는 쌍태 어린 사슴 같구나(아가서 4장 1절-5절).
4. 술람미 여인에 대한 묘사 : 네 넓적다리는 둥글어서 숙련공의 손이 만든 구슬 꿰미 같구나 배꼽은 섞은 포도주를 가득히 부은 둥근 잔 같고 허리는 백합화로 두른 밀단 같구나 두 유방은 암사슴의 쌍태 새끼 같고 목은 상아 망대 같구나 눈은 헤스본 바드랍빔 문 곁에 있는 연못 같고 코는 다메섹을 향한 레바논 망대 같구나 머리는 갈멜산 같고 드리운 머리털은 자주 빛이 있으니 왕이 그 머리카락에 매이었구나 사랑아 네가 어찌 그리 아름다운지, 어찌 그리 화창한지 즐겁게 하는구나 네 키는 종려나무 같고 네 유방은 그 열매송이 같구나(아가서 7장 1절-7절).

이사야

1. 이사야 선지자가 활동하던 시대에 유다를 통치했던 왕이 아닌 사람은?
   ① 히스기야　② 웃시야　③ 아하시야　④ 요담

   ☞ 이사야 선지자는 남 유다 웃시야, 요담, 아하스, 히스기야 왕 때 사역하였으며, 그의 아버지의 이름은 아모스(선지자 아모스 아님)이다(사 1:1). 정답은 ③번.

2. 이사야 1장에서 하나님을 저버린 이스라엘 백성을 표현하는 것이 아닌 것은?
   ① 범죄한 나라　② 허물진 백성
   ③ 부패한 자식　④ 진노의 막대기

   ☞ 진노의 막대기는 앗수르를 가리키는 표현이다(사10:5). 이사야 1장 4절을 보면, '슬프다 범죄한 나라요 허물진 백성이요 행악의 종자요 행위가 부패한 자식'이라고 이스라엘을 표현하고 있다. 정답은 ④번.

3. '칼을 쳐서 보습을 만들고 그들의 창을 쳐서 낫을 만들 것'이라는 표현은 이사야 몇 장 몇 절에 나오는가?
   ① 이사야 2장 4절　② 이사야 3장 10절

③ 이사야 4장 2절　　　　　④ 이사야 4장 8절

☞ '칼을 쳐서 보습을 만들고 창을 쳐서 낫을 만들 것'이라는 말씀은 이사야 2장 4절, 미가서 4장 3절에 나오며, 반대의 말씀(너희는 보습을 쳐서 칼을 만들지어다 낫을 쳐서 창을 만들지어다)은 요엘서 3장 10절에 기록되어 있다. 정답은 ①번.

4. 포도원 비유는 이사야 몇 장에 기록되어 있는가?
① 3장　② 5장　③ 7장　④ 9장

☞ 이사야 5장에 기록되어 있는 포도원 비유에서 주목해야 할 말씀은 '내가 좋은 포도 맺기를 기다렸거늘 들포도를 맺음은 어찌 됨인고'라는 이사야 5장 4절과 '무릇 만군의 여호와의 포도원은 이스라엘 족속이요 그가 기뻐하시는 나무는 유다 사람이라 그들에게 정의를 바라셨더니 도리어 포학이요 그들에게 공의를 바라셨더니 도리어 부르짖음이었도다'라는 이사야 5장 7절의 말씀이다. 하나님을 포도원지기로 표현하는 말씀은 이사야 27장 3절이다. 정답은 ②번.

5. 이사야 6장에서 이사야의 입술에 숯을 댄 천사는 어떤 표현으로 기록되어 있는가?
① 그룹　② 스랍　③ 하나님의 영　④ 하나님의 사자

☞ 이사야 6장은 이사야 선지자의 소명장으로 때는 웃시야 왕이 죽던 해이다(사6:1). 이사야가 '나는 입술이 부정한 사람이요'라고 고백할 때, 여섯 날개가 있어 그 둘로는 얼굴을, 둘로는 발을 가리었고, 둘로는 나는 스랍의 하나가 제단에서 집은 바 핀 숯을 손에 가지고 이사야 선지자의 입술에 대며 '이것이 네 입에 닿았으니 네 악이 제하여졌고 네 죄가 사하여졌느니라'라고 말하였다(사6:7). 정답은 ②번.

6. '너희가 듣기는 들어도 깨닫지 못할 것이요 보기는 보아도 알지 못하

리라'라는 말씀은 어디에 나오는가?

① 이사야 6장 5절　② 이사야 6장 7절
③ 이사야 6장 9절　④ 이사야 6장 11절

☞ '누가 우리를 위하여 갈꼬'라는 주의 음성에 '내가 여기 있나이다 나를 보내소서'라고 이사야는 응답했다(사6:8). 이때 여호와께서 이르시되 '이 백성에게 이르기를 너희가 듣기는 들어도 깨닫지 못할 것이요 보기는 보아도 알지 못하리라' 하라 하셨다. 이 말씀은 이사야 6장 9절에 기록되어 있으며, 신약 마태복음 13장 14-15절, 마가복음 4장 12절, 누가복음 8장 10절(마태, 마가, 누가의 공관복음서에는 비유를 설명하시는 장면에 등장한다), 요한복음 12장 40절, 사도행전 28장 26-27절에 인용되고 있다. 정답은 ③번.

7. 처녀가 잉태하여 아들을 낳을 것이라는 말씀은 어느 왕에게 주신 말씀인가?

① 웃시야　② 요담　③ 아하스　④ 히스기야

☞ 처녀의 임마누엘 탄생은 이사야 7장 14절에 기록되어 있으며, 마태복음 1장 23절에 인용되었고, 마리아를 통해 성취되었다. 이사야 7장은 유다 왕 아하스 때에 아람의 르신 왕과 르말리야의 아들 이스라엘의 베가 왕이 예루살렘을 공격한 사건과 연관된 것으로, 이 말씀은 아하스 왕에게 주신 말씀이다. 정답은 ③번.

8. 이사야의 첫째 아들 '스알야숩'의 이름의 뜻은 무엇인가?

① 남는 자가 돌아오리라　② 이방에서 객이 됨
③ 하나님께서 도우심　④ 노략이 속함

☞ 이사야에게는 두 아들이 있었다. 큰 아들의 이름은 '스알야숩'으로 그 이름의 뜻은 '남는 자가 돌아오리라'이고, 둘째 아들의 이름은 '마헬살랄하스바스'로 '노략이 속함'이라는 뜻이다(사7:3, 8:3). 정답은 ①번.

9. 이사야 9장에서 메시아를 가리키는 표현이 아닌 것은?

① 전능하신 하나님 ② 영존하시는 아버지
③ 평강의 왕 ④ 아버지와 하나된 자

☞ 임마누엘로 임하신 메시아에 대해 이사야 9장 6절은 '이는 한 아기가 우리에게 났고 한 아들을 우리에게 주신 바 되었는데 그의 어깨에는 정사를 메었고 그 이름은 기묘자라, 모사라, 전능하신 하나님이라, 영존하시는 아버지라, 평강의 왕이라 할 것임이니라'고 기록하고 있다. 정답은 ④번.

10. 이사야 11장에서 '여호와의 영'을 표현하는 것으로 맞지 않는 것은?

① 지혜와 총명의 영 ② 모략과 재능의 영
③ 지식과 여호와를 경외하는 영 ④ 임마누엘의 영

☞ 여호와의 영 곧 지혜와 총명의 영이요 모략과 재능의 영이요 지식과 여호와를 경외하는 영이 강림하시리니(사11:2). 정답은 ④번.

11. '너 아침의 아들 계명성이여'는 어느 나라를 지칭하는 표현인가?

① 바벨론 ② 애굽 ③ 사마리아 ④ 구스

☞ 이사야 13장부터 23장까지는 열방들에 대한 심판 예언이 기록되어 있다. 13-14장은 바벨론(아침의 아들 계명성, 사14:12), 15-16장은 모압(심히 교만하도다, 3년 내에 멸망할 것), 17장은 다메섹과 사마리아, 18장은 구스, 19장은 애굽(여호와를 가리켜 맹세하는 다섯 성읍 중 하나가 멸망의 성읍, 사19:18), 21장은 해변광야(바벨론), 두마(에돔), 아라비아(게달의 영광), 22장은 환상의 골짜기(예루살렘), 23장은 두로(다시스, 70년 후 회복)에 대해 기록하고 있다. 정답은 ①번.

12. 재앙으로 흩어질 모압의 딸들을 무엇에 비유하였는가?

① 새 ② 사자 ③ 노루 ④ 메뚜기

☞ 심히 교만하여(사16:6), 3년 내에 멸망하게 될(사16:14) 모압의 딸들이 재앙의 때에 새 같이 흩어지게 되리라 말씀하셨다(사16:2). 정답은 ①번.

13. 이사야가 벗은 발과 벗은 몸으로 다닌 기간은 얼마인가?
① 1년 ② 2년 ③ 3년 ④ 4년

☞ 애굽과 구스에 대하여 예표와 기적이 되게 하기 위하여 이사야 선지자는 3년 동안 벗은 발과 벗은 몸으로 다녔다(사20:3). 정답은 ③번.

14. 내 백성 ( )이여, 내 손으로 지은 ( )여, 나의 기업 이스라엘이여 복이 . ( )안에 말이 순서대로 맞는 것은?
① 유다, 사마리아 ② 애굽, 앗수르
③ 바벨론, 구스 ④ 에돔, 모압

☞ 그 날에 이스라엘이 애굽 및 앗수르와 더불어 셋이 세계 중에 복이 되리니 이는 만군의 여호와께서 복 주시며 이르시되 내 백성 애굽이여, 내 손으로 지은 앗수르여, 나의 기업 이스라엘이여, 복이 있을지어다 하실 것임이라(사19:24-25). 정답은 ②번.

15. '내가 너를 네 관직에서 쫓아내며 네 지위에서 낮추리니'(사22:19). 여기에서 '너'는 누구를 가리키는 것인가?
① 느부갓네살 ② 웃시야 ③ 셉나 ④ 엘리아김

☞ 여기에서의 '너'는 국고를 맡고 왕궁 맡은 자 셉나를 가리키는 것이다(사22:15-19). 엘리아김은 반대로 '그 날에 내가 힐기야의 아들 내 종 엘리아김을 불러...내가 또 다윗의 집의 열쇠를 그의 어깨에 두리니 그가 열면 닫을 자가 없겠고 닫으면 열 자가 없으리라'는 말씀을 받았다(사22:20-22). 정답은 ③번.

16. 하나님을 토기장이라 비유하고 있는 말씀은 이사야 몇 장에 나오는가?

① 29장 ② 31장 ③ 33장 ④ 35장

☞ 하나님을 토기장이로 비유하고 있는 말씀은 이사야 29장 16절, 30장 14절, 45장 9절, 64장 8절, 예레미야 18장 6절, 로마서 9장 21절이다. 정답은 ①번.

17. 앗수르의 침입에 대해 히스기야는 '오늘은 (　　　)과 (　　　)과 (　　　)의 날'이라 하였다. (　) 안에 들어가지 않는 말은?

① 심판 ② 환난 ③ 책벌 ④ 능욕

☞ 남 유다 히스기야 왕 때의 역사적 사건이 이사야 36장부터 39장까지 기록되어 있다(열왕기하 18-20장, 역대하 29-32장과 내용이 동일하다). 히스기야 왕 14년에 앗수르 왕 산헤립이 유다를 공격하였고, 그의 군대장관 랍사게가 힐기야의 아들 궁내대신 엘리아김과 서기관 셉나와 아삽의 아들 사관 요아에게 산헤립의 말을 전하였다. 이 말을 히스기야가 전해 듣고 그는 '오늘은 환난과 책벌과 능욕의 날이라 아이를 낳으려 하나 해산할 힘이 없음 같도다'라며 한탄하였다(사37:3). 정답은 ①번.

18. 히스기야 왕과 관련된 다음 설명 중 옳지 않은 것은?

① 산헤립이 공격해왔을 때 여호와의 사자가 앗수르 진중에서 158,000명을 죽였다.

② 아하스의 해시계에 나아갔던 해 그림자가 뒤로 십도를 물러가는 기적을 보았다.

③ 하나님에 의해 15년간의 생명연장을 받았다.

④ 자신을 병문안 온 바벨론 왕 므로닥발라단의 사자들에게 궁전의 모든 것을 보여주었다.

☞ 여호와의 사자가 죽인 앗수르 백성은 185,000명이다(사37:36). 유다를 공격하였던 산헤립은 그 아들 아드람멜렉과 사레셀에 의해 니스록

의 묘에서 경배할 때에 죽임을 당하였고, 그의 아들 에살핫돈이 앗수르의 왕이 되었다(사37:38). ②번은 이사야 38장 8절에, ③번은 이사야 38장 5절에, ④번은 이사야 39장에 기록되어 있으며, 므로닥발라단에게 궁전의 모든 것을 보여준 것으로 인해 바벨론에 의해 망하게 될 것이라는 경고를 듣게 된다(사39:6-7). 정답은 ①번.

19. '풀은 마르고 꽃은 시드나 우리 하나님의 ( )은(는) 영원히 서리라' ( ) 안에 알맞은 말은?
① 성전 ② 말씀 ③ 긍휼 ④ 은혜

☞ 풀은 마르고 꽃은 시드나 우리 하나님의 말씀은 영원히 서리라(사40:8). 정답은 ②번.

20. 하나님께서 자신을 '처음이요 마지막이라' 말씀하신 것은 이사야 몇 장에 나오는가?
① 42장 ② 44장 ③ 46장 ④ 48장

☞ '나는 처음이요 또 마지막'이라는 말씀은 이사야 48장 12절, 계시록 1장 17절, 2장 8절, 21장 6절, 22장 13절에 기록되어 있다. 정답은 ④번.

21. 하나님께서 '내 목자라' 칭하신 이방 왕은?
① 고레스 ② 다리오 ③ 아하수에로 ④ 벨사살

☞ 이사야 44장 28절에 '고레스에 대하여는 이르기를 내 목자라 그가 나의 모든 기쁨을 성취하리라'는 말씀이, 이사야 45장 1절에는 '여호와께서 그의 기름 부음을 받은 고레스'라는 말씀이 기록되어 있다. 정답은 ①번.

22. 하나님으로부터 학자들의 혀를 받은 사람은?
① 에스라 ② 이사야 ③ 학개 ④ 스가랴

☞ 이사야 50장 4절에 '주 여호와께서 학자들의 혀를 내게 주사 나로 곤고한 자를 말로 어떻게 도와 줄 줄을 알게 하시고 아침마다 깨우치시되 나의 귀를 깨우치사 학자들 같이 알아듣게 하시도다'라는 말씀이 있다. 학자들의 혀를 받은 사람은 이사야이다. 정답은 ②번.

23. 다음 중 새 하늘과 새 땅에 대한 기록이 없는 곳은?

① 이사야 65장　　② 에스겔 47장
③ 베드로후서 3장　　④ 계시록 21장

☞ 새 하늘과 새 땅에 대한 기록이 이사야 65장 17절, 베드로후서 3장 13절, 계시록 21장에 나와 있다. 에스겔 47장은 성전에서 흘러나오는 물에 대한 기록이 있다. 정답은 ②번.

24. 다음은 이사야서에 있는 말씀이다. 각 구절과 말씀이 맞지 않는 것은?

① 이사야 1장 18절 - 오라 우리가 서로 변론하자 너희의 죄가 주홍 같을지라도 눈과 같이 희어질 것이요 진홍 같이 붉을지라도 양털 같이 희게 되리라
② 이사야 9장 2절 - 흑암에 행하던 백성이 큰 빛을 보고 사망의 그늘진 땅에 거주하던 자에게 빛이 비치도다
③ 이사야 10장 1절 - 이새의 줄기에서 한 싹이 나며 그 뿌리에서 한 가지가 나서 결실할 것이요
④ 이사야 29장 13절 - 이 백성이 입으로는 나를 가까이 하며 입술로는 나를 공경하나 그들의 마음은 내게서 멀리 떠났나니 그들이 나를 경외함은 사람의 계명으로 가르침을 받았을 뿐이라

☞ ③번의 말씀은 이사야 11장 1절에 있는 말씀이다. 정답은 ③번.

25. 다음은 이사야서에 있는 말씀이다. 각 구절과 말씀이 맞지 않는 것은?

① 이사야 40장 3절 - 너희는 광야에서 여호와의 길을 예비하라

사막에서 우리 하나님의 대로를 평탄하게 하라

② 이사야 41장 10절 - 두려워하지 말라 내가 너와 함께 함이라 놀라지 말라 나는 네 하나님이 됨이라

③ 이사야 43장 1절 - 내가 너를 구속하였고 내가 너를 지명하여 불렀나니 너는 내 것이라

④ 이사야 45장 1절 - 구원자 이스라엘의 하나님이여 진실로 주는 스스로 숨어 계시는 하나님이시니이다

☞ 이사야 45장 1절은 '여호와께서 그의 기름 부음을 받은 고레스에게 이같이 말씀하시되 내가 그의 오른손을 붙들고...'이다. 하나님을 스스로 숨어 계시는 하나님이라 한 말씀은 이사야 45장 15절이다. 정답은 ④번.

26. 다음은 이사야서에 있는 말씀이다. 각 구절과 말씀이 맞지 않는 것은?

① 이사야 55장 1절 - 너희 모든 목마른 자들아 물로 나아오라 돈 없는 자도 오라 너희는 와서 사 먹되 돈 없이, 값 없이 와서 포도주와 젖을 사라

② 이사야 56장 1절 - 너희는 여호와를 만날 만한 때에 찾으라 가까이 계실 때에 그를 부르라

③ 이사야 60장 1절 - 일어나라 빛을 발하라 이는 네 빛이 이르렀고 여호와의 영광이 네 위에 임하였음이니라

④ 이사야 61장 1절 - 주 여호와의 영이 내게 내리셨으니 이는 여호와께서 내게 기름을 부으사

☞ ②번의 말씀은 이사야 55장 6절이다. 정답은 ②번.

27. 다음 설명 중 옳지 않은 것은?

① 하나님께서는 애굽을 가만히 앉은 라합이라 하셨다.

② 공의의 열매는 화평이요 공의의 결과는 영원한 평안과 안전이다.

③ 고난 받는 종에 대한 기록이 이사야 53장에 나와 있다.

④ 새 하늘과 새 땅에 대한 기록이 이사야 66장에 나와 있다.

☞ ①번은 이사야 30장 7절에, ②번은 이사야 32장 17절에 기록되어 있다. 새 하늘과 새 땅에 대한 말씀은 이사야 65장에 기록되어 있다. 정답은 ④번.

28. '뿔라'는 무슨 뜻인가?
① 나의 기쁨이 그에게 있다 ② 결혼한 여자
③ 생기가 회복되다 ④ 하나님의 은혜를 받은 자

☞ 회복된 이스라엘을 설명하는 본문 이사야 62장 4절에 '오직 너를 헵시바라 하며 네 땅을 뿔라라 하리니 이는 여호와께서 너를 기뻐하실 것이며 네 땅이 결혼한 것처럼 될 것임이라'라는 말씀이 있다. 여기에 헵시바는 '나의 기쁨이 그에게 있다', 뿔라는 '결혼한 여자'라는 뜻이다. 정답은 ②번.

29. 환상의 골짜기에 관한 경고는 이사야 몇 장에 기록되어 있는가?
① 21장 ② 22장 ③ 23장 ④ 24장

☞ 이사야 각 장의 주요내용을 살펴보면, 1장은 소, 나귀, 주인, 5장은 포도원 비유, 6장은 이사야의 소명, 11장은 평화의 나라, 12장은 감사 찬송, 13-23장은 열방들에 대한 예언, 21장은 해변 광야에 대한 경고, 22장은 환상의 골짜기에 관한 경고, 24-27장은 종말에 대한 예언, 40장은 외치는 자의 소리(3절), 42장은 주의 종(1절), 53장은 고난의 종, 58장은 하나님이 기뻐하시는 금식, 65장은 새 하늘과 새 땅이다. 정답은 ②번.

30. 이사야서에 대한 다음의 설명 중 옳지 않은 것은?
① 하나님을 가리켜 네 남편이라고 칭하는 말씀이 이사야 54장에 있다.
② 하나님이 기뻐하시는 금식에 대한 말씀이 이사야 58장에 있다.

③ 이사야 61장 1-2절은 예수 그리스도의 공생애 첫 사역 때 읽으신 말씀이다.

④ 내 집은 만민이 기도하는 집이란 말씀이 이사야 64장에 있다.

☞ 하나님을 남편이라 말하는 본문은 이사야 54장 5절, 예레미야 3장 14절, 호세아 2장 16절이다. 참된 금식에 대한 말씀이 이사야 58장6-7절에 기록되어 있다. 예수께서 공생애 첫 사역 때 나사렛 회당에서 읽으신 말씀이 누가복음 4장 18-19절에 기록되어 있는데, 그 본문이 이사야 61장 1-2절이다. '내 집은 만민이 기도하는 집'이라는 말씀은 이사야 56장 7절에 기록되어 있으며, 마태복음 21장 13절, 마가복음 11장 17절, 누가복음 19장 46절에 인용되어 있다. 참고로, '도둑의 소굴'이라는 말씀은 예레미야 7장 11절이다. 정답은 ④번.

✣ 이사야 주요내용

1. 이사야 선지자의 활동시대 : 유다 웃시야, 요담, 아하스, 히스기야 왕 때 사역.
2. 이사야의 아버지 : 아모스(선지자 아모스 아님).
3. 칼을 쳐서 보습을 만들고 창을 쳐서 낫을 만든다 : 이사야 2장 4절, 미가서 4장 3절.
4. 포도원 비유 : 이사야 5장.
5. 이사야 선지자의 소명장 : 이사야 6장. 웃시야 왕이 죽던 해.
6. 이사야의 입술에 숯을 댄 천사 : 스랍.
7. 너희가 듣기는 들어도 깨닫지 못할 것이요 보기는 보아도 알지 못하리라 : 이사야 6장 9절.(마태복음 13장 14-15절, 마가복음 4장 12절, 누가복음 8장 10절, 요한복음 12장 40절, 사도행전 28장 26-27절에 인용).
8. 처녀가 잉태하여 아들을 낳을 것이라 : 이사야 7장 14절에 기록. 아하스 왕에게 주신 말씀.
9. 이사야의 첫째 아들 : 스알야숩(남는 자가 돌아오리라).
10. 이사야의 둘째 아들 : 마헬살랄하스바스(노략이 속함).
11. 메시아를 가리키는 표현 : 그의 어깨에는 정사를 메었고 그의 이름은 기묘자라, 모사라, 전능하신 하나님이라, 영존하시는 아버지라, 평강의 왕이라 할 것임이라. 이사야 9장 6절.
12. 여호와의 영 : 지혜와 총명의 영이요 모략과 재능의 영이요 지식과 여호와를 경외하는 영이 강림하시리니. 이사야 11장 2절.
13. 너 아침의 아들 계명성이여 : 바벨론.
14. 모압 : 15-16장. 심히 교만하도다. 3년 내에 멸망할 것.
15. 애굽 : 19장. 여호와를 가리켜 맹세하는 다섯 성읍 중 하나가 멸망의 성읍. 가만히 앉은 라합.
16. 이사야가 벗은 발과 벗은 몸으로 다닌 기간 : 3년. 애굽과 구스에 대하여 예표와 기적이 되게 하기 위하여.

17. 이사야 19장 24-25절 : 내 백성 애굽이여, 내 손으로 지은 앗수르여, 나의 기업 이스라엘이여, 복이 있을지어다 하실 것임이니라.
18. 내가 너를 네 관직에서 쫓아내며 네 지위에서 낮추리니 : 국고를 맡고 왕국 맡은 자 셉나.
19. 다윗의 집의 열쇠를 그의 어깨에 두리니 : 힐기야의 아들 엘리아김.
20. 하나님을 토기장이로 비유하고 있는 말씀 : 이사야 29장 16절, 30장 14절, 45장 9절, 64장 8절, 예레미야 18장 6절, 로마서 9장 21절.
21. 이사야 40장 8절 : 풀은 마르고 꽃은 시드나 우리 하나님의 말씀은 영원히 서리라.
22. 나는 처음이요 마지막이라 : 이사야 48장 12절, 계시록 1장 17절, 2장 8절, 21장 6절, 22장 13절.
23. 하나님께서 '내 목자'라 칭하신 이방 왕 : 고레스.
24. 하나님으로부터 학자들의 혀를 받은 사람 : 이사야.
25. 새 하늘과 새 땅에 대한 기록 : 이사야 65장 17절, 베드로후서 3장 13절, 계시록 21장.
26. 고난 받는 종에 대한 기록 : 이사야 53장.
27. 쁄라 : 결혼한 여자.
28. 헵시바 : 나의 기쁨이 그에게 있다.
29. 각 장의 주요내용 : 1장은 소, 나귀, 주인, 5장은 포도원 비유, 6장은 이사야의 소명, 11장은 평화의 나라, 12장은 감사 찬송, 13-23장은 열방들에 대한 예언, 21장은 해변 광야에 대한 경고, 22장은 환상의 골짜기에 관한 경고, 24-27장은 종말에 대한 예언, 40장은 외치는 자의 소리(3절), 42장은 주의 종(1절), 53장은 고난의 종, 58장은 하나님이 기뻐하시는 금식, 65장은 새 하늘과 새 땅.
30. 하나님을 남편이라 말하는 본문 : 이사야 54장 5절, 예레미야 3장 14절, 호세아 2장 16절.
31. 이사야 56장 7절 : 내 집은 만민이 기도하는 집.

예레미야 · 애가

1. 선지자 예레미야는 누구의 아들인가?
   ① 아모스　　② 힐기야　　③ 부시　　④ 브에리

   ☞ 예레미야는 베냐민 땅 아나돗의 제사장 힐기야의 아들이다(렘1:1). 정답은 ②번.

2. 예레미야 선지자에게 하나님의 말씀이 임한 시기로 맞는 것은?
   ① 요시야 10년 - 시드기야 11년　② 요시야 11년 - 시드기야 11년
   ③ 요시야 12년 - 시드기야 11년　④ 요시야 13년 - 시드기야 11년

   ☞ 예레미야 선지자에게 여호와의 말씀이 요시야 통치 13년부터 유다가 바벨론에 멸망한 시드기야 11년까지 곧 오월에 예루살렘이 사로잡혀 가기까지 임했다(렘1:2-3). 정답은 ④번.

3. 북에서부터 기울어진 끓는 가마는 어느 나라를 가리키는 것인가?
   ① 바벨론　　② 애굽　　③ 헬라　　④ 시리아

   ☞ 예레미야를 선지자를 부르시는 장면이 예레미야 1장에 나와 있다. 예레미야는 '나는 아이라 말할 줄을 알지 못하나이다'라고 하였으나 하

나님께서 그를 여러 나라와 왕국 위에 선지자로 세우셨다. 또한 예레미야에게 살구나무 가지 환상과 북에서부터 기울어진 끓는 가마 환상을 보여주셨는데, 끓는 가마는 바벨론의 침공을 가리키는 것이다. 정답은 ①번.

4. 하나님께서는 예레미야 5장에서 정의를 행하며 진리를 구하는 자 몇 사람이 있으면 성읍의 죄악을 용서해 주신다고 하셨는가?
① 1명 ② 5명 ③ 7명 ④ 10명

☞ '너희가 만일 정의를 행하며 진리를 구하는 자를 한 사람이라도 찾으면 내가 이 성읍을 용서하리라'(렘5:1). 10명은 소돔 성을 위한 아브라함의 여섯 번에 걸친 중보기도 중 마지막 숫자이다. 정답은 ①번.

5. 말씀이 그 속에 있지 아니한 선지자를 하나님께서는 무엇이라 하셨는가?
① 바람 ② 거짓 시내 ③ 터진 웅덩이 ④ 삯꾼

☞ '선지자들은 바람이라 말씀이 그들의 속에 있지 아니한즉 그같이 그들이 당하리라'(렘5:13). 정답은 ①번.

6. 하나님께서는 예레미야에게 베 띠를 어디에 감추라 하셨는가?
① 땅 밑 ② 바위 틈 ③ 산 중턱 ④ 두루마리 안

☞ 하나님께서는 베 띠를 사서 허리에 묶고 있게 하신 후 그것을 유브라데로 가서 바위 틈에 감추라고 하셨다. 여러 날 후 베띠를 가져오니 썩어서 쓸 수 없게 되었다. 베 띠와 같이 하나님께서는 유다와 예루살렘의 교만을 이같이 썩게 하리라고 말씀하셨다(렘13:1-9). 정답은 ②번.

7. 하나님께서 아내를 맞이하지 말 것을 명한 선지자는?
① 이사야 ② 예레미야 ③ 에스겔 ④ 다니엘

☞ '너는 이 땅에서 아내를 맞이하지 말며'라는 말씀은 예레미야에게 주

신 말씀이다(렘16:2). 에스겔은 아내가 죽은 선지자이다(겔24:18). 정답은 ②번.

8. 예레미야를 목에 씌우는 나무 고랑에 채운 바스훌의 바뀐 이름은 무엇인가?
① 마골밋사빕 ② 바알브올 ③ 엘리아십 ④ 여호야단

☞ 제사장 임멜의 아들 바스훌이 예레미야를 때리고 목에 씌우는 나무 고랑에 채운 후 그 다음날 풀어주었다. 이때 예레미야는 바스훌의 이름을 하나님께서 마골밋사빕이라 하실 것이라 말하였는데, 그 이름의 뜻은 '사방으로 두려움'이라는 뜻이다(렘20:3). 정답은 ①번.

9. 자신의 생일이 저주를 받았으면 이라고 탄식한 선지자는?
① 이사야 ② 예레미야 ③ 에스겔 ④ 다니엘

☞ 자신의 생일을 저주한 이는 욥과 예레미야이다(욥3:1, 렘20:14). 정답은 ②번.

10. 다윗의 한 의로운 가지를 통해 구원받은 성이 무엇이라는 이름을 얻으리라 하였는가?
① 여호와는 우리의 사랑 ② 여호와는 우리의 구원
③ 여호와는 우리의 의 ④ 여호와는 우리의 평강

☞ 다윗의 한 의로운 가지에 대한 말씀이 예레미야 23장 5-6절과 33장 15-16절에 기록되어 있다. '그 날에 유다가 구원을 받겠고 예루살렘이 안전히 살 것이며 이 성은 여호와는 우리의 의라는 이름을 얻으리라'(렘33:16) 정답은 ③번.

11. 여호야김 사년은 바벨론 왕 느부갓네살 통치 몇 년과 같은 해인가?
① 1년 ② 2년 ③ 3년 ④ 4년

☞ 요시야의 아들 여호야김 통치 4년은 바벨론 왕 느부갓네살 통치 원년이다(렘25:1). 요시야 왕 13년부터 여호야김 통치 4년까지 예레미야는 23년 동안 선지자로서의 사역을 감당하였는데, 이 해에 유다 백성들이 바벨론을 70년 동안 섬기게 될 것을 예언하였다(렘25:11). 정답은 ①번.

12. 예레미야 26장의 성전 설교 시 예레미야를 보호해 준 사람은?
① 여호야김　② 우리야　③ 아히감　④ 바룩

☞ 예레미야의 성전 설교는 여호야김 즉위 초에 일어난 사건이다. 예레미야의 말에 대해 사람들이 그를 죽이고자 할 때, 장로 중 몇 사람이 히스기야 시대에 모레셋 사람 미가의 예언에 모두 회개하여 구원함을 받은 사건을 말하여 예레미야를 보호하고자 하였다(렘26:18-19). 스마야의 아들 우리야도 예레미야와 같이 예루살렘에 대한 예언을 하고 애굽으로 도망하였는데, 그곳에서 끌려 나와 여호야김에게 죽임을 당하였다. 이때 사반의 아들 아히감이 예레미야를 보호하여 주었다(렘26:24). 정답은 ③번.

13. 예레미야의 목에서 멍에를 빼앗아 꺾은 자는 누구인가?
① 하나냐　② 스마야　③ 시드기야　④ 여고냐

☞ 시드기야 왕이 즉위한지 4년 5월에 기브온 앗술의 아들 선지자 하나냐가 예레미야의 목에서 나무 멍에를 빼앗아 꺾고, 바벨론 왕 느부갓네살의 멍에를 이와 같이 꺾어버리겠다는 거짓 예언을 하였다(렘28:11). 이 거짓 예언으로 인해 하나냐는 7월에 죽게 되었다(렘28:17). 정답은 ①번.

14. 예레미야의 예언에 노하여 그를 시위대 뜰에 가두어 둔 왕은 누구인가?
① 요시야　② 여호야김　③ 여호야긴　④ 시드기야

☞ 시드기야 통치 10년, 느부갓네살 제 18년에 예레미야는 시위대 뜰에 갇혀 있었다(렘32:1-2). 그때 하나님께서는 숙부 살룸의 아들 하나멜로

부터 아나돗에 있는 밭을 사라는 말씀을 주셨고, 예레미야는 은 십칠 세겔로 그 밭을 샀다(렘32:9). 정답은 ④번.

15. 예레미야의 구전으로 바룩이 기록한 하나님의 말씀을 불사른 왕은 누구인가?
① 요시야 ② 여호야김 ③ 여호야긴 ④ 시드기야

☞ 두루마리를 불사른 왕은 여호야김으로 그때가 여호야김 통치 4년 9월이었다(렘36:22). 엘라단과 들라야와 그마랴가 두루마리를 불사르지 말 것을 아뢰었다(렘36:25). 정답은 ②번.

16. 예레미야를 구덩이에서 끌어낸 에벳멜렉은 어느 지역 사람인가?
① 애굽 ② 바벨론 ③ 구스 ④ 에돔

☞ 왕의 환관 에벳멜렉은 구스 사람이다(렘38:7). 정답은 ③번.

17. 예루살렘 성이 함락된 것은 시드기야 11년 몇 월 몇 일인가?
① 2월 9일 ② 3월 9일 ③ 4월 9일 ④ 5월 9일

☞ 예루살렘 성은 시드기야 제 십일 년 사월 구일에 함락되었다(렘39:2). 정답은 ③번.

18. 포로가 되어 백성들과 함께 끌려가던 예레미야가 풀려난 곳은 어디인가?
① 에브라임 ② 라마 ③ 납달리 ④ 벧엘

☞ 느부갓네살의 사령관 느부사라단에 의해 끌려가던 예레미야는 라마에서 풀려났다(렘40:1). 정답은 ②번.

19. 총독 그다랴를 죽인 느다냐의 아들은 누구인가?

① 이스마엘　　② 시므온　　③ 유다　　④ 호론

☞ 바벨론 왕에 의해 총독으로 세움 받은 그다랴를 느다냐의 아들 이스마엘과 함께 한 열 사람이 죽이고, 그 시체를 옛적 아사왕이 이스라엘 왕 바아사를 두려워하여 팠던 구덩이에 집어 던졌다(렘41:9). 정답은 ①번.

20. 심히 교만함으로 인하여 하나님께 심판 받은 이방 민족은?
① 바벨론　　② 애굽　　③ 에돔　　④ 모압

☞ 예레미야 46장부터 51장까지는 이방 나라들에 대한 예언이 기록되어 있다. 그 중 모압에 대해서는 '우리가 모압의 교만을 들었나니 심한 교만 곧 그의 자고와 오만과 자랑과 그 마음의 거만이로다'(렘48:29)라는 책망이 나온다. 정답은 ④번.

21. 느부갓네살 왕이 3차에 걸쳐 사로잡아 간 포로의 총 수는 몇 명인가?
① 4,600명　　② 4,800명　　③ 5,000명　　④ 5,200명

☞ 1차는 느부갓네살 7년에 3,023명, 2차는 느부갓네살 18년에 832명, 3차는 느부갓네살 23년에 745명 등 총 3차에 걸쳐 4,600명이 바벨론에 포로로 사로잡혀 갔다(렘52:28-30). 정답은 ①번.

22. 여호야긴 왕이 바벨론 옥에서 나온 것은 그가 사로잡혀간 지 몇 년 만인가?
① 33년　　② 35년　　③ 37년　　④ 39년

☞ 여호야긴 왕은 사로잡혀간지 37년 만에 옥에서 나왔다. 이때는 바벨론 왕 에윌므로닥의 즉위 원년 12월 25일이었다(렘52:31). 정답은 ③번.

23. 다음은 예레미야서에 나오는 말씀이다. 구절과 말씀이 맞지 않는 것은?
① 예레미야 17장 9절 - 만물보다 거짓되고 심히 부패한 것은 마음이라

② 예레미야 31장 15절 - 라마에서 슬퍼하며 통곡하는 소리가 들리니 라헬이 그 자식 때문에 애곡하는 것이라

③ 예레미야 32장 27절 - 나는 여호와요 모든 육체의 하나님이라 내게 할 수 없는 일이 있겠느냐

④ 예레미야 33장 1절 - 너는 내게 부르짖으라 내가 네게 응답하겠고 네가 알지 못하는 크고 은밀한 일을 네게 보이리라

☞ ④번은 예레미야 33장 3절 말씀이다. 정답은 ④번.

24. 다음 설명 중 옳지 않은 것은?

① 힌놈의 아들 골짜기를 하나님께서는 죽임의 골짜기라 말할 것이라 하셨다.

② 아나돗 사람들이 예레미야에게 여호와의 이름으로 예언하지 말라 하였다.

③ 예레미야는 예루살렘이 함락되는 날까지 시위대 뜰에 머물러 있었다.

④ 여호와는 보복의 하나님이시라는 말씀은 에돔에 대한 예언에 나온다.

☞ ①번은 예레미야 7장 32절에, ②번은 예레미야 11장 21절에, ③번은 예레미야 38장 28절에 기록되어 있다. '여호와는 보복의 하나님이시니 반드시 보응하시리로다'는 말씀은 바벨론에 대한 심판의 예언에 기록되어 있다(렘51:56). 바벨론이 다시 일어서지 못함을 책에 돌을 매어 유브라데 하수 속에 던지는 상징으로 표현하고 있다(렘51:63-64). 정답은 ④번.

25. 토기장이 비유는 예레미야 몇 장에 기록되어 있는가?

① 18장 ② 20장 ③ 22장 ④ 24장

☞ 예레미야의 각 장의 주요 내용을 살펴보면, 1장은 예레미야를 선지자로 세우심과 두 가지 환상(살구나무 가지, 끓는 가마), 2장은 이스라엘의 두 가지 죄(생수의 근원되는 하나님을 버린 것과 스스로 웅덩이를

판 것), 12장은 악인의 형통에 대한 예레미야의 질문, 13장은 썩은 베띠(유브라데 물 가 바위틈에 숨김), 14장은 가뭄에 대한 말씀, 18장은 토기장이 비유, 19장은 옹기를 깨뜨리며 예언함, 24장은 좋은 무화과와 나쁜 무화과, 25장은 70년 동안의 바벨론 포로 예언, 26장은 성전 설교, 28장은 거짓 선지자 하나냐, 30-33장은 예루살렘 회복에 대한 예언, 31장은 새 언약(31-33절), 35장은 예레미야와 레갑 사람들(선조 요나답), 36장은 여호야김 왕이 두루마리를 불사름, 39장은 예루살렘의 함락, 46-51장은 이방 나라들에 대한 예언, 52장은 바벨론에 사로잡혀 간 유다 백성과 여호야긴의 회복(37년 만에)이다. 정답은 ①번.

26. 사람이 여호와의 구원을 바라고 (　　　) 기다림이 좋도다. (　)안에 적당한 말은?

① 기도하며　② 찬송하며　③ 잠잠히　④ 소망하며

☞ '사람이 여호와의 구원을 바라고 잠잠히 기다림이 좋도다'(애3:26). 정답은 ③번.

✤ 예레미야 · 애가 주요내용

1. 예레미야 : 베냐민 땅 아나돗의 제사장 힐기야의 아들.
2. 예레미야 선지자에게 하나님의 말씀이 임한 시기 : 요시야 13년 - 시드기야 11년.
3. 북에서부터 기울어진 끓는 가마 : 바벨론의 침공.
4. 말씀이 그 속에 있지 아니한 선지자 : 바람.
5. 예레미야가 베 띠를 감춘 곳 : 유브라데 물 가 바위 틈.
6. 하나님께서 아내를 맞이하지 말 것을 명한 선지자 : 예레미야.
7. 아내가 죽은 선지자 : 에스겔.
8. 예레미야를 목에 씌우는 나무 고랑에 채운 바스훌의 바뀐 이름 : 마골밋사빕(사방으로 두려움).
9. 자신의 생일을 저주한 이 : 욥과 예레미야(욥3:1, 렘20:14).
10. 예레미야 26장의 성전 설교 시 예레미야를 보호해 준 사람 : 아히감.
11. 예레미야의 목에서 멍에를 빼앗아 꺾은 자 : 하나냐.
12. 예레미야의 예언에 노하여 그를 시위대 뜰에 가두어 둔 왕 : 시드기야.
13. 살룸의 아들 하나멜로부터 아나돗에 있는 밭을 산 가격 : 은 십칠 세겔.
14. 예레미야의 구전으로 바룩이 기록한 하나님의 말씀을 불사른 왕 : 여호야김(통치 4년 9월).
15. 예레미야를 구덩이에서 끌어낸 사람 : 구스 사람 에벳멜렉.
16. 예루살렘 성이 함락된 때 : 시드기야 11년 4월 9일.
17. 포로가 되어 백성들과 함께 끌려가던 예레미야가 풀려난 곳 : 라마.
18. 느부갓네살의 사령관 : 느부사라단.
19. 총독 그다랴를 죽인 사람 : 느다냐의 아들 이스마엘.
20. 심히 교만함으로 인하여 하나님께 심판 받은 이방 민족 : 모압.
21. 느부갓네살 왕이 3차에 걸쳐 사로잡아 간 포로의 총 수 : 4,600명(1차는 느부갓네살 7년에 3,023명, 2차는 느부갓네살 18년에 832명, 3차는 느부갓네살 23년에 745명).

22. 여호야긴 왕이 바벨론 옥에서 나온 때 : 포로생활 37년, 바벨론 왕 에윌므로닥의 즉위 원년 12월 25일.
23. 각 장의 주요 내용 : 1장은 예레미야를 선지자로 세우심과 두 가지 환상(살구나무 가지, 끓는 가마), 2장은 이스라엘의 두 가지 죄(생수의 근원되는 하나님을 버린 것과 스스로 웅덩이를 판 것), 12장은 악인의 형통에 대한 예레미야의 질문, 13장은 썩은 베 띠(유브라데 물 가 바위틈에 숨김), 14장은 가뭄에 대한 말씀, 18장은 토기장이 비유, 19장은 옹기를 깨뜨리며 예언함, 24장은 좋은 무화과와 나쁜 무화과, 25장은 70년 동안의 바벨론 포로 예언, 26장은 성전 설교, 28장은 거짓 선지자 하나냐, 30-33장은 예루살렘 회복에 대한 예언, 31장은 새 언약(31-33절), 35장은 예레미야와 레갑 사람들(선조 요나답), 36장은 여호야김 왕이 두루마리를 불사름, 39장은 예루살렘의 함락, 46-51장은 이방 나라들에 대한 예언, 52장은 바벨론에 사로잡혀 간 유다 백성과 여호야긴의 회복(37년 만에).
24. 예레미야애가 3장 26절 : 사람이 여호와의 구원을 바라고 잠잠히 기다림이 좋도다.

에스겔

1. 에스겔이 그발 강가에서 하나님의 모습을 보게 된 때는 언제인가?
   ① 28년 4월 5일　② 29년 4월 5일
   ③ 30년 4월 5일　④ 31년 4월 5일

☞ 부시의 아들 제사장 에스겔은 서른째 해 넷째 달 초닷새에 그발 강가에서 하나님의 모습을 보았다. 이때는 여호야긴 왕의 사로잡힌 지 오년 오일이 되는 날이다(겔1:1-3). 정답은 ③번.

2. 에스겔이 본 네 생물의 얼굴 모습이 아닌 것은?
   ① 말　② 사자　③ 소　④ 독수리

☞ 네 생물의 얼굴 모습은 앞은 사람의 얼글, 오른쪽은 사자의 얼굴, 왼쪽은 소의 얼굴, 뒤는 독수리의 얼굴이다(겔1:10). 에스겔 10장의 그룹들의 모습은 첫 면은 그룹의 얼굴, 둘째 면은 사람의 얼굴, 셋째는 사자의 얼굴, 넷째는 독수리의 얼굴이다(겔10:14). 정답은 ①번.

3. 생물들이 갈 때의 날개소리를 표현하는 것 중 맞지 않는 것은?
   ① 많은 물 소리　② 전능자의 음성
   ③ 떠드는 군대 소리　④ 찬양하는 소리

☞ 생물들이 갈 때에 그 날개소리는 많은 물 소리와도 같으며 전능자의 음성과도 같으며 떠드는 소리 곧 군대의 소리와도 같더니(겔1:24). 정답은 ④번.

4. 에스겔이 먹은 두루마리에 기록되어 있지 않던 글의 내용은?
① 율법 ② 애가 ③ 애곡 ④ 재앙

☞ 에스겔은 애가와 애곡과 재앙이 담긴(겔2:10) 두루마리를 먹었는데, 그 달기가 꿀 같았다(겔3:3). 정답은 ①번.

5. 에스겔이 이스라엘과 유다 족속의 죄를 담당한 날을 합치면 얼마인가?
① 420일 ② 430일 ③ 440일 ④ 450일

☞ 에스겔은 왼쪽으로 누워 이스라엘 족속의 죄악을 390일 동안, 오른쪽으로 누워 유다 족속의 죄악을 40일 동안 담당하였다. 여기에서 하루는 1년을 가리킨다(겔4:4-6). 또한 하나님께서는 밀, 보리, 콩, 팥, 조, 귀리를 가져다가 떡을 만들어 390일에 먹되 인분으로 불을 피울 것을 명하셨으나 에스겔의 간청으로 쇠똥으로 불을 구어 먹도록 하셨다(겔4:15). 정답은 ②번.

6. 하나님께서는 에스겔에게 머리털과 수염을 깎아 성읍을 에워싸는 날에 1/3씩 어떻게 하라고 명하셨는데, 다음 설명 중 틀린 것은?
① 1/3은 성읍 안에서 불살라야 한다.
② 1/3은 성읍 사방에서 칼로 쳐야 한다.
③ 1/3은 땅 속 밑에 묻어야 한다.
④ 1/3은 바람에 흩어야 한다.

☞ 머리털과 수염을 깎아 성읍을 에워싸는 날에 1/3은 성읍 안에서 불사르고, 1/3은 사방에서 칼로 치고, 1/3은 바람에 흩어야 한다(겔5:2). 이 상징적 행위는 1/3은 전염병으로 죽으며 기근으로 멸망할 것을, 1/3

은 사방에서 칼에 엎드러질 것을, 1/3은 사방에 흩어지게 될 것을 예고하는 것이다(겔5:12). 정답은 ③번.

7. 예루살렘의 우상숭배 중 여인들이 담무스를 위하여 애곡한 곳은 성전의 어디인가?

① 북문 ② 남문 ③ 서문 ④ 동문

☞ 에스겔 8장에 기록되어 있는 예루살렘의 우상숭배 모습을 살펴보면, 성전 안뜰 북향한 문에 질투의 우상 자리가 있었고(겔8:3), 이스라엘 족속의 장로 중 70명이 우상의 방 안에서 향로를 들고 있는 모습도 보였으며(그 중 사반의 아들 야아사냐도 있었다. 겔8:11), 여인들은 북문에서 담무스를 위하여 애곡하였고, 여호와의 성전 문 곧 현관과 제단 사이에서 약 25명이 여호와의 성전을 등지고 낯을 동쪽으로 향하여 동쪽 태양에게 예배하였다(겔8:16). 정답은 ①번.

8. 예루살렘의 우상숭배에 대한 심판에서 어디에 표를 받은 사람은 살 수 있었는가?

① 손 ② 볼 ③ 등 ④ 이마

☞ 여섯 사람이 북향한 윗문 길로부터 오는데 각 사람의 손에 죽이는 무기를 잡았고, 그 중에 한 사람은 가는 베 옷을 입고 허리에 서기관의 먹 그릇을 차고 있었다. 그 사람이 가증한 일로 말미암아 탄식하며 우는 자의 이마에 표를 그린 사람만 심판으로부터 구원받을 수 있었다(겔9:5-6). 정답은 ④번.

9. 에스겔서에 등장하는 속담이 아닌 것은?

① 날이 더디고 모든 묵시가 사라지리라

② 타인의 모습은 나를 비치는 거울이다.

③ 어머니가 그러하면 딸도 그러하다

④ 아버지가 신 포도를 먹었으므로 그의 아들의 이가 시다

☞ ①번은 에스겔 12장 22절, ③번은 에스겔 16장 44절, ④번은 에스겔 18장 2절에 기록되어 있다. 정답은 ②번.

10. 다음 중 에스겔에게 하나님께서 명하신 내용이 아닌 것은?
① 포로의 행장을 꾸리고 낮에 그들의 목전에서 끌려가라
② 오른쪽으로 40일 동안 누워 이스라엘 족속의 죄악을 담당하라
③ 죽은 자들을 위해 슬퍼하지 말라
④ 머리털과 수염을 깎아서 저울로 달아 나누어 두라

☞ 오른쪽으로 누워 40일 동안 죄를 담당한 것은 유다 족속의 죄악이다. 이스라엘을 위해서는 390일 동안 왼쪽으로 누워 있었다(겔4:4-6). ①번은 에스겔 12장 3절에, ③번은 에스겔 24장 17절, ④번은 에스겔 5장 1절에 기록되어 있다. 정답은 ②번.

11. 비록 (　　　), (　　　), (　　　) 이 세 사람이 있을지라도 그들은 자기의 의로 자기의 생명만 건지리라. (　)안에 들어가지 않는 사람은?
① 노아　　② 모세　　③ 욥　　④ 다니엘

☞ 에스겔 14장 14절에 기록되어 있는 이 말씀은 '비록 노아, 다니엘, 욥 이 세 사람이 있을지라도'이다. 참고로 예레미야 15장 1절에는 '모세와 사무엘이 내 앞에 섰다 할지라도 내 마음은 이 백성을 향할 수 없나니'라는 말씀이 있다. 정답은 ②번.

12. 우상 숭배하는 예루살렘에 대하여 하나님께서는 어디가 그들의 어머니라 하셨는가?
① 가나안　　② 아모리　　③ 헷　　④ 소돔

☞ 우상 숭배하는 예루살렘에 대하여 '네 근본과 난 땅은 가나안이요 네 아버지는 아모리 사람이요 네 어머니는 헷 사람이라 네 형은 그 딸들과 함께 네 왼쪽에 거주하는 사마리아요 네 아우는 그 딸들과 함께 네 오른쪽에 거주하는 소돔이라'고 하셨다(겔16:3, 45-46). 정답은 ③번.

13. 이스라엘 백성이 다니던 산당을 일컫는 말은?
① 담무스 ② 도벳 ③ 다곤 ④ 바마

☞ 내가 그들에게 이르기를 너희가 다니는 산당이 무엇이냐 하였노라(그것을 오늘날까지 바마라 일컫느니라)(겔20:29). 바마는 산당이라는 뜻인데, '바'는 '다닌다', '마'는 '무엇이냐'는 뜻이다. 정답은 ④번.

14. 이스라엘 고관들을 위하여 애가를 지으라는 명령을 받은 선지자는 누구인가?
① 이사야 ② 예레미야 ③ 에스겔 ④ 다니엘

☞ 에스겔은 하나님으로부터 이스라엘 고관들을 위하여 애가를 지으라는 명령을 받았다. 그 애가의 내용이 에스겔 19장이다. 정답은 ③번.

15. 에스겔의 아내가 죽었을 때, 하나님께서 명령 하신 내용이 아닌 것은?
① 슬퍼하지 말고 조용히 탄식하라 ② 수건으로 머리를 동여라
③ 발에 신을 신지 마라 ④ 입술을 가리지 마라

☞ 자신의 아내가 죽은 선지자는 에스겔이다. 하나님께서는 '죽은 자들을 위하여 슬퍼하지 말고 조용히 탄식하며 수건으로 머리를 동이고 발에 신을 신고 입술을 가리지 말고 사람이 초상집에서 먹는 음식물을 먹지 말라'고 명하셨으며 에스겔은 그대로 행하였다(겔24:17-18). 정답은 ③번.

16. '나는 신이라 내가 하나님의 자리 곧 바다 가운데에 앉아 있다'고 한 자는 누구인가?

① 두로 왕　　② 모압 왕　　③ 바벨론 왕　　④ 애굽 왕

☞ '나는 신이라 내가 하나님의 자리 곧 바다 가운데에 앉아 있다'고 한 자는 두로 왕이다(겔28:2). 정답은 ①번.

17. 하나님께서 강들 가운데에 누운 큰 악어라고 하신 자는 누구인가?
① 두로 왕　　② 모압 왕　　③ 바벨론 왕　　④ 애굽 왕

☞ '애굽의 바로 왕이여 내가 너를 대적하노라 너는 자기의 강들 가운데에 누운 큰 악어라'(겔29:3). 정답은 ④번.

18. 하나님께서는 악인의 죽는 것보다 돌이키는 것을 기뻐하신다는 말씀이 에스겔 몇 장 몇 장에 기록되어 있는가?
① 18장, 33장　② 19장, 34장　③ 20장, 35장　④ 21장, 36장

☞ '나는 악인이 죽는 것을 기뻐하지 아니하고 악인이 그의 길에서 돌이켜 떠나 사는 것을 기뻐하노라'는 말씀은 에스겔 18장 23절과 33장 11절에 기록되어 있다. 정답은 ①번.

19. '또 새 (①)을 너희 속에 두고 새 (②)을 너희에게 주되 너희 육신에서 굳은 마음을 제거하고 부드러운 마음을 줄 것이며 또 내 (③)을 너희 속에 두어 너희로 내 (④)를 행하게 하리니 너희가 내 규례를 지켜 행할지라'에서 ( )안에 들어가야 할 말로 옳지 않은 것은?
① 영　　② 마음　　③ 신　　④ 율례

☞ 위의 말씀은 에스겔 36장 26-27절 말씀이다. ①번은 영, ②번은 마음, ③번은 영, ④번은 율례이다. 정답은 ③번.

20. 마곡 땅에 있는 곡이 통치하는 지역이 아닌 것은?

① 로스　　② 메섹　　③ 하일　　④ 두발

☞ 마곡 땅에 있는 곡은 로스와 메섹과 두발의 왕이다(겔38:2). 정답은 ③번.

21. 다음 무게를 재는 수치 중 일치하지 않은 것은?

① 한 고르　　② 한 호멜　　③ 한 밧　　④ 십 에바

☞ 에스겔 45장 11절에 '밧은 십분의 일 호멜을 담게 하고 에바도 십분의 일 호멜을 담게 한다'는 말씀과 45장 14절에 '한 고르는 십 밧 곧 한 호멜'이라는 말씀을 종합해보면 고르와 호멜은 같은 수치이고 밧과 에바도 같은 수치이며, 밧과 에바는 고르와 호멜의 십분의 일 임을 알 수 있다. 따라서 한 호멜(고르)과 같은 수치는 십 밧(에바)이다. 정답은 ③번.

22. 에스겔 47장에서 천 척 씩 세 번 측정한 후 건넜을 때 물은 신체에 어느 부위까지 올랐는가?

① 발　　② 발목　　③ 구릎　　④ 허리

☞ 성전 문지방 밑에서 흘러나온 물은 천 척 씩 측량하여 건널 때마다, 발목, 무릎, 허리까지 차오르다가 네 번째 측량한 후에는 건너지 못할 만큼의 강이 되었다(겔47:3-5). 정답은 ④번.

23. 에스겔서에 대한 다음의 설명 중 옳지 않은 것은?

① 에스겔 23장의 두 여인 중 오홀리바는 동생으로 예루살렘을 가리킨다.

② 하나님께서는 한 목자를 세우시겠다고 하셨는데, 그는 다윗이다.

③ 여호와의 영광은 북문을 통해 성전으로 들어오신다.

④ 여호와삼마는 여호와께서 거기 계시다는 뜻이다.

☞ 여호와의 영광은 동문을 통해 성전으로 들어오신다(겔43:4). ①번은 에스겔 23장 4절에, ②번은 에스겔 34장 23절에, ④번은 에스겔 48장 35절에 기록되어 있다. 정답은 ③번.

24. 에스겔을 파수꾼으로 세우시는 장면은 에스겔서 몇 장 몇 장에 나오는가?

① 3장, 31장　② 3장, 32장　③ 3장, 33장　④ 3장, 34장

☞ 에스겔서 각 장의 주요 내용을 살펴보면, 1장은 그발 강가에서의 에스겔의 소명과 네 생물의 형상, 3장과 33장은 파수꾼으로 부름 받음, 4-24장은 예루살렘에 대한 예언, 4장은 유다와 이스라엘 족속의 죄악 담당(40일, 390일), 5장은 머리털과 수염을 깎는 상징, 15장은 포도나무 비유, 16장은 가증한 이스라엘, 19장은 이스라엘 고관을 위한 애가, 23장은 오홀라와 오홀리바의 행음, 24장은 아내의 죽음, 27장은 두로에 대한 애가, 32장은 큰 악어 애굽 왕, 34장은 자기만 먹는 이스라엘의 목자들, 36장은 이스라엘과 맺은 새 언약, 37장은 마른 뼈 환상과 유다와 이스라엘의 통일, 40-48장은 새 성전이다. 정답은 ③번.

25. 에스겔서와 가장 거리가 멀다고 생각되는 것은?

① 환상　② 예언　③ 비유　④ 교훈

☞ 에스겔서는 환상과 예언과 비유와 관련이 있다. 정답은 ④번.

✤ 에스겔 주요내용

1. 에스겔이 그발 강가에서 하나님의 모습을 보게 된 때 : 30년 4월 5일.
2. 에스겔이 본 네 생물의 얼굴 모습 : 앞은 사람의 얼굴, 오른쪽은 사자의 얼굴, 왼쪽은 소의 얼굴, 뒤는 독수리의 얼굴.
3. 그룹들의 모습 : 첫 면은 그룹의 얼굴, 둘째 면은 사람의 얼굴, 셋째는 사자의 얼굴, 넷째는 독수리의 얼굴(겔10:14).
4. 생물들이 갈 때의 날개소리 : 많은 물 소리. 전능자의 음성. 떠드는 소리 곧 군대의 소리.
5. 에스겔이 먹은 두루마리 : 애가와 애곡과 재앙이 담긴 두루마리. 달기가 꿀과 같음.
6. 에스겔이 죄를 담당한 날 : 왼쪽으로 누워 이스라엘 족속의 죄악을 390일, 오른쪽으로 누워 유다 족속의 죄악을 40일 동안 담당.
7. 에스겔이 먹은 떡의 재료 : 밀, 보리, 콩, 팥, 조, 귀리.
8. 예루살렘의 우상숭배 중 여인들이 담무스를 위하여 애곡한 곳 : 북문.
9. 우상숭배에 대한 심판에서 구원받는 자 : 이마에 표를 받은 사람.
10. 에스겔서에 등장하는 속담 : 날이 더디고 모든 묵시가 사라지리라. 어머니가 어떠하면 딸도 그렇다. 아버지가 신 포도를 먹었으므로 아들의 이가 시다.
11. 에스겔에게 하나님께서 명하신 내용 : 포로의 행장을 꾸리고 낮에 그들의 목전에서 끌려가라. 죽은 자들을 위해 슬퍼하지 말라. 머리털과 수염을 깎아서 저울에 달아 나누어 두라.
12. 에스겔 14장 14절 : 비록 노아, 다니엘, 욥 이 세 사람이 있을지라도.
13. 우상 숭배하는 예루살렘 : 네 근본과 난 땅은 가나안이요 네 아버지는 아모리 사람이요 네 어머니는 헷 사람이요 네 형들은 그 딸들과 함께 네 왼쪽에 거주하는 사마리아요 네 아우는 그 딸들과 함께 네 오른쪽에 거주하는 소돔이라(겔16:3, 45-46).
14. 이스라엘 백성이 다니던 산당 : 바마.

15. 이스라엘 고관을 위하여 애가를 지으라는 명령을 받은 선지자 : 에스겔. 애가의 내용이 에스겔 19장.
16. 자신의 아내가 죽은 선지자 : 에스겔.
17. 나는 신이라 내가 하나님의 자리 곧 바다 가운데에 앉아 있다 : 두로왕.
18. 강들 가운데에 누운 큰 악어 : 애굽 왕 바로.
19. 마곡 땅에 있는 곡이 통치하는 지역 : 로스와 메섹과 두발(겔38:2).
20. 무게를 재는 수치 : 고르와 호멜은 같은 수치이고 밧과 에바도 같은 수치이며, 밧과 에바는 고르와 호멜의 십분의 일.
21. 물이 흘러나온 곳 : 성전 문지방.
22. 에스겔 47장에서 천 척 씩 측정할 때마다 물이 올라온 부위 : 발목, 무릎, 허리, 건너지 못할 강이 됨.
23. 여호와의 영광 : 동문을 통해 성전으로 들어옴.
24. 각 장의 주요 내용 : 1장은 그발 강가에서의 에스겔의 소명과 네 생물의 형상, 3장과 33장은 파수꾼으로 부름 받음, 4-24장은 예루살렘에 대한 예언, 4장은 유다와 이스라엘 족속의 죄악 담당(40일, 390일), 5장은 머리털과 수염을 깎는 상징, 15장은 포도나무 비유, 16장은 가증한 이스라엘, 19장은 이스라엘 고관을 위한 애가, 23장은 오홀라와 오홀리바의 행음, 24장은 아내의 죽음, 27장은 두로에 대한 애가, 32장은 큰 악어 애굽 왕, 34장은 자기만 먹는 이스라엘의 목자들, 36장은 이스라엘과 맺은 새 언약, 37장은 마른 뼈 환상과 유다와 이스라엘의 통일, 40-48장은 새 성전.

다니엘

1. 다니엘은 유다 왕 누구 때에 바벨론 포로로 잡혀 왔는가?
   ① 여호아하스　② 여호야김　③ 여호야긴　④ 시드기야

   ☞ 유다 왕 여호야김 삼년에 바벨론 포로로 잡혀갔다(단1:1). 정답은 ②번.

2. 다니엘의 친구 하나냐는 무엇으로 이름이 바뀌었는가?
   ① 벨드사살　② 사드락　③ 메삭　④ 아벳느고

   ☞ 느부갓네살의 환관장 아스부나스는 유다 자손 다니엘, 하나냐, 미사엘, 아사랴를 바벨론으로 데리고 가서 그들의 이름을 고쳐주었다. 그들의 바뀐 이름은 다니엘은 벨드사살, 하나냐는 사드락, 미사엘은 메삭, 아사랴는 아벳느고 이다(단1:7). 정답은 ②번.

3. 다음 설명 중 옳지 않은 것은?
   ① 다니엘과 그의 친구들이 왕의 음식을 먹지 않고 채식만 먹고 시험한 기간은 열흘이다.
   ② 벨사살 왕 때 석회벽에 글자를 쓴 것은 사람의 손가락이다.
   ③ 숫양과 숫염소 환상에서 성소는 2,300주야 후 정결해 진다는 내

용이 나온다.

④ 가브리엘이 다니엘을 찾아 온 것이 세 번 기록되어 있다.

☞ 가브리엘은 8장에 숫양과 숫염소 환상 때 한 번 그리고 9장에 다니엘의 기도 때 70이레에 대한 환상을 알려주고자 한 번, 이렇게 두 번 찾아온다. 가브리엘 외에도 미가엘이 10장에 바사국 왕들과 21일 동안 함께 있을 때 다니엘을 찾아왔다(단10:13,21). ①번은 다니엘 1장 12절에, ②번은 다니엘 5장 5절에, ③번은 다니엘 8장 14절에 기록되어 있다. 정답은 ④번.

4. 다니엘 2장 22절에 '빛이 그와 함께 있도다'에서 그는 누구를 가리키는 것인가?

① 여호와 ② 다니엘 ③ 느부갓네살 ④ 아스부나스

☞ 다니엘 2장 22절은 하나님에 대한 다니엘의 고백이다. '그는 깊고 은밀한 일을 나타내시고 어두운데 있는 것을 아시며 또 빛이 그와 함께 있도다' 느부갓네살 2년에 그가 꾼 꿈에 대해 하나님이 밤에 환상으로 다니엘에게 그 해석을 나타나 보이신 것에 대한 다니엘의 찬송 가운데 한 구절이다. 정답은 ①번.

5. 느부갓네살의 꿈에서 큰 신상의 종아리는 무엇으로 구성되어 있었는가?

① 쇠와 진흙 ② 진흙 ③ 쇠 ④ 놋

☞ 느부갓네살 통치 2년에 꾼 꿈은 큰 신상에 대한 것인데, 그 우상의 머리는 순금, 가슴과 두 팔은 은, 배와 넓적다리는 놋, 그 종아리는 쇠, 그 발은 쇠와 진흙으로 구성되어 있었다(단2:32-33). 뜨인 돌이 이 우상을 쳐서 부서뜨렸고, 우상을 친 돌은 태산을 이루어 온 세계에 가득하게 되었다(단2:35). 느부갓네살은 다니엘의 꿈 해석 후에 '너희 하나님은 참으로 모든 신들의 신이시요 모든 왕의 주재시로다, 네 하나님은 또 은밀한 것을 나타내시는 이시로다'는 고백을 하였다(단2:47). 정답은 ③번.

6. 느부갓네살이 신상을 만들어 세운 곳은 어디인가?

① 시날 평지 ② 호르 평지 ③ 광야 ④ 두라 평지

☞ 느부갓네살 왕이 금으로 신상을 만들었는데 그 크기가 고는 60 규빗, 광은 6 규빗이나 되는 것이었다. 그는 이것을 두라 평지에 세우고 누구든지 엎드리어 절하라는 명령을 내렸으나, 다니엘의 세 친구 사드락, 메삭, 아벳느고가 절하지 아니하였고, 이에 느부갓네살은 평소보다 7배나 뜨거운 풀무 속으로 그들을 집어넣었다. 그런데 풀무 속에는 이들 세 명과 더불어 신들의 아들과 같은 넷째 사람이 함께 하고 있었으며, 사드락, 메삭, 아벳느고도 전혀 다치지 않은 채 풀무에서 나왔다. 느부갓네살은 '사드락과 메삭과 아벳느고의 하나님을 찬송할지로다'라고 고백하였다(단3:28). 정답은 ④번.

7. 다니엘을 가리켜 '그의 안에는 거룩한 신들의 영이 있는 자라'고 말한 왕은 누구인가?

① 느부갓네살 ② 벨사살 ③ 다리오 ④ 고레스

☞ 다니엘 4장에는 느부갓네살의 두 번째 꿈이 기록되어 있다. 느부갓네살은 자신의 꿈을 해석하고자 들어 온 다니엘(박수장 벨드사살)을 가리켜 '그의 안에는 거룩한 신들의 영이 있는 자라'고 말하였다. 이와 비슷한 평가를 받은 사람은 요셉으로 그는 바로로부터 '이와 같이 하나님의 영에 감동된 사람'이라는 말을 들었다(창41:38). 꿈 해석 후 12달이 지난 후 스스로 교만해진 느부갓네살을 하나님께서 치셔서 그는 일곱 때 동안 소처럼 풀을 먹으며 몸이 하늘 이슬에 젖고 머리털이 독수리 털과 같았고 손톱은 새 발톱과 같이 지냈다(단4:33). 정답은 ①번.

8. 벨사살에게 나타난 글씨 중 데겔은 무슨 뜻인가?

① 하나님이 이미 왕의 나라의 시대를 세어서 그것을 끝나게 하셨다

② 왕을 저울에 달아 보니 부족함이 보였다

③ 왕의 나라가 나뉜다
④ 메대와 바사 사람에게 준바 되었다

☞ 느부갓네살의 아들인 벨사살 왕이 귀인 일천명과 더불어 예루살렘 전에서 가져 온 기명으로 술을 마시고 있을 때, 사람의 손가락이 나타나 왕궁 촛대 맞은편 석회벽에 글씨를 썼다. 이에 벨사살은 다니엘에게 이 글씨를 해석하면 나라의 셋째 통치자로 삼겠다 하였고(단5:16), 다니엘은 그 글씨가 메네 메네 데겔 우바르신이며 그 뜻은 메네는 하나님이 이미 왕의 나라의 시대를 세어서 그것을 끝나게 하셨다 함이요 데겔은 왕을 저울에 달아 보니 부족함이 보였다 함이요 베레스(우바르신)는 왕의 나라가 나뉘어서 메대와 바사 사람에게 준바 되었다 함이라 해석하여 주었다(단5:25-28). 그날 밤 벨사살은 죽고 메대 사람 다리오가 62세에 나라를 얻었다(단5:30-31). 정답은 ②번.

9. 다니엘에게 '네가 항상 섬기는 너의 하나님이 너를 구원하시리라'고 말한 왕은 누구인가?
① 느부갓네살 ② 벨사살 ③ 다리오 ④ 고레스

☞ 메대 사람 다리오 왕 때 다니엘은 세 명의 총리 중 한 명이었다. 그는 하루 세 번씩 예루살렘을 향하여 기도하였는데 그의 대적들이 이를 미워하여 다리오 왕에게 30일 동안(단6:7) 왕 외에는 그 누구에게도 절하지 말라는 금령을 세울 것을 요청하였고, 다리오 왕이 이 금령을 받아들이게 되었다. 이에 다니엘이 고소를 당하여 사자굴에 던져지게 되었는데, 그때 다리오 왕이 다니엘에게 한 말이 '네가 항상 섬기는 너의 하나님이 너를 구원하시리라'는 말이었다(단6:16). 정답은 ③번.

10. 다니엘이 인자 같은 이의 환상을 본 때는 어느 왕 때인가?
① 느부갓네살 ② 벨사살 ③ 다리오 ④ 고레스

☞ 인자 같은 이에 대한 설명이 다니엘 7장 13-14절에 기록되어 있다.

다니엘은 인자 같은 이의 환상을 벨사살 왕 원년에 보았다(단7:13). 인자 같은 이의 환상 전에 다니엘은 바다에서 나온 큰 짐승 넷에 대한 환상도 보았는데, 첫째는 사자와 같은데 독수리의 날개가 있고, 둘째는 곰과 같고(그 입의 잇사이에는 세 갈빗대가 물렸고 고기를 먹으라는 명령을 받음), 셋째는 표범과 같고, 넷째는 큰 쇠 이와 열 뿔이 있었다(단7:3-8). 정답은 ②번.

11. 숫양과 숫염소의 환상을 본 장소는 어디인가?
   ① 그발 강변　　② 압복 강변　　③ 요단 강변　　④ 을래 강변

☞ 벨사살 왕 3년에 다니엘은 숫양과 숫염소의 환상을 보았는데, 그의 몸은 엘람 지방 수산 성에 있었고, 환상을 본 장소는 을래 강변이었다(단8:1-2). 환상에서 두 뿔 가진 숫양은 메대와 바사 왕들을, 숫양을 물리친 털이 많은 숫염소는 헬라 왕(알렉산더)을 가리킨다(단8:20-21). 숫염소는 강성한 후에 큰 뿔이 꺾이고 현저한 뿔 넷이 사방을 향하여 나게 되는데 이는 헬라제국이 네 나라로 나누어질 것을 말하는 것이다(단8:8). 정답은 ④번.

12. 예루살렘의 황폐함이 70년 만에 그치리라 예언한 선지자는 누구인가?
   ① 이사야　　② 예레미야　　③ 에스겔　　④ 아모스

☞ 아하수에로의 아들 메대 왕 다리오 원년에 다니엘은 예레미야 선지자가 예언한 '예루살렘의 황폐함이 칠십 년만에 그치리라'는 그 연수를 깨닫게 되었다(단9:1-2). 이에 다니엘은 이스라엘을 위해 기도하였고, 저녁 제사 드릴 때 즈음에 가브리엘 천사가 찾아와 기름 부음 받은 왕이 나타나기까지 7이레와 62이레가 지날 것이라는 말을 전해 주었다(단9:25). 정답은 ②번.

13. 다니엘이 환상 중에 받은 복된 마지막 날의 상징적 일수는 얼마인가?

① 390일　　② 1335일　　③ 700일　　④ 70일

☞ '기다려서 1335일까지 이르는 그 사람은 복이 있으리라'(단12:12). 정답은 ②번.

14. 다니엘 12장에서 많은 사람을 옳은 데로 돌아오게 한 자는 무엇과 같다고 하였는가?

① 빛과 같이 영원히 빛남　　② 별과 같이 영원히 빛남
③ 해와 같이 영원히 빛남　　④ 달과 같이 영원히 빛남

☞ 다니엘 12장에는 '땅의 티끌 가운데서 자는 자 중에서 많은 사람이 깨어나 영생을 얻는 자도 있겠고'라는 부활에 대한 말씀과(단12:2), '지혜 있는 자는 궁창의 빛과 같이 빛날 것이요 많은 사람을 옳은 데로 돌아오게 한 자는 별과 같이 영원토록 빛나리라'는 말씀도 있다(단12:3). 또한 '많은 사람이 빨리 왕래하며 지식이 더하리라'는 종말의 모습에 대한 말씀도 있다(단12:4). 다니엘 12장 마지막에는 1290일 지나고 1335일에 이른 사람은 복이 있다는 말씀이 나온다(단12:11-12). 정답은 ②번.

15. 다니엘서에서 하나님의 나라가 이 땅에 임한다는 예고가 있는 곳은?

① 3장 15절　　② 2장 44절　　③ 5장 12절　　④ 4장 11절

☞ '이 여러 왕들의 시대에 하늘의 하나님이 한 나라를 세우시리니 이것은 영원히 망하지도 아니할 것이요'(단2:44). 정답은 ②번.

✣ 다니엘 주요내용

1. 다니엘이 포로로 잡혀간 시기 : 여호야김 삼년.
2. 느부갓네살의 환관장 : 아스부나스.
3. 바뀐 이름 : 다니엘은 벨드사살, 하나냐는 사드락, 미사엘은 메삭, 아사랴는 아벳느고.
4. 다니엘과 그의 친구들이 왕의 음식을 먹지 않고 채식만 먹고 시험한 기간 : 열흘.
5. 벨사살 왕 때 석회벽에 글자를 쓴 것 : 사람의 손가락.
6. 느부갓네살의 큰 신상에 대한 꿈 : 느부갓네살 통치 2년에 꾼 꿈. 그 우상의 머리는 순금, 가슴과 두 팔은 은, 배와 넓적다리는 놋, 그 종아리는 쇠, 그 발은 쇠와 진흙으로 구성됨.
7. 느부갓네살이 신상을 만들어 세운 곳 : 드라 평지.
8. 다니엘을 가리켜 '그의 안에는 거룩한 신들의 영이 있는 자라'고 말한 왕 : 느부갓네살.
9. 벨사살이 본 글씨 : 메네 메네 데겔 우바르신.
10. 다니엘에게 '네가 항상 섬기는 너의 하나님이 너를 구원하시리라'고 말한 왕 : 다리오.
11. 다니엘이 인자 같은 이의 환상을 본 때 : 벨사살 왕 원년.
12. 숫양과 숫염소의 환상을 본 장소 : 을래 강변.
13. 예루살렘의 황폐함이 70년 만에 그치리라 예언한 선지자 : 예레미야.
14. 다니엘이 환상 중에 받은 복된 마지막 날의 상징적 일수 : 1335일.
15. 많은 사람을 옳은 데로 돌아오게 한 자 : 별과 같이 영원히 빛남.
16. 하나님의 나라가 이 땅에 임한다는 예고 : 2장 44절.

호세아

1. 호세아 선지자의 아버지는 누구인가?
   ① 브에리 ② 아밋대 ③ 브두엘 ④ 구시

   ☞ 호세아 선지자는 브에리의 아들이다(호1:1). 정답은 ①번.

2. 호세아 선지자와 같이 북왕국에서 예언한 선지자는 누구인가?
   ① 요엘 ② 아모스 ③ 하박국 ④ 스바냐

   ☞ 북왕국에서 예언한 선지자는 호세아와 아모스이다. 아모스는 남 왕국 유다 사람으로 북 왕국 벧엘에 와서 예언을 하였고, 호세아는 북 왕국 사람으로 그가 사역할 때의 왕은 여로보암 2세이다. 정답은 ②번.

3. 호세아 선지자의 세 번째 자녀의 이름은 무엇인가?
   ① 이스르엘 ② 게렌합북 ③ 로루하마 ④ 로암미

   ☞ 호세아 선지자는 디블라임의 딸 고멜을 아내로 취하여 세 명의 자녀를 얻었다. 첫째는 아들로 이스르엘(심으심), 둘째는 딸로 로루하마(긍휼히 여김을 받지 못하는 자), 셋째는 아들로 로암미(내 백성이 아니다)이다. 정답은 ④번.

4. 호세아는 음녀가 된 고멜을 얼마의 값을 주고 다시 사 왔는가?
① 은 열 개와 보리 반 호멜　　② 은 열 개와 보리 한 호멜
③ 은 열다섯 개와 보리 한 호멜　④ 은 열다섯 개와 보리 한 호멜 반

☞ 호세아 3장 2절을 보면, '은 열다섯 개와 보리 한 호멜 반'이라 되어 있다. 정답은 ④번.

5. 다음 소 선지서 본문과 그 장수가 맞지 않는 것은?
① 호세아 - 14장　② 요엘 - 3장　③ 아모스 - 10장　④ 요나 - 4장

☞ 아모스는 9장까지 있다. 정답은 ③번.

6. 호세아서에 나와 있는 에브라임에 대한 설명 중 맞지 않는 것은?
① 거짓 과녁　② 뒤집지 않은 전병　③ 어리석은 비둘기　④ 속이는 활

☞ ②번은 호세아 7장 8절에, ③번은 호세아 7장 11절에, ④번은 호세아 7장 16절에 기록되어 있다. 호세아 9장 8절을 보면 '에브라임은 나의 하나님과 함께 한 파수꾼이며'라는 말씀과 10장 11절에는 '길들인 암소'와 같다는 말씀도 있다. 정답은 ①번.

7. 그들은 (　　　)의 시대와 같이 심히 부패한지라(호9:9). (　　　)안에 알맞은 말은?
① 소돔　　② 기브아　　③ 가나안　　④ 노아

☞ 호세아 당시의 에브라임의 죄악상을 사사 시대의 기브아 사람들의 죄악(삿19장)에 비유하고 있다(호9:9). 정답은 ②번.

8. 다음은 호세아서에 나오는 말씀들이다 각 구절과 그 내용이 맞지 않는 것은?
① 호세아 4장 6절 - 내 백성이 지식이 없으므로 망하는도다

② 호세아 6장 1절 - 오라 우리가 여호와께로 돌아가자 여호와께서 우리를 찢으셨으나 도로 낫게 하실 것이요 우리를 치셨으나 싸매어 주실 것임이라

③ 호세아 6장 3절 - 우리가 여호와를 알자 힘써 여호와를 알자 그의 나타나심은 새벽 빛 같이 어김없나니 비와 같이, 땅을 적시는 늦은 비와 같이 우리에게 임하시리라 하니라

④ 호세아 11장 1절 - 너희가 자기를 위하여 공의를 심고 인애를 거두라 너희 묵은 땅을 기경하라 지금이 곧 여호와를 찾을 때니 마침내 여호와께서 오사 공의를 비처럼 너희에게 내리시리라.

☞ 호세아 11장 1절은 '이스라엘이 어렸을 때에 내가 사랑하여 내 아들을 애굽에서 불러냈거늘'이다. ④번은 호세아 10장 12절 말씀으로 '묵은 땅을 기경하라(갈라)'는 말씀은 호세아 10장 12절과 예레미야 4장 3절에 나온다. 호세아서의 마지막 말씀은 '여호와의 도는 정직하니 의인은 그 길로 다니거니와 그러나 죄인은 그 길에 걸려 넘어지리라'이다(호 14:9). 정답은 ④번.

✣ 호세아 주요내용

1. 호세아 선지자의 아버지 : 브에리.
2. 북왕국에서 예언한 선지자 : 호세아. 아모스.
3. 호세아의 사역시기 : 여로보암 2세.
4. 호세아의 아내 : 디블라임의 딸 고멜.
5. 호세아의 자녀 : 첫째는 아들로 이스르엘(심으심), 둘째는 딸로 로루하마(긍휼히 여김을 받지 못하는 자), 셋째는 아들로 로암미(내 백성이 아니다).
6. 음녀 된 고멜을 다시 사 온 값 : 은 열다섯 개와 보리 한 호멜 반.
7. 에브라임에 대한 설명 : 뒤집지 않은 전병. 어리석은 비둘기. 속이는 활. 나의 하나님과 함께 한 파수꾼. 길들인 암소.

요 엘

1. 곡식 먹는 재앙에 대한 말씀으로 시작되는 소 선지서는?
   ① 호세아 ② 요엘 ③ 아모스 ④ 미가

☞ 요엘서는 곡식 먹는 재앙이 서두에 기록되어 있다. '팥중이가 남긴 것을 메뚜기가 먹고 메뚜기가 남긴 것을 느치가 먹고, 느치가 남긴 것을 황충이 먹었도다'(욜1:4). 곡식을 먹는 순서는 팥중이, 메뚜기, 느치, 황충 순서이다. 정답은 ②번.

2. 하나님의 영이 임할 때에 노인들은 무엇을 하게 되는가?
   ① 꿈을 꾸게 됨 ② 장래 일을 말하게 됨
   ③ 이상을 보게 됨 ④ 방언을 하게 됨

☞ 요엘서 2장 28-32절에 나와 있는 하나님의 영이 임할 때의 말씀은 사도행전 2장 17-21절에 베드로의 오순절 성령강림 후 설교에 인용되어 있다. 하나님의 영이 임할 때 자녀들은 장래 일을 말하고, 노인들은 꿈을 꾸며, 젊은이는 이상을 보고, 남종과 여종도 하나님의 영을 받게 된다. 정답은 ①번.

3. 하나님의 영이 임할 때에 하늘과 땅에 베풀어지는 이적이 아닌 것은?

① 피　　　② 바람　　　③ 불　　　④ 연기 기둥

☞ '내가 이적을 하늘과 땅에 베풀리니 곧 피와 불과 연기 기둥이라'(욜 2:30). 정답은 ②번.

4. 여호와의 이름을 부르는 자는 구원을 얻는다는 말씀은 요엘서 몇 장 몇 절인가?
① 2장 12절　　② 2장 22절　　③ 2장 32절　　④ 2장 42절

☞ 여호와의 이름을 부르는 자는 구원을 얻는다는 말씀은 요엘서 2장 32절, 사도행전 2장 21절, 로마서 10장 13절에 기록되어 있다. 정답은 ③번.

5. 요엘서에는 여호와의 날이라는 표현이 몇 번 나오는가?
① 두 번　　② 세 번　　③ 네 번　　④ 다섯 번

☞ 역사에 대한 하나님의 심판의 날을 가리키는 여호와의 날이라는 표현이 요엘서에는 총 다섯 번 나온다(욜1:15,2:1,11,31,3:14). 정답은 ④번.

6. 요엘서에 대한 다음 설명 중 옳지 않은 것은?
① 책의 저자 요엘은 브두엘의 아들이다.
② 하나님께서 만국을 심판하시는 장소는 여호사밧 골짜기이다.
③ 너희는 옷을 찢지 말고 마음을 찢고 하나님께로 돌아오라는 말씀은 요엘서 2장 13절에 기록되어 있다.
④ 칼을 보습으로, 창을 낫으로 만들라는 말씀이 요엘서에 있다.

☞ 요엘서 3장 10절에 '너희는 보습을 쳐서 칼을 만들지어다 낫을 쳐서 창을 만들지어다'라는 말씀이 나온다. 이 말씀은 '칼을 보습으로, 창을 낫으로' 만들라는 이사야 2장 4절과 미가서 4장 3절과 대조되는 것이다. ①번은 요엘서 1장 1절에, ②번은 요엘서 3장 2절에 기록되어 있다. 정답은 ④번.

✤ 요엘 주요내용

1. 곡식 먹는 순서 : 팥중이, 메뚜기, 느치, 황충.
2. 하나님의 영이 임할 때 : 자녀들은 장래 일을 말하고, 노인들은 꿈을 꾸며, 젊은이는 이상을 보고, 남종과 여종도 하나님의 영을 받게 됨.
3. 하나님의 영이 임할 때에 하늘과 땅에 베풀어지는 이적 : 피와 불과 연기 기둥.
4. 여호와의 이름을 부르는 자는 구원을 얻는다는 말씀 : 요엘서 2장 32절, 사도행전 2장 21절, 로마서 10장 13절에 기록.
5. 여호와의 날이라는 표현 : 5번 기록.
6. 하나님께서 만국을 심판하시는 장소 : 여호사밧 골짜기.
7. 요엘서 3장 10절 : 너희는 보습을 쳐서 칼을 만들지어다 낫을 쳐서 창을 만들지어다.

아모스

1. 다음 중 동시대에 활동한 선지자가 아닌 사람은?
   ① 이사야　② 예레미야　③ 호세아　④ 아모스

   ☞ 남유다 왕 웃시야, 요담, 아하스, 히스기야 시대 북이스라엘은 여로보암 2세가 통치하고 있었다. 여로보암 2세는 북이스라엘 왕 중 가장 오랜 기간인 41년을 통치한 왕이다(남유다는 므낫세로 55년을 통치하였다). 이사야, 호세아, 아모스, 미가 선지자가 이 시대에 활동한 선지자들이다. 정답은 ②번.

2. 아모스 선지자는 어디 출신인가?
   ① 드고아　② 모레셋　③ 엘고스　④ 아나돗

   ☞ 아모스는 드고아의 목자이자 뽕나무를 재배하는 자로(암1:1,7:14), 하나님의 부르심에 의하여 남 유다에서 북이스라엘 벧엘로 가서 북 이스라엘에 대한 하나님의 심판의 말씀을 전하였다. 정답은 ①번.

3. 이방 민족 중 자기 지경을 넓히고자 길르앗의 아이 밴 여인의 배를 갈랐다는 책망을 들은 나라는 어디인가?
   ① 다메섹　② 가사　③ 에돔　④ 암몬

☞ 아모스 1장 3절부터 2장 3절까지 이방 민족의 죄악들이 열거되어 있다. 핵심적인 죄악들만 살펴보면, 다메섹은 철 타작기로 타작하듯 길르앗을 압박하였다는 것, 가사는 사로잡은 자를 에돔에 넘겼다는 것, 두로는 형제의 계약을 기억하지 아니하고 사로잡은 자를 에돔에 넘겼다는 것, 에돔은 칼로 그 형제를 쫓아가며 긍휼을 버렸다는 것, 암몬은 자기 지경을 넓히고자 길르앗의 아이 밴 여인의 배를 갈랐다는 것, 모압은 에돔 왕의 뼈를 불살라 재를 만들었다는 것이다. 정답은 ④번.

4. 이스라엘의 서너 가지 죄악에 해당되지 않는 것은?
① 힘 없는 자의 머리를 티끌 먼지 속에 발로 밟음
② 연약한 자의 길을 굽게 함
③ 아버지와 아들이 한 젊은 여인에게 다님
④ 저희 집에서 벌금으로 얻은 포도주를 마심

☞ 이스라엘의 죄악은 위의 ①, ②, ③번과 은을 받고 의인을 팔며, 신 한 켤레를 받고 가난한 자를 팔며, 모든 제단 옆에서 전당 잡은 옷 위에 누우며 그들의 신전에서 벌금으로 얻은 포도주를 마신 것이다. 정답은 ④번.

5. 아모스 중 애가는 몇 장인가?
① 4장 ② 5장 ③ 6장 ④ 7장

☞ 아모스 중 애가는 5장이다(암5:1). 그 중 5장 24절은 '정의를 물 같이, 공의를 마르지 않는 강 같이 흐르게 할지어다'라는 말씀이다. 정답은 ②번.

6. (　　　)을(를) 찾지 말며 (　　　)로 들어가지 말며 (　　　)로도 나아가지 말라(암5:5). (　) 안에 해당되지 않는 지역은?
① 벧엘 ② 길갈 ③ 실로 ④ 브엘세바

☞ 벧엘을 찾지 말며 길갈로 들어가지 말며 브엘세바로도 나아가지 말라(암5:5). 정답은 ③번.

7. 하나님께서 아모스 선지자에게 보이신 이상이 아닌 것은?
① 황충 재앙　② 물 재앙　③ 다림줄　④ 여름 실과 한 광주리

☞ 하나님께서 아모스 선지자에게 보이신 이상은 총 다섯 개이다. 아모스 7장에 황충 재앙, 불, 다림줄 이상이, 8장에 여름 과일 한 광주리 이상이, 9장에 범죄한 나라를 심판하시는 이상이 나온다. 이중 황충 재앙과 불 재앙은 하나님께서 돌이키셨다(암7:3,6). 정답은 ②번.

8. 다음은 아모스에 나오는 말씀이다. 말씀과 구절이 맞지 않는 것은?
① 아모스 3장 7절 - 여호와께서는 자기의 비밀을 그 종 선지자들에게 보이지 아니하시고는 결코 행하심이 없으시리라
② 아모스 5장 13절 - 그러므로 이런 때에 지혜자가 잠잠하나니 이는 악한 때임이니라
③ 아모스 8장 11절 - 보라 날이 이를지라 내가 기근을 땅에 보내리니 양식이 없어 주림이 아니며 물이 없어 갈함이 아니요 여호와의 말씀을 듣지 못한 기갈이라
④ 아모스 9장 7절 - 그 날에 내가 다윗의 무너진 장막을 일으키고 그것들의 틈을 막으며 그 허물어진 것을 일으켜서 옛적과 같이 세우고

☞ ④번은 아모스 9장 11절 말씀이다. 정답은 ④번.

9. 아모스에 대한 다음 설명 중 옳지 않은 것은?
① 아모스가 이상을 받은 때는 여로보암 시대 지진 전 이년이다.
② 아모스에게 벧엘에서 사역하지 말고 유대 땅으로 돌아가라고 한 이는 아마샤이다.

③ 하나님께서 이스라엘 백성에게 너희는 내게 애굽 족속과 같다고 하셨다.

④ 하나님께서 한 나라를 일으키시어 이스라엘을 하맛 어귀에서부터 아라바 시내까지 학대하리라 하셨다.

☞ 아모스 9장 7절에 '이스라엘 자손들아 너희는 내게 구스 족속 같지 아니하냐'라고 하셨다. ①번은 아모스 1장 1절에, ②번은 아모스 7장 10절 이하에, ④번은 아모스 6장 14절에 기록되어 있다. 정답은 ③번.

10. 하나님께서는 블레셋을 어디에서부터 올라오게 하셨는가?

① 애굽 ② 갑돌 ③ 기르 ④ 니느웨

☞ 하나님께서는 이스라엘을 애굽에서 구원하신 것처럼, 블레셋을 갑돌에서, 아람을 기르에서 올라오게 하셨다(암9:7). 정답은 ②번.

✣ 아모스 주요내용

1. 동시대에 활동한 선지자 : 이사야, 호세아, 아모스, 미가 선지자.
2. 아모스 선지자의 출신 지역 : 드고아.
3. 아모스 선지자가 사역한 곳 : 북이스라엘 벧엘.
4. 이방 민족의 죄악들 : 다메섹은 철 타작기로 타작하듯 길르앗을 압박하였다는 것, 가사는 사로잡은 자를 에돔에 넘겼다는 것, 두로는 형제의 계약을 기억하지 아니하고 사로잡은 자를 에돔에 넘겼다는 것, 에돔은 칼로 그 형제를 쫓아가며 긍휼을 버렸다는 것, 암몬은 자기 지경을 넓히고자 길르앗의 아이 밴 여인의 배를 갈랐다는 것, 모압은 에돔왕의 뼈를 불살라 재를 만들었다는 것.
5. 이스라엘의 죄악 : 힘 없는 자의 머리를 티끌 먼지 속에 발로 밟고. 연약한 자의 길을 굽게 하며. 아버지와 아들이 한 젊은 여인에게 다녀서. 신 한 켤레를 받고 가난한 자를 팔며. 모든 제단 옆에서 전당 잡은 옷 위에 누우며. 그들의 신전에서 벌금으로 얻은 포도주를 마심.
6. 아모스 중 애가 : 5장.
7. 아모스 선지자에게 보이신 이상 : 총 다섯 개. 아모스 7장에 황충 재앙, 불, 다림줄 이상이, 8장에 여름 과일 한 광주리 이상이, 9장에 범죄한 나라를 심판하시는 이상이 나옴.
8. 아모스가 묵시를 받은 때 : 여로보암 시대 지진 전 이년.
9. 아모스에게 벧엘에서 사역하지 말고 유대 땅으로 돌아가라고 한 이 : 아마샤.

오바댜~학개

1. 다음 소 선지서 본문과 장수가 맞지 않는 것은?
   ① 오바댜 - 1장　② 요나 - 4장　③ 미가 - 7장　④ 학개 - 3장

   ☞ 호세아부터 말라기까지 소 선지서의 장수를 살펴보면, 호세아와 스가랴가 14장, 아모스가 9장, 미가서가 7장, 요나와 말라기가 4장, 요엘, 나훔, 하박국, 스바냐가 3장, 학개가 2장, 오바댜가 1장이다. 정답은 ④번.

2. 오바댜서는 어느 민족에 대한 말씀을 기록하고 있는가?
   ① 에돔　② 모압　③ 암몬　④ 앗수르

   ☞ 구약에서 유일하게 1장으로 되어 있는 오바댜서는 에돔 민족에 대한 하나님의 말씀을 기록하고 있다. 대표적인 말씀으로는 '너의 마음의 교만이 너를 속였도다 바위 틈에 거주하며 높은 곳에 사는 자여...'라는 1장 3절 말씀과 '야곱 족속은 불이 될 것이며 요셉 족속은 불꽃이 될 것이며 에서 족속은 지푸라기가 될 것이라'는 1장 18절 말씀이 있다. 정답은 ①번.

3. 다음은 선지자와 선지자의 아버지의 이름이다. 맞지 않는 것은?

① 스바냐 - 구시　　② 호세아 - 브에리

③ 스가랴 - 베레갸　　④ 나훔 - 엘고스

☞ 소 선지서에 등장하는 선지자와 그들의 아버지의 이름을 정리해보면, 호세아는 브에리, 요엘은 브두엘, 요나는 아밋대, 스바냐는 구시, 스가랴는 베레갸 이다. 아버지의 이름 대신 지역이 기록되어 있는 선지자로는 아모스는 드고아, 미가는 모레셋, 나훔은 엘고스 이다. 정답은 ④번.

4. 요나서에 대한 다음 설명 중 맞지 않는 것은?

① 요나는 3일 동안 물고기 뱃속에 있었다.

② 물고기 뱃속에서의 기도가 요나서 2장에 기록되어 있다.

③ 니느웨는 3일 동안 걸을 만큼 큰 성읍이다.

④ 니느웨 왕은 짐승을 제외한 모든 이들에게 굵은 베를 입고 금식하며 회개할 것을 명하였다.

☞ 요나는 니느웨에 가서 회개를 선포하라는 하나님의 말씀을 거역하고 다시스로 가고자 욥바에서 배를 타고 가다, 폭풍우를 만나 물고기 뱃속에서 3일 동안 있게 되었다. 그때 그가 드린 기도가 요나서 2장이다. 니느웨로 돌아온 요나는 40일이 지나면 니느웨가 무너지리라는 메시지를 선포하였고, 이에 왕을 비롯한 모든 백성과 짐승까지도 굵은 베를 입고 금식하며 회개하였다. 회개로 인해 니느웨 백성들이 하나님의 용서를 받게 된 것을 싫어한 요나에게 하나님께서는 박넝쿨을 통해 12만 명이나 되는 니느웨 백성들을 어찌 아끼지 아니하겠느냐고 요나를 깨우치셨다. 정답은 ④번.

5. 구약의 황금률이라고 불리는 본문은?

① 이사야 11장 1절　　② 아모스 8장 11절

③ 미가 6장 8절　　④ 하박국 2장 4절

☞ 구약의 황금률이라 불리우는 본문은 미가서 6장 8절이다. '사람아 주께서 선한 것이 무엇임을 네게 보이셨나니 여호와께서 네게 구하시는 것은 오직 공의를 행하며 인자를 사랑하며 겸손하게 네 하나님과 함께 행하는 것이 아니냐' 정답은 ③번.

6. 사마리아와 예루살렘에 관한 묵시가 기록된 성경은?
① 미가 ② 호세아 ③ 요엘 ④ 하박국

☞ 소 선지서 중 남 유다와 북 이스라엘 모드에 관해 말하고 있는 것은 미가서이다. 호세아, 아모스서는 북이스라엘에 대해서, 오바댜는 에돔에 대해서, 나훔은 니느웨에 대하여 예언한 말씀이다. 정답은 ①번.

7. 화 있을진저 피의 성이여 라는 말씀이 나오는 소 선지서는?
① 미가 ② 오바댜 ③ 나훔 ④ 하박국

☞ '화 있을진저 피의 성이여 그 안에는 거짓이 가득하고 포악이 가득하며 탈취가 떠나지 아니하는도다'는 나훔 3장 1절에 나오는 말씀으로, 여기 피의 성은 니느웨를 가리킨다. 엘고스 사람 나훔이 쓴 나훔서는 앗수르의 수도인 니느웨에 대한 묵시의 글이다. 정답은 ③번.

8. 예수 그리스도의 베들레헴 탄생을 예고하는 있는 말씀은 어디에 나오는가?
① 아모스 ② 미가 ③ 하박국 ④ 스바냐

☞ '베들레헴 에브라다야 너는 유다 족속 중에 작을지라도 이스라엘을 다스릴 자가 네게서 내게로 나올 것이라 그의 근본은 상고에, 영원에 있느니라'는 말씀이 미가서 5장 2절에 기록되어 있다. 참고로, 예수 그리스도가 새끼 나귀를 타고 예루살렘에 입성한다는 말씀은 스가랴 9장 9절에 예언되어 있다. 정답은 ②번.

9. 의인은 그의 믿음으로 말미암아 살리라는 말씀은 하박국 몇 장에 나오는가?

① 1장　　② 2장　　③ 3장　　④ 4장

☞ 하박국은 총 3장으로 되어 있는 소선지서로 악이 승리하는 듯이 보이는 현실 속에서 하나님 앞에 절규하는 선지자의 음성이 기록되어 있다. '의인은 믿음으로 말미암아 살리라'는 말씀은 하박국 2장 4절, 로마서 1장 17절, 갈라디아서 3장 11절, 히브리서 10장 38절에 나온다. 하박국 3장은 시기오놋에 맞춘 하박국의 기도로 '비록 무화과 나무가 무성하지 못하며... 나는 여호와로 말미암아 즐거워하며 나의 구원의 하나님으로 말미암아 기뻐하리로다'라는 감사의 노래로 마무리되고 있다. 정답은 ②번.

10. 다음 선지자들 중 여호와의 큰 날을 자주 외친 선지자는?

① 말라기　　② 나훔　　③ 학개　　④ 스바냐

☞ 유대인들에게 임박한 심판을 경고하여 회개를 촉구하는 스바냐서에는 '여호와의 날'이라는 표현이 자주 등장한다. '여호와의 큰 날이 가깝도다 가깝고도 빠르도다 여호와의 날의 소리로다 용사가 거기서 심히 슬피 우는도다 그 날은 분노의 날이요 환난과 고통의 날이요 황폐와 패망의 날이요 캄캄하고 어두운 날이요 구름과 흑암의 날이요'(습1:14-15). 정답은 ④번.

11. 스바냐 선지자는 누구의 증손인가?

① 히스기야　　② 아마랴　　③ 그다랴　　④ 구시

☞ 여호와의 날의 심판과 구원을 외친 스바냐는 히스기야의 현손이요 아마랴의 증손이요 그다랴의 손자요 구시의 아들이다(습1:1). 정답은 ②번.

12. 학개가 예언하던 시대의 왕은 누구인가?

① 다리오　　② 벨사살　　③ 고레스　　④ 아하수에로

☞ 학개는 다리오 왕 제이년 여섯째 달 일일에 스알디엘의 아들 유다 총독 스룹바벨과 여호사닥의 아들 대제사장 여호수아에게 하나님의 말씀을 전하였다(학1:1). 정답은 ①번.

13. 선지서에 나오는 말씀이다. 말씀의 장, 절이 틀린 것은 어느 것인가?

① 아모스 9장 11절 - 그 날에 내가 다윗의 무너진 장막을 일으키고 그것들의 틈을 막으며 그 허물어진 것을 일으켜서 옛적과 같이 세우고

② 스가랴 9장 9절 - 네 왕이 네게 임하시나니 그는 공의로우시며 구원을 베푸시며 겸손하여서 나귀를 타시나니

③ 호세아 6장 6절 - 나는 인애를 원하고 제사를 원하지 아니하며 번제보다 하나님을 아는 것을 원하노라

④ 요엘서 3장 32절 - 누구든지 여호와의 이름을 부르는 자는 구원을 얻으리니

☞ ④번은 요엘서 2장 32절 말씀이다. 정답은 ④번.

14. 하나님으로부터 묵시를 판에 새겨 달려가면서도 읽을 수 있도록 하라는 명령을 받은 선지자는?

① 아모스　　② 미가　　③ 하박국　　④ 스가랴

☞ 묵시를 판에 새겨 달려가면서도 읽을 수 있도록 하라는 명령을 받은 선지자는 하박국이다(합2:2). 정답은 ③번.

✣ 오바댜~학개 주요내용

1. 소 선지서의 장수 : 호세아와 스가랴가 14장, 아모스가 9장, 미가서가 7장, 요나와 말라기가 4장, 요엘, 나훔, 하박국, 스바냐가 3장, 학개가 2장, 오바댜가 1장.
2. 오바댜서 : 에돔 민족에 대한 하나님의 말씀을 기록.
3. 소 선지서에 등장하는 선지자와 그들의 아버지의 이름 : 호세아는 브에리, 요엘은 브두엘, 요나는 아밋대, 스바냐는 구시, 스가랴는 베레갸이다. 아버지의 이름 대신 지역이 기록되어 있는 선지자로는 아모스는 드고아, 미가는 모레셋, 나훔은 엘고스.
4. 물고기 뱃속에서의 기도 : 요나서 2장.
5. 니느웨 : 사흘 동안 걸을 만큼 큰 성읍. 12만 명의 백성.
6. 구약의 황금률 : 미가서 6장 8절.
7. 사마리아와 예루살렘에 관한 묵시가 기록된 성경 : 미가.
8. 화 있을진저 피의 성이여 : 나훔(앗수르의 수도인 니느웨에 대한 묵시의 글).
9. 예수 그리스도의 베들레헴 탄생을 예고 : 미가서 5장 2절.
10. 의인은 믿음으로 말미암아 살리라 : 하박국 2장 4절, 로마서 1장 17절, 갈라디아서 3장 11절, 히브리서 10장 38절.
11. 여호와의 큰 날을 자주 외친 선지자 : 스바냐.
12. 스바냐 : 히스기야의 현손이요 아마랴의 증손이요 그다랴의 손자요 구시의 아들.
13. 학개가 예언하던 시대의 왕 : 다리오
14. 하나님으로부터 묵시를 판에 새겨 달려가면서도 읽을 수 있도록 하라는 명령을 받은 선지자 : 하박국.

스가랴~말라기

1. 스가랴 선지자는 누구의 아들인가?

   ① 브에리　② 아밋대　③ 구시　④ 베레갸

   ☞ 소선지서에 등장하는 선지자와 그들의 아버지의 이름을 다시 정리해 보면, 호세아는 브에리, 요엘은 브두엘, 요나는 아밋대, 스바냐는 구시, 스가랴는 베레갸이다. 아버지의 이름 대신 지역이 기록되어 있는 선지자로는 아모스는 드고아, 미가는 모레셋, 나훔은 엘고스이다. 정답은 ④번.

2. 다음 중 스가랴서에 기록되어 있지 않은 환상은?

   ① 측량줄을 잡은 사람　② 순금 등잔대와 두 감람나무

   ③ 열 병거　④ 날아가는 두루마리

   ☞ 스가랴서에는 화석류 나무 사이에 선 자(땅에 두루 다니라고 보내신 자들), 네 뿔과 대장장이 네 명, 측량줄을 잡은 사람, 여호와의 천사 앞에 선 대제사장 여호수아(내가 내 종 싹을 나게 하리라), 순금 등잔대와 두 감람나무(다림줄이 스룹바벨의 손에 있음, 일곱은 온 세상에 두루 다니는 여호와의 눈), 날아가는 두루마리(온 땅 위에 내리는 저주), 에바 속의 여인(악), 네 병거 등 여덟 개의 환상이 기록되어 있다. 정답은 ③번.

3. 스가랴 6장에서 네 병거가 두 산 사이에서 나왔는데 그 산은 어떤 산인가?

① 금 산　　② 은 산　　③ 동 산　　④ 구리 산

☞ 스가랴 6장의 네 병거는 구리 산 사이에서 나왔다(슥6:1). 네 병거 중 첫째 병거는 붉은 말들, 둘째 병거는 검은 말들, 셋째 병거는 흰 말들, 넷째 병거는 어룽지고 건장한 말들이 메었다. 이는 하늘의 네 바람인데 온 세상의 주 앞에 서 있다가 나가는 것을 의미한다(슥6:5). 정답은 ④번.

4. 보라 (　　) 이라 이름 하는 사람이 자기 곳에서 돋아나서 여호와의 전을 건축하리라(스가랴 6장 12절). (　) 안에 알맞은 말은?

① 스룹바벨　　② 학개　　③ 싹　　④ 여호수아

☞ 위 본문은 대제사장 여호수아의 머리에 면류관을 씌우면서 하는 말이다. '보라 싹이라 이름 하는 사람이 자기 곳에서 돋아나서 여호와의 전을 건축하리라' 정답은 ③번.

5. 예수 그리스도가 나귀 새끼를 타시고 예루살렘에 입성하실 것이라는 내용이 예언되는 있는 곳은 스가랴 몇 장인가?

① 6장　　② 7장　　③ 8장　　④ 9장

☞ '보라 네 왕이 네게 임하시나니 그는 공의로우시며 구원을 베푸시며 겸손하여서 나귀를 타시나니 나귀의 작은 것 곧 나귀 새끼니라'(슥9:9). 정답은 ④번.

6. 순금 등잔대와 두 감람나무의 환상이 기록된 곳은?

① 스가랴 1장　　② 스가랴 2장　　③ 스가랴 3장　　④ 스가랴4장

☞ 스가랴 4장에 나와 있는 순금 등잔대와 두 감람나무 환상에서 순금 등잔대는 스룹바벨을, 두 감람나무는 기름 부음 받은 자 둘이니 온 세상

의 주 앞에 서 있는 자들을 의미한다(슥4:14). 등잔대에는 일곱 등잔과 일곱 관이 있는데, 이 일곱은 온 세상에 두루 행하는 여호와의 눈을 의미한다(슥4:10). 다림줄이 스룹바벨의 손에 있다. 정답은 ④번.

7. 큰 산아 네가 무엇이냐 네가 (　　　　) 앞에서 평지가 되리라.
(　) 안에 알맞은 인물은?
① 스룹바벨　② 여호수아　③ 메시아　④ 학개

☞ 여호와께서 스룹바벨에게 '이는 힘으로 되지 아니하며 능력으로 되지 아니하고 오직 나의 영으로 되느니라'말씀하시며, '큰 산아 네가 무엇이냐 네가 스룹바벨 앞에서 평지가 되리라'고 말씀하셨다(슥4:6-7). 정답은 ①번.

8. 다음 스가랴의 본문 중 예수 그리스도와 연관된 것이 아닌 것은?
① 스가랴 9장 9절　② 스가랴 11장 12절
③ 스가랴 13장 7절　④ 스가랴 14장 5절

☞ 스가랴 9장 9절은 예수 그리스도가 나귀 새끼를 타시고 예루살렘에 입성하시는 장면과 연관된 것이고(마21:5, 요12:15), 스가랴 11장 12절은 은 30에 예수 그리스도가 팔리시는 장면과 연관된 것이며(마26:15), 스가랴 13장 7절은 감람산에서 베드로가 예수를 부인하고 떠날 것을 예고하는 모습과 연관된 말씀이다. 스가랴 14장 5절은 유다 왕 웃시야 때에 있었던 지진에 대하여 기록하고 있는데, 이것은 아모스 선지자가 사역하던 시기를 설명하는 것과 연관이 있는 말씀이다(암1:1). 정답은 ④번.

9. 예루살렘을 치러 왔던 이방 나라들 중에 남은 자가 해마다 무슨 절기를 지키고자 예루살렘에 올라오는가?
① 유월절　② 나팔절　③ 대속죄일　④ 초막절

☞ 스가랴 14장 16절을 보면, 초막절을 지키고자 그들이 예루살렘에 올라옴을 알 수 있다. 그 날에는 말 방울에까지 여호와께 성결이라 기록될 것이며(슥14:20), 만군의 여호와의 전에 가나안 사람이 다시 있지 아니할 것이다(슥14:21). 정답은 ④번.

10. 메시아가 오기 전에 엘리야가 먼저 오리라고 기록되어 있는 선지서는?
① 말라기 ② 요엘 ③ 미가 ④ 스바냐

☞ 보라 여호와의 크고 두려운 날이 이르기 전에 내가 선지자 엘리야를 너희에게 보내리니(말4:5). 정답은 ①번.

11. 주의 길을 예비할 세례 요한에 대해 예언하고 있는 소선지서는?
① 다니엘 ② 아모스 ③ 스가랴 ④ 말라기

☞ 십일조에 대해 말하고 있는 말라기 3장의 첫 구절은 '보라 내가 내 사자를 보내리니 그가 내 앞에서 길을 준비할 것이요'라는 말씀으로 시작한다. 말라기 3장 1절의 이 말씀이 세례요한을 설명하는 마가복음 1장 2절에 인용되어 있다. 정답은 ④번.

✣ 스가랴~말라기 주요내용

1. 스가랴서에 기록된 환상 : 화석류 나무 사이에 선 자(땅에 두루 다니라고 보내신 자들), 네 뿔과 대장장이 네 명, 측량줄을 잡은 사람, 여호와의 천사 앞에 선 대제사장 여호수아(너가 내 종 싹을 나게 하리라), 순금 등잔대와 두 감람나무(다림줄이 스룹바벨의 손에 있음, 일곱은 온 세상에 두루 다니는 여호와의 눈) 날아가는 두루마리(온 땅 위에 내리는 저주), 에바 속의 여인(악), 네 병거 등 여덟 개의 환상이 나옴.
2. 스가랴 6장에서 네 병거가 나온 산 : 구리 산.
3. 네 병거 : 첫째 병거는 붉은 말들, 둘째 병거는 검은 말들, 셋째 병거는 흰 말들, 넷째 병거는 어룽지고 건장한 말들이 멤. 이는 하늘의 네 바람인데 온 세상의 주 앞에 서 있다가 나가는 것을 의미함.
4. 예수 그리스도가 나귀 새끼를 타시고 예르살렘에 입성하실 것이라는 예언 : 스가랴 9장 9절.
5. 큰 산아 네가 무엇이냐 스룹바벨 앞에서 평지가 되리라 : 스가랴 4장 7절.
6. 예루살렘을 치러 왔던 이방 나라들 중에 남은 자가 해마다 예루살렘에 올라오는 때 : 초막절.
7. 메시아가 오기 전에 엘리야가 먼저 오리라고 기록되어 있는 선지서 : 말라기.
8. 주의 길을 예비할 세례 요한에 대해 예언하고 있는 구절 : 말라기 3장 1절.

마태복음

1. 마태복음 1장에 등장하는 족보에서 라합의 남편은 누구인가?
   ① 아미나답　　② 나손　　③ 살몬　　④ 람

☞ 마태복음 1장의 족보는 아브라함에서 다윗까지 14대, 다윗에서 여고냐까지 14대, 여고냐에서 예수까지 14대씩 크게 세 부분으로 나뉘어 기록되어 있다. 누가복음 족보가 상향식으로 하나님에게까지 거슬러 올라가는 것에 비해 마태복음의 족보는 하향식으로 아브라함에서 예수까지의 이름이 기록되어 있고, 그 중 여성이 다섯 명이나 등장한다. 족보에 등장하는 여성은 다말, 라합, 룻, 밧세바, 마리아이고, 그들의 남편 이름은 다말은 유다, 라합은 살몬, 룻은 보아스, 밧세바(우리아의 아내)는 다윗, 마리아는 요셉이다. 정답은 ③번.

2. 예수의 탄생을 전후하여 인용된 구약 본문이 아닌 것은?
   ① 이사야 7장 14절　　② 예레미야 31장 5절
   ③ 미가서 5장 2절　　④ 호세아 11장 1절

☞ 예수의 탄생을 전후하여 구약의 많은 본문들이 인용되고 있는데, 그 중 처녀의 임마누엘 탄생은 이사야 7장 14절(보라 처녀가 잉태하여 아들을 낳을 것이요 그 이름을 임마누엘이라 하리라), 메시아의 베들레헴

탄생은 미가서 5장 2절(유대 땅 베들레헴아 너는 유대 고을 중에서 가장 작지 아니하도다 네게서 한 다스리는 자가 나와서 내 백성 이스라엘의 목자가 되리라), 예수의 애굽으로의 피신과 돌아옴은 호세아 11장 1절(애굽으로부터 내 아들을 불렀다), 두 살 이하 영아들의 죽음을 슬퍼함은 예레미야 31장 15절(라마에서 슬퍼하며 크게 통곡하는 소리가 들리니 라헬이 그 자식을 위하여 애곡하는 것이라 그가 자식이 없으므로 위로 받기를 거절하였도다)이다. 정답은 ②번.

3. 예수께서 성령으로 잉태되셨다는 내용을 요셉은 언제 천사로부터 듣게 되었는가?
   ① 기도 중에 ② 꿈에 ③ 일을 하면서 ④ 찬송할 때

☞ 마태복음은 꿈에 주의 사자가 요셉에게(마1:20), 누가는 가브리엘 천사가 생시에 마리아에게 나타나 예수탄생에 대한 이야기를 전해주고 있다(눅1:26-38). 예수라는 이름은 '자기 백성을 그들의 죄에서 구원할 자'라는 뜻이다(마1:21). 정답은 ②

4. 동방박사들이 아기 예수께 경배 드린 장소는 어디인가?
   ① 집 ② 말 구유 ③ 들판 ④ 회당

☞ 예수 탄생시 마태는 동방박사가 집에서(마2:11), 누가는 목자가 구유에서 아기 예수께 경배했다(눅2:16)고 기록하고 있다. 동방박사들은 예물로 황금과 유향과 몰약을 바쳤다. 정답은 ①번.

5. 다음 중 세례요한에 대한 이야기가 기록되어 있지 않은 본문은?
   ① 마태복음 3장 ② 마가복음 1장
   ③ 누가복음 3장 ④ 요한복음 2장

☞ 세례요한에 대한 이야기는 마태복음 3장, 마가복음 1장, 누가복음 3장, 요한복음 1장에 기록되어 있다. 그는 낙타털 옷을 입고, 가죽 띠를

띠고 음식은 메뚜기와 석청을 먹었다. 회개에 합당한 열매를 맺을 것을 외쳤으며, 그에 대한 예언이 이사야 40장 3절(너희는 주의 길을 준비하라 그가 오실 길을 곧게 하라)에 기록되어 있다. 정답은 ④번.

6. 예수가 마귀에게 시험을 받으시면서 인용하신 구약 본문이 아닌 것은?
① 신명기 8장 6절 ② 신명기 8장 3절
③ 신명기 6장 13절 ④ 신명기 6장 16절

☞ 광야에서 예수를 시험한 사탄의 시험의 내용이 마태복음 4장과 누가복음 4장에 다른 순서로 기록되어 있다. 마태복음 4장은 돌로 떡덩이가 되게 하라는 것이 첫 번째, 성전 꼭대기에서 뛰어 내리라는 것이 두 번째, 사탄에게 절하라는 것이 세 번째 시험으로 기록되어 있는데(마4:1-11), 누가복음 4장에서는 두 번째와 세 번째 시험의 내용이 순서를 달리 하고 있다(눅4:1-13). 마태복음 4장의 시험을 중심으로 살펴볼 때, 첫 번째 시험 시 예수께서는 '사람이 떡으로만 사는 것이 아니요 여호와의 입에서 나오는 모든 말씀으로 사는 줄을 네가 알게 하려 하심이니라'는 신명기 8장 3절의 말씀을, 두 번째 시험 시 '주 너의 하나님을 시험하지 말라'는 신명기 6장 16절을, 세 번째 시험 시 '주 너의 하나님께 경배하고 다만 그를 섬기라'는 신명기 6장 13절을 인용하셨다. 정답은 ①번.

7. 다음 중 사탄이 예수님을 시험한 내용이 기록되어 있지 않은 복음서는?
① 마태복음 ② 마가복음 ③ 누가복음 ④ 요한복음

☞ 사탄의 시험에 대한 기록은 마태복음 4장, 마가복음 1장, 누가복음 4장 등 공관복음에만 기록되어 있다. 단 마태와 누가복음에는 시험의 순서가 다르게, 마가복음에는 시험의 내용은 언급되어 있지 않다. 정답은 ④번.

8. 마태복음 4장 23절과 9장 35절을 보면 예수의 사역을 다음과 같이

기술하고 있다. 해당되지 않는 것은?

① 부르심 ② 가르치심 ③ 전파하심 ④ 고치심

☞ '그들의 회당에서 가르치시며 천국 복음을 전파하시며 백성 중의 모든 병과 모든 약한 것을 고치시니'(마4:23). 정답은 ①번.

9. 팔복 중 마음이 청결한 자가 받는 복의 내용은 무엇인가?

① 땅을 기업으로 받음 ② 긍휼히 여김을 받음

③ 하나님의 아들이라 일컬음을 받음 ④ 하나님을 봄

☞ 팔복의 내용을 살펴보면, '심령이 가난한 자는 복이 있나니 천국이 그들의 것임이요, 애통하는 자는 복이 있나니 그들이 위로를 받을 것임이요, 온유한 자는 복이 있나니 그들이 땅을 기업으로 받을 것임이요, 의에 주리고 목마른 자는 복이 있나니 그들이 배부를 것임이요, 긍휼히 여기는 자는 복이 있나니 그들이 긍휼히 여김을 받을 것임이요, 마음이 청결한 자는 복이 있나니 그들이 하나님을 볼 것임이요, 화평하게 하는 자는 복이 있나니 그들이 하나님의 아들이라 일컬음을 받을 것임이요, 의를 위하여 박해를 받은 자는 복이 있나니 천국이 그들의 것임이라'(마5:3-10). 정답은 ④번.

10. 마태복음 5장에 나오는 율법에 대한 새로운 해석 중에 등장하지 않는 주제는?

① 예배 ② 살인 ③ 이혼 ④ 맹세

☞ 마태복음 5장에는 율법에 대한 예수의 6개의 반제가 나오는데, 그 내용은 살인(미워하는 것도 살인, 요한일서 3장 15절), 간음(음욕을 품는 것도 간음), 이혼(음행한 이유 없이 아내를 버리면 간음), 맹세(도무지 맹세하지 말라), 보복(악한 자를 대적하지 말라), 이웃사랑과 원수증오(원수를 사랑하고 박해하는 자를 위하여 기도하라)에 대한 새로운 해석과 명령이다. 정답은 ①번.

11. 살인에 대한 새로운 해석 중 형제에 대하여 미련한 놈이라 한 자가 받는 벌은 무엇인가?

① 매를 맞음　　② 심판을 받게 됨
③ 공회에 잡힘　　④ 지옥 불에 들어감

☞ '형제에게 노하는 자마다 심판을 받게 되고 형제를 대하여 라가라 하는 자는 공회에 잡혀가게 되고 미련한 놈이라 하는 자는 지옥 불에 들어가게 되리라'(마5:22). 정답은 ④번.

12. 마태복음 6장에서 등장하는 주제가 아닌 것은?

① 구제　　② 예배　　③ 기도　　④ 금식

☞ 마태복음 6장에는 구제, 기도, 금식에 대한 내용이 나오는데, 공통된 내용은 사람에게 보이고자 외식하지 말고 은밀하게 행하라는 것이다. 정답은 ②번.

13. 마태복음에서 주기도문은 다음 중 어디에 기록되어 있는가?

① 마태복음 6장 7-11절　　② 마태복음 6장 8-12절
③ 마태복음 6장 9-13절　　④ 마태복음 6장 10-14절

☞ 주기도문은 마태복음 6장 9-13절, 누가복음 11장 2-4절에 기록되어 있다. 정답은 ③번.

14. 너희 아버지의 (　　　)하심과 같이 너희도 (　　　)하라(마5:48). (　) 안에 알맞은 말은?

① 온전　　② 자비　　③ 거룩　　④ 사랑

☞ '너희 아버지의 온전하심과 같이 너희도 온전하라'는 말씀은 마태복음 5장 48절에 나온다. 비슷한 형태를 갖추고 있으나 다른 내용의 말씀으로는 누가복음 6장 36절의 '너희 아버지의 자비로우심 같이 너희도

자비로운 자가 되라'는 말씀과 '내가 거룩하니 너희도 거룩하라'는 레위기 11장 45절, 19장 2절, 20장 7절, 베드로전서 1장 16절 말씀이 있다. 정답은 ①번.

15. 마태복음 8-9장에 나오는 10가지 기적의 내용이 아닌 것은?
① 나인성 과부의 아들을 살리심 ② 베드로 장모의 열병 치유
③ 열 두해 혈루증 걸린 여인 치유 ④ 귀신 들려 벙어리 된 자 치유

☞ 마태복음 8-9장에는 예수께서 행하신 10가지 기적이 기록되어 있다. 각 기적의 내용과 그것이 기록되어 있는 복음서의 장수를 살펴보면, 마태복음 8장에는 나병환자 치유(마8,막1,눅5), 백부장의 하인 중풍병 치유(마8,눅7,요4), 베드로 장모의 열병 치유(마8,막1,눅4), 바람과 바다를 잔잔케 하심(마8,막4,눅8), 가다라(마가와 누가복음에는 거라사 지방으로 나옴) 지방의 귀신 들린 자 치유(마8,막5,눅8), 마태복음 9장에는 중풍병자 치유(마9,막2,눅5), 열 두 해 혈루증 걸린 여인 치유(마9,막5,눅8), 한 관리의 딸을 살리심(마9,막5,눅8, 마가복음에는 회당장 야이로의 딸, 누가복음에는 회당장의 야이로의 외딸로 기록), 두 맹인을 고치심(마9), 귀신 들려 말 못하는 사람 치유(마9)가 기록되어 있다. 정답은 ①번.

16. 마태복음에서 12제자의 명단과 제자파송의 장면이 기록되어 있는 곳은 몇 장인가?
① 마태복음 10장 ② 마태복음 11장
③ 마태복음 12장 ④ 마태복음 13장

☞ 12제자의 명단은 마태복음 10장, 마가복음 3장, 누가복음 6장, 사도행전 1장에 등장하고, 제자파송의 장면은 마태복음 10장, 마가복음 6장, 누가복음 9장에 기록되어 있다. 12제자의 명단을 살펴보면, 베드로라 하는 시몬, 그의 형제 안드레, 세베대의 아들 야고보(사도행전 12장 2절

을 보면, 헤롯 아그립바 왕에게 순교 당함)와 요한, 빌립, 바돌로매, 도마, 레위(세리 마태), 알패오의 아들 야고보, 다대오, 가나안인 시몬(셀롯인 시몬), 가룟 유다이다. 정답은 ①번.

17. 다음 설명 중 맞지 않는 것은?

① 예수께서는 일꾼이 자기의 먹을 것 받는 것이 마땅하다 하셨다.

② 세례요한의 때부터 천국은 침노를 당하고 있다.

③ 예수 그리스도는 사람들에 의해 포도주를 즐기는 사람이라는 평가를 받았다.

④ 수고하고 무거운 짐 진 자들아 다 내게로 오라는 말씀은 마태복음 12장에 기록되어 있다.

☞ ④번은 마태복음 11장 28-30절에 기록되어 있다. ①번은 마태복음 10장 10절에, ②번은 마태복음 11장 12절에, ③번은 마태복음 11장 19절에 기록되어 있다. 정답은 ④번.

18. 마태복음 12장의 안식일 논쟁에서 예수께서 바리새인에게 직접 말씀하신 구약 본문이 아닌 것은?

① 사무엘상 21장 6절 ② 이사야 42장 1절

③ 민수기 28장 9-10절 ④ 호세아 6장 6절

☞ ②번은 안식일 논쟁 이후 예수에 대해 이사야 선지자의 입을 통해 평가하는 말씀이다. ①번은 다윗이 함께 한 자들과 진설병을 먹었다는 것, ③번은 제사장들이 성전 안에서 안식을 범하여도 죄가 없다는 것, ④번은 나는 자비를 원하고 제사를 원하지 아니한다는 말씀이다. 정답은 ②번.

19. 마태복음 13장에 기록되어 있는 천국비유가 아닌 것은?

① 감추인 보화 비유 ② 좋은 진주를 구하는 장사 비유

③ 스스로 자라나는 씨의 비유 ④ 그물 비유

☞ 스스로 자라나는 씨의 비유는 마가복음에만 나오는 것이다. 마태복음 13장에 기록되어 있는 천국비유는 ①, ②, ④번 외에 씨 뿌리는 비유, 가라지 비유, 겨자씨 비유, 누룩 비유 등 총 7개 이다. 정답은 ③번.

20. 다음 중 마태복음 13장 55절에 나오는 예수의 형제가 아닌 사람은?
① 요셉 ② 시몬 ③ 유다 ④ 빌립

☞ 예수의 형제는 야고보, 요셉, 시몬, 유다이다. 이중 야고보는 이후에 예루살렘 교회의 지도자가 된다. 정답은 ④번.

21. 다음 중 오병이어 기적 사건이 기록되어 있는 각 복음서의 장이 맞지 않는 것은?
① 마태복음 14장 ② 마가복음 6장 ③ 누가복음 8장 ④ 요한복음 6장

☞ 오병이어로 남자만 5천명을 먹인 오병이어의 기적은 복음서 모두에 기록되어 있다(마14,막6,눅9,요6). 그러나 칠병이어로 4천명을 먹인 칠병이어의 기적은 마태와 마가복음에만 기록되어 있다(마15,막8). 정답은 ③번.

22. 마태복음에서 떡 먹을 때에 손을 씻지 않은 문제로 발생한 정결법 논쟁은 몇 장에 기록되어 있는가?
① 14장 ② 15장 ③ 16장 ④ 17장

☞ 마태복음 각 장의 주요 내용을 살펴보면, 1장은 예수 그리스도의 하향식 족보(누가복음 3장은 상향식 족보)와 탄생예고, 2장은 예수의 탄생과 동방박사의 경배(누가복음 2장은 목자들의 경배), 3장은 세례요한(마3, 막1, 눅3, 요1)과 예수님의 세례, 4장은 사탄의 3가지 시험(마4, 막1, 눅4)과 갈릴리 사역의 시작, 5-7장은 산상설교(누가복음 6장은 평지설교), 8-9장은 10가지 기적 이야기, 10장은 열 두 제자 임명(열 두 제자의 명단은 마10, 막3, 눅6, 행1)과 제자 파송(마10, 막6, 눅9), 13장은

천국비유(총 7개), 14장은 오병이어의 기적(마14, 막6, 눅9, 요6)과 세례요한의 죽음, 15장은 칠병이어의 기적(마15, 막8)과 정결법 논쟁, 16장은 베드로의 신앙고백(마16, 막8, 눅9, 요6)과 교회에 대한 언급(마16:18, 18:17), 17장은 변화산상에서의 변모(마17, 막9, 눅9), 18장은 교회공동체에 대한 규범, 19장은 이혼에 대한 말씀(마19, 막10), 20장은 포도원 품꾼 비유, 21장은 예루살렘 입성(마21, 막11, 눅19, 요12), 23장은 일곱 번의 화 선언, 24장은 종말설교(마24, 막13, 눅21), 25장은 세 개의 종말 비유(열 처녀 비유, 달란트 비유, 양과 염소의 비유), 26-27장은 수난과 죽음, 28장은 부활과 선교명령이다. 정답은 ②번.

23. 예수 그리스도로부터 '사탄아 내 뒤로 물러 가라'는 책망을 받은 제자는 누구인가?

① 베드로　　② 야고보　　③ 요한　　④ 가룟 유다

☞ 마태복음 16장 16절에는 베드로의 신앙고백이 기록되어 있다. '주는 그리스도시요 살아계신 하나님의 아들이시니이다' 이 신앙고백 후 예수는 자신의 수난을 예고하셨는데, 여기에 대해 베드로는 '항변하여 이르되 주여 그리 마옵소서 이 일이 결코 주께 미치지 아니하리이다'라고 하였고, 이에 대해 예수께서 '사탄아 내 뒤로 물러 가라'는 책망을 하셨다(마16:21-23). 정답은 ①번.

24. 마태복음 17장의 변화산상에서의 변모 당시 그곳에 함께 있었던 사람이 아닌 것은?

① 야고보　　② 사무엘　　③ 모세　　④ 엘리야

☞ 예수께서는 중요한 현장마다 베드로, 야고보, 요한 세 명의 제자를 데리고 다니셨다. 변화산상에 그들과 함께 있을 때 율법을 대표하는 모세와 선지자를 대표하는 엘리야가 그곳에 나타나 예수께서 장차 예루살렘에서 별세하실 것에 대해 이야기를 나누었다(눅9:31). 정답은 ②번.

25. 다음 중 교회라는 단어가 등장하는 본문은 어디인가?

① 마태복음 17장 ② 마태복음 18장
③ 마태복음 19장 ④ 마태복음 20장

☞ 교회라는 단어는 복음서 중에서 마태복음에만 기록되어 있다. 16장 18절의 베드로의 신앙 고백 후(너는 베드로라 내가 이 반석 위에 내 교회를 세우리니 음부의 권세가 이기지 못하리라), 그리고 18장 17절의 교회공동체의 규범에 대한 말씀에서 등장한다. 정답은 ②번.

26. 이혼에 대한 논쟁에서 바리새인들이 인용한 구약본문은 어디인가?

① 창세기 2장 ② 출애굽기 20장
③ 레위기 19장 18절 ④ 신명기 24장

☞ 이혼에 대한 바리새인과 예수님의 논쟁이 마태복음 19장, 마가복음 10장에 기록되어 있다. 논쟁 때 예수께서는 '그러므로 사람이 그 부모를 떠나서 아내에게 합하여 그 둘이 한 몸이 될지니라'는 창세기 2장 24절을, 바리새인들은 '어찌하여 모세는 이혼 증서를 주어서 버리라 명하였나이까'라는 신명기 24장 1-4절을 인용하였다. 정답은 ④번.

27. 마태복음에서 예수 그리스도의 수난 예고가 기록되어 있지 않는 본문은 어디인가?

① 16장 ② 17장 ③ 19장 ④ 20장

☞ 마태복음에서 수난예고는 16장, 17장, 20장에 기록되어 있다. 정답은 ③번.

28. 다음 설명 중 맞지 않는 것은?

① 어느 부자청년의 이야기가 마태복음 19장에 기록되어 있다.
② 포도원 품꾼 이야기는 마태복음과 누가복음에만 기록되어 있다.

③ 예수에게 아들들의 자리를 요구한 자는 세베대의 아내이다.
④ 예수에게 저주를 받은 나무는 무화과나무이다.

☞ 어느 부자청년의 이야기는 마태복음 19장, 마가복음 10장, 누가복음 18장에 기록되어 있는데, 마가에서는 한 사람(막10:17), 누가에서는 어떤 관리(눅18:18)으로 부자를 표현하고 있다. 포도원 품꾼 이야기는 마태복음에만 기록되어 있는 비유이다(마20장). 예수에게 우편과 좌편의 자리를 요구한 이를 마태복음은 세베대의 아들 야고보와 요한의 어머니로(마20:20), 마가복음은 야고보와 요한이 직접 요구한 것으로 기록하고 있다(막1035). 무화과나무가 저주를 받아 말랐다는 기사는 마태복음 21장 19절에 기록되어 있다. 정답은 ②번.

29. 예수께서 예루살렘에 입성하신 이후에 선포하신 말씀의 내용이 아닌 것은?

① 포도원 농부의 비유　　② 포도원 품꾼 이야기
③ 부활논쟁　　④ 가이사에게 바치는 세금 논쟁

☞ 예루살렘 입성은 마태복음 21장, 마가복음 11장, 누가복음 19장, 요한복음 12장에 등장한다. ①번의 포도원 농부의 비유 ③번의 부활논쟁 ④번의 가이사에게 세금 바치는 논쟁 등은 마태복음 22장(포도원 농부의 비유만 21장), 마가복음 12장, 누가복음 20장에 기록되어 있는 것으로 예루살렘 입성 이후에 선포하신 말씀들이다. 포도원 품꾼의 이야기는 마태복음에만 기록된 것으로, 마태복음 20장에 있다. 정답은 ②번.

30. 건축자들의 버린 돌이 모퉁이의 머릿돌이 되었다는 말씀은 어디를 인용한 것인가?

① 시편 8편 2절　　② 시편 78편 2절
③ 시편 110편 1절　　④ 시편 118편 22절

☞ 위의 말씀은 모두 마태복음에 인용되어 있는 것으로 ①번은 '어린 아

기와 젖먹이들의 입에서 나오는 찬미를 온전하게 하셨나이다'(마21:16), ②번은 '내가 입을 열어 비유로 말하고 창세부터 감추인 것들을 드러내리라'(마13:35), ③번은 '주께서 내 주께 이르시되 내가 네 원수를 네 발 아래 둘 때까지 내 우편에 앉아 있으라'(마22:44), ④번은 '건축자들이 버린 돌이 모퉁이의 머릿돌이 되었나니 이것은 주로 말미암아 된 것이요 우리 눈에 기이하도다'(마21:42)이다. 정답은 ④번.

31. 마태복음 23장의 일곱 번의 화 선언 중 그 내용에 해당되지 않는 사람은?
① 낙타는 걸러 내고 하루살이는 삼키는 자
② 맹세에 대한 잘못된 교훈을 가르치는 자
③ 겉은 깨끗하지만 속은 탐욕으로 가득한 자
④ 의인을 추앙하면서도 여전히 선지자들을 박해하는 자

☞ ①번은 하루살이는 걸러 내고 낙타는 삼키는 자로 수정되어야 한다. 위의 내용 외에 '천국 문을 닫고 함께 들어가지 못하게 하는 자, 힘써 얻은 교인을 더욱 악한 지옥 자식으로 만드는 자, 회칠한 무덤 같은 자' 등이 화 선언을 받은 자의 내용이다. 정답은 ①번.

32. 다음 중 마태복음 24장에 나타난 종말의 징조에 해당하지 않는 것은?
① 거짓 그리스도의 등장　② 시험에 빠지며 서로 미워함
③ 불법이 성하고 사랑이 식어짐　④ 지식이 더하고 빨리 왕래함

☞ 종말의 징조는 위의 ①, ②, ③번과 난리와 분쟁, 기근과 지진, 박해, 거짓 선지자들의 미혹, 천국 복음이 온 세상에 전파됨 등이다. ④번은 마지막 날의 대한 다니엘서의 말씀이다(단12:4). 정답은 ④번.

33. '멸망의 가증한 것이 거룩한 곳에 선 것을 보거든'이라고 예언한 선지자는 누구인가?

① 이사야　　② 예레미야　　③ 에스겔　　④ 다니엘

☞ 멸망하게 하는 가증한 것이 선다는 말씀은 다니엘 9장 27절, 11장 31절, 12장 11절에 기록되어 있다. 정답은 ④번.

34. 종말의 때에 행해야 할 처신으로 맞지 않는 것은?
① 유대에 있는 자들은 집으로 도망가야 한다.
② 지붕 위에 있는 자는 물건을 가지러 집안으로 내려가지 말아야 한다.
③ 밭에 있는 자는 겉옷을 가지러 뒤로 돌이키지 말아야 한다.
④ 도망하는 일이 겨울이나 안식일에 되지 않도록 기도해야 한다.

☞ 유대에 있는 자들은 산으로 도망해야 한다(마24:16). 위의 말씀과 함께 '거짓 그리스도와 거짓 선지자들에게 미혹당하지 말아야 한다'는 말씀이 있다. 정답은 ①번.

35. 인자가 임하는 때는 누구의 때와 같다고 기록되어 있는가?
① 라멕　　② 노아　　③ 아비멜렉　　④ 여로보암

☞ '노아의 때와 같이 인자의 임함도 그러하리라'(마24:37). 정답은 ②번.

36. 마태복음 25장에 등장하는 비유가 아닌 것은?
① 열 처녀 비유 ② 열 므나 비유 ③ 달란트 비유 ④ 양과 염소의 비유

☞ 열 므나 비유는 누가복음 19장에 기록되어 있다. 정답은 ②번.

37. 내가 목자를 치리니 양의 떼가 흩어지리라는 말씀은 구약 어디에 기록된 말씀인가?
① 이사야　　② 아모스　　③ 스가랴　　④ 말라기

☞ '내가 목자를 치리니 양의 떼가 흩어지리라'는 말씀은 스가랴 13장 7

절에 기록된 것으로 마태복음 26장 31절에 인용되고 있다. 정답은 ③번.

38. 유다가 던진 은 30개로 구입한 토기장이의 밭을 무엇이라 일컫는가?
① 배반자의 밭 ② 피밭 ③ 죽음의 밭 ④ 자살한 자의 밭

☞ 은 30개는 유다가 예수를 배반하는 대가로 받은 값으로 유다는 이것을 다시 돌려준 후, 스스로 목매어 죽었다. 이에 유다가 던진 은 30개로 대제사장들은 토기장이의 밭을 사서 나그네의 묘지를 삼았는데, 그 밭을 오늘날까지 피밭이라 부르고 있다(마27:3-8). '아겔다마'는 예루살렘에 사는 사람들의 말로 '피밭'이라는 뜻이다(행1:19). 정답은 ②번.

39. 예수의 죽음 이후 발생한 현상이 아닌 것은?
① 성소 휘장이 위로부터 아래까지 찢어졌다.
② 땅이 진동하며 바위가 터졌다.
③ 온 땅에 어두움이 임하였다.
④ 무덤들이 열리며 자던 성도들이 많이 일어났다.

☞ 온 땅에 어두움이 임한 것은 6시(우리 시간으로는 정오)부터이며, 예수는 9시(오후 3시)에 운명하셨다. 마태복음에서만 예수의 부활시 무덤들이 열리며 자던 성도의 몸이 많이 일어났다라는 기사가 나온다. 정답은 ③번.

✣ 마태복음 주요내용

1. 마태복음 1장의 족보 : 아브라함에서 다윗까지 14대, 다윗에서 여고냐까지 14대, 여고냐에서 예수까지 14대씩 크게 세 부분으로 나뉘어 기록.
2. 족보에 등장하는 여성 : 다말(유다), 라합(살몬), 룻(보아스), 밧세바(다윗), 마리아(요셉).

3. 예수의 탄생을 전후하여 인용된 구약본문 : 처녀의 임마누엘 탄생(이사야 7장 14절). 메시아의 베들레헴 탄생(미가서 5장 2절). 예수의 애굽으로의 피신과 돌아옴(호세아 11장 1절). 두 살 이하 영아들의 죽음을 슬퍼함(예레미야 31장 15절).
4. 예수 : 자기 백성을 그들의 죄에서 구원할 자.
5. 동방박사들이 아기 예수께 경배 드린 장소 : 집.
6. 동방박사들의 예물 : 황금과 유향과 몰약.
7. 세례요한에 대한 이야기 : 마태복음 3장, 마가복음 1장, 누가복음 3장, 요한복음 1장.
8. 예수가 마귀에게 시험을 받으시면서 인용하신 구약 본문 : 신명기 8장 3절, 신명기 6장 13절, 신명기 6장 16절.
9. 사탄의 시험에 대한 기록 : 마태복음 4장, 마가복음 1장, 누가복음 4장.
10. 예수의 사역 : 가르치심, 전파하심, 고치심(마4:23).
11. 팔복 : 심령이 가난한 자 - 천국이 그들의 것임이요, 애통하는 자 - 위로를 받을 것임이요, 온유한 자 - 땅을 기업으로 받을 것임이요, 의에 주리고 목마른 자 - 배부를 것임이요, 긍휼히 여기는 자 - 긍휼히 여김을 받을 것임이요, 마음이 청결한 자 - 하나님을 볼 것임이요, 화평하게 하는 자 - 하나님의 아들이라 일컬음을 받을 것임이요, 의를 위하여 박해를 받은 자 - 천국이 그들의 것임이라.
12. 율법에 대한 예수의 6개의 반제 : 살인(미워하는 것도 살인, 요한일서 3장 15절), 간음(음욕을 품는 것도 간음), 이혼(음행한 이유 없이 아내를 버리면 간음), 맹세(도무지 맹세하지 말라), 보복(악한 자를 대적하지 말라), 이웃사랑과 원수증오(원수를 사랑하고 박해하는 자를 위하여 기도하라).
13. 마태복음 6장에 등장하는 주제 : 구제, 기도, 금식.
14. 주기도문 : 마태복음 6장 9-13절, 누가복음 11장 2-4절에 기록.
15. 12제자의 명단 : 마태복음 10장, 마가복음 3장, 누가복음 6장, 사도행전 1장.

16. 제자파송 : 마태복음 10장, 마가복음 6장, 누가복음 9장.
17. 12제자의 명단 : 베드로라 하는 시몬, 그의 형제 안드레, 세베대의 아들 야고보(사도행전 12장 2절을 보면, 헤롯 아그립바 왕에게 순교당함)와 요한, 빌립, 바돌로매, 도마, 레위(세리 마태), 알패오의 아들 야고보, 다대오, 가나안인 시몬(셀롯인 시몬), 가룟 유다.
18. 마태복음 13장에 기록되어 있는 천국비유 : 감추인 보화 비유, 좋은 진주를 구하는 장사 비유, 그물 비유, 씨 뿌리는 비유, 가라지 비유, 겨자씨 비유, 누룩 비유 등 총 7개.
19. 예수의 형제 : 야고보, 요셉, 시몬, 유다
20. 오병이어의 기적 : 복음서 모두에 기록(마14,막6,눅9,요6).
21. 칠병이어의 기적 : 마태와 마가복음에만 기록(마15,막8).
22. 각 장의 주요 내용 : 1장은 예수 그리스도의 하향식 족보(누가복음 3장은 상향식 족보)와 탄생예고, 2장은 예수의 탄생과 동방박사의 경배(누가복음 2장은 목자들의 경배), 3장은 세례요한(마3, 막1, 눅3, 요1)과 예수님의 세례, 4장은 사탄의 3가지 시험(마4, 막1, 눅4)과 갈릴리 사역의 시작, 5-7장은 산상설교(누가복음 6장은 평지설교), 8-9장은 10가지 기적 이야기, 10장은 열 두 제자 임명(열 두 제자의 명단은 마10, 막3, 눅6, 행1)과 제자 파송(마10, 막6, 눅9), 13장은 천국비유(총 7개), 14장은 오병이어의 기적(마14, 막6, 눅9, 요6)과 세례요한의 죽음, 15장은 칠병이어의 기적(마15, 막8)과 정결법 논쟁, 16장은 베드로의 신앙고백(마16, 막8, 눅9, 요6)과 교회에 대한 언급(마16:18, 18:17), 17장은 변화산상에서의 변모(마17, 막9, 눅9), 18장은 교회공동체에 대한 규범, 19장은 이혼에 대한 말씀(마19, 막10), 20장은 포도원 품꾼 비유, 21장은 예루살렘 입성(마21, 막11, 눅19, 요12), 23장은 일곱 번의 화 선언, 24장은 종말설교(마24, 막13, 눅21), 25장은 세 개의 종말 비유(열 처녀 비유, 달란트 비유, 양과 염소의 비유), 26-27장은 수난과 죽음, 28장은 부활과 선교명령.

23. 교회라는 단어가 등장하는 본문 : 마태복음 16장 18절. 마태복음 18장 17절.
24. 수난예고 : 마태복음 16장, 17장, 20장에 기록.
25. 예수에게 저주를 받은 나무 : 무화과나무.
26. 예루살렘 입성 : 마태복음 21장, 마가복음 11장, 누가복음 19장, 요한복음 12장.
27. 건축자들의 버린 돌이 모퉁이의 머릿돌이 되었다 : 시편 118편 22절.
28. 마태복음 23장의 일곱 번의 화 선언 : 맹세에 대한 잘못된 교훈을 가르치는 자, 겉은 깨끗하지만 속은 탐욕으로 가득한 자, 의인을 추앙하면서도 여전히 선지자들을 박해하는 자, 하루살이는 걸러 내고 낙타는 삼키는 자, 천국 문을 닫고 함께 들어가지 못하게 하는 자, 힘써 얻은 교인을 더욱 악한 지옥 자식으로 만드는 자, 회칠한 무덤 같은 자.
29. 마태복음 24장에 나타난 종말의 징조 : 거짓 그리스도의 등장, 시험에 빠지며 서로 미워함, 불법이 성하고 사랑이 식어짐, 난리와 분쟁, 기근과 지진, 박해, 거짓 선지자들의 미혹, 천국 복음이 온 세상에 전파됨.
30. '멸망의 가증한 것이 거룩한 곳에 선 것을 보거든'이라고 예언한 선지자 : 다니엘.
31. 인자가 임하는 때 : 노아의 때와 같음.
32. 마태복음 25장에 등장하는 비유 : 열 처녀 비유, 달란트 비유, 양과 염소의 비유.
33. 내가 목자를 치리니 양의 떼가 흩어지리라 : 스가랴 13장 7절.
34. 유다가 던진 은 30개로 구입한 토기장이의 밭 : 피밭(예루살렘 말로는 아겔다마).
35. 예수의 죽음 이후 발생한 현상 : 성소 휘장이 위로부터 아래까지 찢어짐. 땅이 진동하며 바위가 터짐. 무덤들이 열리며 자던 성도들이 많이 일어남.

마가복음

1. 복음서 각 본문과 장의 수가 맞지 않는 것은?
   ① 마태복음 - 28장　　② 마가복음 - 16장
   ③ 누가복음 - 24장　　④ 요한복음 - 22장

   ☞ 복음서에서 장수로는 마태복음이 28장으로 가장 길고, 분량으로는 누가복음이 가장 길다. 마가복음은 16장까지로 가장 짧은 복음서이며, 사건 중심의 기술을 하고 있다. 요한복음은 21장까지 있는 복음서이다. 정답은 ④번.

2. 복음이라는 말이 그 본문 서두에 등장하는 복음서는?
   ① 마태복음　② 마가복음　③ 누가복음　④ 요한복음

   ☞ 하나님의 아들 예수 그리스도의 복음의 시작이라(막1:1). 정답은 ②번.

3. '광야에 외치는 자의 소리가 있어' 세례요한을 설명하는 이 말씀은 구약 어디에서 인용한 것인가?
   ① 이사야　② 다니엘　③ 스가랴　④ 말라기

   ☞ 세례요한을 예언하는 구약 본문은 말라기 3장 1절에 '보라 내가 내

사자를 보내리니 그가 내 앞에서 길을 준비할 것이요'는 말씀과 이사야 40장 3절에 '외치는 자의 소리여 이르되 너희는 광야에서 여호와의 길을 예비하라 사막에서 우리 하나님의 대로를 평탄하게 하라'는 말씀이다. 정답은 ①번.

4. 마가복음서에 등장하는 아람어가 아닌 것은?

① 보아너게 ② 에바다 ③ 아바 ④ 실로암

☞ 실로암은 '보냄을 받았다'는 뜻으로 요한복음 9장 7절에 기록되어 있다. '보아너게'는 '우레의 아들'(막3:17), '에바다'는 '열리라'(막7:34), '아빠'는 '아버지'(막14:36)라는 뜻이다. '내가 네게 말하노니 소녀야 일어나라'는 뜻의 '달리다굼'도 아람어이다(막5:41). 정답은 ④번.

5. 마가복음에서 예수의 첫 이적은 누구를 고치신 사건인가?

① 나병환자 ② 귀신 들린 사람

③ 중풍병자 ④ 혈루증 걸린 여인

☞ 복음서에 구체적으로 기록된 예수의 첫 이적을 살펴보면, 마태복음은 나병환자 치유(마8장), 마가와 누가복음은 귀신 들린 자 치유(막1장, 눅4장), 요한복음은 가나의 혼인잔치에서 물로 포도주를 바꾸신 것이다. 정답은 ②번.

6. 마가복음 3장 14-15절에 나오는 예수께서 열 두 제자를 세우신 목적에 해당되지 않는 것은?

① 자기와 함께 있게 하심 ② 교회를 세우게 하심

③ 전도하게 하심 ④ 귀신을 내어 쫓는 권세도 있게 하심

☞ 이에 열둘을 세우셨으니 이는 자기와 함께 있게 하시고 또 보내사 전도도 하며 귀신을 내쫓는 권능도 가지게 하려 하심이러라(막3:14-15). 정답은 ②번.

7. 마가복음 4장에 기록된 비유가 아닌 것은?

① 씨 뿌리는 비유 ② 스스로 자라나는 씨 비유

③ 겨자씨 비유 ④ 누룩 비유

☞ 마가복음 4장에는 씨와 관련된 비유들이 등장한다. 씨 뿌리는 비유(마13장, 막4장, 눅8장), 스스로 자라나는 씨 비유(마가복음에만 기록), 겨자씨 비유. 정답은 ④번.

8. 예수는 공생애 사역 중 죽은 자를 몇 번 살리셨는가?

① 두 번 ② 세 번 ③ 네 번 ④ 다섯 번

☞ 예수께서 죽은 자를 살리신 경우는 야이로의 딸(막5장), 나인성 과부의 아들(눅7장), 나사로(요11장) 등 세 번이다. 정답은 ②번.

9. 예수를 가리켜 '이 사람이 마리아의 아들 목수가 아니냐'는 고향 사람들의 이야기가 기록된 복음서는?

① 마태복음 ② 마가복음 ③ 누가복음 ④ 요한복음

☞ 마태복음은 '이는 그 목수의 아들이 아니냐'(마13:55), 마가복음은 '이 사람이 마리아의 아들 목수가 아니냐'(막6:3), 누가복음은 '이 사람이 요셉의 아들이 아니냐'(눅4:22)라고 기록되어 있다. 정답은 ②번.

10. 정결법 논쟁에서 고르반 이라는 용어가 나타나는 복음서는?

① 마태복음 ② 마가복음 ③ 누가복음 ④ 요한복음

☞ '고르반 곧 하나님께 드림이 되었다'라고 고르반의 용어가 나타나는 곳은 마가복음 7장이다. 정답은 ②번.

11. 베드로의 신앙고백의 내용이 마가복음에는 어떻게 기록되어 있는가?

① 주는 그리스도시요 살아계신 하나님의 아들이시니이다

② 하나님의 그리스도시니이다
③ 주는 하나님의 거룩하신 자이신 줄 믿고 알았사옵나이다
④ 주는 그리스도시니이다

☞ ①번은 마태복음 16장 16절, ②번은 누가복음 9장 20절, ③번은 요한복음 6장 69절, ④번은 마가복음 8장 29절에 기록되어 있다. 정답은 ④번.

12. 마가복음 중 예수의 수난예고가 기록되어 있지 않은 구절은?
① 8장 31절 ② 9장 31절 ③ 10장 33절 ④ 11장 33절

☞ 마가복음에서 3번에 걸친 수난예고는 마가복음 8장 31절, 9장 31절, 10장 33절에 기록되어 있다. 정답은 ④번.

13. '너희 속에 소금을 두고 서로 화목하라'는 말씀은 어느 복음서에 기록되어 있는가?
① 마태복음② 마가복음③ 누가복음④ 요한복음

☞ 이 말씀은 마가복음 9장 50절에만 기록되어 있다. 정답은 ②번.

14. 마태복음 20장 28절과 동일한 말씀이 마가복음 어디에 기록되어 있는가?
① 10장 45절 ② 11장 5절 ③ 11장 15절 ④ 12장 8절

☞ 마태복음 20장 28절, 마가복음 10장 45절 두 본문 다 '인자가 온 것은 섬김을 받으려 함이 아니라 도리어 섬기려 하고 자기 목숨을 많은 사람의 대속물로 주려함이니라'는 말씀이다. 정답은 ①번.

15. 서서 기도할 때에 아무에게나 ( )가 있거든 용서하라 그리하여야 하늘에 계신 너희 아버지께서도 너희 허물을 사하여 주시리라(막 11:25). ( )안에 올바른 말은?

① 혐의　　② 허물　　③ 죄　　④ 분노

☞ '서서 기도할 때에 아무에게나 혐의가 있거든 용서하라' 정답은 ①번.

16. 다음 중 마가복음 12장에 기록되어 있지 않는 말씀은?
① 포도원 농부의 비유　　② 포도원 품꾼 이야기
③ 부활논쟁　　④ 가이사에게 바치는 세금 논쟁

☞ 포도원 품꾼 이야기는 마태복음 20장에만 기록되어 있는 말씀이다. ①, ③, ④번 말씀은 예루살렘 입성(마가복음 11장) 이후 12장에 나오는 말씀들이다. 정답은 ②번.

17. 마가복음 12장의 종교지도자들과의 논쟁에서 '가장 큰 계명'에 관해 질문한 사람은 누구인가?
① 바리새인　　② 사두개인　　③ 서기관　　④ 헤롯당원

☞ 마가복음 12장을 보면, 바리새인과 헤롯당원이 가이사에게 세금 바치는 일에 대해, 사두개인이 부활에 대해, 서기관이 가장 큰 계명에 대해 예수와 논쟁하였다. 정답은 ③번.

18. 마가복음에서 종말에 관한 예수 그리스도의 설교는 몇 장에 기록되어 있는가?
① 11장　　② 12장　　③ 13장　　④ 14장

☞ 종말에 관한 설교는 마태복음 24장, 마가복음 13장, 누가복음 21장에 기록되어 있다. 정답은 ③번.

19. 한 여자가 나드 한 옥합을 예수의 머리에 부은 곳은 어디인가?
① 예루살렘　　② 나사렛　　③ 가버나움　　④ 베다니

☞ 한 여자가 예수의 머리에 나드 한 옥합을 부은 곳은 베다니 나병환자 시몬의 집이다(막14:3). 정답은 ④번.

20. 겟세마네 동산에서 예수가 잡히시던 날 밤에 알몸으로 도망간 청년에 대해 기록하고 있는 복음서는?

① 마태복음　② 마가복음　③ 누가복음　④ 요한복음

☞ 알몸으로 도망간 청년에 대한 기록이 마가복음 14장 51-52절에 기록되어 있다. 정답은 ②번.

21. 군인들이 예수에게 자색 옷을 입히고 조롱한 곳은 어디인가?

① 브라이도리온　② 성전 뜰　③ 골고다　④ 솔로몬의 행각

☞ 군병들이 예수에게 자색 옷을 입히고 가시 면류관을 씌우고 '유대인의 왕이여 평안할지어다'라고 조롱한 곳은 '브라이도리온'이다(막15:16-20). 정답은 ①번.

22. 예수에 대해 '이 사람은 진실로 하나님의 아들이었도다'라고 고백한 사람은 누구인가?

① 구레네 시몬　② 니고데모　③ 아리마대 요셉　④ 백부장

☞ 알렉산더와 루포의 아버지인 구레네 시몬은 예수를 대신하여 십자가를 진 사람이다(막15:21). 예수의 죽음 후 '이 사람은 진실로 하나님의 아들이었도다'라고 고백한 사람은 백부장이다(막15:39). 정답은 ④번.

23. 마가복음에 의하면 여인들이 무덤을 방문하여 만난 이는 누구인가?

① 찬란한 옷을 입은 두 사람　② 천사

③ 흰 옷 입은 두 천사　④ 흰 옷 입은 한 청년

☞ 여인들이 무덤을 방문하여 만난 이에 대해 복음서는 약간씩 상이한

기록을 하고 있다. 마태는 '천사(마28:5)', 마가는 '흰 옷 입은 한 청년(막16:5)', 누가는 '찬란한 옷을 입은 두 사람(눅24:4)', 요한은 '흰 옷 입은 두 천사(요20:12)'로 되어 있다. 정답은 ④번.

24. 마가복음 16장에는 믿는 자들에게 다음과 같은 표적이 따른다고 하였다. 해당되지 않는 것은?

① 새 방언을 말함 ② 죽은 자를 그리스도의 이름으로 살림
③ 독을 마실지라도 해를 받지 않음 ④ 병든 사람을 낫게 함

☞ 믿는 자들에게 따르는 표적은 '내 이름으로 귀신을 쫓아내며 새 방언을 말하며 뱀을 집어올리며 무슨 독을 마실지라도 해를 받지 아니하며 병든 사람에게 손을 얹은즉 나으리라'이다(막16:17-18). 정답은 ②번.

25. 마가복음에서 정결법 논쟁은 몇 장에 나오는가?

① 6장 ② 7장 ③ 8장 ④ 9장

☞ 마가복음 각 장의 주요 내용을 살펴보면, 1장은 세례요한과 예수님의 세례, 3장은 12제자 선택과 제자 명단, 4장은 씨 뿌리는 비유들(씨 뿌리는 비유, 스스로 자라나는 씨 비유, 겨자씨 비유), 6장은 제자파송, 세례요한의 죽음, 오병이어의 기적, 7장은 정결법 논쟁, 8장은 칠병이어의 기적, 베드로의 신앙고백, 9장은 산상변화, 11장은 예루살렘 입성, 12장은 종교지도자들과의 논쟁, 13장은 소 묵시록, 14-15장은 수난, 16장은 부활이다. 정답은 ②번.

✤ 마가복음 주요내용

1. 장수가 가장 많은 복음서 : 마태복음(28장).
2. 분량이 가장 많은 복음서 : 누가복음
3, 가장 짧은 복음서 : 마가복음(16장).
4. 복음이라는 말이 그 본문 서두에 등장하는 복음서 : 마가복음.
5. 광야에 외치는 자의 소리가 있어 : 세례요한. 이사야 40장 3절.
6. 마가복음서에 등장하는 아람어 : 보아너게(우레의 아들), 에바다(열리라), 아빠(아버지), 달리다굼(내가 네게 말하노니 소녀야 일어나라).
7. 마가복음에서 예수의 첫 이적 : 귀신 들린 사람 치유(막1장, 눅4장).
8. 제자를 세우신 목적 : 자기와 함께 있게 하시고 또 보내사 전도도 하며 귀신을 내쫓는 권능도 가지게 하려 하심.
9. 마가복음 4장에 기록된 비유 : 씨 뿌리는 비유(마13장, 막4장, 눅8장), 스스로 자라나는 씨 비유(마가복음에만 기록), 겨자씨 비유.
10. 예수의 공생애 사역기간에 죽은 자를 살리신 경우 : 야이로의 딸(막5장), 나인성 과부의 아들(눅7장), 나사로(요11장) 등 세 번.
11. 정결법 논쟁에서 고르반 이라는 용어가 나타나는 복음서 : 마가복음 7장.
12. 예수의 수난예고 :마가복음 8장 31절, 9장 31절, 10장 33절에 기록.
13. 너희 속에 소금을 두고 서로 화목하라 : 마가복음 9장 50절.
14. 마태복음 20장 28절과 동일한 말씀 : 마가복음 10장 45절.
15. 마가복음 12장의 종교지도자들과의 논쟁 : 바리새인과 헤롯당원이 가이사에게 세금 바치는 일에 대해, 사두개인이 부활에 대해, 서기관이 가장 큰 계명에 대해 예수와 논쟁.
16. 종말에 관한 설교 : 마태복음 24장, 마가복음 13장, 누가복음 21장에 기록.
17. 한 여자가 나드 한 옥합을 예수의 머리에 부은 곳 : 베다니 나병환자 시몬의 집.

18. 군인들이 예수에게 자색 옷을 입히고 조롱한 곳 : 브라이도리온.

19. 예수에 대해 '이 사람은 진실로 하나님의 아들이었도다'라고 고백한 사람 : 백부장.

20. 여자들이 무덤을 방문하여 만난 이 : 마태는 '천사(마28:5)', 마가는 '흰 옷 입은 한 청년(막16:5)', 누가는 '찬란한 옷을 입은 두 사람(눅24:4)', 요한은 '흰 옷 입은 두 천사(요20:12)'로 기록.

21. 믿는 자들에게 따르는 표적 : 내 이름으로 귀신을 쫓아내며 새 방언을 말하며 뱀을 집어 올리며 무슨 독을 마실지라도 해를 받지 아니하며 병든 사람에게 손을 얹은즉 나으리라.

22. 각 장의 주요 내용 : 1장은 세례요한과 예수님의 세례, 3장은 12제자 선택과 제자 명단, 4장은 씨 뿌리는 비유들(씨 뿌리는 비유, 스스로 자라나는 씨 비유, 겨자씨 비유), 6장은 제자파송, 세례요한의 죽음, 오병이어의 기적, 7장은 정결법 논쟁, 8장은 칠병이어의 기적, 베드로의 신앙고백, 9장은 산상변화, 11장은 예루살렘 입성, 12장은 종교지도자들과의 논쟁, 13장은 소 묵시록, 14-15장은 수난, 16장은 부활.

누가복음

1. 복음서 중 수신자가 명확하게 기록되어 있는 것은?
① 마태복음 ② 마가복음 ③ 누가복음 ④ 요한복음

☞ '복음'이라는 말이 그 서두에 나오는 것은 마가복음이고, 수신자가 '데오빌로 각하'로 명기되어 있는 것은 누가복음이다(눅1:3). 정답은 ③번.

2. 세례요한의 아버지 사가랴는 어느 제사장의 반열인가?
① 학고스 ② 아비야 ③ 예수아 ④ 스가냐

☞ 다윗이 엘르아살의 자손 사독과 이다말의 자손 아히멜렉으로 더불어 저희를 나누어 각각 그 섬기는 직무를 맡겼는데 엘르아살 자손의 족장이 16 반열, 이다말 자손의 족장이 8 반열, 총 24반열로 나누었다(대상 24:3-4). 이중 여덟 번째 반열이 아비야 반열이며, 세례요한의 아버지 사가랴는 아비야 반열이었다(눅1:5). 정답은 ②번.

3. 다음 중 누가복음 1장에 기록되어 있지 않은 내용은?
① 마리아의 찬송 ② 마리아와 엘리사벳의 만남
③ 사가랴의 예언 ④ 안나의 예언

☞ 안나의 예언은 누가복음 2장에 기록되어 있다. 마리아의 찬송은 사무엘상 2장 1-10절에 나오는 한나의 노래와 그 내용이 비슷하다. 정답은 ④번.

4. 예수의 열두 살 때 사건을 기록하고 있는 복음서는?
   ① 마태복음　② 마가복음　③ 누가복음　④ 요한복음

☞ 누가복음 2장 41-52절에는 예수의 열두 살 때 유월절을 맞이하여 예루살렘을 방문한 사건이 기록되어 있다. 정답은 ③번.

5. 세례요한이 출현할 당시의 통치자들에 대한 설명으로 맞지 않는 것은?
   ① 로마 황제 - 아우구스투스　② 아빌레네 분봉왕 - 루사니아
   ③ 이두래 분봉 왕 - 빌립　④ 대제사장 - 안나스

☞ 세례요한은 로마 황제 디베료 가이사의 통치 15년에 사역을 시작하였다. 그때 본디오 빌라도는 유대 총독으로, 헤롯이 갈릴리의 분봉 왕으로, 그 동생 빌립이 이두래와 드라고닛의 분봉 왕으로, 루사니아가 아빌레네의 분봉 왕으로, 안나스와 가야바가 대제사장으로 있었다. 정답은 ①번.

6. 누가복음 3장에서 세례요한에게 '우리는 무엇을 하리이까'라고 질문하지 않은 사람은?
   ① 무리　② 바리새인　③ 세리　④ 군인

☞ 세례요한에게 질문한 사람은 무리, 세리, 군인이다. 세례요한은 무리에게는 '옷 두 벌 있는 자는 옷 없는 자에게 나눠 줄 것이요, 먹을 것이 있는 자도 그렇게 할 것이니라', 세리에게는 '부과된 것 외에는 거두지 말라', 군인에게는 '강탈하지 말며 거짓으로 고발하지 말고 받는 급료를 족한 줄로 알라'고 선포하였다(눅3:10-14). 정답은 ②번.

7. 예수께서 가르치심을 시작할 때가 30세쯤 되었다는 말씀이 있는 본문은?

① 마태복음 ② 마가복음 ③ 누가복음 ④ 요한복음

☞ 누가복음 3장 23절에 '예수께서 가르치심을 시작하실 때에 삼십 세쯤 되시니라'는 말씀이 있다. 정답은 ③번.

8. 누가복음 4장 18-19절에서 예수가 인용하신 말씀은 구약 어디 본문인가?

① 이사야 ② 예레미야 ③ 다니엘 ④ 아모스

☞ 누가복음 4장 18-19절은 마귀의 시험 후 예수의 공생애 첫 선포의 말씀이다. 안식일에 나사렛 회당에 들어가셔서 그는 이사야 61장 1-2절을 읽으셨다. '주의 성령이 내게 임하셨으니 이는 가난한 자에게 복음을 전하게 하시려고 내게 기름을 부으시고 나를 보내사 포로 된 자에게 자유를, 눈먼 자에게 다시 보게 함을 전파하며 눌린 자를 자유롭게 하고 주의 은혜의 해를 전파하게 하려 하심이라' 여기에서 '주의 은혜의 해'는 레위기 25장의 희년을 가리키는 것이다. 정답은 ①번.

9. 다음 설명 중 맞지 않는 것은?

① 이방인의 구원받음에 대한 예로 제시된 인물은 사렙다 과부와 나아만이다.

② 예수에게 '나를 떠나소서 나는 죄인이로소이다'라고 고백한 이는 베드로이다.

③ 누가복음에서 예수는 제자들을 선택하기 전에 밤이 새도록 기도하셨다.

④ 평지설교에서 복 받을 대상은 복수 3인칭인 '그들'로 되어 있다.

☞ 평지설교에서 복 받을 대상은 복수 2인칭인 '너희'이고, 산상설교에서는 복수 3인칭인 '그들'이다. ①번은 누가복음 4장 25-27절에, ②번은 누가복음 5장 8절에, ③번은 누가복음 6장 12절에 기록되어 있다. 정답은 ④번.

10. 마태복음에 등장하는 팔복과 비슷한 내용이 누가복음 몇 장에 기록되어 있는가?

① 4장　　② 5장　　③ 6장　　④ 7장

☞ 마태복음 5장에는 팔복선언이, 누가복음 6장에는 4가지 복과 4가지 화 선언이 있다. 마태복음은 산상에서, 누가복음 6장은 평지에서 이루어진 설교이다(눅6:17). 정답은 ③번.

11. 누가복음 6장에서 화 있을진저 라는 경고를 받는 대상이 아닌 것은?

① 부요한 자　　② 배부른 자
③ 모든 이에게 칭찬을 받는 자　　④ 우는 자

☞ 누가복음 6장 평지설교에서 복의 선언을 받은 자는 가난한 자, 주린 자, 우는 자, 박해 당하는 자이고, 화의 선언을 받은 자는 부요한 자, 배부른 자, 웃는 자, 칭찬 받는 자이다(눅6:20-26). 정답은 ④번.

12. 마태복음 7장 12절의 황금률과 동일한 내용이 누가복음 몇 장에 나오는가?

① 4장　　② 5장　　③ 6장　　④ 7장

☞ '남에게 대접을 받고자 하는 대로 너희도 남을 대접하라'는 황금률의 말씀은 마태복음 7장 12절과 누가복음 6장 31절에 나온다. 정답은 ③번.

13. 누가복음 7장의 과부 아들을 살리신 사건은 어느 성에서 일어난 사건인가?

① 나인 성　　② 여리고 성　　③ 예루살렘　　④ 베다니

☞ 예수께서는 공생애 기간을 통해 야이로의 딸, 나인 성 과부의 아들, 나사로 등 세 명의 사람을 죽음으로부터 살려내셨다. 나인 성 과부 아들의 부활사건은 누가복음 7장에만 나오는 사건이다. 정답은 ①번.

14. 다음 중 예수를 따르던 여인 중 헤롯의 청지기 구사의 아내는 누구인가?

① 막달라 마리아 ② 뵈뵈 ③ 요안나 ④ 수산나

☞ 누가복음 8장 2-3절에는 예수를 따르던 여인들의 이름이 기록되어 있다. 일곱 귀신이 나간 자 막달라 마리아와 헤롯의 청지기 구사의 아내 요안나와 또 수산나 등의 여인들이 자기들의 소유로 예수와 그 무리들을 섬겼다. 정답은 ③번.

15. 씨 뿌리는 비유에서 좋은 땅에 떨어진 씨가 백배의 결실을 하였다는 기록만 있는 곳은 어디인가?

① 마태복음 ② 마가복음 ③ 누가복음 ④ 요한복음

☞ 좋은 땅에 떨어진 씨가 맺는 열매에 대해 마태복음은 '어떤 것은 백배, 어떤 것은 육십 배, 어떤 것은 삼십 배의 결실을 하였다'(마13:8), 마가복음은 '삼십 배나 육십 배나 백배가 되었다'(막4:8), 누가복음은 '백배의 결실을 하였다'(눅8:8)라고 기록하고 있다. 정답은 ③번.

16. 변화산상에서 모세와 엘리야가 예수와 더불어 예수의 예루살렘에서의 죽음에 대한 이야기를 나누었다고 기록하고 있는 복음서는?

① 마태복음 ② 마가복음 ③ 누가복음 ④ 요한복음

☞ 변화산상에서의 변모기사는 마태복음 17장, 마가복음 9장, 누가복음 9장 등 공관복음에만 등장한다. 이중 누가복음만이 모세와 엘리야가 나타나 예수와 더불어 예수의 예루살렘에서의 죽음에 대한 이야기를 나누었다고 기록하고 있다(눅9:31). 정답은 ③번.

17. 누가복음 10장에 기록되어 있지 않는 내용은?

① 첫 번째 수난 예고 ② 70제자 파송

③ 선한 사마리아인의 비유 ④ 마르다와 마리아

☞ 첫 번째 수난 예고는 베드로의 신앙고백 후인 누가복음 9장 22절에 나온다. 정답은 ①번.

18. 마태복음에는 구하는 자에게 좋은 것을 주신다고 하셨는데, 누가복음에는 무엇을 주신다고 하셨는가?

① 영생 ② 성령 ③ 믿음 ④ 은혜

☞ 누가복음은 기도와 성령, 그리고 소외된 자들에 대한 관심(이방인, 여인, 죄인)이 강한 복음서이다. 마태복음 7장 11절에 '아버지께서 구하는 자에게 좋은 것으로 주시지 않겠느냐'는 말씀이 누가복음 11장 13절에는 '구하는 자에게 성령을 주시지 않겠느냐'라고 되어 있다. 정답은 ②번.

19. 예수께서는 안식일에 귀신들려 꼬부라진 여인을 치유하셨다. 이 여인은 몇 년 동안 그 고통 가운데 있었는가?

① 16년 ② 18년 ③ 20년 ④ 22년

☞ 누가복음 13장에는 숫자 18과 관련된 내용이 두 개가 있다. 실로암 망대가 무너져 죽은 사람의 수도 18, 귀신들려 꼬부라진 여인의 고통의 기간도 18년 이다. 정답은 ②번.

20. 다음 중 누가복음에만 나오는 이야기가 아닌 것은?

① 나병환자 열 사람 이야기 ② 과부와 재판장 이야기
③ 부자와 나사로 이야기 ④ 과부의 헌금 이야기

☞ 과부가 두 렙돈 곧 한 고드란트를 바친 헌금 이야기는 마가복음 12장과 누가복음 21장에 기록되어 있다. 나머지는 누가복음에만 나오는 이야기로 ①번은 누가복음 17장, ②번은 누가복음 18장, ③번은 누가복음 16장에 나온다. 정답은 ④번.

21. 누가복음 15장에서 잃었다가 다시 찾은 것이 아닌 것은?

① 동전　　② 아들　　③ 양　　④ 친구

☞ 잃었다가 다시 찾은 것은 동전(열 드라크마), 아들(둘째 아들), 양(100마리 중 하나)이다. 정답은 ④번.

22. 치유 받은 열 명의 나병환자 중 예수에게 감사한 이는 어디 사람인가?
① 디셉 사람　　② 사마리아 사람
③ 나사렛 사람　　④ 수로보니게 사람

☞ '그 아홉은 어디 있느냐 이 이방인 외에는 하나님께 영광을 돌리려 온 자가 없느냐'(눅17:18). 예수에게 감사하러 온 자는 사마리아 사람이다. 정답은 ②번.

23. 예수의 예루살렘 입성 시 '하늘에는 평화요 가장 높은 곳에는 영광이로다'라는 무리의 찬양이 기록되어 있는 곳은?
① 마태복음　　② 마가복음　　③ 누가복음　　④ 요한복음

☞ 예수의 예루살렘 입성에 대한 기사는 마태복음 21장, 마가복음 11장, 누가복음 19장, 요한복음 12장에 기록되어 있다. 입성 시 무리의 찬양내용을 살펴보면, 마태복음은 '호산나 다윗의 자손이여 찬송하리로다 주의 이름으로 오시는 이여 가장 높은 곳에서 호산나'(마21:9), 마가복음은 '찬송하리로다 오는 우리 조상 다윗의 나라여 가장 높은 곳에서 호산나'(막11:10), 누가복음은 '주의 이름으로 오시는 왕이여 하늘에는 평화요 가장 높은 곳에는 영광이로다'(눅19:38), 요한복음은 '호산나 찬송하리로다 주의 이름으로 오시는 이 곧 이스라엘의 왕이시여'(요12:13)이다. 정답은 ③번.

24. 십자가에 박힌 행악자 중 하나가 예수와 함께 낙원에 있게 될 것임을 말해주는 복음서는?
① 마태복음　　② 마가복음　　③ 누가복음　　④ 요한복음

☞ 누가복음 23장에는 예수와 함께 십자가 죽음을 당하는 행악자 중 하나가 예수와 함께 낙원에 있게 될 것임을 기록하고 있다(눅23:43). 정답은 ③번.

25. 바리새인과 세리의 기도는 누가복음 몇 장에 기록되어 있는가?
① 16장 ② 17장 ③ 18장 ④ 19장

☞ 누가복음 각 장의 주요 내용을 살펴보면, 1장은 세례요한과 예수의 탄생예고, 2장은 예수의 탄생과 어린 시절, 3장은 세례요한의 세례, 예수의 족보(상향식), 4장은 3가지 시험, 취임설교, 6장은 열두 제자 선택과 평지설교, 7장은 나인 성 과부 아들을 살리심, 9장은 열두 제자 파송, 오병이어 기적, 베드로의 신앙고백, 10장은 70제자 파송, 선한 사마리아인의 비유, 11장은 주기도문(2-4절), 12장은 어리석은 부자 비유, 13장은 실로암 망대, 14장은 제자도(자기 십자가를 지고 나를 좇으라), 15장은 잃은 양, 동전, 아들 비유, 16장은 불의한 청지기의 비유, 부자와 나사로의 비유, 17장은 나병환자 열 사람, 18장은 과부와 재판장, 바리새인과 세리의 기도, 19장은 삭개오의 회개와 예루살렘 입성, 21장은 종말의 징조, 22-23장은 수난, 24장은 부활, 엠마오로 가는 두 제자(글로바)이다. 정답은 ③번.

✣ 누가복음 주요내용

1. 수신자가 명확하게 기록되어 있는 복음서 : 누가복음(데오빌로 각하).
2. 세례요한의 아버지 사가랴 : 아비야 제사장의 반열(여덟 번째 반열).
3. 예수의 열두 살 때 사건을 기록하고 있는 복음서 : 누가복음 2장 41-52절.
4. 세례요한이 출현할 당시의 통치자들 : 로마 황제 디베료 가이사의 통치 15년에 사역을 시작. 그때 본디오 빌라도는 유대 총독으로, 헤롯이 갈릴리의 분봉 왕으로, 그 동생 빌립이 이두래와 드라고닛의 분봉 왕으로, 루사니아가 아빌레네의 분봉 왕으로, 안나스와 가야바가 대제사장으로 있었음.
5. 예수의 사역이 30세쯤 시작했다는 말씀이 있는 본문 : 누가복음 3장 23절.
6. 누가복음 4장 18-19절에서 예수가 인용하신 말씀 : 이사야 61장 1-2절.
7. 이방인의 구원받음에 대한 예로 제시된 인물 : 사렙다 과부와 나아만.
8. 평지설교에서 복 받을 대상 : 복수 2인칭인 '너희'. 산상설교에서는 복수 3인칭인 '그들'.
9. 누가복음 6장에서 화 있을진저 라는 경고를 받은 대상 : 부요한 자, 배부른 자, 웃는 자, 칭찬 받는 자.
10. 마태복음 7장 12절의 황금률과 동일한 내용 : 누가복음 6장 31절.
11. 헤롯의 청지기 구사의 아내 : 요안나.
12. 좋은 땅에 떨어진 씨가 맺는 열매 : 마태복음은 '어떤 것은 백 배, 어떤 것은 육십 배, 어떤 것은 삼십 배의 결실'(마13:8), 마가복음은 '삼십 배나 육십 배나 백배가 되었다'(막4:8), 누가복음은 '백 배의 결실을 하였다'(눅8:8)라고 기록.
13. 누가복음에만 나오는 이야기 : 나병환자 열 사람 이야기, 과부와 재판장 이야기, 부자와 나사로 이야기.

14. 누가복음 15장에서 잃었다가 다시 찾은 것 : 동전(열 드라크마), 아들(둘째 아들), 양(100마리 중 하나).
15. 예루살렘 입성 시 무리의 찬양내용 : 마태복음은 '호산나 다윗의 자손이여 찬송하리로다 주의 이름으로 오시는이여 가장 높은 곳에서 호산나'(마21:9), 마가복음은 '찬송하리로다 오는 우리 조상 다윗의 나라여 가장 높은 곳에서 호산나'(막11:10), 누가복음은 ' 주의 이름으로 오시는 왕이여 하늘에는 평화요 가장 높은 곳에는 영광이로다'(눅19:38), 요한복음은 '호산나 찬송하리로다 주의 이름으로 오시는 이 곧 이스라엘의 왕이시여'(요12:13)이다.
16. 십자가에 박힌 행악자 중 하나가 예수와 함께 낙원에 있게 될 것임을 말해주는 복음서 : 누가복음.
17. 각 장의 주요 내용 : 1장은 세례요한과 예수의 탄생예고, 2장은 예수의 탄생과 어린 시절, 3장은 세례요한의 세례, 예수의 족보(상향식), 4장은 3가지 시험, 취임설교, 6장은 열 두 제자 선택과 평지설교, 7장은 나인 성 과부 아들을 살리심, 9장은 열 두 제자 파송, 오병이어 기적, 베드로의 신앙고백, 10장은 70제자 파송, 선한 사마리아인의 비유, 11장은 주기도문(2-4절), 12장은 어리석은 부자 비유, 13장은 실로암 망대, 14장은 제자도(자기 십자가를 지고 나를 좇으라), 15장은 잃은 양, 동전, 아들 비유, 16장은 불의한 청지기의 비유, 부자와 나사로의 비유, 17장은 나병환자 열 사람, 18장은 과부와 재판장, 바리새인과 세리의 기도, 19장은 삭개오의 회개와 예루살렘 입성, 21장은 종말의 징조, 22-23장은 수난, 24장은 부활, 엠마오로 가는 두 제자(글로바).

요한복음

1. 다음 중 예수 그리스도의 성육신을 말하고 있는 본문은 무엇인가?
   ① 요한복음 1장 1절 ② 요한복음 1장 4절
   ③ 요한복음 1장 12절 ④ 요한복음 1장 14절

   ☞ '말씀이 육신이 되어 우리 가운데 거하시매 우리가 그의 영광을 보니 아버지의 독생자의 영광이요 은혜와 진리가 충만하더라'(요1:14). 정답은 ④번.

2. 나다나엘에게 예수 그리스도를 소개하고 전도한 사람은 누구인가?
   ① 빌립 ② 안드레 ③ 베드로 ④ 야고보

   ☞ 안드레가 베드로를, 빌립이 나다나엘을 예수에게로 전도하였다. 정답은 ①번.

3. 다음 중 벳새다 출신이 아닌 사람은?
   ① 빌립 ② 안드레 ③ 니고데모 ④ 베드로

   ☞ '빌립은 안드레와 베드로와 한 동네 벳새다 사람이라'(요1:44). 정답은 ③번.

4. '당신은 하나님의 아들이시요 당신은 이스라엘의 임금이로소이다'라고 예수에 대해 고백한 사람은 누구인가?

① 나다나엘 ② 니고데모 ③ 베드로 ④ 사마리아 여인

☞ 나다나엘은 빌립으로부터 요셉의 아들 나사렛 예수에 대한 이야기를 듣고 처음에는 '나사렛에서 무슨 선한 것이 날 수 있느냐(요1:46)'라고 경청하지 않다가 와 보라는 빌립의 이야기를 듣고, 예수를 만나게 되었다. 예수는 나다나엘을 만나 그가 무화과나무 아래 있을 때에 보았다는 얘기를 하셨고, 그 말씀에 대해 나다나엘은 '당신은 하나님의 아들이시요 당신은 이스라엘의 임금이로소이다'라고 대답하였다(요1:49). 정답은 ①번.

5. 성전 정화사건을 예수의 공생애 초기의 일로 기록하고 있는 복음서는?

① 마태복음 ② 마가복음 ③ 누가복음 ④ 요한복음

☞ 성전 정화사건은 마태복음 21장, 마가복음 11장, 누가복음 19장, 요한복음 2장에 등장한다. 공관복음서는 예루살렘 입성 이후의 사건으로, 요한복음은 공생애 초기의 사건으로 그리고 있다. 정답은 ④번.

6. 예수께서 성전 정화사건을 행하신 때는 어느 절기에 가까운 때였는가?

① 유월절 ② 수전절 ③ 나팔절 ④ 초막절

☞ 성전 정화사건을 기록하고 있는 요한복음 2장 13절에 '유대인의 유월절이 가까운지라'는 말씀이 있다. 정답은 ①번.

7. 요한복음 3장을 보면, 예수께서 유대 땅에서 세례를 베푸실 때 요한은 어디에서 세례를 베풀었는가?

① 베다니 ② 애논 ③ 요단강 ④ 홍해

☞ '요한도 살렘 가까운 애논에서 세례를 베푸니 거기 물이 많음이라'

(요3:23). 예수가 베푼 세례와 관련하여 요한복음 4장 2절에는 '예수께서 친히 세례를 베푸신 것이 아니요 제자들이 베푼 것이라'는 말씀이 나온다. 정답은 ②번.

8. 사마리아 수가성에 있는 우물의 이름은?
① 아브라함의 우물 ② 이삭의 우물
③ 야곱의 우물 ④ 라반의 우물

☞ 예수께서 사마리아 여인과 만나 대화를 나누신 장소는 수가성에 있는 야곱의 우물이었고(요3:6), 만나신 때는 제 육시쯤 되었다고 성경은 말하고 있다(요4:6). 예수께서는 사마리아에 이틀을 유하셨다(요4:40). 정답은 ③번.

9. 다음 중 열 두 제자의 명단과 제자파송에 대한 기사가 등장하지 않는 복음서는?
① 마태복음 ② 마가복음 ③ 누가복음 ④ 요한복음

☞ 12제자의 명단은 마태복음 10장, 마가복음 3장, 누가복음 6장, 사도행전 1장에, 제자파송에 대한 기사는 마태복음 10장, 마가복음 6장, 누가복음 9장에 기록되어 있다. 정답은 ④번.

10. 다음 중 '와서 보라'는 이야기를 들어보지 못한 인물은 누구인가?
① 안드레 ② 나다나엘 ③ 베드로 ④ 사마리아 사람들

☞ 안드레는 예수로부터(요1:39), 나다나엘은 빌립으로부터(요1:46), 사마리아 사람들은 여인으로부터(요4:29) '와서 보라'는 이야기를 들었다. 정답은 ③번.

11. 요한복음 4장에 의하면, 예수께서 유대에서 갈릴리로 오신 후 행하신 두 번째 이적은 무엇인가?

① 물로 포도주를 바꾸심　　　② 중풍병자를 고치심
③ 나병환자를 고치심　　　④ 왕의 신하의 아들을 고치심

☞ 예수께서 행하신 두 번째 표적은 왕의 신하의 아들의 병을 고치신 것이다(요4:54). 신하의 아들은 예수를 만나지 않고서 치유함을 받았는데, 그의 열이 내려간 시점은 제 칠 시이다(요4:52). 정답은 ④번.

12. 베데스다 연못에는 몇 개의 행각이 있었는가?
① 4개　② 5개　③ 6개　④ 7개

☞ 베데스다 연못에서 예수께서는 38년 된 병자를 치유하셨는데, 그곳에는 다섯 개의 행각이 있었다(요5:2). 정답은 ②번.

13. 다음 설명 중 맞지 않는 것은?
① 소년이 오병이어를 가지고 있음을 예수에게 말한 제자는 빌립이다.
② 예수께서는 세례요한을 켜서 비추이는 등불이라 하셨다.
③ 예수께서 유대인들에게 모세가 그들을 고소할 것이라 하셨다.
④ 선한 자와 악한 자 모두 부활하여 심판을 받는다.

☞ 빌립에게는 예수께서 '우리가 어디서 떡을 사서 이 사람들을 먹이겠느냐' 물으셨고, 빌립은 '각 사람으로 조금씩 받게 할지라도 이백 데나리온의 떡이 부족하리이다'라고 대답하였다(요6:5-7). 한 소년이 오병이어를 가지고 있음을 예수에게 말한 제자는 안드레이다(요6:8-9). ②번은 요한복음 5장 35절에, ③번은 요한복음 5장 45절에, ④번은 요한복음 5장 29절에 기록되어 있다. 정답은 ①번.

14. '내가 곧 생명의 떡'이라는 말씀은 요한복음 어디에 기록되어 있는가?
① 6장 29절　② 6장 35절　③ 6장 51절　④ 6장 65절

☞ 요한복음 6장은 오병이어의 기적이 나오는 본문이다(마14장, 막6장, 눅9장, 요6장). 생명의 떡에 대한 말씀이 공관복음에서는 성찬 시 등장하지만, 요한복음에서는 오병이어의 기적 후에 예수께서 자신이 생명의 떡이심을 선포하신다. 6장에는 떡에 대한 예수의 말씀이 세 군데 기록되어 있는데, 6장 35절과 48절에는 '내가 곧 생명의 떡', 6장 51절에는 '나는 하늘에서 내려온 살아 있는 떡'이라는 말씀이 있다. 정답은 ②번.

15. 베드로의 신앙고백의 내용이 요한복음에는 어떻게 기록되어 있는가?
① 주는 그리스도시요 살아계신 하나님의 아들이시니이다
② 하나님의 그리스도시니이다
③ 주는 하나님의 거룩하신 자이신 줄 믿고 알았사옵나이다
④ 주는 그리스도시니이다

☞ ①번은 마태복음 16장 16절, ②번은 누가복음 9장 20절, ③번은 요한복음 6장 69절, ④번은 마가복음 8장 29절에 기록되어 있다. 정답은 ③번.

16. 요한복음 7장에서 예수께서는 어느 명절을 지키시기 위해 예루살렘에 올라가셨는가?
① 유월절 ② 오순절 ③ 나팔절 ④ 초막절

☞ 요한복음 7장에는 형제들이 먼저 올라간 후, 예수께서 비밀리에 초막절을 지키시기 위해 예루살렘 가셔서 하신 사역이 기록되어 있다. 명절 끝 날에 예수께서는 '누구든지 목마르거든 내게로 와서 마시라 나를 믿는 자는 성경에 이름과 같이 그 배에서 생수의 강이 흘러나오리라'라고 말씀하셨다(요7:37-38). 정답은 ④번.

17. 예수를 잡고자 하는 종교사제들에게 '우리 율법은 사람의 말을 듣고 그 행한 것을 알기 전에 심판하느냐'하며 예수를 변호해 주었던 사

람은 누구인가?

① 아리마대 요셉 ② 니고데모 ③ 가말리엘 ④ 안나스

☞ 요한복음 3장에서 예수를 찾아 온 유대인의 관원 니고데모가 예수를 변호하고 있다(요7:50-51). 니고데모는 예수의 십자가 죽음 후에도 몰약과 침향 섞은 것을 백 리트라쯤 가지고 왔다(요19:39). 반대로 '너희가 아무 것도 알지 못하는도다 한 사람이 백성을 위하여 죽어서 온 민족이 망하지 않게 되는 것이 너희에게 유익한 줄을 생각하지 아니하는도다'라고 말하며 예수를 죽이고자 한 이는 대제사장 가야바이다(요11:49-50). 정답은 ②번.

18. 예수께서 '나는 세상의 빛이니'라는 말씀을 하신 장소는 어디인가?

① 성전 헌금함 앞 ② 나사렛 회당
③ 성전 재판정 ④ 대제사장의 뜰

☞ 예수께서는 '나는 세상의 빛(요8:12)'이라는 말씀을 성전 헌금함 앞에서 하셨다(요8:20). 참고로, 요한복음에 나와 있는 '나는 ~이다'는 말씀을 살펴보면, '나는 생명의 떡(요6:35,38)', '나는 산 떡(요6:51)', '나는 세상의 빛(요8:12)', '나는 양의 문(요10:7)', '나는 선한 목자(요10:11)', '나는 부활이요 생명이니(요11:25)', '나는 길이요 진리요 생명이니(요14:6)', '나는 참 포도나무요(요15:1)'이다. 정답은 ①번.

19. 요한복음 8장 44절에는 마귀를 무엇의 아비라 설명하고 있는가?

① 살인 ② 위선 ③ 유혹 ④ 거짓

☞ '너희는 너희 아비 마귀에게서 났으니 너희 아비의 욕심대로 너희도 행하고자 하느니라 그는 처음부터 살인한 자요 진리가 그 속에 없으므로 진리에 서지 못하고 거짓을 말할 때마다 제 것으로 말하나니 이는 그가 거짓말쟁이요 거짓의 아비가 되었음이라' 정답은 ④번.

20. 요한복음 8장에 의하면, 유대인들이 예수를 비방하기 위해 예수를 어디 사람이라고 말하였는가?

① 나사렛 사람 ② 사마리아 사람 ③ 두로 사람 ④ 아람 사람

☞ '우리가 너를 사마리아 사람이라 또는 귀신이 들렸다 하는 말이 옳지 아니하냐'(요8:48). 누가복음 7장 33-34절을 보면, 세례요한에 대해서는 '귀신이 들렸다' 하고 예수에 대해서는 '먹기를 탐하고 포도주를 즐기는 사람이요 세리와 죄인의 친구로다' 하는 당시 사람들의 평가가 기록되어있다. 정답은 ②번.

21. 출교라는 단어가 기록되어 있는 복음서는 무엇인가?

① 마태복음 ② 마가복음 ③ 누가복음 ④ 요한복음

☞ 출교라는 단어는 요한복음 9장 22절에 기록되어 있다. 참고로, 교회라는 단어는 마태복음에만 기록되어 있는데, 마태복음 16장 18절의 베드로의 신앙 고백 후(너는 베드로라 내가 이 반석 위에 내 교회를 세우리니 음부의 권세가 이기지 못하리라), 그리고 마태복음 18장 17절의 교회공동체의 규범에 대한 말씀에서 등장한다. 정답은 ④번.

22. '나와 아버지는 하나이니라' 하는 말에 유대인들이 돌을 들어 예수를 치고자 한 때는 언제인가?

① 봄 ② 여름 ③ 가을 ④ 겨울

☞ 요한복음 10장 22절부터는 수전절에 솔로몬 행각에서 일어난 일을 기록하고 있다. 수전절은 마카비가 에피파네스 4세를 물리치고 성전을 회복한 날을 기념하는 절기로, 때는 겨울이다(요10:22). 이때 예수께서는 '나와 아버지는 하나이니라'(요10:30)고 선포하셨고, 유대인들은 돌을 들어 예수를 죽이고자 하였다. 그때 유대인들에게 예수께서 인용하신 구약 본문이 '내가 너희를 신이라 하였노라'는 시편 82편 6절 말씀이다. 정답은 ④번.

23. 우리도 주와 함께 죽으러 가자고 말한 제자는 누구인가?

① 베드로 ② 안드레 ③ 빌립 ④ 도마

☞ 나사로를 살리고자 베다니로 떠나시면서 '그에게로 가자'라고 예수가 말씀하시자, 디두모라 하는 도마는 다른 제자들에게 '우리도 주와 함께 죽으러 가자'고 말하였다(요11:16). 예수께서 베다니에 있는 나사로의 집에 도착하실 때는 나사로가 죽은 지 나흘째 되는 날이었으며(요11:17), 예수께서는 그곳에서 눈물을 흘리셨다(요11:35). 정답은 ④번.

24. 예수께서 '나는 부활이요 생명이니'라고 하신 말씀은 누구에게 일차적으로 하신 말씀인가?

① 마리아 ② 마르다 ③ 문상객들 ④ 베다니 사람들

☞ '네 오라비가 다시 살아나리라'는 예수의 말씀에 대해 마르다가 '마지막 날 부활 때에는 다시 살아날 줄을 내가 아나이다'라고 대답하였다. 그 대답에 대해 주께서 '나는 부활이요 생명이니 나를 믿는 자는 죽어도 살겠고 무릇 살아서 나를 믿는 자는 영원히 죽지 아니하리니 이것을 네가 믿느냐'라고 말씀하셨다(요11:23-27). 여기의 너는 마르다를 가리키는 것이다. 정답은 ②번.

25. 헬라인들이 예수를 만나기 원할 때 누구에게 만남을 부탁하였는가?

① 빌립 ② 안드레 ③ 베드로 ④ 야고보

☞ '그들이 갈릴리 벳새다 사람 빌립에게 가서 청하여 이르되 선생이여 우리가 예수를 뵈옵고자 하나이다'(요12:21). 이에 빌립은 안드레에게 말하였고, 안드레와 빌립이 예수께 가서 그들의 요청을 전달하였다. 이때 주님이 하신 말씀이 '한 알의 밀이 땅에 떨어져 죽지 아니하면 한 알 그대로 있고 죽으면 많은 열매를 맺느니라'는 말씀이다(요12:24). 정답은 ①번.

26. 요한복음에서는 예수에게 향유를 부은 사건이 어디에서 일어난 것으로 기록하고 있는가?

① 베다니 나병환자 시몬의 집　　② 한 바리새인의 집
③ 베다니 나사로의 집　　④ 마가의 다락방

☞ 예수에게 향유를 부은 사건과 관련하여 복음서마다 장소와 향유를 부은 주체에 대해 약간씩 상이한 기록을 하고 있다. 마태복음 26장과 마가복음 14장은 베다니 나병환자 시몬의 집에서 이 사건이 일어났으며, 향유를 부은 이는 한 여자로 기록하고 있다. 누가복음 7장에서는 한 바리새인의 집에 예수가 초대되었을 때 일어난 사건으로, 죄인인 한 여자가 향유 옥합을 가져와 눈물로 예수의 발을 씻기며 향유를 부었다 기록하고 있다. 요한복음 12장에서는 베다니 나사로의 집에서 유월절 6일 전에 나사로의 동생 마리아가 순전한 나드 한 근을 예수의 발에 부었다 기록하고 있다. 이때 가룟 유다가 여인에게 삼백 데나리온에 팔아 가난한 자들에게 주지 않음을 책망하는 장면이 나온다. 성경은 가룟 유다에 대해 '그는 도둑이라 돈궤를 맡고 거기 넣는 것을 훔쳐 감이러라'고 말하고 있다(요12:6). 정답은 ③번.

27. 예루살렘 입성 시 사람들이 종려나무 가지를 가지고 예수를 환영했다는 내용이 기록되어 있는 복음서는?

① 마태복음　② 마가복음　③ 누가복음　④ 요한복음

☞ '종려나무 가지를 가지고 맞으러 나가 외치되 호산나 찬송하리로다' (요12:13). 정답은 ④번.

28. 나는 그의 명령이 (　　　)인 줄 아노라 그러므로 내가 이르는 것은 내 아버지께서 내게 말씀하신 그대로니라(요12:50). (　) 안에 알맞은 말은?

① 영생　② 진실　③ 사랑　④ 율법

☞ 예수께서는 '내가 온 것은 세상을 심판하려 함이 아니요 세상을 구원하려 함이로다(요12:47)' 말씀하시면서 '나는 그의 명령이 영생인줄 아노라'고 하셨다. 정답은 ①번.

29. 다음 중 십자가 수난 이전에 주의 만찬이 기록되어 있지 않은 복음서는?
① 마태복음 ② 마가복음 ③ 누가복음 ④ 요한복음

☞ 주의 만찬은 마태복음 26장, 마가복음 14장, 누가복음 22장, 고린도전서 11장에 기록되어 있다. 요한복음 13장에는 주의 만찬 대신 제자들의 발을 씻기시는 장면이 기록되어 있다. 예수께서는 그날 밤 가룟 유다가 나간 후, 제자들에게 '서로 사랑하라'는 새 계명을 주셨다. 정답은 ④번.

30. 예수 그리스도의 변화산상에서의 변모기사가 나타나지 않는 복음서는?
① 마태복음 ② 마가복음 ③ 누가복음 ④ 요한복음

☞ 변화산상에서의 변모기사는 마태복음 17장, 마가복음 9장, 누가복음 9장 등 공관복음에만 기록되어 있다. 정답은 ④번.

31. 너희는 내가 명하는 대로 행하면 곧 나의 (　　)라(요15:14). (　)안에 알맞은 말은?
① 제자 ② 친구 ③ 성도 ④ 가지

☞ 예수께서는 보혜사를 보내실 약속을 말씀하실 때 '너희가 나를 사랑하면 나의 계명을 지키리라(요14:15)'고 말씀하셨고, 요한복음 15장 14절에서는 '너희는 내가 명하는 대로 행하면 곧 나의 친구라'고 말씀하셨다. 정답은 ②번.

32. 다음 중 성령께서 오셔서 책망하시는 주제가 아닌 것은?
① 죄 ② 의 ③ 심판 ④ 믿음

☞ 요한복음 16장 8절을 보면, '그가 와서 죄에 대하여, 의에 대하여, 심판에 대하여 세상을 책망하시리라'는 말씀이 기록되어 있다. 책망의 이유를 살펴보면, 죄에 대하여는 그들이 나를 믿지 아니함이요, 의에 대하여는 내가 아버지께로 가니 너희가 다시 나를 보지 못함이요 심판에 대하여는 이 세상 임금이 심판을 받았음이라고 말하고 있다(요16:9-11). 정답은 ④번.

33. 요한복음 17장 3절에서 말하고 있는 영생의 정의는 무엇인가?
① 유일하신 참 하나님과 그의 보내신 자 예수 그리스도를 아는 것
② 유일하신 참 하나님과 그의 보내신 자 예수 그리스도를 믿는 것
③ 유일하신 참 하나님과 그의 보내신 자 예수 그리스도와 더불어 사는 것
④ 유일하신 참 하나님과 그의 보내신 자 예수 그리스도를 만나는 것

☞ '영생은 곧 유일하신 참 하나님과 그의 보내신 자 예수 그리스도를 아는 것이니이다'(요17:3). 정답은 ①번.

34. 베드로가 칼로 내리쳐 그 귀가 떨어진 이의 이름이 기록되어 있는 복음서는?
① 마태복음 ② 마가복음 ③ 누가복음 ④ 요한복음

☞ 베드로에 의해 귀가 떨어진 자의 이름을 '말고'라 밝힌 곳은 요한복음 18장 10절이고, 떨어진 귀를 고쳐주셨다는 기록은 누가복음 22장 51절에 기록되어 있다. 정답은 ④번.

35. 예수께서 빌라도에게 재판받으신 곳은 어디인가?
① 돌을 깐 뜰 ② 성전 뜰 ③ 총독 관저 ④ 산헤드린

☞ 예수께서 빌라도에게 재판 받으신 때는 유월절 예비일 제 육시였고

(요19:14), 장소는 히브리 말로 '가바다'라 일컫는 '돌을 깐 뜰'이었다(요19:13). 정답은 ①번.

36. 십자가위에 붙인 패에 기록되지 않은 언어는?
① 히브리어 ② 라틴어 ③ 헬라어 ④ 아람어

☞ 빌라도는 십자가 위에 '나사렛 예수 유대인의 왕'이라는 패를 써서 붙였는데, 히브리, 로마, 헬라 말로 기록하였다(요19:19-20). 정답은 ④번.

37. 예수의 죽음 후 창으로 그의 옆구리를 찔렀다는 기사와 다리를 꺾지 않았다는 기사는 어디에 기록되어 있는가?
① 마태복음 ② 마가복음 ③ 누가복음 ④ 요한복음

☞ 안식일에 시체들을 십자가에 두지 않고자 시체의 다리를 꺾어 달라고 한 유대인들의 요청으로 인해 군인들이 예수와 함께 십자가에 못 박힌 두 강도의 다리는 꺾었으나, 예수는 이미 죽은 것을 보고 다리를 꺾지 아니하고 대신 창으로 옆구리를 찔렀다(요19:34). 요한은 이 사건을 '그 뼈가 하나도 꺾이지 아니하리라'고 한 출애굽기 12장 46절, 민수기 9장 12절, 시편 34편 20절의 성취로, 또한 '그들이 그 찌른 자를 보리라'고 한 스가랴 12장 10절의 성취로 보았다. 정답은 ④번.

38. 예수를 향하여 '나의 주님이시요 나의 하나님이시니이다'라고 고백한 제자는 누구인가?
① 베드로 ② 도마 ③ 안드레 ④ 빌립

☞ 부활 후 제자들을 1차로 만나실 때 도마는 그곳에 없었다. 여드레를 지나서(요20:26) 2차로 제자들을 만나실 때 예수께서는 도마에게 자신의 옆구리에 손가락을 넣어보라고 말씀하셨고 그 때 도마는 '나의 주님이시요 나의 하나님이시니이다'라고 고백하였다(요20:28). 정답은 ②번.

39. 요한복음을 기록한 저술 목적이 기록된 곳은 요한복음 몇 장인가?

① 18장 ② 19장 ③ 20장 ④ 21장

☞ 요한복음은 그 저술목적이 기록된 유일한 복음서이다. '오직 이것을 기록함은 너희로 예수께서 하나님의 아들 그리스도이심을 믿게 하려 함이요 또 너희로 믿고 그 이름을 힘입어 생명을 얻게 하려 함이니라'(요 20:31). 정답은 ③번.

40. 예수께서 부활 후 디베랴 바닷가에서 제자들을 만나실 때 함께 한 제자들의 총 수는 몇 명인가?

① 4명 ② 5명 ③ 6명 ④ 7명

☞ 예수께서 디베랴 바닷가에서 제자들을 만나신 것은 부활 후 세 번째로 제자들을 만나시는 장면이다. 그때 베드로와 디두모라 하는 도마와 갈릴리 가나 사람 나다나엘과 세베대의 아들들과 또 다른 제자 둘이 함께 하였다. 총 수는 7명이다. 만남 때에 예수의 명령에 따라 배 오른편으로 그물을 던진 제자들은 153마리의 물고기를 잡았다(요21:11). 또한 베드로에게 '내 어린 양을 먹이라', '내 양을 치라', '내 양을 먹이라'는 말씀도 디베랴 바닷가에서 하신 것이다. 정답은 ④번.

41. 다음 설명 중 맞지 않는 것은?

① 세례요한의 이름은 모든 복음서에 등장한다.

② 오병이어의 기적사건은 모든 복음서에 등장한다.

③ 예루살렘 입성 기사는 모든 복음서에 등장한다.

④ 종말에 관한 설교는 모든 복음서에 등장한다.

☞ 세례요한의 이름과 사역은 마태복음 3장, 마가복음 1장, 누가복음 3장, 요한복음 1장에 기록되어 있다. 오병이어의 기적사건도 모든 복음서에 기록되어 있는데 마태복음 14장, 마가복음 6장, 누가복음 9장, 요한복음 6장에 나오고, 예루살렘 입성 사건도 마태복음 21장, 마가복음 11

장, 누가복음 19장, 요한복음 12장에 나온다. 종말에 관한 설교는 마태복음 24장, 마가복음 13장, 누가복음 21장에 나오며, 요한복음서에는 기록되어 있지 않다. 정답은 ④번.

42. 다음 중 요한복음 내에서 누군가에게 '와서 보라'고 말하지 않은 사람은 누구인가?

① 사마리아 여인　② 빌립　③ 예수　④ 안드레

☞ 사마리아 여인은 요한복음 4장 29절에서 사마리아인들에게, 빌립은 요한복음 1장 46절에서 나다나엘에게, 예수는 요한복음 1장 39절에서 안드레에게 '와서 보라'고 말씀하셨다. 정답은 ④번.

43. 보혜사 성령에 대한 약속은 요한복음 몇 장에 기록되어 있는가?

① 14장　② 15장　③ 16장　④ 17장

☞ 요한복음 각 장의 주요내용을 살펴보면, 1장은 로고스의 성육신, 2장은 가나의 혼인 잔치와 성전정화사건(마21장, 막11장, 눅19장, 요2장), 3장은 니고데모, 4장은 예수와 사마리아 여인, 5장은 베데스다 연못에서 38년된 병자 고침, 6장은 오병이어의 기적(마14장, 막6장, 눅9장, 요6장), 7장은 초막절 여행, 8장은 간음 중에 잡힌 여인, 9장은 실로암(보냄을 받았다), 10장은 선한 목자, 11장은 나사로의 다시 살아남, 12장은 예루살렘 입성(마21장, 막11장, 눅19장 요12장), 13장은 세족식과 새 계명(서로 사랑하라), 14장은 보혜사의 약속(17절 - 저는 진리의 영이라), 15장은 포도나무 비유(예수는 포도나무, 하나님은 농부, 우리는 가지), 16장은 보혜사 성령의 사역(죄, 의, 심판에 대하여), 17장은 예수의 대제사장적 기도, 18-19장은 수난, 20장은 부활, 21장은 베드로와의 관계회복이다. 정답은 ①번.

✤ 요한복음 주요내용

1. 예수 그리스도의 성육신을 말하고 있는 본문 : 요한복음 1장 14절.
2. 나다나엘에게 예수 그리스도를 소개하고 전도한 사람 : 빌립.
3. 벳새다 출신 : 빌립, 안드레, 베드로.
4. 당신은 하나님의 아들이시요 당신은 이스라엘의 임금이로소이다 : 나다나엘의 고백.
5. 성전 정화사건 : 마태복음 21장, 마가복음 11장, 누가복음 19장, 요한복음 2장.
6. 요한이 세례를 베푼 곳 : 애논.
7. 사마리아 수가성에 있는 우물의 이름 : 야곱의 우물.
8. 와서 보라는 이야기를 들어본 인물 : 안드레는 예수로부터(요1:39), 나다나엘은 빌립으로부터(요1:46), 사마리아 사람들은 여인으로부터(요4:29).
9. 베데스다 연못 : 다섯 개의 행각이 있음.
10. 소년이 오병이어를 가지고 있음을 예수에게 말한 제자 : 안드레.
11. 베드로의 신앙고백 : 주는 그리스도시요 살아계신 하나님의 아들이시니이다(마태복음 16장 16절), 주는 그리스도시니이다(마가복음 8장 29절), 하나님의 그리스도시니이다(누가복음 9장 20절), 주는 하나님의 거룩하신 자이신 줄 믿고 알았사옵나이다(요한복음 6장 69절).
12. 요한복음에 나와 있는 '나는 ~이다'는 말씀 : '나는 생명의 떡(요6:35,38)', '나는 산 떡(요6:51)', '나는 세상의 빛(요8:12)', '나는 양의 문(요10:7)', '나는 선한 목자(요10:11)', '나는 부활이요 생명이니(요11:25)', '나는 길이요 진리요 생명이니(요14:6)', '나는 참 포도나무요(요15:1)'.
13. 출교라는 단어가 기록되어 있는 복음서 : 요한복음 9장 22절.
14. 나와 아버지는 하나이니라 하는 말에 유대인들이 돌을 들어 예수를

치고자 한 때 : 수전절(겨울).

15. 우리도 주와 함께 죽으러 가자고 말한 제자 : 도마.
16. 헬라인들이 예수를 만나기 원할 때 부탁한 제자 : 빌립.
17. 예수에게 향유를 부은 사건 : 마태복음 26장과 마가복음 14장은 베다니 나병환자 시몬의 집에서 이 사건이 일어났으며, 향유를 부은 이는 한 여자로 기록. 누가복음 7장에서는 한 바리새인의 집에 예수가 초대되었을 때 일어난 사건으로, 죄인인 한 여자가 향유 옥합을 가져와 눈물로 예수의 발을 씻기며 향유를 부었다 기록. 요한복음 12장에서는 베다니 나사로의 집에서 유월절 6일 전에 나사로의 동생 마리아가 순전한 나드 한 근을 예수의 발에 부었다 기록하고 있다. 이때 가룟 유다가 여인에게 삼백 데나리온에 팔아 가난한 자들에게 주지 않음을 책망하는 장면이 나온다. 성경은 가룟 유다에 대해 '그는 도둑이라 돈궤를 맡고 거기 넣는 것을 훔쳐 감이러라'고 기록.
18. 예루살렘 입성 시 사람들이 종려나무 가지를 가지고 예수를 환영했다는 기록 : 요한복음 12장 13절.
19. 주의 만찬 : 마태복음 26장, 마가복음 14장, 누가복음 22장, 고린도전서 11장.
20. 성령께서 오셔서 책망하시는 주제 : 죄(그들이 나를 믿지 아니함이요), 의(내가 아버지께로 가니 너희가 다시 나를 보지 못함이요), 심판(이 세상 임금이 심판을 받았다).
21. 요한복음 17장 3절에서 말하고 있는 영생의 정의 : 유일하신 참 하나님과 그의 보내신 자 예수 그리스도를 아는 것.
22. 베드로가 칼로 내리쳐 그 귀가 떨어진 이의 이름 : 말고.
23. 예수께서 빌라도에게 재판받으신 곳 : 히브리 말로 '가바다'라 일컫는 돌을 깐 뜰.
24. 십자가위에 붙인 패에 기록된 언어 : 히브리, 로마, 헬라 말로 기록.
25. 예수의 죽음 후 창으로 그의 옆구리를 찔렀다는 기사와 다리를 꺾지

않았다는 기사 : 요한복음에만 기록.

26. 예수를 향하여 '나의 주님이시요 나의 하나님이시니이다'라고 고백한 제자 : 도마.

27. 요한복음을 기록한 저술 목적 : 요한복음 20장 31절.

28. 예수께서 부활 후 디베랴 바닷가에서 제자들을 만나실 때 함께 한 제자들의 총 수 : 7명(베드로와 디두모라 하는 도마와 갈릴리 가나 사람 나다나엘과 세베대의 아들들과 또 다른 제자 둘).

29. 각 장의 주요내용 : 1장은 로고스의 성육신, 2장은 가나의 혼인 잔치와 성전정화사건(마21장, 막11장, 눅19장, 요2장), 3장은 니고데모, 4장은 예수와 사마리아 여인, 5장은 베데스다 연못에서 38년 된 병자 고침, 6장은 오병이어의 기적(마14장, 막6장, 눅9장, 요6장), 7장은 초막절 여행, 8장은 간음 중에 잡힌 여인, 9장은 실로암(보냄을 받았다), 10장은 선한 목자, 11장은 나사로의 다시 살아남, 12장은 예루살렘 입성(마21장, 막11장, 눅19장, 요12장), 13장은 세족식과 새 계명(서로 사랑하라), 14장은 보혜사의 약속(17절 - 저는 진리의 영이라), 15장은 포도나무 비유(예수는 포도나무, 하나님은 농부, 우리는 가지), 16장은 보혜사 성령의 사역(죄, 의, 심판에 대하여), 17장은 예수의 대제사장적 기도, 18-19장은 수난, 20장은 부활, 21장은 베드로와의 관계회복.

사도행전

1. 사도행전 1장에 의하면 예수께서 승천하신 장소는 어디인가?

   ① 예루살렘 성전　② 베다니　③ 감람원　④ 갈릴리

   ☞ 예수께서는 부활 후 40일 동안 이 땅에 계시다가 제자들 앞에서 승천하셨는데, 승천하신 장소를 사도행전 1장 12절에서는 '감람원'으로, 누가복음 24장 50절에서는 '베다니'로 기록하고 있다. 정답은 ③번.

2. 맛디아를 새로운 사도로 세울 때 그곳에 함께 모여 있던 사람의 수는 몇 명인가?

   ① 11명　② 12명　③ 70명　④ 120명

   ☞ 예수께서 승천하신 후 그의 제자들은 마가의 다락방에 모여 기도에 힘썼다(행1:14). 그곳에 모인 수는 120명이었으며(행1:15), 베드로의 제안에 따라 가룟 유다를 대신할 새로운 사도를 세웠는데 그의 이름이 맛디아이다. 맛디아를 뽑을 때 인용한 성경말씀은 '그의 직분을 타인이 취하게 하소서'라는 시편 109편 8절이었으며, 맛디아와 함께 후보로 올라간 이는 바사바라고도 하고 별명은 유스도라고 하는 요셉이었다(행1:23). 정답은 ④번.

3. 오순절 성령강림이 일어난 시점은?

① 제 삼 시　② 제 육 시　③ 제 구 시　④ 제 십일 시

☞ 오순절 성령강림에 대해 새 술에 취하였다고 조롱하는 이들을 향해 베드로는 '때가 제 삼 시니 너희 생각과 같이 이 사람들이 취한 것이 아니라'고 말하였다(행2:15). 정답은 ①번.

4. 오순절 성령강림 사건 때 베드로가 설교를 하면서 인용한 말씀은 구약 어디 본문인가?

① 다니엘　② 호세아　③ 요엘　④ 아모스

☞ 베드로는 오순절 성령강림 시 설교에서 요엘서 2장 28-32절에 나와 있는 말씀을 인용하였다. 그 내용은 하나님의 영이 임할 때 자녀들은 장래 일을 말하고, 노인들은 꿈을 꾸며, 젊은이는 이상을 보고, 남종과 여종도 하나님의 영을 받게 된다는 것이다(행2:17-20). 여호와의 이름을 부르는 자는 구원을 받는다는 말씀은 요엘서 2장 32절, 사도행전 2장 21절, 로마서 10장 13절에 기록되어 있다. 하나님의 영이 임할 때의 징조는 피와 불과 연기이다(행2:19). 정답은 ③번.

5. 베드로와 요한이 성전 미문에 있는 못 걷는 사람을 고칠 때의 시간은?

① 제 삼 시　② 제 육 시　③ 제 구 시　④ 제 십이 시

☞ 베드로와 요한은 제 구 시 기도시간에 맞춰 성전에 올라갔다(행3:1). 이때 미문에 있는 못 걷는 사람이 구걸하였고, 베드로는 '은과 금은 내게 없거니와 내게 있는 이것을 네게 주노니 나사렛 예수 그리스도의 이름으로 일어나 걸으라'고 명하였고, 오른손을 잡아 그를 일으켰다. 그때 일어난 자의 나이는 사십 여세나 되었다(행4:22). 참고로, 고넬료에게 하나님의 사자가 나타나 베드로를 초청하라고 말한 시점도 제 구시이다(행10:3). 정답은 ③번.

6. 베드로의 솔로몬 행각에서의 설교 때 믿은 남자의 수는 몇 명이나 되었는가?

① 2,000명　　② 3,000명　　③ 4,000명　　④ 5,000명

☞ 오순절 성령 강림 시 베드로가 행한 설교로 세례를 받고 제자 된 수는 3,000명이었다(행2:41). 사도행전 3장 솔로몬 행각에서의 설교로 믿은 자의 수는 남자만 5,000명이었다(행4:4). 솔로몬 행각은 요한복음 10장에서 수전절 때 유대인들이 예수를 돌로 치고자 한 장소이다(요10:22-39). 정답은 ④번.

7. 바나바의 본 이름은 무엇인가?

① 르우벤　　② 레위　　③ 야고보　　④ 요셉

☞ 바나바는 사도들이 지어준 이름으로 '위로의 아들'이라는 뜻이다. 바나바의 본 이름은 요셉으로, 구브로에서 났으며 레위족속이다(행4:36). 그는 자신의 밭을 팔아 바쳤다. 정답은 ④번.

8. 사도행전에는 '아나니아'라는 이름을 가진 사람이 몇 명 등장하는가?

① 2명　　② 3명　　③ 4명　　④ 5명

☞ 사도행전에는 아나니아 라는 이름을 가진 사람이 세 명 등장한다. 사도행전 5장에서 성령을 속여 죽임당한 삽비라의 남편 아나니아(행5:1-6), 사도행전 9장의 사울에게 안수한 다메섹 아나니아(행9:10), 사도행전 23장의 대제사장 아나니아(행23:2)이다. 정답은 ②번.

9. 사도행전 5장에서 감옥에 있던 사도들이 감옥에서 나온 후 성전에 가서 외친 시점은?

① 새벽　　② 아침　　③ 오후　　④ 저녁

☞ 옥에 갇혀 있다 주의 사자에 의해 감옥을 나온 사도들은 새벽에 성전

에 들어가서 가르쳤다(행5:21). 사도들은 이 일로 다시 공회 앞에 서게 되었다. 정답은 ①번.

10. 드다와 유다의 예를 들면서 사도들을 상관하지 말고 버려두라고 말한 이는 누구인가?
① 아나니아 ② 니고데모 ③ 가말리엘 ④ 빌라도

☞ 공회에 있던 자들이 사도들을 죽이고자 할 때 바리새인 가말리엘이 드다와 유다의 예를 들면서 '이 소행이 사람으로부터 났으면 무너질 것이요 만일 하나님께로부터 났으면 너희가 그들을 무너뜨릴 수 없을 것'(행5:38-39)이라 말하자 그 말을 옳게 여겨 사도들을 채찍질하고 풀어주었다. 정답은 ③번.

11. 초대 교회 일곱 집사 중에 포함되지 않는 사람은 누구인가?
① 빌립 ② 브로고로 ③ 디몬 ④ 바르다

☞ 과부 구제 문제로 불거진 문제를 해결하기 위해 사도들은 기도하는 것과 말씀 전하는 것에 전념하고 공궤를 행할 일곱 집사를 뽑게 되었다. 일곱 집사의 이름은 스데반, 빌립, 브로고로, 니가노르, 디몬, 바메나, 안디옥 사람 니골라이다(행6:5). 정답은 ④번.

12. 스데반의 설교에서 인용하고 있는 구약본문이 아닌 것은?
① 신명기 18장 15절 ② 여호수아 24장 6절
③ 아모스 5장 25절 ④ 이사야 66장 1절

☞ 사도행전 7장에 등장하는 스데반의 설교에서는 신명기 18장 15절, 아모스 5장 25절, 이사야 66장 1절이 인용되어 있다. 설교 중 애굽으로 내려간 자의 수를 75명으로(행7:14), 광야생활을 광야교회라 칭하고 있다(행7:38). 스데반의 순교의 현장에 사울이 함께 하고 있었다(행7:58). 정답은 ②번.

13. 다음 중 빌립과 연관된 지역이 아닌 것은?

① 사마리아 ② 에베소 ③ 광야 ④ 가이사랴

☞ 핍박으로 인해 사도들을 제외한 모든 이들이 예루살렘을 떠나 흩어졌는데, 빌립은 사마리아에 가서 복음을 전하였다. 그곳에서 마술사 시몬을 전도하였는데, 이후에 시몬은 돈을 주고 성령을 사고자 하여 베드로로부터 책망을 받았다(행8:20-23). 주의 사자의 지시로 사마리아를 떠나 광야에 간 빌립은 에디오피아 여왕 간다게의 국고 맡은 내시를 만나 그에게 세례를 주었다. 빌립을 만날 때 내시는 이사야 53장 7절 이하의 말씀(그가 도살자에게로 가는 양과 같이 끌려갔고...)을 읽고 있었다. 이후 빌립은 아소도를 지나 가이사랴로 가서 그곳에 머물렀다. 그에게는 예언하는 네 명의 딸이 있었다(행21:9). 백부장 고넬료가 있었던 곳도 가이사랴이다(행10:1). 정답은 ②번.

14. 베드로가 룻다에서 치유한 애니아는 몇 년간 중풍병으로 고생하였는가?

① 5년 ② 6년 ③ 7년 ④ 8년

☞ 사도행전 9장에 베드로의 두 가지 이적이 기록되어 있다. 하나는 룻다에서 8년간 중풍병에 시달렸던 애니아를 고친 것이고, 다른 하나는 욥바에서 죽은 다비다(도르가)를 살린 일이다(행9:32-42). 정답은 ④번.

15. 베드로에게 부정한 짐승을 먹으라는 환상은 몇 번에 걸쳐 나타났는가?

① 한 번 ② 두 번 ③ 세 번 ④ 네 번

☞ '이런 일이 세 번 있은 후 그 그릇이 곧 하늘로 올려져 가니라'(행10:16). 정답은 ③번.

16. 성령을 받고 난 이후에 물 세례를 받은 자는 누구인가?

① 고넬료 ② 에디오피아 내시 ③ 마술사 시몬 ④ 바나바

☞ 베드로를 초대한 고넬료 집안 사람들은 성령 부어주심을 받은 후, 세례를 받았다(행10:44-48). 정답은 ①번.

17. 베드로가 고넬료의 집에 갈 때 함께 동행한 형제들은 몇 명인가?
① 세 명 ② 네 명 ③ 다섯 명 ④ 여섯 명

☞ 고넬료가 베드로를 초청할 때 보낸 사람은 세 명이고(행11:11), 베드로와 함께 고넬료의 집으로 간 형제는 여섯 명이다(행11:12). 함께 한 이들이 고넬료 집안 식구들에게 세례를 베풀었다(행10:48). 정답은 ④번.

18. 제자들이 비로소 그리스도인이라 일컬음을 받은 곳은 어디인가?
① 욥바 ② 안디옥 ③ 루스드라 ④ 이고니온

☞ 제자들이 그리스도인이라 칭함을 받은 곳은 안디옥이다(행11:26). 안디옥은 이방 선교의 중심지이다. 정답은 ②번.

19. 어느 황제의 통치 때에 아가보의 흉년 예언이 성취되었는가?
① 글라우디오 ② 네로 ③ 칼리쿨라 ④ 도미티안

☞ 천하에 큰 흉년이 들리라는 아가보의 예언이 성취된 때는 글라우디오 황제 때이다(행11:28). 정답은 ①번.

20. 헤롯이 야고보를 죽인 때는 어느 절기 때인가?
① 무교절 ② 수전절 ③ 오순절 ④ 초막절

☞ 헤롯 아그립바에 의해 세베대의 아들 요한의 형인 야고보가 순교하고, 베드로는 체포되었다. 이때는 무교절이다(행12:3). 감옥에서 탈출한 베드로는 마가의 어머니 마리아의 집으로 달려갔고, 로데라 하는 여자 아이가 그를 영접하러 나왔다. 헤롯은 영광을 하나님께로 돌리지 아니한 연고로 벌레에게 먹혀 죽게 되었다(행12:23). 정답은 ①번.

21. 마가라 하는 요한이 바나바와 바울을 떠나 예루살렘으로 돌아간 곳은 어디인가?

① 밤빌리아 버가 ② 바보 ③ 비시디아 안디옥 ④ 이고니온

☞ 바보에서는 바예수라 하는 거짓 마술사와 총독 서기오 바울을 만났다. 바예수는 총독으로 믿지 못하게 한 일로 인해 맹인이 되었다(행13:11). 마가가 전도여행 중 예루살렘으로 돌아간 곳은 밤빌리아 버가이다(행13:13). 비시디아 안디옥은 바울과 바나바가 이방 선교를 선포한 곳으로(행13:46), 바울과 바나바는 그곳을 떠날 때 발에 티끌을 떨어버리고 이고니온으로 갔다(행13:51). 정답은 ①번.

22. 바울이 전도여행 중 발을 쓰지 못하는 한 사람을 고친 곳은 어디인가?

① 안디옥 ② 이고니온 ③ 루스드라 ④ 더베

☞ 바울은 루스드라에서 발을 쓰지 못하는 사람을 고쳤다. 이 일로 루스드라인들은 바나바는 '제우스'로, 바울은 '말하는 자'라는 뜻의 '헤르메스'로 불렀다(행14:12). 바울이 디모데를 만난 곳도 루스드라이다(행16:1). 정답은 ③번.

23. 예루살렘 회의에서의 결정사항을 전달받은 수신지역에 포함되지 않는 곳은?

① 안디옥 ② 수리아 ③ 길리기아 ④ 본도

☞ 교회로 들어온 이방인의 할례문제로 인해 소집된 예루살렘 회의에서는 야고보의 제안에 따라 '우상의 더러운 것과 음행과 목매어 죽인 것과 피를 멀리 하라'는 것을 반드시 금해야 할 내용으로 정하였다. 이 결정사항을 바울, 바나바, 바사바라 하는 유다, 실라를 통해 안디옥과 수리아와 길리기아에 있는 이방인 형제들에게 보내었다(행15:23). 정답은 ④번.

24. 바울이 밤에 마게도냐 사람의 환상을 본 곳은 어디인가?

① 안디옥 ② 루스드라 ③ 이고니온 ④ 드로아

☞ 바울이 마게도냐 사람의 환상을 본 곳은 드로아이다(행16:8-9). 이후 바울은 마게도냐의 첫 성 빌립보에 가게 된다. 그곳에서 자주 장사 루디아에게 세례를 베풀었고, 귀신들린 여종을 고친 일로 인해 옥에 갇혔으나, 하나님의 도우심으로 간수를 전도하는 일이 발생하였다. 참고로, 바울이 유두고라는 청년을 살려 낸 곳도 드로아이다(행20:6-12). 정답은 ④번.

25. 사도행전 17장에 기록된 바울의 전도지역이 아닌 곳은?

① 데살로니가 ② 고린도 ③ 베뢰아 ④ 아덴

☞ 사도행전 17장에 기록된 바울의 전도지역은 데살로니가, 베뢰아, 아덴이다. 데살로니가에서는 바울로 인해 야손이 고초를 당하였고(행17:5-9), 베뢰아 사람은 너그러우며 성경을 상고하는 사람들이었고(행17:11), 아덴에서는 바울이 아레오바고에서 설교하였다. 아덴에서의 전도 때 믿은 이들로는 아레오바고 관리 디오누시오와 다마리라 하는 여자가 있다(행17:34). 정답은 ②번.

26. 바울이 고린도에서 머문 기간은 얼마인가?

① 1년 ② 1년 6개월 ③ 2년 ④ 2년 6개월

☞ 바울은 고린도에서 1년 6개월을 거하였다(행18:11). 그는 고린도에서 아굴라를 만났는데, 그는 본도에서 태어난 사람으로 글라우디오 황제가 유대인들은 로마에서 떠나라 한 고로 그의 아내 브리스길라와 함께 고린도에 와 있었다. 갈리오가 아가야 총독 되었을 때 바울은 재판을 받게 되었고, 이때 회당장 소스데네가 모든 이들로부터 매를 맞았다(행18:17). 정답은 ②번.

27. 다음 설명 중 맞지 않는 것은?

① 바울이 두란노 서원에서 강론한 기간은 3년이다.

② 바울이 자신의 머리를 깎은 곳은 겐그레아이다.

③ 아볼로는 알렉산드리아 출신으로 요한의 세례만 알고 있었다.

④ 아볼로에게 하나님의 도를 가르쳐 준 사람은 브리스길라와 아굴라이다.

☞ 바울이 에베소에 있는 두란노 서원에서 강론한 기간은 2년이다(행19:9-10). ②번은 사도행전 18장 18절에, ③번은 사도행전 18장 24-25절, ④번은 사도행전 18장 26절에 기록되어 있다. 정답은 ①번.

28. 에베소 사람들이 섬기던 여신의 이름은 무엇인가?

① 데메드리오 ② 아데미 ③ 스게와 ④ 가이오

☞ 에베소 사람들이 섬기던 여신의 이름은 아데미이고, 그것을 만드는 은장색 중 하나가 데메드리오이다(행19:24-28). 에베소에서의 소동 때 바울과 함께 다니던 마게도냐 사람 가이오와 아리스다고가 그들에게 잡혀 연극장으로 끌려갔다(행19:29). 정답은 ②번.

29. 바울이 에베소 장로들과 마지막 만남을 가진 장소는 어디인가?

① 밀레도 ② 안디옥 ③ 에베소 ④ 버가

☞ 드로아에서 졸다가 떨어져 죽은 유두고를 살려낸 후, 바울은 밀레도로 이동하였다. 바울은 오순절 안에 예루살렘에 이르고자 에베소를 행선하였다. 밀레도에서 바울은 에베소 장로들을 초대해 그들과의 고별만남을 가지게 되었다. 고별만남에서 바울은 '내가 삼년이나 밤낮 쉬지 않고 눈물로 각 사람을 훈계하던 것을 기억하라'고 당부하였다(행20:31). 정답은 ①번.

30. 바울이 대제사장 아나니아가 주관한 공회에서 자신이 무엇 때문에 심문을 받고 있다고 자신을 변호하였는가?

① 개종 ② 부활 ③ 로마시민권 ④ 가말리엘 문하생

☞ '죽은 자의 소망 곧 부활로 말미암아 내가 심문을 받노라'(행23:6). 정답은 ②번.

31. 바울을 죽이기 전에는 먹지도 마시지도 아니하겠다고 동맹한 자의 숫자는?

① 30명 ② 40명 ③ 50명 ④ 60명

☞ 동맹한 자의 숫자는 40여 명이었다(행23:12). 정답은 ②번.

32. 변사 더둘로가 벨릭스 총독 앞에서 바울을 공격한 내용이 아닌 것은?

① 이 사람은 전염병이라 ② 유대인들을 다 소요하게 하는 자이다
③ 로마에 위험한 인물이다 ④ 나사렛 이단의 우두머리이다

☞ 가이사랴에 있던 벨릭스 총독은 바울을 헤롯 궁에 집어넣었다(행23:35). 닷새 후에 대제사장 아나니아가 변호사 더둘로를 데리고 와서 바울을 고발하였는데, 더둘로의 고발 내용은 '이 사람은 전염병 같은 자라 천하에 흩어진 유대인을 다 소요하게 하는 자요 나사렛 이단의 우두머리라'는 것이었다(행24:5). 정답은 ③번.

33. 바울이 벨릭스 총독에게 강론한 주제가 아닌 것은?

① 의 ② 절제 ③ 예수의 부활 ④ 심판

☞ 벨릭스 총독은 자신의 아내 유대 여자 드루실라와 함께 바울로부터 의와 절제와 장차 올 심판에 대한 강론을 들었다(행24:24-25). 정답은 ③번.

34. '바울아 네가 미쳤도다'라고 말한 사람은 누구인가?

① 벨릭스　　② 베스도　　③ 아그립바　　④ 아나니아

☞ '바울아 네가 미쳤도다 네 많은 학문이 너를 미치게 한다'고 말한 이는 베스도이다(행26:24). 바울은 아그립바 왕에게 '이렇게 결박된 것 외에는 나와 같이 되기를 하나님께 원하나이다'라고 하였다(행26:29). 정답은 ②번.

35. 바울이 로마로 압송될 때 타고 갔던 배의 이름은 무엇인가?

① 율리오　　② 유라굴로　　③ 아드라뭇데노　　④ 아드리아

☞ 바울이 로마로 압송될 때 책임자는 백부장 율리오였다. 바울이 탄 배의 이름은 아드라뭇데노이고 함께 승선한 사람은 276명 이었다(행27:37). 항해 중 만난 광풍의 이름이 유라굴로이다(행27:14). 14일째 되는 날에 아드리아 바다에 이르렀고, 멜리데 섬에 상륙하였다(행28:1). 멜리데 섬의 추장은 보블리오이며, 그의 부친의 병을 바울이 고쳐 주었다. 멜리데 섬에 바울은 3달 동안 있었으며, 머리 장식이 '디오스구로(제우스의 쌍동 아들)'인 알렉산드리아 배를 타고 다시 로마로 출항하였다(행28:11). 정답은 ③번.

36. 사도행전 28장에 인용된 구약 본문은 어디인가?

① 이사야 6장 9-10절　　② 하박국 2장 4절

③ 시편 32편 1절　　④ 창세기 15장 5절

☞ 사도행전 28장은 이태 동안 로마에서 하나님나라를 전파하는 바울의 이야기로 마무리되는데, 유대인들의 완악함을 말하는 이사야 6장 9-10절을 인용하고 있다. 정답은 ①번.

37. 고넬료와 베드로의 만남은 사도행장 몇 장에 기록되어 있는가?

① 10장　　② 11장　　③ 12장　　④ 13장

☞ 사도행전 각 장의 주요내용을 살펴보면, 1장은 예수의 승천, 유다를 대신해 맛디아를 제자로 뽑음, 2장은 오순절 성령 강림 사건, 3장은 성전 미문에 있는 못 걷는 사람을 고침, 베드로의 성전 설교, 5장은 아나니아와 삽비라, 6장은 일곱 집사 선출(스데반, 빌립, 브로고로, 니가노르, 디몬, 바메나, 안디옥 사람 니골라), 7장은 스데반의 설교와 죽음, 8장은 박해로 인한 흩어짐, 빌립의 사마리아 전도, 9장은 사울의 회심(22장, 26장은 회심 언급), 10장은 베드로와 고넬료의 만남, 12장은 야고보 사도의 순교, 13장은 바울과 바나바의 1차 전도여행, 14장은 루스드라에서의 제우스(바나바)와 헤르메스(바울) 사건, 15장은 예루살렘 회의(우상의 더러운 것과 음행과 목매어 죽인 것과 피를 멀리하라는 결정), 16장은 마게도냐인의 환상과 빌립보 감옥, 17장은 데살로니가, 베뢰아(더 너그러움, 성경상고), 아덴 전도(아레오바고), 18장은 고린도(아굴라와 브리스길라 만남), 에베소 전도, 19장은 에베소에서의 데메드리오 사건, 20장은 드로아에서 유두고 살림, 밀레도에서의 에베소 장로들과의 마지막 만남, 21장은 아가보의 예언, 바울의 체포, 22장은 회심설명(천부장 글라우디오 루시아), 24장은 벨릭스 총독 앞에서의 바울, 25장은 베스도 앞에서의 바울, 26장은 아그립바 왕 앞에서의 바울(회심설명), 27장은 유라굴로 광풍, 28장은 멜리데섬 도착, 로마에서의 바울. 정답은 ①번.

✤ 사도행전 주요내용

1. 예수께서 승천하신 장소 : 사도행전 1장 12절에서는 '감람원'으로, 누가복음 24장 50절에서는 '베다니'로 기록.
2. 맛디아를 새로운 사도로 세울 때 그곳에 함께 모여 있던 사람의 수 : 120명.
3. 오순절 성령강림이 일어난 시점 : 제 삼 시.
4. 베드로가 설교를 하면서 인용한 말씀 : 요엘서 2장 28-32절.
5. 여호와의 이름을 부르는 자는 구원을 받는다 : 요엘서 2장 32절, 사도행전 2장 21절, 로마서 10장 13절에 기록.
6. 하나님의 영이 임할 때의 징조 : 피와 불과 연기.
7. 베드로와 요한이 성전 미문에 있는 못 걷는 사람을 고칠 때의 시간 : 제 구 시.
8. 베드로의 솔로몬 행각에서의 설교 때 믿은 남자의 수 : 5,000명.
9. 바나바 : 사도들이 지어준 이름으로 '위로의 아들'이라는 뜻. 본 이름은 요셉으로, 구브로에서 났으며 레위족속.
10. 사도행전에 등장하는 아나니아 : 세 명. 사도행전 5장에서 성령을 속여 죽임당한 삽비라의 남편 아나니아(행5:1-6), 사도행전 9장의 사울에게 안수한 다메섹 아나니아(행9:10), 사도행전 23장의 대제사장 아나니아(행23:2).
11. 드다와 유다의 예를 들면서 사도들을 상관하지 말고 버려두라고 말한 이 : 가말리엘.
12. 초대 교회 일곱 집사 : 스데반, 빌립, 브르고로, 니가노르, 디몬, 바메나, 안디옥 사람 니골라.
13. 스데반의 설교에서 인용하고 있는 구약본문 : 신명기 18장 15절, 아모스 5장 25절, 이사야 66장 1절.
14. 빌립과 연관된 지역 : 사마리아, 광야, 가이사랴.
15. 베드로의 두 가지 이적 : 룻다에서 8년간 중풍병에 시달렸던 애니아

를 고친 것, 욥바에서 죽은 다비다(도르가)를 살린 일.

16. 베드로에게 부정한 짐승을 먹으라는 환상의 횟수 : 세 번.
17. 성령을 받고 난 이후에 물 세례를 받은 자 : 고넬료 집안 사람들.
18. 베드로가 고넬료의 집에 갈 때 함께 동행한 형제들 : 여섯 명.
19. 제자들이 비로소 그리스도인이라 일컬음을 받은 곳 : 안디옥.
20. 아가보의 흉년 예언이 성취된 때 : 글라우디오 황제 때.
21. 헤롯이 야고보를 죽인 때 : 무교절.
22. 마가라 하는 요한이 바나바와 바울을 떠나 예루살렘으로 돌아간 곳 : 밤빌리아 버가.
23. 바울과 바나바가 이방 선교를 선포한 곳 : 비시디아 안디옥.
24. 바울이 전도여행 중 발을 쓰지 못하는 사람을 고친 곳 : 루스드라. 이 일로 바나바는 '제우스'로, 바울은 '말하는 자'라는 뜻의 '헤르메스'로 불림.
25. 바울이 디모데를 만난 곳 : 루스드라.
26. 예루살렘 회의에서의 결정사항 : 우상의 더러운 것과 음행과 목매어 죽인 것과 피를 멀리 하라.
27. 바울이 밤에 마게도냐 사람의 환상을 본 곳 : 드로아.
28. 바울이 유두고라는 청년을 살려 낸 곳 : 드로아.
29. 사도행전 17장에 기록된 바울의 전도지역 : 데살로니가, 베뢰아, 아덴.
30. 바울이 고린도에서 머문 기간 : 1년 6개월.
31. 바울이 두란노 서원에서 강론한 기간 : 2년.
32. 바울이 자신의 머리를 깎은 곳 : 겐그레아.
33. 아볼로에게 하나님의 도를 가르쳐 준 사람 : 브리스길라와 아굴라.
34. 에베소 사람들이 섬기던 여신의 이름 : 아데미.
35. 바울이 에베소 장로들과 마지막 만남을 가진 장소 : 밀레도.
36. 바울을 죽이기 전에는 먹지도 마시지도 아니하겠다고 동맹한 자의 숫자 : 40여 명.
37. 바울이 벨릭스 총독에게 강론한 주제 : 의와 절제와 장차 올 심판.

38. 벨릭스 총독의 아내 : 유대 여자 드루실라.
39. '바울아 네가 미쳤도다'라고 말한 사람 : 베스도.
40. 바울이 로마로 압송될 때 타고 갔던 배의 이름 : 아드라뭇데노.
41. 바울이 로마로 압송될 때 책임자 : 백부장 율리오.
42. 항해 중 만난 광풍의 이름 : 유라굴로.
43. 멜리데 섬의 추장 : 보블리오.
44. 사도행전 28장에 인용된 구약 본문 : 이사야 6장 9-10절.
45. 각 장의 주요내용 : 1장은 예수의 승천, 유다를 대신해 맛디아를 제자로 뽑음, 2장은 오순절 성령 강림 사건, 3장은 성전 미문에 있는 못 걷는 사람을 고침, 베드로의 성전 설교, 5장은 아나니아와 삽비라, 6장은 일곱 집사 선출(스데반, 빌립, 브로고로, 니가노르, 디몬, 바메나, 안디옥 사람 니골라), 7장은 스데반의 설교와 죽음, 8장은 박해로 인한 흩어짐, 빌립의 사마리아 전도, 9장은 사울의 회심(22장, 26장은 회심 언급), 10장은 베드로와 고넬료의 만남, 12장은 야고보 사도의 순교, 13장은 바울과 바나바의 1차 전도여행, 14장은 루스드라에서의 제우스(바나바)와 헤르메스(바울) 사건, 15장은 예루살렘 회의(우상의 더러운 것과 음행과 목매어 죽인 것과 피를 멀리하라는 결정), 16장은 마게도냐인의 환상과 빌립보 감옥, 17장은 데살로니가, 베뢰아(더 너그러움, 성경상고), 아덴 전도(아레오바고), 18장은 고린도(아굴라와 브리스길라 만남), 에베소 전도, 19장은 에베소에서의 데메드리오 사건, 20장은 드로아에서 유두고 살림, 밀레도에서의 에베소 장로들과의 마지막 만남, 21장은 아가보의 예언, 바울의 체포, 22장은 회심설명(천부장 글라우디오 루시아), 24장은 벨릭스 총독 앞에서의 바울, 25장은 베스도 앞에서의 바울, 26장은 아그립바 왕 앞에서의 바울, (회심설명), 27장은 유라굴로 광풍, 28장은 멜리데섬 도착, 로마에서의 바울.

로마서

1. 바울이 자신을 빚진 자로 고백하고 있는 본문은 로마서 몇 장 몇 절인가?
① 1장 8절 ② 1장 10절 ③ 1장 12절 ④ 1장 14절

☞ '헬라인이나 야만인이나 지혜 있는 자나 어리석은 자에게 다 내가 빚진 자라'(롬1:14). 정답은 ④번.

2. 다음 중 오직 의인은 믿음으로 살리라는 말씀이 기록되어 있지 않는 본문은?
① 하박국 2장 4절 ② 로마서 1장 17절
③ 갈라디아서 2장 11절 ④ 히브리서 10장 38절

☞ '의인은 믿음으로 말미암아 살리라'는 말씀은 하박국 2장 4절, 로마서 1장 17절, 갈라디아서 3장 11절, 히브리서 10장 38절에 나온다. 정답은 ③번.

3. 내가 (①)을 부끄러워하지 아니하노니 이 (②)은 모든 믿는 자에게 (③)을 주시는 하나님의 (④)이 됨이라. 각 번호에 해당되는 말 중 맞지 않는 것은?
① 복음 ② 기쁜 소식 ③ 구원 ④ 능력

☞ 로마서의 주제라 할 수 있는 로마서 1장 16-17절은 '내가 복음을 부끄러워하지 아니하노니 이 복음은 모든 믿는 자에게 구원을 주시는 하나님의 능력이 됨이라. 먼저는 유대인에게요 그리고 헬라인에게로다 복음에는 하나님의 의가 나타나서 믿음으로 믿음에 이르게 하나니 기록된 바 오직 의인은 믿음으로 말미암아 살리라 함과 같으니라'고 기록되어 있다. 정답은 ②번.

4. 다음 중 선을 행하는 사람이 하나님으로부터 받게 되는 것이 아닌 것은?
① 부귀　② 영광　③ 존귀　④ 평강

☞ '악을 행하는 각 사람의 영에는 환난과 곤고가 있으리니... 선을 행하는 각 사람에게는 영광과 존귀와 평강이 있으리니...'(롬2:9-10). 정답은 ①번.

5. 유대인의 나음 중 우선은 무엇인가?
① 하나님을 위한 성전 건립　② 아브라함의 후손
③ 출애굽의 경험이 있음　④ 하나님의 말씀을 맡음

☞ '표면적 유대인이 유대인이 아니요 오직 이면적 유대인이 유대인'이라는 말씀(롬2:28-29)을 선포한 후, 바울은 로마서 3장 1절 이하에서 유대인의 나음을 말하고 있다. 유대인의 나음 중 우선은 '그들이 하나님의 말씀을 맡음'이다(롬3:2). 정답은 ④번.

6. 다음은 로마서 본문에 나오는 말씀들이다. 맞지 않는 것은?
① 로마서 3장 10절 - 의인은 없나니 하나도 없으며
② 로마서 3장 24절 - 그리스도 예수 안에 있는 속량으로 말미암아 하나님의 은혜로 값없이 의롭다 하심을 얻은 자 되었느니라.
③ 로마서 4장 25절 - 예수는 우리가 범죄한 것 때문에 내줌이 되고 또한 우리를 의롭다 하시기 위하여 살아나셨느니라.
④ 로마서 6장 23절 - 너희 지체를 의의 무기로 하나님께 드리라.

☞ 로마서 6장 23절은 '죄의 삯은 사망이요 하나님의 은사는 그리스도 예수 우리 주 안에 있는 영생이니라'는 말씀이고, '너희 지체를 의의 무기로 하나님께 드리라'는 말씀은 로마서 6장 13절 말씀이다. 정답은 ④번.

7. 다음 설명 중 맞지 않는 것은?
   ① 예수는 믿음으로 말미암는 화목제물이 되셨다.
   ② 율법은 사람의 죄를 다스리기 위해 주어진 것이다.
   ③ 아브라함이 의롭다 함을 받은 것은 무할례 시였다.
   ④ 그리스도께서 우리를 위하여 죽으신 것은 우리가 죄인이었을 때이다.

☞ '율법이 들어온 것은 범죄를 더하게 하려 함이라 그러나 죄가 더한 곳에 은혜가 더욱 넘쳤나니'(롬5:20). ①번은 로마서 3장 25절에, ③번은 로마서 4장 10절(창세기 15장 6절, 할례의 표를 받은 것은 무할례시에 믿음으로 된 의를 인친 것이다), ④번은 로마서 5장 8절 말씀이다. 정답은 ②번.

8. 로마서 4장에 인용된 '불법이 사함을 받고 죄가 가리어짐을 받는 사람들은 복이 있고'는 다윗의 시는 시편 몇 편인가?
   ① 30장 ② 32편 ③ 34편 ④ 36편

☞ 로마서 4장 7-8절에 기록된 '불법이 사함을 받고 죄가 가리어짐을 받는 사람들은 복이 있고 주께서 그 죄를 인정하지 아니하실 사람은 복이 있도다'는 말씀은 시편 32편을 인용한 것으로, 일한 것이 없이 하나님께 의로 여기심을 받는 사람의 복에 대하여 말하고 있는 것이다. 정답은 ②번.

9. 환난은 인내를, 인내는 연단을, 연단은 (　　　)을 이루는 줄 앎이로다(롬5:3-4). (　　　)안에 알맞은 말은?

① 믿음　　② 소망　　③ 사랑　　④ 구원

☞ '환난은 인내를, 인내는 연단을, 연단은 소망을 이루는 것'이다. 정답은 ②번.

10. (①)는(은) 한 사람으로 말미암아 (②)에 이르렀으나 (③)는(은) 많은 범죄로 말미암아 (④)하심에 이름이니라(롬5:16). 각 번호에 해당되는 말 중 맞지 않는 것은?

① 심판　　② 정죄　　③ 구원　　④ 의롭다

☞ '심판은 한 사람으로 말미암아 정죄에 이르렀으나 은사는 많은 범죄로 말미암아 의롭다 하심에 이름이니라'. 정답은 ③번.

11. 예수의 죽으심은 죄에 대하여 단번에 죽으심이다. 그렇다면 그의 살아계심은 무엇에 대한 살아계심인가?

① 의　　② 구원　　③ 하나님　　④ 죽음

☞ '그가 죽으심은 죄에 대하여 단번에 죽으심이요 그가 살아 계심은 하나님께 대하여 살아 계심이니'(롬6:10). 정답은 ③번.

12. 속사람의 투쟁에 대해 말하고 있는 것은 로마서 몇 장인가?

① 6장　　② 7장　　③ 8장　　④ 9장

☞ 로마서 7장은 율법으로부터의 자유에 대해 말하고 있는 본문이다. 주요구절을 살펴보면, '전에 율법을 깨닫지 못했을 때에는 내가 살았더니 계명이 이르매 죄는 살아나고 나는 죽었도다(롬7:9)', '내가 원하는 바 선은 행하지 아니하고 도리어 원하지 아니하는 바 악을 행하는도다(롬7:19)', '오호라 나는 곤고한 사람이로다 이 사망의 몸에서 누가 나를 건져내랴 우리 주 예수 그리스도로 말미암아 하나님께 감사하리로다 그런즉 내 자신이 마음으로는 하나님의 법을, 육신으로는 죄의 법을 섬기

노라(롬7:24-25)'이다. 정답은 ②번.

13. 육신의 (　　)은(는) 사망이요 영의 (　　)은(는) 생명과 평안이니라. (　)안에 알맞은 말은?

① 생각　② 열매　③ 결과　④ 행위

☞ '육신의 생각은 사망이요 영의 생각은 생명과 평안이니라'(롬8:6). 정답은 ①번.

14. 로마서 8장 14절에서는 어떤 사람을 하나님의 아들이라고 말하고 있는가?

① 하나님의 영으로 인도함을 받는 사람
② 예수 그리스도의 대속의 죽음을 믿는 사람
③ 하나님을 아바 아버지라 부르는 사람
④ 구원의 확신을 가지고 사는 사람

☞ '무릇 하나님의 영으로 인도함을 받는 사람은 곧 하나님의 아들이라'(롬8:14). 정답은 ①번.

15. 로마서 8장에는 세 가지의 탄식이 기록되어 있다. 해당되지 않는 것은?

① 피조물의 탄식　② 성도들의 탄식
③ 성령의 탄식　④ 죄인들의 탄식

☞ 로마서 8장 22절에는 피조물의 탄식이, 8장 23절에는 성도들의 탄식이, 8장 26절에는 성령의 탄식이 등장한다. 정답은 ④번.

16. 다음은 로마서 본문에 나오는 말씀들이다. 말씀과 구절이 맞지 않는 것은?

① 로마서 8장 32절 - 하나님을 사랑하는 자 곧 그의 뜻대로 부르심

을 입은 자들에게는 모든 것이 합력하여 선을 이루느니라

② 로마서 10장 4절 - 그리스도는 모든 믿는 자에게 의를 이루기 위하여 율법의 마침이 되시니라

③ 로마서 10장 17절 - 믿음은 들음에서 나며 들음은 그리스도의 말씀으로 말미암았느니라

④ 로마서 13장 8절 - 피차 사랑의 빚 외에는 아무에게든지 아무 빚도 지지 말라

☞ ①번은 로마서 8장 28절 말씀이다. 정답은 ①번.

17. 성도들이 양자의 영을 받았으므로 하나님을 아빠 아버지로 부른다는 말씀은 로마서 몇 장 몇 절인가?

① 6장 15절 ② 7장 15절 ③ 8장 15절 ④ 9장 15절

☞ 양자의 영에 대한 말씀은 로마서 8장 15절이다. 정답은 ③번.

18. '내가 야곱은 사랑하고 에서는 미워하였다'는 말씀은 로마서 몇 장에 기록되어 있는가?

① 8장 ② 9장 ③ 10장 ④ 11장

☞ 하나님의 예정과 선택을 말하는 로마서 9장 13절에 '내가 야곱은 사랑하고 에서는 미워하였다'는 말씀이 나온다. 이 말씀은 말라기 1장 2절을 인용한 것이다. 정답은 ②번.

19. 로마서 9장에서 인용하는 구약 본문이 아닌 것은?

① 출애굽기 33장 19절 ② 호세아 2장 23절

③ 이사야 1장 9절 ④ 요엘서 2장 32절

☞ '누구든지 주의 이름을 부르는 자는 구원을 받으리라'는 요엘서 2장 32절은 로마서 10장 13절에서 인용하고 있다. ①번은 '내가 긍휼히 여

길 자를 긍휼히 여기고 불쌍히 여길 자를 불쌍히 여기리라', ②번은 '내가 내 백성 아닌 자를 내 백성이라, 사랑하지 아니한 자를 사랑한 자라 부르리라', ③번은 '주께서 우리를 위하여 생존자를 조금 남겨 두지 아니하셨더면 우리가 소돔 같고 고모라 같았으리로다'이다. 정답은 ④번.

20. 다음 중 '누구든지 주의 이름을 부르는 자는 구원을 받으리라'는 말씀이 기록되어 있지 않는 곳은?

① 요엘서 2장 32절 ② 사도행전 2장 21절
③ 로마서 10장 13절 ④ 히브리서 7장 8절

☞ 고백에 근거한 구원과 관련하여 로마서 10장 10절은 '사람이 마음으로 믿어 의에 이르고 입으로 시인하여 구원에 이르느니라', 10장 13절은 '누구든지 주의 이름을 부르는 자는 구원을 받으리라'고 말씀하고 있다. 로마서 10장 13절과 동일한 내용이 요엘서 2장 32절, 사도행전 2장 21절에 나온다. 정답은 ④번.

21. 바울은 어느 지파 사람인가?

① 르우벤 ② 레위 ③ 유다 ④ 베냐민

☞ '나도 이스라엘인이요 아브라함의 씨에서 난 자요 베냐민 지파라'(롬 11:1). 정답은 ④번.

22. '높은 마음을 품지 말고 도리어 (   )'. 바울이 이방인들에게 한 말로 (   ) 안에 알맞은 말은?

① 두려워하라 ② 겸손하라 ③ 낮은 마음을 가져라 ④ 기도하라

☞ 참 감람나무와 돌 감람나무의 비유인 로마서 11장에서 바울은 이방인들에게 '높은 마음을 품지 말고 도리어 두려워하라'고 권고하고 있다(롬11:20). 참고로, 그리스도인의 생활규범을 말하고 있는 로마서 12장 16절에서는 '서로 마음을 같이하며 높은 데 마음을 두지 말고 도리어 낮

은 데 처하며 스스로 지혜 있는 체 하지 말라'고 말씀하고 있다. 정답은 ①번.

23. 그리스도의 몸을 이루는 지체된 자로서 긍휼을 베푸는 자는 무엇으로 행해야 하는가?

① 성실함으로 ② 즐거움으로 ③ 믿음대로 ④ 섬기는 일로

☞ '많은 사람이 그리스도 안에서 한 몸이 되어 서로 지체가 되었느니라'는 로마서 12장 5절 말씀 후에, 지체를 이루는 자들의 일이 열거되어 있다. '예언이면 믿음의 분수대로, 섬기는 일이면 섬기는 일로, 가르치는 자면 가르치는 일로, 위로하는 자면 위로하는 일로, 구제하는 자는 성실함으로, 다스리는 자는 부지런함으로, 긍휼을 베푸는 자는 즐거움으로 할 것이니라'(롬12:6-8). 정답은 ②번.

24. 다음은 로마서 본문에 나오는 말씀들이다. 말씀과 구절이 맞지 않는 것은?

① 로마서 11장 36절 - 이는 만물이 주에게서 나오고 주로 말미암고 주에게로 돌아감이라
② 로마서 12장 21절 - 악에게 지지 말고 선으로 악을 이기라
③ 로마서 13장 12절 - 밤이 깊고 낮이 가까웠으니 그러므로 우리가 어두움의 일을 벗고 빛의 갑옷을 입자.
④ 로마서 14장 6절 - 우리가 살아도 주를 위하여 살고 죽어도 주를 위하여 죽나니 그러므로 사나 죽으나 우리가 주의 것이로다

☞ ④번은 로마서 14장 8절 말씀이다. 정답은 ④번.

25. 할 수 있거든 너희는 모든 사람으로 더불어 ( )하라(롬12:18). ( ) 안에 알맞은 말은?

① 전도 ② 교제 ③ 화목 ④ 사랑

☞ '모든 사람으로 더불어 화목하라'. 정답은 ③번.

26. 무엇이 율법의 완성인가?
① 사랑 ② 죄를 깨달음 ③ 성화 ④ 영화

☞ '사랑은 율법의 완성이니라'(롬13:10). 정답은 ①번.

27. 하나님의 나라는 오직 성령 안에 있는 ( )와 ( )과 ( )이라. 해당되지 않는 것은?
① 의 ② 평강 ③ 희락 ④ 사랑

☞ '하나님의 나라는 먹는 것과 마시는 것이 아니요 오직 성령 안에 있는 의와 평강과 희락이라'(롬14:17). 정답은 ④번.

28. 다음 설명 중 맞지 않는 것은?
① 믿음이 연약한 자의 의심하는 바를 비판하지 말아야 한다.
② 믿음을 따라 하지 아니하는 것은 다 죄다.
③ 마게도냐와 아가야 사람들이 예루살렘 성도들을 위해 연보하였다.
④ 에배네도는 아가야에서 처음 맺은 열매이다.

☞ 에배네도는 아시아에서 그리스도께 처음 맺은 열매이다(롬16:5). ①번은 로마서 14장 1절에, ②번은 로마서 14장 23절에, ③번은 로마서 15장 26절에 기록되어 있다. 정답은 ④번.

29. 바울이 자신의 어머니라 부른 사람은 누구의 어머니인가?
① 더디오 ② 루포 ③ 유니아 ④ 뵈뵈

☞ 로마서 16장은 개인적인 문안인사가 기록되어 있다. 등장하는 인물을 살펴보면, 뵈뵈는 겐그레아 교회의 일꾼으로 바울이 추천한 인물이고, 브리스가와 아굴라는 자기들의 목이라도 내어 놓은 사람이며, 에배네도는 아시아에서 처음 맺은 열매이다. 바울의 친척이자 함께 갇혔던

안드로니고와 유니아는 바울보다 먼저 그리스도 안에 있던 자들이고, 바울은 루포의 어머니를 자기의 어머니라 부르고 있다. 더디오는 로마서를 기록한 사람이고, 가이오는 온 교회를 돌보아 주는 자이며, 에라스도는 성의 재무관이다. 로마서의 마지막 말씀은 '지혜로우신 하나님께 예수 그리스도로 말미암아 영광이 세세무궁하도록 있을지어다'이다(롬 16:27). 정답은 ②번.

30. 참 감람나무와 돌 감람나무의 비유가 기록되어 있는 곳은 로마서 몇 장인가?

① 10장　　② 11장　　③ 12장　　④ 13장

☞ 로마서 각 장의 주요내용을 살펴보면, 1장은 복음의 능력(16-17절), 이방인의 죄악들, 3장은 인간의 죄인됨과 하나님의 의, 4장은 아브라함의 믿음, 5장은 아담, 그리스도 유형론(12절), 죽음의 권세로부터의 자유, 6장은 죄의 권세로부터의 자유, 7장은 율법으로부터의 자유, 8장은 성령 안에서의 자유, 9장은 하나님의 예정과 선택(토기장이의 비유), 10장은 이스라엘의 죄, 11장은 감람나무 비유, 12장은 거룩한 산 제물, 13장은 그리스도인과 세상 권세, 14장은 형제에 대한 의무, 15장은 선을 이루고 덕을 세우라, 16장은 문안인사이다. 정답은 ②번.

✤ 로마서 주요내용

1. 바울이 자신을 빚진 자로 고백하고 있는 본문 : 로마서 1장 14절.
2. 의인은 믿음으로 말미암아 살리라 : 하박국 2장 4절, 로마서 1장 17절, 갈라디아서 3장 11절, 히브리서 10장 38절.
3. 선을 행하는 사람이 하나님으로부터 받게 되는 것 : 영광과 존귀와 평강.
4. 유대인의 나음 중 우선 : 하나님의 말씀을 맡음.
5. 아브라함이 의롭다 함을 받은 때 : 무할례 시.
6. 불법이 사함을 받고 죄가 가리어짐을 받는 사람들은 복이 있고 : 로마서 4장 7-8절, 시편 32편.

7. 로마서 8장에 나오는 세 가지 탄식 : 피조물의 탄식, 성도들의 탄식, 성령의 탄식.
8. 주의 이름을 부르는 자는 구원을 받으리라 : 로마서 10장 13절, 요엘서 2장 32절, 사도행전 2장 21절.
9. 바울 : 베냐민 지파.
10. 일을 행하는 자의 자세 : 예언이면 믿음의 분수대로, 섬기는 일이면 섬기는 일로, 가르치는 자면 가르치는 일로, 위로하는 자면 위로하는 일로, 구제하는 자는 성실함으로, 다스리는 자는 부지런함으로, 긍휼을 베푸는 자는 즐거움으로 할 것.
11. 율법의 완성 : 사랑(롬13:10).
12. 하나님의 나라 : 성령 안에 있는 의와 평강과 희락.
13. 아시아에서 그리스도께 처음 맺은 열매 : 에배네도.
14. 바울이 자신의 어머니라 부른 사람 : 루포의 어머니.
15. 뵈뵈 : 겐그레아 교회의 일꾼으로 바울이 추천한 인물.
16. 브리스가와 아굴라 : 자기의 목이라도 내어 놓은 사람.
17. 안드로니고와 유니아 : 바울의 친척이자 함께 갇혔던 자이며, 바울보다 먼저 그리스도 안에 있던 자들.
18. 더디오 : 로마서를 기록한 사람.
19. 가이오 : 온 교회를 돌보아 주는 자.
20. 에라스도 : 성의 재무관.
21. 각 장의 주요내용 : 1장은 복음의 능력(16-17절), 이방인의 죄악들, 3장은 인간의 죄인됨과 하나님의 의, 4장은 아브라함의 믿음, 5장은 아담, 그리스도 유형론(12절), 죽음의 권세로부터의 자유, 6장은 죄의 권세로부터의 자유, 7장은 율법으로부터의 자유, 8장은 성령 안에서의 자유, 9장은 하나님의 예정과 선택(토기장이의 비유), 10장은 이스라엘의 죄, 11장은 감람나무 비유, 12장은 거룩한 산 제물, 13장은 그리스도인과 세상 권세, 14장은 형제에 대한 의무, 15장은 선을 이루고 덕을 세우라, 16장은 문안인사.

고린도전서

1. 고린도전서의 발신자는 바울이외에 또 누구인가?
   ① 디모데 ② 아볼로 ③ 소스데네 ④ 디도

☞ 고린도전서의 발신자는 바울과 소스데네이고, 고린도후서의 발신자는 바울과 디모데이다. 정답은 ③번.

2. 바울은 고린도교회에 당파가 있다는 소식을 누구로부터 전해 들었는가?
   ① 스데바나의 집 사람 ② 가이오의 집 사람
   ③ 그리스보의 집 사람 ④ 글로에의 집 사람

☞ 바울은 글로에의 집 편 사람을 통하여 고린도 교회에 네 개의 당파가 있다는 소식을 들었다(고전1:11). 네 개의 당파는 바울, 아볼로, 게바, 그리스도파이다(고전1:12). 바울은 자신을 비롯한 주의 사역자들은 동역자이고 그리스도는 유일한 터라고 말하고 있다(고전3:11). 정답은 ④번.

3. 십자가의 도가 구원을 받는 우리에게는 하나님의 무엇이 되는가?
   ① 선물 ② 능력 ③ 은혜 ④ 사랑

☞ '십자가의 도가 멸망하는 자들에게는 미련한 것이요 구원을 받는 우

리에게는 하나님의 능력이라'(고전1:18). 정답은 ②번.

4. 사도 바울이 세례를 준 고린도교회 교인에 해당되지 않는 사람은?
① 글로에 ② 그리스보 ③ 가이오 ④ 스데바나

☞ 글로에의 집 사람은 고린도교회의 분쟁소식을 바울에게 전해 주었고, 바울에게 세례를 받은 사람은 그리스보, 가이오, 스데바나 집 사람이다(고전1:14-16). 정답은 ①번.

5. 예수는 하나님으로부터 나와서 우리에게 ( )와 ( )과 ( )과 ( )이 되셨으니(고전1:30). ( ) 안에 들어가지 않는 말은?
① 지혜 ② 의로움 ③ 능력 ④ 구속함

☞ '예수는 하나님으로부터 나와서 우리에게 지혜와 의로움과 거룩함과 구원함이 되셨으니'(고전1:30). 정답은 ③번.

6. 사도바울이 고린도교인에 대해 지칭한 표현이 아닌 것은?
① 하나님의 동역자들 ② 하나님의 밭
③ 하나님의 집 ④ 하나님의 성전

☞ 바울은 '나는 심었고 아볼로는 물을 주었으되 오직 하나님께서 자라나게 하셨나니(고전3:6)'라고 말하면서 자신과 아볼로는 하나님의 동역자들이요(고전3:9), 고린도 교인들은 하나님의 밭, 집(고전3:9), 성전(고전3:16)이라 하였다. 정답은 ①번.

7. 모욕을 당한즉 축복하고 박해를 받은즉 참고 비방을 받은즉 ( )하니 우리가 지금까지 세상의 더러운 것과 만물의 찌꺼기 같이 되었도다(고전4:12-13). ( ) 안에 알맞은 말은?
① 권면 ② 기도 ③ 찬송 ④ 생각

☞ '모욕을 당한즉 축복하고 박해를 받은즉 참고 비방을 받은즉 권면하니' 정답은 ①번.

8. 바울이 복음으로 낳았다라고 말한 교회는 어디인가?
   ① 고린도교회 ② 갈라디아교회 ③ 에베소교회 ④ 빌립보교회

   ☞ '그리스도 안에서 일만 스승이 있으되 아버지는 많지 아니하니 그리스도 예수 안에서 내가 복음으로써 너희를 낳았음이라'(고전4:15). 정답은 ①번.

9. 바울은 고린도전서에서 자신을 본받는 자가 되라고 몇 번 고린도교인들에게 권면하고 있는가?
   ① 한 번 ② 두 번 ③ 세 번 ④ 네 번

   ☞ 바울은 고린도교인들을 향해 '너희는 나를 본받는 자가 되라'고 4장 16절과 11장 1절에 두 번에 걸쳐 권면하고 있다. 정답은 ②번.

10. 자기 몸에 죄를 범하는 것은 무엇인가?
   ① 폭력 ② 음행 ③ 악한 생각 ④ 도적질

   ☞ '음행을 피하라 사람이 범하는 죄마다 몸 밖에 있거니와 음행하는 자는 자기 몸에 죄를 범하느니라'(고전6:18). 정답은 ②번.

11. 고린도전서 7장에 대한 다음의 설명 중 맞지 않는 것은?
   ① 고린도전서 7장은 결혼과 이혼과 재혼과 관련된 내용이 기록되어 있다.
   ② 바울은 처녀에 대하여는 주께 받은 계명이 없다고 하였다.
   ③ 과부의 재혼과 관련하여서는 그냥 지내는 것이 더욱 복이 있다고 하였다.

④ 믿지 아니하는 배우자와는 멍에를 함께 매지 말아야 함으로 헤어지라 하였다.

☞ 바울은 부부들에게 '서로 분방하지 말라 다만 기도할 틈을 얻기 위하여 합의상 얼마 동안은 하되 다시 합하라'고 권도하고 있다(고전7:5-6). 또한 '어떤 여자에게 믿지 아니하는 남편이 있어 아내와 함께 살기를 좋아하거든 그 남편을 버리지 말라'고 하였다(고전7:13). 다만, 믿지 아니하는 자가 헤어지고자 할 때에는 헤어지라고 말하고 있다(고전7:15). ②번은 고린도전서 7장 25절에, ③번은 고린도전서 7장 40절에 기록되어 있다. 정답은 ④번.

12. 바울은 무엇이 약한 자들에게 걸려 넘어지게 하는 것이 되지 않도록 조심하라고 하였는가?

① 큰 믿음 ② 자유 ③ 담대함 ④ 소망

☞ 우상 제물에 대하여 말하고 있는 고린도전서 8장에서 바울은 '지식은 교만하게 하며 사랑은 덕을 세우나니(고전8:1)'라고 말하면서, '그런즉 너희의 자유가 믿음이 약한 자들에게 걸려 넘어지게 하는 것이 되지 않도록 조심하라'고 권면하고 있다(고전8:9). 정답은 ②번.

13. 바울은 고린도교인들에게 자신의 사도됨을 인친 것이 누구라고 말하고 있는가?

① 성령 ② 예수 그리스도 ③ 고린도교인 ④ 공의회

☞ '나의 사도됨을 주 안에서 인친 것이 너희라'(고전9:2). 정답은 ③번.

14. 바울이 세례를 이스라엘의 홍해를 건넌 사실에 비유해서 말한 곳은 고린도전서 몇 장인가?

① 8장 ② 9장 ③ 10장 ④ 11장

☞ '모세에게 속하여 다 구름과 바다에서 세례를 받고 다 같은 신령한 음식을 먹으며 다 같은 신령한 음료를 마셨으니 이는 그들을 따르는 신령한 반석으로부터 마셨으매 그 반석은 곧 그리스도시라'(고전10:2-4). 정답은 ③번.

15. 주의 만찬은 고린도전서 몇 장에 기록되어 있는가?
① 9장　② 10장　③ 11장　④ 12장

☞ 주의 만찬은 마태복음 26장, 마가복음 14장, 누가복음 22장, 고린도전서 11장에 기록되어 있다. 요한복음 13장에는 주의 만찬 대신 제자들의 발을 씻기시는 장면이 기록되어 있다. 정답은 ③번.

16. 각 사람에게 성령을 나타내심은 (　　)하게 하려 하심이라(고전 12:7). (　) 안에 알맞은 말은?
① 거룩　② 유익　③ 신실　④ 사랑

☞ '은사는 여러 가지나 성령은 같고 직분은 여러 가지나 주는 같으며 또 사역은 여러 가지나 모든 것을 모든 사람 가운데서 이루시는 하나님은 같으니 각 사람에게 성령을 나타내심은 유익하게 하려 하심이라'(고전12:4-7). 정답은 ②번.

17. 다음은 고린도전서에 나오는 말씀들이다. 내용과 구절이 맞지 않는 것은?
① 9장 25절 - 이기기를 다투는 자마다 모든 일에 절제하나니 그들은 썩을 승리자의 관을 얻고자 하되 우리는 썩지 아니할 것을 얻고자 하노라
② 10장 12절 - 선 줄로 생각하는 자는 넘어질까 조심하라
③ 10장 24절 - 누구든지 자기의 유익을 구하지 말고 남의 유익을 구하라

④ 10장 33절 - 너희가 먹든지 마시든지 무엇을 하든지 다 하나님의 영광을 위하여 하라

☞ ④번은 고린도전서 10장 31절 말씀이다. 정답은 ④번.

18. 다음 중 고린도전서 12장에 언급된 은사가 아닌 것은?
① 지식의 말씀 ② 믿음 ③ 영 분별 ④ 구제와 봉사

☞ 고린도전서 12장에 언급된 은사는 지혜의 말씀, 지식의 말씀, 믿음, 병 고치는 은사, 능력 행함, 예언함, 영들 분별함, 방언 말함, 방언 통역함 등이다(고전12:8-10). 정답은 ④번.

19. 다음 중 고린도전서 12장에서 하나님께서 교회에 세우신 것으로 언급되지 않는 것은?
① 병 고치는 은사 ② 서로 돕는 것 ③ 찬양의 은사 ④ 다스리는 것

☞ 하나님께서 교회에 세우신 것으로는 사도, 선지자, 교사, 능력을 행하는 자, 병 고치는 은사, 서로 돕는 것, 다스리는 것, 각종 방언을 말하는 것 등이다(고전12:28). 정답은 ③번.

20. 하나님은 무질서의 하나님이 아니시요 오직 ( )의 하나님이시니라(고전14:33). ( ) 안에 알맞은 말은?
① 화평 ② 질서 ③ 창조 ④ 공의

☞ 방언과 예언에 대해 말하고 있는 고린도전서 14장에서 바울은 '그러나 교회에서 네가 남을 가르치기 위하여 깨달은 마음으로 다섯 마디 말을 하는 것이 일만 마디 방언으로 말하는 것보다 나으니라'(고전14:19)고 말하면서 방언보다는 예언을 더 사모할 것을 권하였다. 그러나 방언과 예언이 무질서하게 행해지는 것에 대해 경계하면서 '하나님은 무질서의 하나님이 아니시요 오직 화평의 하나님이시니라'(고전14:33), '모

든 것을 품위 있게 하고 질서있게 하라'(고전14:40)고 권면하였다. 정답은 ①번.

21. 바울이 사랑의 은사 외에 특별히 추천한 은사는 무엇인가?
① 방언 ② 예언 ③ 영 분별 ④ 병 고침

☞ '사랑을 추구하며 신령한 것들을 사모하되 특별히 예언을 하려고 하라'(고전14:1). 방언하는 자는 자기의 덕을 세우고 예언하는 자는 교회의 덕을 세운다고 하였다(고전14:4). 또한 방언은 믿지 아니하는 자들을 위하는 표적이나 예언은 믿는 자들을 위한 것이다(고전14:22). 정답은 ②번.

22. 그리스도의 부활이후 일시에 가장 많은 사람에게 나타나신 경우는 몇 명에게인가?
① 12명 ② 70명 ③ 120명 ④ 500명

☞ 그리스도의 부활에 대해 말하고 있는 고린도전서 15장을 보면, 그리스도의 부활이후 게바, 12제자, 500여 형제, 야보고, 바울 순으로 예수를 만났다고 기록하고 있다(고전15:5-8). 바울은 '첫 사람 아담은 생령이 되었다 함과 같이 마지막 아담은 살려 주는 영이 되었나니'라고 선포하고 있다(고전15:45). 정답은 ④번.

23. 사망이 쏘는 것은 죄요 죄의 권능은 (   )이라. (   )안에 알맞은 말은?
① 율법 ② 사망 ③ 분열 ④ 대적

☞ '사망아 너의 승리가 어디 있느냐 사망아 네가 쏘는 것이 어디 있느냐 사망이 쏘는 것은 죄요 죄의 권능은 율법이라'(고전15:55-56). 죽음에 대한 부활의 승리의 찬가이다. 정답은 ①번.

24. 다음은 고린도전서에 기록되어 있는 말씀이다. 내용과 구절이 맞지 않는 것은?

① 3장 17절 - 주는 영이시니 주의 영이 계신 곳에는 자유가 있느니라
② 1장 18절 - 십자가의 도가 멸망하는 자들에게는 미련한 것이요 구원을 받는 우리에게는 하나님의 능력이라
③ 4장 2절 - 맡은 자에게 구할 것은 충성이라
④ 16장 13절 - 깨어 믿음에 굳게 서서 남자답게 강건하라

☞ ①번은 고린도후서 3장 17절 말씀이다. 정답은 ①번.

25. 연보에 대해 말하면서 바울은 어느 교회에 이른 것 같이 하라고 하였는가?

① 갈라디아 교회 ② 에베소 교회 ③ 마게도냐 교회 ④ 골로새 교회

☞ '성도를 위하는 연보에 관하여는 내가 갈라디아 교회들에게 명한 것 같이 너희도 그렇게 하라'(고전16:1). 정답은 ①번.

26. 아가야에서 첫 열매가 된 성도는 누구의 가정인가?

① 에배네도 ② 스데바나 ③ 그리스보 ④ 가이오

☞ 고린도전서 16장 15절을 보면, '스데바나의 집은 곧 아가야의 첫 열매요'라는 말씀이 있다. 에배네도는 아시아에서 그리스도께 처음 맺은 열매이다(롬16:5). 정답은 ②번.

27. 결혼과 이혼과 관련된 내용은 고린도전서 몇 장에 기록되어 있는가?

① 6장 ② 7장 ③ 8장 ④ 9장

☞ 고린도전서 각 장의 주요내용을 살펴보면, 1장은 고린도교회의 분쟁, 십자가의 도, 하나님의 능력이요 지혜인 그리스도, 3장은 하나님의 동역자, 하나님의 집, 밭, 성전, 4장은 사도의 직분, 5장은 근친상간의 음행, 6장은 세상 법정에 호소하는 문제, 7장은 결혼과 이혼, 8장은 우상에게

바친 제물, 9장은 사도의 권리, 10장은 우상숭배 경고, 세례(홍해도하), 11장은 성만찬 전승, 12장은 성령의 은사, 13장은 사랑장, 14장은 방언과 예언, 15장은 부활장, 16장은 연보와 문안이다. 정답은 ②번.

✣ 고린도전서 주요내용

1. 고린도전서의 발신자 : 바울과 소스데네.
2. 고린도후서의 발신자 : 바울과 디모데.
3. 바울에게 고린도교회에 당파에 있다는 소식을 전해 준 사람 : 글로에의 집 사람.
4. 고린도 교회에 있던 네 개의 당파 : 바울, 아볼로, 게바, 그리스도파.
5. 십자가의 도 : 구원을 받는 우리에게는 하나님의 능력이라.
6. 바울에게 세례를 받은 사람 : 그리스보, 가이오, 스데바나 집 사람.
7. 사도바울이 고린도교인에 대해 지칭한 표현 : 하나님의 밭, 집(고전3:9), 성전(고전3:16).
8. 바울이 복음으로 낳았다라고 말한 교회 : 고린도교회.
9. 자기 몸에 죄를 범하는 것 : 음행.
10. 약한 자들에게 걸려 넘어지게 하는 것이 되지 않아야 하는 것 : 자유.
11. 바울의 사도됨을 인친 것 : 고린도교인.
12. 주의 만찬 : 마태복음 26장, 마가복음 14장, 누가복음 22장, 고린도전서 11장.
13. 고린도전서 12장에 언급된 은사 : 지혜의 말씀, 지식의 말씀, 믿음, 병 고치는 은사, 능력 행함, 예언함, 영들 분별함, 방언 말함, 방언 통역함.
14. 고린도전서 12장에서 하나님께서 교회에 세우신 것 : 사도, 선지자, 교사, 능력을 행하는 자, 병 고치는 은사, 서로 돕는 것, 다스리는 것,

각종 방언을 말하는 것.

15. 바울이 사랑의 은사 외에 특별히 추천한 은사 : 예언.
16. 예수의 부활이후 만난 사람들의 순서 : 게바, 12제자, 500여 형제, 야보고, 바울.
17. 아가야에서 첫 열매가 된 성도 : 스데바나의 집.
18. 각 장의 주요내용 : 1장은 고린도교회의 분쟁, 십자가의 도, 하나님의 능력이요 지혜인 그리스도, 3장은 하나님의 동역자, 하나님의 집, 밭, 성전, 4장은 사도의 직분, 5장은 근친상간의 음행, 6장은 세상 법정에 호소하는 문제, 7장은 결혼과 이혼, 8장은 우상에게 바친 제물, 9장은 사도의 권리, 10장은 우상숭배 경고, 세례(홍해도하), 11장은 성만찬 전승, 12장은 성령의 은사, 13장은 사랑장, 14장은 방언과 예언, 15장은 부활장, 16장은 연보와 문안이다.

고린도후서

1. '찬송하리로다 그는 우리 주 예수 그리스도의 하나님이시요 자비의 아버지시요 모든 ( )의 하나님이시며 우리의 모든 환난 중에서 우리를 ( )하사'(고후1:3-4)에서 ( ) 안에 알맞은 말은?
   ① 사랑 ② 위로 ③ 구원 ④ 보호

   ☞ 고린도후서 1장은 위로의 하나님에 대해 기술하고 있다. '모든 위로의 하나님이시며 우리의 모든 환난 중에서 우리를 위로하사 우리로 하여금 하나님께 받는 위로로써 모든 환난 중에 있는 자들을 능히 위로하게 하시는 이시로다'(고후1:3-4). 정답은 ②번.

2. 바울이 고린도에 가지 아니한 것은 무슨 이유 때문이었는가?
   ① 고린도 교인을 아끼고자 ② 전도여행의 긴박함 때문에
   ③ 박해의 강도가 너무 심하여 ④ 건강한 교회로 잘 세워지고 있었기에

   ☞ '다시 고린도에 가지 아니한 것은 너희를 아끼려 함이라'(고후1:23). 정답은 ①번.

3. 바울이 드로아에 이르렀을 때 누구를 만나지 못하여 마음이 불편하였는가?

① 디도　　　② 디모데　　　③ 바나바　　　④ 실라

☞ 바울은 드로아에서 디도를 만나지 못한 일로 심령이 불편하였고, 마게도냐로 이동하였다(고후2:12-13). 이후에 바울이 마게도냐에 있을 때 디도가 바울을 찾아와 바울을 위로하였다(고후7:6). 바울은 디도에 대해 말하기를 '나의 동료요 너희를 위한 나의 동역자'라 하였다(고후8:23). 정답은 ①번.

4. 바울은 고린도후서 3장에서 고린도교인들을 무엇이라고 말하고 있는가?
① 그리스도의 향기　　　② 그리스도의 제자
③ 그리스도의 사도　　　④ 그리스도의 편지

☞ 바울은 고린도후서 2장 15절에서 '우리는 구원 받는 자들에게나 망하는 자들에게나 하나님 앞에서 그리스도의 향기니'라고 말하였고, 3장 2절에서는 '너희는 우리의 편지'라고 말하고 있다. 정답은 ④번.

5. 고린도후서 3장에서 서로 대비되고 있는 것으로 맞지 않는 것은?
① 먹으로 씀 - 하나님의 영으로 쓴 것
② 돌판에 씀 - 육의 마음판에 쓴 것
③ 율법 조문으로 함 - 영으로 함
④ 정죄의 직분 - 구원의 직분

☞ '정죄의 직분도 영광이 있은즉 의의 직분은 영광이 더욱 넘치리라'(고후3:9). 고린도후서 3장에 대비되는 것은 먹-하나님의 영, 돌판-육의 마음판, 율법 조문-영, 정죄의 직분-의의 직분이다. 정답은 ④번.

6. 고린도후서 5장 18절에 기록된 하나님께서 우리에게 주신 직분은 무엇인가?
① 화목하게 하는 직분　　　② 전도하게 하는 직분

③ 봉사하게 하는 직분　　　　　　　　④ 교회를 세우는 직분

☞ 하나님께서 우리에게 주신 직분은 화목하게 하는 직분이다. 정답은 ①번.

7. 고린도후서 6장에서 믿지 않는 자와 멍에를 같이 하지 말라 하시면서 예로 드는 내용이 아닌 것은?

① 교회와 세상 ② 의와 불법 ③ 빛과 어두움 ④ 그리스도와 벨리알

☞ 고린도후서 6장 14-15절에 기록된 예로는 의와 불법, 빛과 어두움, 그리스도와 벨리알, 믿는 자와 믿지 않는 자이다. 정답은 ①번.

8. 하나님의 뜻대로 하는 (①)은 후회할 것이 없는 (②)에 이르게 하는 (③)를 이루는 것이요 세상 근심은 (④)을 이루는 것이니라(고후7:10). 번호에 해당되는 단어가 아닌 것은?

① 믿음　　② 구원　　③ 회개　　④ 사망

☞ '하나님의 뜻대로 하는 근심은 후회할 것이 없는 구원에 이르게 하는 회개를 이루는 것이요 세상 근심은 사망을 이루는 것이니라' 정답은 ①번.

9. 그들의 넘치는 기쁨과 극심한 가난이 그들의 풍성한 연보를 넘치도록 하게 하였다(고후8:2). 바울이 그들이라고 하는 교회는 어디를 가리키는 것인가?

① 고린도 교회 ② 갈라디아 교회 ③ 에베소 교회 ④ 마게도냐 교회

☞ 고린도후서 8-9장은 헌금에 대한 가르침을 기록하고 있다. 바울은 헌금에 대해 말하기에 앞서, 마게도냐 교회가 '환난의 많은 시련 가운데서 그들의 넘치는 기쁨과 극심한 가난이 그들의 풍성한 연보를 넘치도록 하게 하였음'을 언급하고 있다(고후8:1-2). 연약할 때 서로 돕는 헌금의 기본 정신은 '균등하게' 함에 있다(고후8:13). 정답은 ④번.

10. 그의 편지들은 무게가 있고 힘이 있으나 그가 몸으로 대할 때는 약하고 그 말도 시원하지 않다(고후10:10). 여기에 그는 누구를 가리키는 것인가?

① 디모데 ② 디도 ③ 소스데네 ④ 바울

☞ 바울은 고린도후서 10장에서 자신의 사도직을 변호하고 있다. '너희를 대면하면 유순하고 떠나 있으면 너희에 대하여 담대한'(고후10:1) 바울은 자신에 대한 사람들의 평가('그의 편지들은 무게가 있고 힘이 있으나 그가 몸으로 대할 때는 약하고 그 말도 시원하지 않다' - 그러나 바울은 고린도후서 11장 6절에서 '내가 비록 말에는 부족하나 지식에는 그렇지 아니하니'라고 자신에 대한 스스로의 평가를 내리고 있다)를 기록하면서 '자랑하는 자는 주 안에서 자랑할지니라'고 말하며(고후10:17), '원하건대 너희는 나의 좀 어리석은 것을 용납하라 청하건대 나를 용납하라'고 호소하고 있다(고후11:1). 정답은 ④번.

11. 바울이 고린도교회 교인들이 잘 용납하고 있다고 말한 것에 포함되지 않는 것은 무엇인가?

① 다른 예수 ② 다른 영 ③ 다른 교회 ④ 다른 복음

☞ '만일 누가 가서 우리가 전파하지 아니한 다른 예수를 전파하거나 혹 너희가 받지 아니한 다른 영을 받게 하거나 혹은 너희가 받지 아니한 다른 복음을 받게 할 때에는 너희가 잘 용납하는구나'(고후11:4). 바울은 다른 예수, 다른 영, 다른 복음을 전하는 자를 거짓 사도요 속이는 일꾼이라 규정하면서, 사탄도 자기를 광명의 천사로 가장하여 성도들을 현혹하고 있음을 강하게 말하고 있다(고후11:14). 정답은 ③번.

12. 바울의 수난에서 그는 몇 번의 파선을 경험하였는가?

① 한 번 ② 두 번 ③ 세 번 ④ 네 번

☞ 바울이 자신의 수난을 기록하면서 자기를 변호하는 내용이 고린도후

서 11장 24-27절까지 기록되어 있다. '유대인들에게 사십에서 하나 감한 매를 다섯 번 맞았으며 세 번 태장으로 맞고 한 번 돌로 맞고 세 번 파선하고 일 주야를 깊은 바다에서 지냈으며 여러 번 여행하면서 강의 위험과 강도의 위험과 동족의 위험과 이방인의 위험과 시내의 위험과 광야의 위험과 바다의 위험과 거짓 형제 중의 위험을 당하고 또 수고하며 애쓰고 여러 번 자지 못하고 주리며 목마르고 여러 번 굶고 춥고 헐벗었노라' 정답은 ③번.

13. 바울은 어느 성에서 광주리를 타고 성벽을 내려 도망하였는가?
① 다메섹 ② 빌립보 ③ 루스드라 ④ 데살로니가

☞ 다메섹의 아레다 왕의 고관이 바울을 잡고자 할 때 광주리를 타고 성벽을 내려가 도망하였다(고후11:32-33). 정답은 ①번.

14. 바울은 자신의 육체의 가시를 사탄의 무엇이라고 말하고 있는가?
① 시험 ② 사자 ③ 유혹 ④ 선물

☞ 편지를 기록할 때를 시점으로 14년 전에 삼층천 체험을 하는 등 놀라운 이적을 많이 경험한 바울은, 자신이 자만하지 않도록 하나님께서 그의 육체에 가시 곧 사탄의 사자를 주셨다고 고백하고 있다(고후12:7). 바울은 육체의 가시를 몸에서 제거해달라고 세 번 주께 간구하였으나, '내 은혜가 네게 족하도다 이는 내 능력이 약한 데서 온전하여짐이라'는 하나님의 응답을 받고, 자신의 연약함을 도리어 자랑하게 되었다. 정답은 ②번.

15. 서신의 맨 마지막 문장이 축도로 마무리되는 것은 무엇인가?
① 고린도전서 ② 고린도후서 ③ 갈라디아서 ④ 에베소서

☞ 고린도교회에 대한 세 번째 방문을 앞두고 바울은 고린도후서 13장 13절을 축도문으로 마무리하고 있다. '주 예수 그리스도의 은혜와 하나님의 사랑과 성령의 교통하심이 너희 무리와 함께 있을지어다' 정답은 ②번.

16. 고린도후서에 기록된 말씀들이다. 내용과 구절이 맞지 않는 것은?

① 3장 17절 - 주는 영이시니 주의 영이 계신 곳에는 자유가 있느니라
② 6장 2절 - 보라 지금은 은혜 받을 만한 때요 보라 지금은 구원의 날이로다
③ 10장 7절 - 각각 그 마음에 정한 대로 할 것이요 인색함으로나 억지로 하지 말지니 하나님은 즐겨 내는 자를 사랑하시느니라
④ 13장 5절 - 너희는 믿음 안에 있는가 너희 자신을 시험하고 너희 자신을 확증하라

☞ ③번은 고린도후서 9장 7절 말씀이다. 정답은 ③번.

17. 바울이 자신의 사도직을 변호한 곳은 고린도후서 몇 장에 기록되어 있는가?

① 10장 ② 11장 ③ 12장 ④ 13장

☞ 고린도후서 각 장의 주요내용을 살펴보면, 1장은 위로의 하나님, 2장은 그리스도의 향기, 3장은 그리스도의 편지, 영의 직분, 율법 조문의 직분, 새 언약과 옛 언약의 비교, 4장은 질그릇에 담긴 보배, 5장은 바울 개인의 종말론(1절), 그리스도 안에서의 새로운 피조물(17절), 6장은 지금은 은혜의 때, 구원의 날(2절), 그리스도와 벨리알은 함께 할 수 없음(15절), 7장은 하나님의 뜻에 맞는 회개, 8-9장은 연보에 대하여(마게도냐 교회의 모범), 10장은 자신의 사도직 변호, 11장은 바울과 거짓 사도들, 12장은 바울의 삼층천 체험, 13장은 축도(13절) 이다. 정답은 ①번.

✥ 고린도후서 주요내용

1. 고린도후서 1장에서 말하는 하나님 : 위로의 하나님.
2. 바울이 고린도에 가지 아니한 이유 : 고린도 교인을 아끼고자.

3. 바울이 드로아에 이르렀을 때 만나지 못한 사람 : 디도.
4. 고린도교인들에 대한 바울의 표현 : 그리스도의 향기(고후2:15), 그리스도의 편지(고후3:2).
5. 고린도후서 3장에서 서로 대비되고 있는 것 : 먹 - 하나님의 영, 돌판 - 육의 마음판, 율법 조문 - 영, 정죄의 직분 - 의의 직분.
6. 하나님께서 우리에게 주신 직분 : 화목하게 하는 직분(고후5:18).
7. 믿지 않는 자와 멍에를 같이 하지 말라 하시면서 예로 드는 내용 : 의와 불법, 빛과 어두움, 그리스도와 벨리알, 믿는 자와 믿지 않는 자.
8. 넘치는 기쁨으로 극한 가난에도 풍성한 연보를 한 교회 : 마게도냐 교회.
9. 바울이 고린도교회 교인들이 잘 용납하고 있다고 말한 것 : 다른 예수, 다른 영, 다른 복음.
10. 바울의 수난 : 사십에서 하나 감한 매를 다섯 번 맞았으며 세 번 태장으로 맞고 한 번 돌로 맞고 세 번 파선하고 일 주야를 깊은 바다에서 지냈으며 여러 번 여행하면서 강의 위험과 강도의 위험과 동족의 위험과 이방인의 위험과 시내의 위험과 광야의 위험과 바다의 위험과 거짓 형제 중의 위험을 당하고 또 수고하며 애쓰고 여러 번 자지 못하고 주리며 목마르고 여러 번 굶고 춥고 헐벗었노라.
11. 바울이 광주리를 타고 성벽을 내려가 도망한 곳 : 다메섹의 아레다 왕의 고관이 바울을 잡고자 할 때 다메섹 성에서.
12. 바울 자신의 육체의 가시 : 사탄의 사자.
13. 서신의 맨 마지막 문장이 축도로 마무리되는 것 : 고린도후서 13장 13절.
14. 각 장의 주요내용 : 1장은 위로의 하나님, 2장은 그리스도의 향기, 3장은 그리스도의 편지, 영의 직분, 율법 조문의 직분, 새 언약과 옛 언약의 비교, 4장은 질그릇에 담긴 보배, 5장은 바울 개인의 종말론(1절), 그리스도안에서의 새로운 피조물(17절), 6장은 지금은 은혜의 때, 구원의 날(2절), 그리스도와 벨리알은 함께 할 수 없음(15절), 7장은 하나님의 뜻에 맞는 회개, 8-9장은 연보에 대하여(마게도냐 교회의 모범), 10장은 자신의 사도직 변호, 11장은 바울과 거짓 사도들, 12장은 바울의 삼층천 체험, 13장은 축도(13절).

갈라디아서

1. 바울의 회심이후에 여정을 그리고 있는 내용은 갈라디아서 몇 장에 나오는가?

   ① 1장　　② 2장　　③ 3장　　④ 4장

   ☞ 바울의 회심이후에 여정이 갈라디아서 1장에 나와 있다. 바울은 다메섹 도상에서의 사건이후 아라비아로 갔다가 다시 다메섹으로 돌아왔다. 그곳에서 3년을 보낸 후 게바를 방문하고자 예루살렘에 올라가 15일을 머물렀으나 주의 형제 야고보만을 보고 다른 사도는 만나지 못하였다. 십 사년 후에 다시 바나바와 디도를 데리고 예루살렘에 올라가 그때 야고보와 게바와 요한을 만났다(갈1:17-2:9). 정답은 ①번.

2. 다음 중 바울이 자신의 이력을 기록하고 있는 본문이 아닌 것은?

   ① 고린도전서 14장　　② 고린도후서 11장
   ③ 갈라디아서 1장　　④ 빌립보서 3장

   ☞ 바울이 자신의 이력을 소개하고 있는 본문은 고린도전서 15장, 고린도후서 11장, 갈라디아서 1장, 빌립보서 3장이다. 정답은 ①번.

3. 다음 설명 중 맞지 않는 것은?

① 바울은 유대기독교인들을 의식하여 디도에게 할례를 시켰다.

② 1차 방문 후 14년 후에 바울은 바나바, 디도와 함께 다시 예루살렘을 방문하였다.

③ 베드로는 할례자의 사도, 바울은 이방인의 사도가 되었다.

④ 바울과 친교의 악수를 나눈 이는 야고보, 게바, 요한이다.

☞ 바울은 가만히 들어온 거짓 형제들로 인하여 헬라인 디도에게 억지로 할례를 받게 하지 아니하였다. ②번은 갈라디아서 2장 1절에 ③번은 갈라디아서 2장 8절에 ④번은 갈라디아서 2장 9절에 기록되어 있다. 정답은 ①번.

4. 어리석도다 (   ) 사람들아. (   ) 안에 알맞은 말은?

① 고린도 ② 갈라디아 ③ 에베소 ④ 데살로니가

☞ 유대인 율법주의자에 의해 미혹된 갈라디아 교인들을 향하여 바울은 '어리석도다 갈라디아 사람들아'라고 한탄하였다(갈3:1). 이들의 행위를 바울은 '너희가 이같이 어리석으냐 성령으로 시작하였다가 이제는 육체로 마치겠느냐'라고 책망하였다(갈3:3). 정답은 ②번.

5. '아브라함이 하나님을 믿으매 이것을 의로 여기셨다'는 말씀이 기록되지 않은 곳은 어디인가?

① 창세기 15장 6절 ② 로마서 4장 3절

③ 갈라디아서 3장 6절 ④ 히브리서 5장 8절

☞ 이신칭의가 기록된 본문은 창세기 15장 6절, 로마서 4장 3절, 갈라디아서 3장 6절이다. 정답은 ④번.

6. 의인은 믿음으로 살리라는 말씀이 기록되지 않은 곳은 어디인가?

① 하박국 2장 4절 ② 로마서 1장 17절
③ 갈라디아서 4장 11절 ④ 히브리서 10장 38절

☞ 의인은 믿음으로 살리라는 말씀은 하박국 2장 4절, 로마서 1장 17절, 갈라디아서 3장 11절, 히브리서 10장 38절에 기록되어 있다. 정답은 ③번.

7. 율법은 그리스도에게로 인도하는 무엇과 같은가?

① 나침반 ② 초등교사 ③ 빛 ④ 그림자

☞ '이같이 율법이 우리를 그리스도께로 인도하는 초등교사가 되어 우리로 하여금 믿음으로 말미암아 의롭다 함을 얻게 하려 함이라'(갈3:24). 정답은 ②번.

8. 다음 본문 중 하나님을 '아빠 아버지'라 기록하고 있지 않은 본문은 어디인가?

① 마가복음 14장 36절 ② 요한복음 18장 4절
③ 로마서 8장 15절 ④ 갈라디아서 4장 6절

☞ 하나님을 아빠 아버지로 기록하고 있는 본문은 마가복음 14장 36절, 로마서 8장 15절, 갈라디아서 4장 6절이다. 정답은 ②번.

9. 바울이 다시 너희를 위하여 해산하는 수고를 하겠다고 할 때, 여기 너희는 누구를 가리키는 것인가?

① 고린도 교회 ② 갈라디아 교회 ③ 에베소 교회 ④ 라오디게아 교회

☞ '나의 자녀들아 너희 속에 그리스도의 형상을 이루기까지 다시 너희를 위하여 해산하는 수고를 하노니'(갈4:19). 정답은 ②번.

10. 사라와 하갈을 통해 두 언약을 비교하고 있는 것은 갈라디아서 몇 장에 기록되어 있는가?

① 3장 ② 4장 ③ 5장 ④ 6장

☞ 갈라디아서 각 장의 주요내용을 살펴보면, 1장은 바울이 사도가 된 내력, 2장은 음식먹는 문제로 인해 게바를 책망한 안디옥 사건, 3장은 갈라디아 교인들에게 호소함, 율법은 초등교사, 4장은 사라(자유 있는 여자)와 하갈(여종)을 통한 두 언약 비교, 5장은 그리스도인의 자유(종의 멍에를 메지 말라), 성령의 열매, 6장은 짐을 서로 지라, 심는 대로 거둠, 큰 글자로 씀, 예수의 흔적을 가짐이다. 정답은 ②번.

11. 다음은 갈라디아서에 기록된 말씀이다. 내용과 구절이 맞지 않는 것은?

① 5장 1절 - 그리스도께서 우리를 자유롭게 하려고 자유를 주셨으니 그러므로 굳건하게 서서 다시는 종의 멍에를 메지 말라

② 5장 13절 - 그 자유로 육체의 기회를 삼지 말고 오직 사랑으로 서로 종 노릇 하라

③ 6장 5절 - 너희가 짐을 서로 지라 그리하여 그리스도의 법을 성취하라

④ 6장 6절 - 가르침을 받는 자는 말씀을 가르치는 자와 모든 좋은 것을 함께 하라

☞ ③번은 갈라디아서 6장 2절의 말씀이다. 6장 5절은 '각각 자기의 짐을 질 것이라'이다. 또한 기억해야 할 말씀으로는 갈라디아서 6장 7절의 '스스로 속이지 말라 하나님은 업신여김을 받지 아니하시나니 사람이 무엇으로 심든지 그대로 거두리라'는 말씀이 있다. 정답은 ③번.

12. '네 이웃 사랑하기를 네 자신 같이 하라'는 말씀이 기록되지 않은 본문은?

① 누가복음 10장 35절 ② 로마서 13장 9절

③ 야고보서 2장 8절　　　　　④ 갈라디아서 5장 14절

☞ 네 이웃 사랑하기를 네 자신 같이 하라는 말씀은 레위기 19장 18절, 마태복음 22장 39절, 마가복음 12장 31절, 누가복음 10장 27절, 로마서 13장 9절, 야고보서 2장 8절, 갈라디아서 5장 14절에 기록되어 있다. 정답은 ①번.

13. 성령의 9가지 열매에 해당되지 않는 것은 무엇인가?
① 희락　　② 양선　　③ 절제　　④ 방언

☞ '오직 성령의 열매는 사랑과 희락과 화평과 오래 참음과 자비와 양선과 충성과 온유와 절제니'(갈5:22-23). 정답은 ④번.

14. 바울이 자신의 몸에 예수의 흔적을 가졌다고 선포한 대상은 누구인가?
① 고린도교회　② 갈라디아교회　③ 에베소교회　④ 빌립보교회

☞ 바울은 갈라디아서의 마지막 부분에서 '이후로는 누구든지 나를 괴롭게 하지 말라 내가 내 몸에 예수의 흔적을 지니고 있노라'고 선포하였다(갈6:17). 갈라디아서의 마지막 구절은 '형제들아 우리 주 예수 그리스도의 은혜가 너희 심령에 있을지어다 아멘'이다. 정답은 ②번.

✣ 갈라디아서 주요내용

1. 바울의 회심이후에 여정 : 바울은 다메섹 도상에서의 사건 → 아라비아 → 다메섹(3년) → 예루살렘(15일, 게바를 방문하고자) → 십 사년 후에 바나바와 디도를 데리고 예루살렘에 올라가 그때 야고보와 게바와 요한을 만남.
2. 바울이 자신의 이력을 소개하고 있는 본문 : 고린도전서 15장, 고린도후서 11장, 갈라디아서 1장, 빌립보서 3장.
3. 바울과 친교의 악수를 나눈 이 : 야고보, 게바, 요한.
4. 이신칭의 : 창세기 15장 6절, 로마서 4장 3절, 갈라디아서 3장 6절.
5. 율법 : 그리스도에게로 우리를 인도하는 초등교사.
6. 하나님을 아빠 아버지로 기록하고 있는 본문 : 마가복음 14장 36절, 로마서 8장 15절, 갈라디아서 4장 6절.
7. 바울이 다시 해산하는 수고를 하겠다고 한 교회 : 갈라디아 교회.
8. 각 장의 주요내용 : 1장은 바울이 사도가 된 내력, 2장은 음식 먹는 문제로 인해 게바를 책망한 안디옥 사건, 3장은 갈라디아 교인들에게 호소함, 율법은 초등교사, 4장은 사라(자유 있는 여자)와 하갈(여종)을 통한 두 언약 비교, 5장은 그리스도인의 자유(종의 멍에를 메지 말라), 성령의 열매, 6장은 짐을 서로 지라 심는 대로 거둠, 큰 글자로 씀, 예수의 흔적을 가짐.
9. 네 이웃 사랑하기를 네 자신과 같이 하라 : 레위기 19장 18절, 마태복음 22장 39절, 마가복음 12장 31절, 누가복음 10장 27절, 로마서 13장 9절, 야고보서 2장 8절, 갈라디아서 5장 14절.
10. 성령의 9가지 열매 : 사랑과 희락과 화평과 오래 참음과 자비와 양선과 충성과 온유와 절제.
11. 바울이 자신의 몸에 예수의 흔적을 가졌다고 선포한 대상 : 갈라디아교회.

에베소서

1. 하나님께서 창세전에 우리를 택하셨다는 말씀은 에베소서 몇 장에 기록되어 있는가?
① 1장 ② 2장 ③ 3장 ④ 4장

☞ '곧 창세전에 그리스도 안에서 우리를 택하사 우리로 사랑 안에서 그 앞에 거룩하고 흠이 없게 하시려고'(엡1:4). 정답은 ①번.

2. 교회는 그의 몸이니 만물 안에서 만물을 (　　)하게 하시는 자의 (　　)이니라(엡1:23). (　) 안에 알맞은 말은?
① 대속 ② 거룩 ③ 충만 ④ 화평

☞ '교회는 그의 몸이니 만물 안에서 만물을 충만하게 하시는 자의 충만이니라'(엡1:23). 정답은 ③번.

3. 바울은 자신의 환난이 에베소 교인들에게 무엇이 된다고 하였나?
① 기도 ② 근심 ③ 찬송 ④ 영광

☞ '너희를 위한 나의 여러 환난에 대하여 낙심하지 말라 이는 너희의 영광이니라'(엡3:13). 정답은 ④번.

4. 에베소서 4장에서 바울이 하나된 것으로 언급하고 있지 않는 것은?

① 몸 ② 믿음 ③ 세례 ④ 마음

☞ 바울이 하나라고 언급하고 있는 것은 '몸, 성령, 주, 믿음, 세례, 하나님'이다(엡4:4-6). 정답은 ④번.

5. 하나님께서 여러 사역자들을 세우신 이유로 맞지 않는 것은?

① 성도를 온전하게 하기 위해 ② 교회를 성장시키기 위해

③ 봉사의 일을 하게 하기 위해 ④ 그리스도의 몸을 세우기 위해

☞ 하나님께서는 그의 교회에 사도, 선지자, 복음 전하는 자, 목사와 교사를 세우신다(엡4:11). 이들을 세우시는 목적에 대해 '성도를 온전하게 하여 봉사의 일을 하게 하며 그리스도의 몸을 세우려 하심이라'고 기록하고 있다(엡4:12). 바울은 교회의 지체된 이들을 향해 '오직 사랑 안에서 참된 것을 하여 범사에 그에게까지 자랄지라 그는 머리니 곧 그리스도라'고 권면하고 있다(엡4:15). 정답은 ②번.

6. 하나님을 따라 의와 진리의 거룩함으로 지으심을 받은 새 ( )을 입으라(엡4:24). ( ) 안에 알맞은 말은?

① 옷 ② 마음 ③ 사람 ④ 믿음

☞ '하나님을 따라 의와 진리의 거룩함으르 지으심을 받은 새 사람을 입으라'(엡4:24). 정답은 ③번.

7. 다음 중 에베소서 5장에 나오는 빛의 열매에 해당되지 않는 것은?

① 모든 착함 ② 성실함 ③ 의로움 ④ 진실함

☞ '빛의 열매는 모든 착함과 의로움과 진실함에 있느니라'(엡5:9). 정답은 ②번.

7. 사도바울이 에베소서 5장에서 그 이름조차도 부르지 말라고 경계한 것에 해당되지 않는 것은?

① 거짓 복음　② 음행　③ 온갖 더러운 것　④ 탐욕

☞ '음행과 온갖 더러운 것과 탐욕은 너희 중에서 그 이름조차도 부르지 말라 이는 성도에게 마땅한 바니라'(엡5:3). 정답은 ①번.

8. 다음은 에베소서에 기록된 말씀들이다. 내용과 구절이 맞지 않는 것은?

① 1장 23절 – 교회는 그의 몸이니 만물 안에서 만물을 충만하게 하시는 자의 충만함이니라

② 4장 3절 – 평안의 매는 줄로 성령이 하나 되게 하신 것을 힘써 지키라

③ 5장 16절 – 너희가 전에는 어두움이더니 이제는 주 안에서 빛이라 빛의 자녀들처럼 행하라

④ 5장 21절 – 그리스도를 경외함으로 피차 복종하라

☞ ③번의 말씀은 에베소서 5장 8절의 말씀이다. 에베소서 5장 16절은 '세월을 아끼라 때가 악하니라'는 말씀이다. 정답은 ③번.

9. 에베소서 5-6장과 같은 가훈표가 기록된 본문은 어디인가?

① 빌립보서　② 골로새서　③ 디모데전서　④ 빌레몬서

☞ 에베소서 5장에는 아내와 남편, 6장에는 자녀와 부모, 종과 주인에 대한 가훈표가 기록되어 있다. 비슷한 주제가 골로새서 3장 18절에서 4장 1절까지 기록되어 있다. 베드로전서 3장 1-7절에는 남편과 아내에 대한 교훈이 기록되어 있다. 정답은 ②번.

10. 하나님의 전신갑주 중에 악한 자의 모든 불화살을 소멸하는 것은 무엇인가?

① 진리의 허리 띠　② 평안의 복음이 준비한 신

③ 믿음의 방패　　　　　　　　④ 성령의 검

☞ 하나님의 전신갑주는 진리의 허리 띠, 의의 호심경, 평안의 복음이 준비한 신, 믿음의 방패(악한 자의 모든 불화살을 소멸함), 구원의 투구, 성령의 검(하나님의 말씀)이다(엡6:14-17) 참고로, 데살로니가전서 5장 8절에는 '우리는 낮에 속하였으니 정신을 차리고 믿음과 사랑의 호심경을 붙이고 구원의 소망의 투구를 쓰자'는 말씀이 있다. 정답은 ③번.

11. 바울이 자신의 사정을 알리기 위해 에베소 교회에 파송한 이는 누구인가?
① 디모데　　② 디도　　③ 데디오　　④ 두기고

☞ '사랑을 받은 형제요 주 안에서 진실한 일꾼인 두기고가 모든 일을 너희에게 알게 하리라'(엡6:21). 정답은 ④번.

12. 예수는 우리의 화평이시라는 말씀은 에베소서 몇 장에 기록되어 있는가?
① 2장　　② 3장　　③ 4장　　④ 5장

☞ 에베소서 각 장의 주요내용을 살펴보면, 1장은 창세전에 우리를 예정하심(4절), 교회는 예수의 몸(23절), 2장은 믿음으로 말미암아 은혜로 구원을 얻음(8절), 예수는 우리의 화평(14절), 4장은 교회의 사역자들(11-12절), 그리스도의 장성한 분량에 이름(13절), 5장은 빛의 열매(9절), 아내와 남편, 6장은 가훈표(자녀와 부모, 종과 주인), 하나님의 전신갑주이다. 정답은 ①번.

✤ 에베소서 주요내용

1. 하나님께서 창세전에 우리를 택하셨다는 말씀 : 에베소서 1장.
2. 바울의 환난 : 에베소 교인들에게 영광이 됨.
3. 에베소서 4장에서 바울이 하나된 것으로 언급하고 있는 것 : 몸, 성령, 주, 믿음, 세례, 하나님.
4. 하나님께서 여러 사역자들을 세우신 이유 : 성도를 온전하게 하여 봉사의 일을 하게 하며 그리스도의 몸을 세우려 하심.
5. 에베소서 5장에 나오는 빛의 열매 : 모든 착함과 의로움과 진실함.
6. 에베소서 5장에서 그 이름조차도 부르지 말라고 경계한 것 : 음행과 온갖 더러운 것과 탐욕.
7. 가훈표가 기록된 본문 : 에베소서 5-6장, 골로새서 3장 18절- 4장 1절, 베드로전서 3장 1-7절.
8. 하나님의 전신갑주 : 진리의 허리 띠, 의의 호심경, 평안의 복음이 준비한 신, 믿음의 방패(악한 자의 모든 불화살을 소멸함), 구원의 투구, 성령의 검(하나님의 말씀).
9. 바울이 자신의 사정을 알리기 위해 에베소 교회에 파송한 이 : 두기고.
10. 각 장의 주요내용 : 1장은 창세전에 우리를 예정하심(4절), 교회는 예수의 몸(23절), 2장은 믿음으로 말미암아 은혜로 구원을 얻음(8절), 예수는 우리의 화평(14절), 4장은 교회의 사역자들(11-12절), 그리스도의 장성한 분령에 이름(13절), 5장은 빛의 열매(9절), 아내와 남편, 6장은 가훈표(자녀와 부모, 종과 주인), 하나님의 전신갑주.

빌립보서

1. 빌립보서의 발신자는 바울 이외에 또 누구인가?
   ① 소스데네　② 디모데　③ 디도　④ 실루아노

☞ 바울서신의 발신자들을 살펴보면, 바울이 혼자 쓴 편지는 로마서, 에베소서, 디모데전후서, 디도서이다. 바울과 소스데네가 쓴 것은 고린도전서이고, 바울과 디모데가 쓴 것은 고린도후서, 빌립보서, 골로새서, 빌레몬서이다. 바울과 실루아노와 디모데가 쓴 편지는 데살로니가전후서이다. 갈라디아서는 바울과 모든 형제가 발신자로 되어 있다. 정답은 ②번.

2. 바울서신 중 인사말에 사도의 호칭이 등장하는 않는 서신은 무엇인가?
   ① 에베소서　② 빌립보서　③ 골로새서　④ 로마서

☞ 빌립보서에는 '그리스도 예수의 종 바울과 디모데'라는 표현만 있지, 사도라는 호칭이 보이지 않는다. 정답은 ②번.

3. 예수 그리스도의 자기 비움을 찬미하고 있는 빌립보서 본문은 어디인가?
   ① 2장 1-7절　② 2장 3-9절　③ 2장 5-11절　④ 2장7-13절

☞ '너희 안에 이 마음을 품으라 곧 그리스도 예수의 마음이니 그는 근본 하나님의 본체시나 하나님과 동등됨을 취할 것으로 여기지 아니하시

고 오히려 자기를 비워 종의 형체를 가지사 사람들과 같이 되셨고 사람의 모양으로 나타나사 자기를 낮추시고 죽기까지 복종하셨으니 곧 십자가에 죽으심이라' 그리스도의 자기 비움을 찬미하고 있는 본문은 빌립보서 2장 5-11절이다. 정답은 ③번.

4. 바울이 자신과 함께 수고하고 군사 된 자라 칭한 사람은 누구인가?
① 에바브로디도 ② 디모데 ③ 유오디아 ④ 순두게

☞ 바울은 빌립보서 2장에서 빌립보 교회에 보내고자 하는 두 명의 사자를 언급하고 있다. 한 인물은 디모데로 그는 빌립보 교회의 사정을 진실히 생각할 유일한 자이기 때문이고(19-20절), 다른 인물은 에바브로디도로 그에 대해 바울은 '그는 나의 형제요 함께 수고하고 군사 된 자요 너희 사자로 나의 쓸 것을 돕는 자'라 말하고 있다(빌2:25). 정답은 ①번.

5. 바울이 자신의 서신에서 '내가 눈물을 흘리며 말하노니'라고 말한 교회는 어디인가?
① 고린도교회 ② 갈라디아교회 ③ 에베소교회 ④ 빌립보교회

☞ 바울은 빌립보서 3장 17절에서 '형제들아 너희는 함께 나를 본받으라'고 권고하면서 '내가 여러 번 너희에게 말하였거니와 이제도 눈물을 흘리며' 말한다고 기록하고 있다(빌3:18). 정답은 ④번.

6. 십자가의 원수로 행하는 자들에게 있어 신은 무엇인가?
① 우상 ② 거짓 ③ 배 ④ 세상

☞ '그들의 마침은 멸망이요 그들의 신은 배요 그 영광은 그들의 부끄러움에 있고 땅의 일을 생각하는 자라'(빌3:19). 바울은 바로 이어 '우리의 시민권은 하늘에' 있음을 말하고 있다(빌3:20). 정답은 ③번.

7. 다음 중 기쁨의 서신이라고 부르는 본문은 무엇인가?

① 에베소서 ② 빌립보서 ③ 글로새서 ④ 빌레몬서

☞ 옥중서신 중 하나인 빌립보서는 참 기쁨을 가질 것을 강조하고 있다. '주 안에서 항상 기뻐하라 내가 다시 말하노니 기뻐하라'(빌4:4). 정답은 ②번.

8. 마게도냐에서 바울을 물질적으로 도운 유일한 교회는 어디인가?

① 에베소교회 ② 빌립보교회 ③ 글로새교회 ④고린도교회

☞ '빌립보 사람들아 너희도 알거니와 복음의 시초에 내가 마게도냐를 떠날 때에 주고받는 내 일에 참여한 교회가 너희 외에 아무도 없었느니라'(빌4:15). 정답은 ②번.

9. 빌립보서에 기록된 말씀들이다. 내용과 구절이 맞지 않는 것은?

① 1장 21절 - 이는 내게 사는 것이 그리스도니 죽는 것도 유익함이라

② 2장 12절 - 항상 복종하여 두렵고 떨림으로 너희 구원을 이루라

③ 3장 10절 - 오직 우리의 시민권은 하늘에 있는지라

④ 4장 13절 - 내게 능력 주시는 자 안에서 내가 모든 것을 할 수 있느니라

☞ ③번은 빌립보서 3장 20절 말씀이다. 정답은 ③번.

10. 바울 자신의 이력을 소개하고 있는 곳은 빌립보서 몇 장인가?

① 1장 ② 2장 ③ 3장 ④ 4장

☞ 빌립보서 각 장의 주요내용을 살펴보면, 1장은 옥중에 있는 바울, 2장은 그리스도에 대한 찬미(5-11절), 3장은 바울의 이력소개(출생 후 8일에 할례, 베냐민 지파, 율법으로는 바리새인, 열심히 교회핍박, 율법의 의로는 흠 없는 자), 푯대를 향하여(14절), 하늘에 있는 시민권(20절), 4장은 주 안에서 기뻐하라(4절), 자족하기를 배움(11절) 이다. 정답은 ③번.

✤ 빌립보서 주요내용

1. 바울이 혼자 쓴 편지 : 로마서, 에베소서, 디모데전후서, 디도서.
2. 바울과 소스데네가 쓴 편지 : 고린도전서.
3. 바울과 디모데가 쓴 편지 : 고린도후서, 빌립보서, 골로새서, 빌레몬서.
4. 바울과 실루아노와 디모데가 쓴 편지 : 데살로니가전후서.
5. 바울과 모든 형제가 발신자로 되어있는 편지 : 갈라디아서.
6. 예수 그리스도의 자기 비움을 찬미하고 본문 : 빌립보서 2장 5-11절.
7. 디모데 : 빌립보 교회의 사정을 진실히 생각할 유일한 자.
8. 에바브로디도 : 그는 나의 형제요 함께 수고하고 군사 된 자요 너희 사자로 나의 쓸 것을 돕는 자.
9. 바울이 '내가 눈물을 흘리며 말하노니'라고 말한 교회 : 빌립보교회.
10. 기쁨의 서신이라고 부르는 본문 : 빌립보서(빌4:4).
11. 마게도냐에서 바울을 물질적으로 도운 유일한 교회 : 빌립보교회.
12. 각 장의 주요내용 : 1장은 옥중에 있는 바울, 2장은 그리스도에 대한 찬미(5-11절), 3장은 바울의 이력소개(출생 후 8일에 할례, 베냐민 지파, 율법으로는 바리새인, 열심히 교회핍박, 율법의 의로는 흠 없는 자), 푯대를 향하여(14절), 하늘에 있는 시민권(20절), 4장은 주 안에서 기뻐하라(4절), 자족하기를 배움(11절).

골로새서

1. 다음 중 그리스도에 대한 찬미가 기록된 본문이 아닌 것은?

   ① 빌립보서 2장 5-11절　　　② 골로새서 1장 15-17절

   ③ 데살로니가전서 3장 12절　　④ 디모데전서 3장 16절

   ☞ 그리스도에 대한 찬미는 빌립보서 2장 5-11절, 골로새서 1장 15-17절, 디모데전서 3장 16절 말씀이다. 골로새서 각 장의 주요내용은 1장은 그리스도에 대한 찬미, 3장은 가훈표(4장1절까지)이다. 정답은 ③번.

2. 다음 중 에바브라가 세운 교회는 무엇인가?

   ① 서머나교회　② 에베소교회　③ 빌립보교회　④ 골로새교회

   ☞ 골로새교회는 바울이 세우지 않고 에바브라가 세운 교회이다(골1:7). 정답은 ④번.

3. 바울이 그리스도의 남은 고난을 자기의 몸에 채우겠다고 말한 곳은 골로새서 몇 장에 기록되어 있는가?

   ① 1장　② 2장　③ 3장　④ 4장

☞ 골로새서 1장 24절에서 바울은 '그리스도의 남은 고난을 그의 몸된 교회를 위하여 내 육체에 채우노라'고 말하고 있다. 정답은 ①번.

4. 다음 중 골로새서 1장에 기록된 그리스도를 가리키는 표현이 아닌 것은 ?
① 하나님의 형상　② 종　③ 교회의 머리　④ 비밀

☞ ①번은 골로새서 1장 15절, ③번은 골로새서 1장 18절, ④번은 골로새서 1장 27절(2장 2절에는 '하나님의 비밀인 그리스도'라는 표현이 있다) 말씀이다. 이외에 골로새서 1장 27절에 '영광의 소망'이라는 표현도 있다. 정답은 ②번.

5. 바울이 골로새서 3장에서 하나님의 택하신 자처럼 옷 입으라고 말한 내용 중 성령의 9가지 열매와 동일한 것이 아닌 것은?
① 자비　② 온유　③ 오래 참음　④ 충성

☞ 성령의 9가지 열매는 사랑과 희락과 화평과 오래 참음과 자비와 양선과 충성과 온유와 절제이다(갈5:22-23). 바울은 골로새서 3장 12절에서 '하나님이 택하사 거룩하고 사랑 받는 자처럼 긍휼과 자비와 겸손과 온유와 오래 참음을 옷 입고'라고 말하고 있다. 정답은 ④번.

6. 너희 말을 항상 은혜 가운데서 (　　　)으로 맛을 냄과 같이 하라(골4:6). (　　　)안에 알맞은 말은?
① 사랑　② 평안　③ 소금　④ 신실함

☞ '너희 말을 항상 은혜 가운데서 소금으로 맛을 냄과 같이 하라'(골4:6). 정답은 ③번.

7. 기도를 계속 하고 기도에 (　　　) 깨어 있으라(골4:2). (　) 안에 알맞은 말은?

① 감사함으로　② 민감하게　③ 성실하게　④ 진실하게

☞ '기도를 계속 하고 기도에 감사함으로 깨어 있으라'(골4:2). 정답은 ①번.

8. 다음은 골로새서에 기록된 말씀들이다. 내용과 구절이 맞지 않는 것은?
① 2장 5절 - 탐심은 우상숭배니라
② 3장 14절 - 이 모든 것 위에 사랑을 더하라 이는 온전하게 매는 띠니라
③ 3장 23절 - 무슨 일을 하든지 마음을 다하여 주께 하듯 하고 사람에게 하듯 하지 말라
④ 4장 5절 - 외인에게 대해서는 지혜로 행하여 세월을 아끼라

☞ ①번은 골로새서 3장 5절 말씀이다. 정답은 ①번.

9. 바울이 골로새서를 어느 교회와 회람하라고 말하고 있는가?
① 에베소　② 서머나　③ 빌라델비아　④ 라오디게아

☞ '이 편지를 너희에게서 읽은 후에 라오디게아인의 교회에서도 읽게 하고 또 라오디게아로부터 오는 편지를 너희도 읽으라'(골4:16). 정답은 ④번.

10. 골로새서 4장에서 바울과 함께 갇힌 자로 언급된 사람이 아닌 것은?
① 아킵보　② 아리스다고　③ 마가　④ 예수

☞ 아킵보는 바울이 주 안에서 받은 직분을 삼가 이루라고 명한 인물이다(골4:17). 바울과 함께 갇힌 이는 '아리스다고와 바나바의 생질 마가와 유스도라 하는 예수(할례당)'이다(골4:10-11). 정답은 ①번.

✣ 골로새서 주요내용

1. 그리스도에 대한 찬미가 기록된 본문 : 빌립보서 2장 5-11절, 골로새서 1장 15-17절, 디모데전서 3장 16절.
2. 각 장의 주요내용 : 1장은 그리스도에 대한 찬미, 그리스도의 남은 고난을 자기의 몸에 채우겠다(24절), 3장은 가훈표(4장1절까지).
3. 에바브라가 세운 교회 : 골로새교회.
4. 골로새서 1장에 기록된 그리스도를 가리키는 표현 : 하나님의 형상, 교회의 머리, 비밀, 영광의 소망.
5. 골로새서 3장에 있는 하나님의 사람의 특징 : 긍휼과 자비와 겸손과 온유와 오래 참음.
6. 바울이 골로새서를 회람하라고 한 교회 : 라오디게아.
7. 골로새서 4장에서 바울과 함께 갇힌 자로 언급된 사람 : 아리스다고와 바나바의 생질 마가와 유스도라 하는 예수(할례당).

데살로니가전·후서

1. 바울의 서신 중 시기적으로 가장 최초의 서신은 어느 것인가?
   ① 고린도전서 ② 에베소서 ③ 데살로니가전서 ④ 히브리서

   ☞ 바울서신 중 최초의 서신은 데살로니가전서로서 종말에 대한 기록이 핵심을 이루고 있다. 정답은 ③번.

2. 다음 중 데살로니가전서의 발신자가 아닌 사람은 누구인가?
   ① 바울 ② 디도 ③ 실루아노 ④ 디모데

   ☞ 데살로니가전후서의 발신자는 바울과 실루아노와 디모데이다(살전1:1, 살후1:1). 이들은 데살로니가 교회에 대하여 '우리의 목숨까지도 너희에게 주기를 기뻐함은 너희가 우리의 사랑하는 자 됨이라'고 고백할 정도로 데살로니가 교회를 사랑하였다(살전2:8). 정답은 ②번.

3. 바울이 데살로니가 교회에 대해 끊임없이 기억한다고 말한 내용이 아닌 것은?
   ① 믿음의 역사 ② 사랑의 수고 ③ 소망의 인내 ④ 충성된 봉사

   ☞ '너희의 믿음의 역사와 사랑의 수고와 우리 주 예수 그리스도에 대한

소망의 인내를 우리 하나님 아버지 앞에서 끊임없이 기억함이니'(살전 1:3). 정답은 ④번.

4. 마게도냐와 아가야 모든 믿는 자의 본이 된 교회는 어디인가?
① 고린도교회 ② 갈라디아교회 ③ 데살로니가교회 ④ 빌립보교회

☞ 마게도냐와 아가야 모든 믿는 자의 본이 된 교회는 데살로니가 교회이다(살전1:7). 정답은 ③번.

5. 바울의 가르침을 사람의 말이 아니라 하나님의 말씀으로 받은 교회는?
① 고린도교회 ② 갈라디아교회 ③ 데살로니가교회 ④ 빌립보교회

☞ 데살로니가 교회는 사도들의 가르침을 사람의 말이 아니라 하나님의 말씀으로 받았다(살전2:13). 정답은 ③번.

6. 바울은 누구를 데살로니가 교회에 보내어 데살로니가 교회의 믿음과 사랑의 기쁜 소식을 전해 듣게 되었는가?
① 실루아노 ② 에바브라 ③ 디도 ④ 디모데

☞ 바울은 아덴에 머물고 디모데를 데살로니가에 보내어 그들의 믿음과 사랑의 기쁜 소식을 전해 들었다(살전3:2-6). 정답은 ④번.

7. 바울이 형제 사랑에 관하여는 쓸 것이 없다고 한 교회는 어디인가?
① 고린도교회 ② 갈라디아교회 ③ 데살로니가교회 ④ 빌립보교회

☞ '형제 사랑에 관하여는 너희에게 쓸 것이 없음은 너희들 자신이 하나님의 가르치심을 받아 서로 사랑함이라'(살전4:9). 정답은 ③번.

8. 데살로니가전서에 대한 다음의 설명 중 옳지 않은 것은?
① 첫 인사에서 바울이 자신을 사도라 칭하지 않고 있다.
② 매장 마다 주님의 강림하심에 대한 말씀이 나온다.
③ 주님이 강림하실 때에 살아있는 자들이 공중으로 끌어 올린 후에 죽은 자들이 부활한다.
④ 항상 기뻐하라는 말씀은 데살로니가전서 5장 16절에 기록되어 있다.

☞ 데살로니가전서와 후서는 빌립보서와 같이 서신의 첫 인사문장에 사도라는 칭호가 보이지 않는다. 데살로니가전서를 재림서신이라고 할 만큼 본문 매장 마다 주님의 강림하심에 대한 말씀이 기록되어 있다(1:10, 2:19, 3:13, 4:15, 5:23). 주님이 강림하실 때에 죽은 자들이 먼저 일어나고 그 후에 살아남은 자도 그들과 함께 구름 속으로 끌어 올려 공중에서 주를 영접하게 된다(살전4:16-17). 데살로니가전서 5장 16-18절은 '항상 기뻐하라 쉬지 말고 기도하라 범사에 감사하라 이것이 그리스도 예수 안에서 너희를 향하신 하나님의 뜻이니라'는 말씀이다. 정답은 ③번.

9. 바울이 데살로니가 교회에 권면한 내용이 아닌 것은?
① 성령을 소멸하지 말라 ② 예언을 멸시하지 말라
③ 범사에 좋은 것은 양보하라 ④ 악은 모양이라도 버려라

☞ 데살로니가전서 5장 19-22절을 보면 '성령을 소멸하지 말며 예언을 멸시하지 말고 범사에 헤아려 좋은 것을 취하고 악은 어떤 모양이라도 버리라'고 기록되어 있다. 정답은 ③번.

10. 환난 받게 하는 자들에게는 환난을, 환난 받는 자들에게는 무엇으로 갚으시는 것이 하나님의 공의인가?
① 권력 ② 안식 ③ 부귀 ④ 건강

☞ 환난 받게 하는 자들에게는 환난을, 환난 받는 자들에게는 안식으로 갚으시는 것이 하나님의 공의이다(살후1:7). 정답은 ②번.

11. 주의 재림 전에 불법자가 나타날 것을 말하고 있는 곳은 어디인가?

① 데살로니가전서 4장　　② 데살로니가전서 5장

③ 데살로니가후서 2장　　④ 데살로니가후서 3장

☞ 데살로니가전서 4장에는 주님이 강림하실 때 죽은 자들이 먼저 부활한다는 것을 말하고 있고, 데살로니가전서 5장에는 '주의 날이 밤에 도둑 같이' 이를 것임을 2절에서 말하고 있다. 주의 재림 전에 불법자가 나타날 것을 말하고 있는 곳은 데살로니가후서 2장 8절 말씀이다. '그때에 불법한 자가 나타나리니 주 예수께서 그 입의 기운으로 그를 죽이시고 강림하여 나타나심으로 폐하시리라' 정답은 ③번.

12. 데살로니가후서에 대한 다음의 설명 중 맞지 않는 것은?

① 바울은 믿음은 모든 사람의 것이 아니라고 말하고 있다.

② 일하기 싫어하거든 먹지도 말게 하라는 말씀은 데살로니가후서 3장 1절 말씀이다.

③ 바울은 편지마다 표시로서 친필로 문안한다고 하였다.

④ 데살로니가전서는 5장, 데살로니가후서는 3장으로 되어 있다.

☞ 일하기 싫어하거든 먹지도 말게 하라는 말씀은 데살로니가후서 3장 10절 말씀이다. ①번은 데살로니가후서 3장 2절, ③번은 데살로니가후서 3장 17절에 기록되어 있다. 정답은 ②번.

❖ 데살로니가전·후서 주요내용

1. 바울의 서신 중 시기적으로 가장 최초의 서신 : 데살로니가전서.
2. 데살로니가전후서의 발신자 : 바울과 실루아노와 디모데.
3. 바울이 데살로니가 교회에 대해 끊임없이 기억한다고 말한 내용 : 믿음의 역사와 사랑의 수고와 우리 주 예수 그리스도에 대한 소망의 인내.
4. 마게도냐와 아가야 모든 믿는 자의 본이 된 교회 : 데살로니가 교회.
5. 바울의 가르침을 사람의 말이 아니라 하나님의 말씀으로 받은 교회 : 데살로니가 교회.
6. 바울이 데살로니가 교회에 보낸 사람 : 디모데.
7. 바울이 형제 사랑에 관하여는 쓸 것이 없다고 한 교회 : 데살로니가교회.
8. 서신의 첫 인사문장에 사도라는 칭호가 보이지 않는 본문 : 데살로니가전서와 후서, 빌립보서.
9. 데살로니가전서 : 재림서신. 매장 마다 주님의 강림하심에 대한 말씀이 기록.
10. 바울이 데살로니가 교회에 권면한 내용 : 성령을 소멸하지 말며 예언을 멸시하지 말고 범사에 헤아려 좋은 것을 취하고 악은 어떤 모양이라도 버리라.
11. 주의 재림 전에 불법자가 나타날 것을 말하고 있는 곳 : 데살로니가후서 2장 8절.

디모데전 · 후서

1. 바울이 마게도냐로 갈 때 디모데는 어디에 머물고 있었는가?
   ① 에베소　② 빌립보　③ 골로새　④ 데살로니가

   ☞ '내가 마게도냐로 갈 때에 너를 권하여 에베소에 머물라 한 것은'(딤전1:3). 디모데에 대해 바울은 '믿음 안에서 참 아들 된 디모데'라고 말하고 있다(딤전1:2). 이러한 표현은 디도서 1장 4절에도 나오는데, '나의 참 아들 디도'라는 말씀이다. 정답은 ①번.

2. 디모데전서 1장에서 교훈의 목적은 무엇인가?
   ① 사랑　② 소망　③ 믿음　④ 분별

   ☞ '교훈의 목적은 청결한 마음과 선한 양심과 거짓이 없는 믿음에서 나오는 사랑이거늘'(딤전1:5). 정답은 ①번.

3. 바울이 사탄에게 내어 주었다고 언급한 사람은 후메내오와 또 누구인가?
   ① 데마　② 그레스게　③ 디도　④ 알렉산더

   ☞ '그 가운데 후메내오와 알렉산더가 있으니 내가 사탄에게 내준 것은 그들로 훈계를 받아 신성을 모독하지 못하게 하려 함이라'(딤전1:20). 디모데후서 2장 17절에서는 '그들의 말은 악성 종양이 퍼져나감과 같은

데 그 중에 후메내오와 빌레도가 있느니라'고 하여 후메내오가 다시 언급되고 있다. 정답은 ④번.

4. 감독의 자격은 디모데전서 몇 장에 기록되어 있는가?

① 2장 ② 3장 ③ 4장 ④ 5장

☞ 감독의 자격에 대해서 디모데전서 3장 1-7절, 디도서 1장 7-9절에 기록되어 있다. 이외에 집사의 자격에 대해서는 디모데전서 3장 8-13절에, 장로에 자격에 대해서는 디도서 1장 6절에 기록되어 있다. 정답은 ②번.

5. 다음 중 감독이 갖추어야 할 자격에 해당하지 않는 것은?

① 나그네를 잘 대접하는 자여야 한다. ② 가르치기를 잘하는 자여야 한다.
③ 나이가 든 자여야 한다. ④ 돈을 사랑하지 않는 자여야 한다.

☞ '감독은 책망할 것이 없으며 한 아내의 남편이 되며 절제하며 신중하며 단정하며 나그네를 대접하며 가르치기를 잘하며 술을 즐기기 아니하며 구타하지 아니하며 오직 관용하며 다투지 아니하며 돈을 사랑하지 아니하며 자기 집을 잘 다스려 자녀들로 모든 공손함으로 복종하게 하는 자'라야 한다(딤전3:2-4). 정답은 ③번

6. 다음 중 집사가 갖추어야 할 자격에 해당하지 않는 것은??

① 나그네를 잘 대접하는 자여야 한다.
② 정중한 자여야 한다.
③ 일구이언을 하지 않는 자여야 한다.
④ 깨끗한 양심을 가진 자여야 한다.

☞ '이와 같이 집사들도 정중하고 일구이언을 하지 아니하고 술에 인박히지 아니하고 더러운 이를 탐하지 아니하고 깨끗한 양심에 믿음의 비밀을 가진 자라야 할지니'(딤전3:8-9). 정답은 ①번.

7. 다음은 디모데전서에 나오는 말씀들이다. 내용과 구절이 맞지 않는 것은?

① 1장 15절 - 미쁘다 모든 사람이 받을 만한 이 말이여 그리스도 예수께서 죄인을 구원하시려고 세상에 임하셨다 하였도다 죄인 중에 내가 괴수니라

② 2장 12절 - 여자가 가르치는 것과 남자를 주관하는 것을 허락하지 아니하노니 오직 조용할지니라

③ 3장 8절 - 누구든지 자기 친족 특히 자기 가족을 돌보지 아니하면 믿음을 배반한 자요 불신자보다 더 악한 자니라

④ 4장 7절 - 망령되고 허탄한 신화를 버리고 오직 경건에 이르도록 네 자신을 연단하라

☞ ③번의 말씀은 디모데전서 5장 8절 말씀이다. 정답은 ③번.

8. 하나님께서 지으신 모든 것이 선하매 (   ) 받으면 버릴 것이 없나니(딤전4:4). (   ) 안에 알맞은 말은?

① 믿음으로 ② 감사함으로 ③ 사랑으로 ④ 성령으로

☞ '하나님께서 지으신 모든 것이 선하매 감사함으로 받으면 버릴 것이 없나니'(딤전4:4). 정답은 ②번.

9. 디모데전서에서 그리스도에 대한 찬미송은 몇 장에 나오는가?

① 2장 ② 3장 ③ 4장 ④ 5장

☞ 그리스도에 대한 찬미는 빌립보서 2장 5-11절, 골로새서 1장 15-17절, 디모데전서 3장 16절 말씀이다. 디모데전서 3장 16절은 '크도다 경건의 비밀이여, 그렇지 않다 하는 이 없도다. 그는 육신으로 나타난 바 되시고 영으로 의롭다 하심을 받으시고 천사들에게 보이시고 만국에서 전파되시고 세상에서 믿은 바 되시고 영광 가운데서 올려지셨

느니라'이다. 정답은 ②번.

10. 바울은 디모데에게 과부의 명부에 올릴 자는 몇 세 이상이어야 한다고 하였는가?

① 30세 ② 40세 ③ 50세 ④ 60세

☞ 참 과부의 조건이 디모데전서 5장 9-16절에 기록되어 있다. 나이는 60세 이상이어야 하고, 한 남편의 아내였던 자로서, 선한 행실의 조건이 있어 혹은 자녀를 양육하며 혹은 나그네를 대접하며 혹은 성도들의 발을 씻으며 혹은 환난 당한 자들을 구제하며 혹은 모든 선한 일을 행한 자라야 한다. 정답은 ④번.

11. 바울은 디모데전서 6장에서 무엇이 있으면 경건은 큰 이익이 된다고 하였는가?

① 신실한 묵상 ② 열심있는 선행 ③ 자족하는 마음 ④ 소망

☞ '그러나 자족하는 마음이 있으면 경건은 큰 이익이 되느니라'(딤전 6:6). 정답은 ③번.

12. 바울을 자주 격려해 주었고 로마에 있을 때 자주 방문한 사람은 누구인가?

① 부겔로 ② 허모게네 ③ 누가 ④ 오네시브로

☞ 부겔로와 허모게네는 아시아에 있는 사람으로 바울을 버린 사람이다(딤후1:15). 바울을 자주 격려해 주었고 로마에 있을 때 자주 방문한 사람은 오네시브로이다(딤후1:16-17). 정답은 ④번.

13. 디모데후서 2장에 기록된 비유의 주제가 아닌 것은?

① 자녀를 키우는 부모 ② 병사로 복무하는 자
③ 경기하는 자 ④ 수고하는 농부

☞ 바울은 일상에서 흔히 보게 되는 주제들을 인용하여, 주의 사람으로 더욱 굳건하게, 최선을 다하여 사역해야 함을 말하고 있다. 인용된 주제들은 병사로 복무하는 자, 경기하는 자, 수고하는 농부이다(딤후2:3-6). 정답은 ①번.

14. 성경의 영감과 유익에 대해 말하고 있는 곳은 디모데후서 몇 장 몇 절인가?

① 2장 6-7절 ② 2장 16-17절 ③ 3장 6-7절 ④ 3장 16-17절

☞ '모든 성경은 하나님의 감동으로 된 것으로 교훈과 책망과 바르게 함과 의로 교육하기에 유익하니 이는 하나님의 사람으로 온전하게 하며 모든 선한 일을 행할 능력을 갖추게 하려 함이라'(딤후3:16-17). 정답은 ④번.

15. 다음은 디모데후서에 기록된 말씀들이다. 내용과 구절이 맞지 않는 것은?

① 1장 7절 - 하나님이 우리에게 주신 것은 두려워하는 마음이 아니요 오직 능력과 사랑과 절제하는 마음이니
② 2장 5절 - 경건의 모양은 있으나 경건의 능력은 부인하니 이같은 자들에게서 네가 돌아서라
③ 3장 12절 - 무릇 그리스도 예수 안에서 경건하게 살고자 하는 자는 박해를 받으리라
④ 4장 2절 - 너는 말씀을 전파하라 때를 얻든지 못 얻든지 항상 힘쓰라 범사에 오래 참음과 가르침으로 경책하며 경계하며 권하라

☞ ②번은 디모데후서 3장 5절 말씀이다. 정답은 ②번.

16. 바울을 버리고 떠난 사람 중 갈라디아로 간 사람은 누구인가?
① 데마 ② 그레스게 ③ 디도 ④ 누가

☞ '데마는 이 세상을 사랑하여 나를 버리고 데살로니가로 갔고 그레스게는 갈라디아로, 디도는 달마디아로 갔고 누가만 나와 함께 있느니라' (딤후4:10-11). 정답은 ②번.

17. 바울이 디모데에게 부탁한 내용이 아닌 것은 무엇인가?
① 알렉산더를 징계하라
② 올 때에 마가를 데리고 오라
③ 드로아 가보의 집에 있는 겉옷을 가지고 오라
④ 겨울 전에 어서오라

☞ 바울이 디모데에게 부탁한 내용은 올 때에 마가를 데리고 올 것(딤후4:11), 드로아 가보의 집에 있는 겉옷과 가죽종이에 쓴 책을 가지고 올 것(딤후4:13), 구리 세공업자 알렉산더를 주의하라는 것(딤후4:14-15), 겨울 전에 어서 오라는 것(딤후4:21)이다. 정답은 ①번.

✤ 디모데전·후서 주요내용

1. 바울이 마게도냐로 갈 때 디모데가 머문 곳 : 에베소.
2. 교훈의 목적 : 사랑.
3. 바울이 사탄에게 내어 주었다고 언급한 사람 : 후메내오와 알렉산더.
4. 감독의 자격에 대한 본문 : 디모데전서 3장 1-7절, 디도서 1장 7-9절.
5. 집사의 자격에 대한 본문 : 디모데전서 3장 8-13절.
6. 장로에 자격에 대한 본문 : 디도서 1장 6절.
7. 감독이 갖추어야 할 자격 : 책망할 것이 없으며 한 아내의 남편이 되며 절제하며 신중하며 단정하며 나그네를 대접하며 가르치기를 잘하며 술을 즐기기 아니하며 구타하지 아니하며 오직 관용하며 다투지 아니하며 돈을 사랑하지 아니하며 자기 집을 잘 다스려 자녀들로 모든 공손함으로 복종하게 하는 자라야 함.
8. 집사가 갖추어야 할 자격 : 정중하고 일구이언을 하지 아니하고 술에 인박히지 아니하고 더러운 이를 탐하지 아니하고 깨끗한 양심에 믿음의 비밀을 가진 자라야 함.
9. 그리스도에 대한 찬미송 : 빌립보서 2장 5-11절, 골로새서 1장 15-17절, 디모데전서 3장 16절.
10. 과부의 명부에 올릴 자 : 60세 이상이어야 함.
11. 바울을 자주 격려해 주었고 로마에 있을 때 자주 방문한 사람 : 오네시브로.
12. 아시아에 있는 사람으로 바울을 버린 사람 : 부겔로와 허모게네.
13. 디모데후서 2장에 기록된 비유의 주제 : 병사로 복무하는 자, 경기하는 자, 수고하는 농부.
14. 성경의 영감과 유익에 대한 본문 : 디모데후서 3장 16-17절.
15. 바울을 버리고 떠난 사람 : 데마는 데살로니가로, 그레스게는 갈라디아로, 디도는 달마디아로 감.
16. 바울이 디모데에게 부탁한 내용 : 올 때에 마가를 데리고 올 것, 드로아 가보의 집에 있는 겉옷과 가죽종이에 쓴 책을 가지고 올 것, 구리 세공업자 알렉산더를 주의하라는 것, 겨울 전에 어서 오라는 것.

디도서

1. 바울이 그의 참 아들 디도에게 머물라고 한 곳은 어디인가?
   ① 달마디아　　② 그레데　　③ 드로아　　④ 니고볼리

☞ 바울은 디도에 대해 '같은 믿음을 따라 나의 참 아들 된 디도'라고 말하고 있다(딛1:4). 바울은 디도를 그레데에 떨어뜨려 두었는데, 그 이유는 남은 일을 정리하고 바울이 명한대로 각 성에 장로들을 세우고자 함이었다(딛1:5). 정답은 ②번.

2. 디도서 1장에 기록된 장로의 자격 중 해당되지 않는 것은?
   ① 책망할 것이 없는 자　　② 한 아내의 남편
   ③ 근신하고 의로움　　④ 믿는 자녀를 둔 사람

☞ 장로의 자격이 디도서 1장 6절에 기록되어 있다. 자격을 보면, '책망할 것이 없고 한 아내의 남편이며 방탕하다는 비난을 받거나 불순종하는 일이 없는 믿는 자녀를 둔 자라야 할지라'고 기록하고 있다(딛1:6). 정답은 ③번.

3. 디도서 1장에 기록된 감독의 자격 중 해당되지 않는 것은?
   ① 제 고집대로 하지 않는 것　　② 급히 분내지 않는 것

③ 구타하지 않는 것　　　　　　　④ 거스려 말하는 자를 품는 것

☞ 감독의 자격에 대해서 디모데전서 3장 1-7절, 디도서 1장 7-9절에 기록되어 있다. 디도서 1장에 기록된 감독의 자격을 보면, '감독은 하나님의 청지기로서 책망할 것이 없고 제 고집대로 하지 아니하며 급히 분내지 아니하며 술을 즐기지 아니하며 구타하지 아니하며 더러운 이득을 탐하지 아니하며 오직 나그네를 대접하며 선행을 좋아하며 신중하며 의로우며 거룩하며 절제하며 미쁜 말씀의 가르침을 그대로 지켜야 하리니 이는 능히 바른 교훈으로 권면하고 거슬러 말하는 자들을 책망하게 하려 함이라'고 되어 있다. 정답은 ④번.

4. 그레데인에 대한 어떤 선지자의 평가 중 해당되지 않는 것은?
① 술주정뱅이　　　　　　　② 항상 거짓말쟁이
③ 악한 짐승　　　　　　　④ 배만 위하는 게으름뱅이

☞ '그레데인들은 항상 거짓말쟁이며 악한 짐승이며 배만 위하는 게으름뱅이라'(딛1:12). 정답은 ①번.

5. 디도서 1장에 있는 하나님을 시인하나 행위로는 부인하는 자에 대한 설명 중 해당되지 않는 것은?
① 믿음이 부족한 자　　　　　② 가증한 자
③ 복종하지 아니하는 자　　　④ 모든 선한 일을 버리는 자

☞ '그들이 하나님을 시인하나 행위로는 부인하니 가증한 자요 복종하지 아니하는 자요 모든 선한 일을 버리는 자니라'(딛1:16). 정답은 ①번.

6. 디도서에 대한 다음 설명 중 옳지 않은 것은?
① 예수의 구속사역은 우리로 선한 일을 열심히 하는 자기 백성이 되게 하려하심이다.
② 이단에 속한 사람은 한두 번 훈계한 후에 멀리해야 한다.

③ 바울이 디도에게 보낸 사람은 아데마와 두기고이다.

④ 바울은 그레데에 가서 겨울을 보내기로 하였다.

☞ 바울은 니고볼리에서 겨울을 보내기로 하였고, 디도로 하여금 니고볼리로 급히 오라고 명하였다(딛3:12). 대신 율법교사 세나와 아볼로를 먼저 보내어 그들로 부족함이 없게 하라고 당부하였다(딛3:13). ①번은 디도서 2장 14절에 ②번은 디도서 3장 10절에 ③번은 디도서 3장 12절에 기록되어 있다. 정답은 ④번.

✣ 디도서 주요내용

1. 바울이 그의 참 아들 된 디도에게 머물라고 한 곳 : 그레데.
2. 디도서 1장에 기록된 장로의 자격 : 책망할 것이 없고 한 아내의 남편이며 방탕하다 하는 비난을 받거나 불순종하는 일이 없는 믿는 자녀를 둔 자라야 함.
3. 디도서 1장에 기록된 감독의 자격 : 감독은 하나님의 청지기로서 책망할 것이 없고 제 고집대로 하지 아니하며 급히 분내지 아니하며 술을 즐기지 아니하며 구타하지 아니하며 더러운 이득을 탐하지 아니하며 오직 나그네를 대접하며 선행을 좋아하며 신중하며 의로우며 거룩하며 절제하며 미쁜 말씀의 가르침을 그대로 지켜야 하리니 이는 능히 바른 교훈으로 권면하고 거슬러 말하는 자들을 책망하게 하려 함이라.
4. 그레데인에 대한 어떤 선지자의 평가 : 그레데인들은 항상 거짓말쟁이며 악한 짐승이며 배만 위하는 게으름뱅이라.
5. 디도서 1장에 있는 하나님을 시인하나 행위로는 부인하는 자 : 가증한 자요 복종하지 아니하는 자요 모든 선한 일을 버리는 자.
6. 바울이 디도에게 보낸 사람 : 아데마와 두기고.
7. 바울이 겨울을 보내기로 한 곳 : 니고볼리.

빌레몬서

1. 다음 중 옥중서신에 해당되지 않는 것은?
① 에베소서　② 골로새서　③ 디도서　④ 빌레몬서

☞ 옥중서신은 에베소서, 빌립보서, 골로새서, 빌레몬서이다. 디도서는 디모데전·후서와 같은 목회서신이다. 정답은 ③번.

2. 신약성경에 한 장만 있는 본문은 모두 몇 개인가?
① 3개　② 4개　③ 5개　④ 6개

☞ 구약에서 한 장만 있는 본문은 오바다서 뿐이다. 신약에는 빌레몬서, 요한2서, 요한3서, 유다서 등 4개의 본문이 한 장만 있다. 정답은 ②번.

3. 빌레몬서의 수신자에 해당되지 않는 사람은?
① 에바브라　② 빌레몬　③ 압비아　④ 아킵보

☞ 빌레몬서의 발신자인 바울과 디모데는 '우리의 사랑을 받는 자요 동역자인 빌레몬과 자매 압비아와 우리와 함께 병사 된 아킵보와 네 집에 있는 교회에 편지하노니'(몬1:1-2)라고 수신자를 밝히고 있다. 에바브라는 골로새 교회를 세운 이로서, 바울과 함께 갇힌 자 되었다(몬1:23). 정답은 ①번.

4. 네가 나를 (   )로 알진대 그를 영접하기를 내게 하듯 하고(몬 1:17). (   ) 안에 알맞은 말은?

① 사도 ② 장로 ③ 동역자 ④ 교사

☞ 바울은 옥중에서 낳은 아들 오네시모에 대해 빌레몬에게 '네가 나를 동역자로 알진대 그를 영접하기를 내게 하듯 하고'라며 선처를 호소하고 있다. 정답은 ③번.

✥ 빌레몬서 주요내용

1. 옥중서신 : 에베소서, 빌립보서, 골로새서, 빌레몬서.
2. 목회서신 : 디모데전·후서, 디도서.
3. 신약성경에 한 장만 있는 본문 : 빌레몬서, 요한2서, 요한3서, 유다서 등 4개의 본문.
4. 빌레몬서의 수신자 : 빌레몬과 자매 압비아와 우리와 함께 병사 된 아킵보와 네 집에 있는 교회.
5. 바울이 갇힌 중에서 낳은 아들 : 오네시모.

히브리서

1. 히브리서 1장에서 예수는 누구보다 뛰어나다고 말하고 있는가?
   ① 천사 ② 모세 ③ 아론 ④ 멜기세덱

☞ '그가 천사보다 훨씬 뛰어남은 그들보다 더욱 아름다운 이름을 기업으로 얻으심이니'(히1:4). 1장 5절부터 예수께서 천사(부리는 영)보다 뛰어나심을 말씀하기 위해 사용하고 있는 인용구절들은 시편 2편 7절, 45편 6절, 97편 7절, 102편 25절, 104편 4절, 110편 1절, 사무엘하 7장 14절이다. 예수와 비교의 대상으로 등장하는 인물은 1장은 천사, 3장은 모세(종), 4장은 여호수아(안식을 주지 못함), 5장은 아론(반복적 제사)이다. 정답은 ①번.

2. 그는 그의 천사들을 바람으로, 그의 사역자들을 (　　)으로 삼으시느니라(히1:7). (　) 안에 알맞은 말은?
   ① 구름 ② 폭풍 ③ 불꽃 ④ 태양

☞ '그는 그의 천사들을 바람으로, 그의 사역자들을 불꽃으로 삼으시느니라'(히1:7). 이 말씀은 시편 104편 4절을 인용한 것이다. 정답은 ③번.

3. 단단한 음식은 장성한 자의 것이니 그들은 (①)을 사용함으로 (②)을 받아 (③)을 (④)하는 자들이니라(히5:14). 각 번호에 해당되는 말로 맞지 않는 것은?

① 지각 ② 연단 ③ 선악 ④ 행

☞ '단단한 음식은 장성한 자의 것이니 그들은 지각을 사용함으로 연단을 받아 선악을 분별하는 자들이니라'(히5:14). 정답은 ④번.

4. 히브리서에 대한 다음의 설명 중 맞지 않는 것은?

① 하나님의 말씀의 능력에 대해 히브리서 4장에 기록되어 있다.
② 율법은 장차 올 일의 그림자이다.
③ 나의 의인은 믿음으로 말미암아 살리라는 말씀이 11장에 기록되어 있다.
④ 징계로 연단 받은 자들은 의와 평강의 열매를 맺는다.

☞ '나의 의인은 믿음으로 말미암아 살리라'는 말씀은 하박국 2장 4절, 로마서 1장 17절, 갈라디아서 3장 11절, 히브리서 10장 38절에 나온다. ①번은 히브리서 4장 12절(하나님의 말씀은 살아 있고 활력이 있어 좌우에 날선 어떤 검보다도 예리하여 혼과 영과 및 관절과 골수를 찔러 쪼개기까지 하며 또 마음의 생각과 뜻을 판단하나니), ②번은 히브리서 10장 1절, ④번은 히브리서 12장 11절에 기록되어 있다. 정답은 ③번.

5. 타락한 자들은 다시 회개할 수 없다는 말씀은 히브리서 몇 장에 기록되어 있는가?

① 4장 ② 5장 ③ 6장 ④ 7장

☞ '타락한 자들은 다시 새롭게 하여 회개하게 할 수 없나니 이는 그들이 하나님의 아들을 다시 십자가에 못 박아 드러내 놓고 욕되게 함이라'(히6:6). 10장 26절에도 '우리가 진리를 아는 지식을 받은 후 짐짓 죄를 범한즉 다시 속죄하는 제사가 없고'라는 말씀이 있다. 정답은 ③번.

6. 멜기세덱에 대한 다음 설명 중 옳지 않은 것은?

① 하나님의 제사장　② 승리의 왕

③ 부모가 없음　④ 하나님의 아들과 방불

☞ 멜기세덱에 대한 기록이 히브리서 7장 2-3절에 나와 있다. 그는 의의 왕, 살렘의 왕, 평강의 왕, 아버지도 어머니도 없고 족보도 없고 시작한 날도 없고 생명의 끝도 없어 하나님의 아들과 닮아서 항상 제사장으로 있다. 정답은 ②번.

7. 다음 중 언약궤 안에 들어있지 않은 것은?

① 성경원본　② 만나를 담은 금 항아리

③ 아론의 싹난 지팡이　④ 언약의 돌판

☞ 언약궤 안에는 만나를 담은 금 항아리와 아론의 싹난 지팡이와 언약의 돌판들이 있다(히9:4). 정답은 ①번.

8. 히브리서 11장에 믿음의 인물로 언급된 이들 중 여인은 모두 몇 명인가?

① 1명　② 2명　③ 3명　④ 4명

☞ 여인은 사라와 라합 두 명이다. 정답은 ②번.

9. 다음 중 히브리서 11장에 믿음의 인물로 언급되지 않은 사람은 누구인가?

① 아벨　② 바락　③ 갈렙　④ 입다

☞ 히브리서 11장에 언급된 믿음의 인물들은 총 16명으로 아벨, 에녹, 노아, 아브라함, 사라, 이삭, 야곱, 요셉, 모세, 라합, 기드온, 바락, 삼손, 입다, 다윗, 사무엘 이다. 정답은 ③번.

10. 히브리서 11장에 언급된 믿음의 인물 중 의의 상속자가 된 사람은

누구인가?

① 아벨　　② 노아　　③ 아브라함　　④ 다윗

☞ '믿음으로 노아는 아직 보이지 않는 일에 경고하심을 받아 경외함으로 방주를 준비하여 그 집을 구원하였으니 이로 말미암아 세상을 정죄하고 믿음을 따르는 의의 상속자가 되었느니라'(히11:7). 정답은 ②번.

11. 히브리서 12장 29절에서는 하나님을 두엇으로 표현하고 있는가?

① 소멸하는 불　　② 듣으시는 부모

③ 기다리는 아버지　　④ 공의의 왕

☞ '우리 하나님은 소멸하는 불이심이라' 정답은 ①번.

12. 오직 선을 행함과 서로 나누어 주기를 잊지 말라 하나님은 이같은 (　　)를 기뻐하시느니라(히13:16). (　　)안에 알맞은 말은?

① 봉사　　② 구제　　③ 행위　　④ 제사

☞ '오직 선을 행함과 서로 나누어 주기를 잊지 말라 하나님은 이같은 제사를 기뻐하시느니라'(히13:16). 정답은 ④번.

13. 다음은 히브리서에 기록된 말씀들이다. 내용과 구절이 맞지 않는 것은?

① 2장 18절 - 그가 시험을 받아 고난을 당하셨은즉 시험 받는 자들을 능히 도우실 수 있느니라

② 5장 1절 - 우리가 믿는 도리의 사도이시며 대제사장이신 예수를 깊이 생각하라

③ 9장 22절 - 율법을 따라 거의 모든 물건이 피로써 정결하게 되나니 피흘림이 없은즉 사함이 없느니라

④ 12장 2절 - 믿음의 주요 또 온전하게 하시는 이인 예수를 바라보자

☞ ②번은 히브리서 3장 1절 말씀이다. 정답은 ②번.

14. 예수께서 멜기세덱의 반차를 따르는 대제사장이라 칭함을 받았다는 말씀은 히브리서 몇 장에 기록되어 있는가?

① 3장 ② 4장 ③ 5장 ④ 6장

☞ 히브리서 각 장의 주요내용을 살펴보면, 1장은 옛적에 선지자들로 여러 부분과 모양으로 말씀하신 하나님(1절), 마지막 날에 아들로 말씀하심(2절), 예수는 천사보다 뛰어나심(4절), 3장은 모세보다 뛰어나신 예수, 4장은 여호수아보다 뛰어나신 예수(백성에게 진정한 안식을 주심), 5장은 아론보다 뛰어나신 예수, 멜기세덱의 반차를 따르는 대제사장, 6장은 변절에 대한 경고(타락한 자들은 다시 회개할 수 없다), 7장은 멜기세덱, 8장은 새 언약의 대제사장, 9장은 손으로 지은 성소와 온전한 성소, 그리스도의 단번의 속제(28절), 11장은 믿음장, 12장은 믿음의 주요 온전하게 하시는 이인 예수를 바라보자(2절), 13장은 하나님이 기뻐하시는 제사(16절), 디모데가 놓임이다. 정답은 ③번.

✤ 히브리서 주요내용

1. 예수와 비교되는 대상들 : 1장은 천사, 3장은 모세(종), 4장은 여호수아(안식을 주지 못함), 5장은 아론(반복적 제사).
2. 나의 의인은 믿음으로 말미암아 살리라 : 하박국 2장 4절, 로마서 1장 17절, 갈라디아서 3장 11절, 히브리서 10장 38절.
3. 멜기세덱 : 히브리서 7장 2-3절에 기록. 의의 왕, 살렘의 왕, 평강의 왕, 아버지도 어머니도 없고 족보도 없고 시작한 날도 없고 생명의 끝도 없어 하나님의 아들과 닮아서 항상 제사장으로 있음.
4. 언약궤 안에 들어 있는 것 : 만나를 담은 금 항아리와 아론의 싹난 지팡이와 언약의 돌판들.
5. 히브리서 11장에 믿음의 인물로 언급된 인물 : 총 16명으로 아벨, 에녹, 노아, 아브라함, 사라, 이삭, 야곱, 요셉, 모세, 라합, 기드온, 바락, 삼손, 입다, 다윗, 사무엘.
6. 믿음의 인물 중 의의 상속자가 된 사람 : 노아.
7. 각 장의 주요내용 : 1장은 옛적에 선지자들로 여러 부분과 모양으로 말씀하신 하나님(1절), 마지막 날에 아들로 말씀하심(2절), 예수는 천사보다 뛰어나심(4절), 3장은 모세보다 뛰어나신 예수, 4장은 여호수아보다 뛰어나신 예수(백성에게 진정한 안식을 주심), 5장은 아론보다 뛰어나신 예수, 멜기세덱의 반차를 좇은 대제사장, 6장은 변절에 대한 경고(타락한 자들은 다시 회개할 수 없다), 7장은 멜기세덱, 8장은 새 언약의 대제사장, 9장은 손으로 지은 성소와 온전한 성소, 그리스도의 단번의 속제(28절), 11장은 믿음장, 12장은 믿음의 주요 온전하게 하시는 이인 예수를 바라보자(2절), 13장은 하나님이 기뻐하시는 제사(16절), 디모데가 놓임.

야고보서

1. 야고보서의 수신자는 누구인가?
   ① 야고보 교회　② 요한　③ 산헤드린　④ 열두 지파

   ☞ '야고보는 흩어져 있는 열두 지파에게 문안하노라'(약1:1). 정답은 ④번.

2. 너희는 말씀을 행하는 자가 되고 듣기만 하여 (　　　　)가 되지 말라(약1:22). (　) 안에 알맞은 말은?
   ① 머리만 커지는 자　② 자신을 속이는 자
   ③ 자고한 자　④ 판단하는 자

   ☞ '너희는 말씀을 행하는 자가 되고 듣기만 하여 자신을 속이는 자가 되지 말라'(약1:22). 정답은 ②번.

3. 하나님 앞에서의 참 경건에 대한 말씀은 야고보서 몇 장 몇 절에 나오는가?
   ① 1장 25절　② 1장 26절　③ 1장 27절　④ 1장 28절

   ☞ '하나님 아버지 앞에서 정결하고 더러움이 없는 경건은 곧 고아와 과

부를 그 환난 중에 돌보고 또 자기를 지켜 세속에 물들지 아니하는 그것 이니라'(약1:27). 정답은 ③번.

4. 야보고서 2장에서 행함으로 의롭다 함을 받은 인물로 언급된 여인은 누구인가 ?
   ① 사라 ② 라합 ③ 드보라 ④ 한나

☞ 야고보서 2장에 행함으로 의롭다 함을 받은 인물로 아브라함과 라합이 언급되어 있다. 아브라함은 하나님의 벗이라 칭함을 받았다(약2:23). 정답은 ②번.

5. 야고보서에 대한 다음의 설명 중 맞지 않는 것은?
   ① 선을 행할 줄 알고도 행하지 아니하는 것은 죄이다.
   ② 마귀를 대적하여야 마귀가 우리를 피한다.
   ③ 고난당하는 자는 기도를, 즐거워하는 자는 찬송을 드려야 한다.
   ④ 야고보는 의인의 간구에 대한 예로 아브라함을 들고 있다.

☞ 야보고는 의인의 간구에 대한 예로 엘리야를 언급하고 있다. ①번은 야고보서 4장 17절에, ②번은 야고보서 4장 7절에, ③번은 야고보서 5장 13절에 기록되어 있다. 정답은 ④번.

6. 야고보 사도는 인내를 강조하면서 누구를 언급하고 있는가?
   ① 모세 ② 다윗 ③ 욥 ④ 예수

☞ 야고보 사도는 5장에서 인내와 기도를 강조하면서, 인내에는 욥을, 기도에는 엘리야를 언급하고 있다. 정답은 ③번.

7. 다음은 야고보서에 기록된 말씀들이다. 내용과 구절이 맞지 않는 것은?
   ① 1장 15절 - 욕심이 잉태한즉 죄를 낳고 죄가 장성한즉 사망을 낳

느니라

② 2장 16절 - 영혼 없는 몸이 죽은 것 같이 행함이 없는 믿음은 죽은 것이니라

③ 3장 18절 - 화평하게 하는 자들은 화평으로 심어 의의 열매를 거두느니라

④ 4장 14절 - 너희 생명이 무엇이냐 너희는 잠깐 보이다가 없어지는 안개니라

☞ ②번은 야고보서 2장 26절 말씀이다. 정답은 ②번.

8. 세상과 벗하지 말라는 말씀은 야고보서 몇 장에 기록되어 있는가?

① 2장 ② 3장 ③ 4장 ④ 5장

☞ 야고보서 각 장의 주요내용을 살펴보면, 1장은 시험과 극복, 정결하고 더러움이 없는 경건, 2장은 행함이 없는 믿음은 죽은 믿음(17절,26절), 행함으로 의롭다 함을 받은 아브라함(하나님의 벗이라 칭함을 받음)과 라합, 3장은 말에 실수가 없도록 하라, 위로부터 난 지혜(17절), 4장은 세상과 벗하지 말라, 5장은 부자에 대한 경고, 인내와 기도이다. 정답은 ③번.

✣ 야고보서 주요내용

1. 야고보서의 수신자 : 흩어져 있는 열두 지파.
2. 하나님 앞에서의 참 경건 : 고아와 과부를 그 환난 중에 돌보고 또 자기를 지켜 세속에 물들지 아니하는 것. 야고보서 1장 27절.
3. 행함으로 의롭다 함을 받은 인물 : 아브라함과 라합.
4. 하나님의 벗이라 칭함을 받은 인물 : 아브라함.
5. 인내를 강조하면서 언급된 인물 : 욥.
6. 기도를 강조하면서 언급된 인물 : 엘리야.
7. 각 장의 주요내용 : 1장은 시험과 극복, 정결하고 더러움이 없는 경건, 2장은 행함이 없는 믿음은 죽은 믿음(17절,26절), 행함으로 의롭다 함을 받은 아브라함(하나님의 벗이라 칭함을 받음)과 라합, 3장은 말에 실수가 없도록 하라, 위로부터 난 지혜(17절), 4장은 세상과 벗하지 말라, 5장은 부자에 대한 경고, 인내와 기도.

베드로전 · 후서

1. 베드로전서의 수신지역에 포함되지 않는 곳은?
   ① 갈라디아 ② 갑바도기아 ③ 빌립보 ④ 본도

☞ '예수 그리스도의 사도 베드로는 본도, 갈라디아, 갑바도기아, 아시아와 비두니아에 흩어진 나그네들'에게 편지하고 있다(벧전1:1). 정답은 ③번.

2. 믿음의 확실함을 통하여 얻게 되는 것에 해당되지 않는 것은?
   ① 칭찬 ② 상급 ③ 영광 ④ 존귀

☞ '너희 믿음의 확실함은 불로 연단하여도 없어질 금보다 더 귀하여 예수 그리스도께서 나타나실 때에 칭찬과 영광과 존귀를 얻게 할 것이니라'(벧전1:7). 믿음의 결국은 영혼의 구원이다(벧전1:9). 정답은 ②번.

3. 베드로전서 2장 9절에 기록된 믿는 자들을 가리키는 표현이 아닌 것은?
   ① 택하신 족속 ② 왕 같은 제사장 ③ 공의의 나라 ④ 소유가 된 백성

☞ '그러나 너희는 택하신 족속이요 왕 같은 제사장들이요 거룩한 나라요 그의 소유가 된 백성이니'(벧전2:9). 믿는 자들은 주의 아름다운 덕을 선전해야 한다(벧전2:9). 정답은 ③번.

4. 모든 제도를 주를 위하여 순종하라는 말씀은 베드로전서 몇 장에 기록되어 있는가?

① 1장 ② 2장 ③ 3장 ④ 4장

☞ 베드로전서 각 장의 주요내용을 살펴보면, 1장은 산 소망(3절), 부르심에 합당한 거룩한 생활(15절), 2장은 보배로운 산 돌이신 예수(4절), 택하신 족속, 왕 같은 제사장, 거룩한 나라, 그의 소유가 된 백성, 제도에 대한 순종, 3장은 아내와 남편, 4장은 선한 청지기(10절), 5장은 장로들에 대한 권면이다. 정답은 ②번.

5. 베드로 사도가 장로들에 대한 권면에서 자신을 설명한 표현이 아닌 것은?

① 하나님의 청지기 ② 함께 장로 된 자
③ 그리스도의 고난의 증인 ④ 영광에 참예할 자

☞ '너희 중 장로들에게 권하노니 나는 함께 장로 된 자요 그리스도의 고난의 증인이요 나타날 영광에 참여할 자니라'(벧전5:1). 정답은 ①번.

6. 베드로전서에 나오는 말씀들이다. 내용과 구절이 맞지 않는 것은?

① 3장 15절 - 너희 마음에 그리스도를 주로 삼아 거룩하게 하고 너희 속에 있는 소망에 관한 이유를 묻는 자에게는 대답할 것을 항상 준비하되 온유와 두려움으로 하고
② 4장 8절 - 무엇보다도 뜨겁게 서로 사랑할지니 사랑은 허다한 죄를 덮느니라.
③ 4장 13절 - 오히려 너희가 그리스도의 고난에 참여하는 것으로 즐거워하라 이는 그의 영광을 나타내실 때에 너희로 즐거워하고 기뻐하게 하려 함이라.
④ 5장 4절 - 근신하라 깨어라 너희 대적 마귀가 우는 사자 같이 두루 다니며 삼킬 자를 찾나니

☞ ④번은 베드로전서 5장 8절 말씀이다. 정답은 ④번.

7. 베드로 사도가 자신의 아들이라고 말한 사람은 누구인가?
① 디모데 ② 디도 ③ 실루아노 ④ 마가

☞ '택하심을 함께 받은 바벨론에 있는 교회가 너희에게 문안하고 내 아들 마가도 그리하느니라'(벧전5:13). 정답은 ④번.

8. 젊은 자들아 이와 같이 장로들에게 순종하고 다 서로 (   )으로 허리를 동이라(벧전5:5). (   ) 안에 알맞은 말은?
① 겸손 ② 믿음 ③ 소망 ④ 사랑

☞ '젊은 자들아 이와 같이 장로들에게 순종하고 다 서로 겸손으로 허리를 동이라'(벧전5:5). 정답은 ①번.

9. 베드로 사도는 믿음에는 덕을, 경건에는 무엇을 더하라고 하였는가?
① 지식 ② 인내 ③ 형제 우애 ④ 사랑

☞ '그러므로 너희가 더욱 힘써 너희 믿음에 덕을, 덕에 지식을, 지식에 절제를, 절제에 인내를, 인내에 경건을, 경건에 형제 우애를, 형제 우애에 사랑을 더하라'(벧후1:5-7). 정답은 ③번.

10. 복음서에 나오는 변화산상 체험을 기술하고 있는 곳은 어디인가?
① 베드로전서 4장 ② 베드로전서 5장
③ 베드로후서 1장 ④ 베드로후서 2장

☞ 베드로후서 1장 16-18절에 변화산상 체험과 그때 들은 하나님의 음성을 기록하고 있다. 정답은 ③번.

11. 성경의 모든 예언은 사사로이 풀 것이 아니라는 말씀은 베드로후서

몇 장에 기록되어 있는가?

① 1장　　② 2장　　③ 3장　　④ 4장

☞ '먼저 알 것은 성경의 모든 예언은 사사로이 풀 것이 아니니'(벧후 1:20). 베드로후서는 3장까지만 있다. 정답은 ①번.

12. 베드로 사도가 자신의 죽음이 임박하였다는 것을 기록하고 있는 곳은 어디인가?

① 베드로전서 5장　　② 베드로후서 1장

③ 베드로후서 2장　　④ 베드로후서 3장

☞ '나도 나의 장막을 벗어날 것이 임박한 줄을 앎이라'(벧후1:14). 정답은 ②번.

13. 다음 중 새 하늘과 새 땅에 대한 기록이 나타나지 않는 곳은?

① 이사야 65장 ② 마가복음 14장 ③ 베드로후서 3장 ④ 계시록 21장

☞ 새 하늘과 새 땅에 대한 기록은 이사야 65장, 베드로후서 3장, 계시록 21장에 있다. 베드로후서 3장에는 '사랑하는 자들아 주께는 하루가 천 년 같고 천 년이 하루 같다는 이 한 가지를 잊지 말라'는 8절과 '주의 날이 도둑 같이 오리니'라는 10절 말씀이 있다. 정답은 ②번.

✤ 베드로전 · 후서 주요내용

1. 베드로전서의 수신자 : 본도, 갈라디아, 갑바도기아, 아시아와 비두니아에 흩어진 나그네.
2. 믿음의 확실함을 통하여 얻게 되는 것 : 칭찬과 영광과 존귀.
3. 믿음의 결국 : 영혼의 구원.
4. 베드로전서 2장 9절에 기록된 믿는 자들을 가리키는 표현 : 택하신 족속이요 왕 같은 제사장들이요 거룩한 나라요 그의 소유가 된 백성.
5. 베드로전서 각 장의 주요내용 : 1장은 산 소망(3절), 부르심에 합당한 거룩한 생활(15절), 2장은 보배로운 산 돌이신 예수(4절), 택하신 족속, 왕 같은 제사장, 거룩한 나라, 그의 소유가 된 백성, 제도에 대한 순종, 3장은 아내와 남편, 4장은 선한 청지기(10절), 5장은 장로들에 대한 권면.
6. 베드로 사도가 장로들에 대한 권면에서 자신을 설명한 표현 : 나는 함께 장로 된 자요 그리스도의 고난의 증인이요 나타날 영광에 참여할 자니라.
7. 베드로 사도가 자신의 아들이라고 말한 사람 : 마가.
8. 베드로 사도가 더하라고 말한 것 : 믿음에 덕을, 덕에 지식을, 지식에 절제를, 절제에 인내를, 인내에 경건을, 경건에 형제 우애를, 형제 우애에 사랑을 더하라.
9. 변화산상 체험을 기술하고 있는 곳 : 베드로후서 1장 16-18절.
10. 성경의 모든 예언은 사사로이 풀 것이 아니라는 말씀 : 베드로후서 1장 20절.
11. 베드로 사도가 자신의 죽음이 임박하였다는 것을 기록하고 있는 곳 : 베드로후서 1장 14절.
12. 새 하늘과 새 땅에 대한 기록 : 이사야 65장, 베드로후서 3장, 계시록 21장.

요한 일·이·삼서·유다서

1. 다음 중 가이오가 수신자로 있는 서신은 무엇인가?
   ① 요한일서　② 요한이서　③ 요한삼서　④ 유다서

   ☞ 요한일서는 특별한 수신자가 없고, 요한이서는 택하심을 받은 부녀와 그의 자녀들이 수신자로 되어 있다. 요한삼서의 수신자는 가이오이며, 유다서는 하나님 아버지 안에서 사랑을 얻고 예수 그리스도를 위하여 지키심을 받은 자들이 수신자로 되어 있다. 정답은 ③번.

2. '하나님은 사랑이시다'라는 말이 요한일서 몇 장에 나오는가?
   ① 1장　② 2장　③ 3장　④ 4장

   ☞ 요한일서 1장 5절에는 '하나님은 빛이시라'는 말씀이, 2장 1절에는 의로우신 예수 그리스도는 '우리의 대언자'라는 말씀이, 4장 8절에는 '하나님은 사랑이심이라'는 말씀이 나온다. 정답은 ④번.

3. 요한일서 2장에서 세상에 있는 것이라 말하는 것에 해당되지 않는 것은?
   ① 육신의 정욕　② 마음의 욕망　③ 안목의 정욕　④ 이생의 자랑

   ☞ '세상에 있는 모든 것이 육신의 정욕과 안목의 정욕과 이생의 자랑이니'(요일2:16). 정답은 ②번.

4. 적 그리스도에 대한 설명 중 맞지 않는 것은?
① 예수가 그리스도이심을 부인하는 자
② 아버지와 아들을 부인하는 자
③ 그리스도께서 육체로 오신 것을 부인하는 자
④ 종말이 있을 것이라는 것을 부인하는 자

☞ ①번과 ②번은 요한일서 2장 22절에, ③번은 요한일서 4장 2-3절에 기록되어 있다. 요한이서 1장 7절에서는 적그리스도를 '미혹하는 자'라 말하고 있다. 정답은 ④번.

5. 영을 다 믿지 말고 영들이 하나님께 속하였나 분별하라는 말씀은 요한일서 몇 장에 기록되어 있는가?
① 2장 ② 3장 ③ 4장 ④ 5장

☞ '사랑하는 자들아 영을 다 믿지 말고 오직 영들이 하나님께 속하였나 분별하라'(요일4:1). 요한일서 각 장의 주요내용을 살펴보면, 1장은 하나님은 빛(5절), 2장은 우리의 대언자 예수 그리스도(1절), 육신의 정욕, 안목의 정욕, 이생의 자랑(16절), 3장은 가인같이 하지 말라, 행함과 진실함으로 사랑하자, 4장은 영들을 분별하라(1절), 하나님은 사랑(8절), 5장은 세상을 이기는 믿음 이다. 정답은 ③번.

6. 증언하는 이가 셋이니 ( )과 ( )과 ( )라(요일5:7-8). ( ) 안에 해당되지 않는 말은?
① 성령 ② 불 ③ 물 ④ 피

☞ '증언하는 이가 셋이니 성령과 물과 피라 또한 이 셋은 합하여 하나이니라'(요일5:7-8). 정답은 ②번.

7. 요한삼서에 언급된 으뜸되기를 좋아하는 자는 누구인가?
① 디오드레베 ② 데마 ③ 데메드리오 ④ 후메내오

☞ '그들 중에 으뜸되기를 좋아하는 디오드레베가 우리를 맞아들이지 아니하니'(요삼1:9). 데메드리오는 사람과 진리에게 증거를 받은 자이다. 정답은 ①번.

8. 유다서에 의하면 천사장 미가엘이 누구의 시체에 대하여 마귀와 다투었다고 하고 있는가?
① 요셉 ② 모세 ③ 가룟유다 ④ 예수

☞ '천사장 미가엘이 모세의 시체에 대하여 마귀와 다투어 변론할 때에'(유1:9). 정답은 ②번.

9. 에녹은 아담의 몇 대손인가?
① 6대 ② 7대 ③ 8대 ④ 9대

☞ '아담의 칠대 손 에녹'(유1:14). 정답은 ②번.

10. 하나님의 사랑 안에서 자신을 지키며 영생에 이르도록 우리 주 예수 그리스도의 ( )을 기다리라(유1:21). ( )안에 알맞은 말은?
① 구원 ② 은혜 ③ 긍휼 ④ 오심

☞ '하나님의 사랑 안에서 자신을 지키며 영생에 이르도록 우리 주 예수 그리스도의 긍휼을 기다리라'(유1:21). 정답은 ③번.

11. 다음은 요한서신에 나오는 말씀들이다. 내용과 구절이 맞지 않는 것은?
① 요한일서 1장 9절 - 만일 우리가 우리 죄를 자백하면 그는 미쁘시고 의로우사 우리 죄를 사하시며 우리를 모든 불의에서 깨끗하게 하실 것이요
② 요한일서 3장 18절 - 자녀들아 우리가 말과 혀로만 사랑하지 말고 행함과 진실함으로 하자
③ 요한이서 1장 6절 - 그에게 인사하는 자는 그 악한 일에 참여하

는 자임이니라

④ 요한삼서 1장 2절 - 사랑하는 자여 네 영혼이 잘됨 같이 네가 범사에 잘되고 강건하기를 내가 간구하노라

☞ ③번은 요한이서 1장 11절 말씀이다. 적 그리스도에 대해 분명한 단절을 행할 것을 말씀하고 있다. 정답은 ③번.

✤ 요한 일·이·삼서·유다서 주요내용

1. 요한이서의 수신자 : 택하심을 받은 부녀와 그의 자녀들.
2. 요한삼서의 수신자 : 가이오.
3. 유다서의 수신자 : 하나님 아버지 안에서 사랑을 얻고 예수 그리스도를 위하여 지키심을 받은 자들.
4. 하나님에 대한 표현 : 빛(요일1:5), 예수는 우리의 대언자(요일2:1), 사랑(요일4:8).
5. 요한일서 2장에서 세상에 있는 것이라 말하는 것 : 육신의 정욕과 안목의 정욕과 이생의 자랑.
6. 적 그리스도 : 예수가 그리스도이심을 부인하는 자, 아버지와 아들을 부인하는 자, 그리스도께서 육체로 오신 것을 부인하는 자, 미혹하는 자.
7. 요한일서 각 장의 주요내용 : 1장은 하나님은 빛(5절), 2장은 우리의 대언자 예수 그리스도(1절), 육신의 정욕, 안목의 정욕, 이생의 자랑, 3장은 가인같이 하지 말라, 행함과 진실함으로 사랑하자, 4장은 영들을 분별하라(1절), 하나님은 사랑(8절), 5장은 세상을 이기는 믿음.
8. 증언하는 이 : 성령과 물과 피.
9. 요한삼서에 언급된 으뜸되기를 좋아하는 자 : 디오드레베.
10. 사람과 진리에게 증거를 받은 자 : 데메드리오.
11. 천사장 미가엘이 마귀와 다툰 이유 : 모세의 시체에 대하여.

요한계시록

1. 요한이 계시를 본 곳은 어디에 있을 때인가?

① 그발 강　② 밧모 섬　③ 니고볼리　④ 멜리데 섬

☞ '나 요한은 너희 형제요 예수의 환난과 나라와 참음에 동참하는 자라 하나님의 말씀과 예수를 증언하였음으로 말미암아 밧모라 하는 섬에 있었더니'(계1:9). 정답은 ②번.

2. 다음 중 계시록에 등장하는 아시아의 일곱 교회에 해당하지 않는 것은?

① 에베소　② 버가모　③ 두아디라　④ 빌립보

☞ 계시록에 등장하는 아시아의 일곱 교회는 에베소, 서머나, 버가모, 두아디라, 사데, 빌라델비아, 라오디게아 교회이다(계1:11). 요한은 일곱 별과 일곱 촛대를 보았는데, 일곱 별은 일곱 교회의 사자를, 일곱 촛대는 일곱 교회를 가리키는 것이다(계1:20). 정답은 ④번.

3. 계시록에 나오는 일곱 교회의 책망의 내용 중 맞지 않는 것은 무엇인가?

① 에베소 교회는 처음 사랑을 버렸다.

② 서머나 교회는 발람, 니골라당의 교훈을 좇았다.

③ 두아디라 교회는 선지자를 자처하는 이세벨을 용납하였다.

④ 사데교회는 살았다 하는 이름을 가졌으나 실상은 죽었다.

☞ 일곱 교회 중 책망 받지 않은 교회는 서머나와 빌라델비아 교회이다. 나머지 다섯 교회의 책망의 내용을 살펴보면, 에베소 교회는 처음 사랑을 버린 것, 버가모 교회는 발람, 니골라 당의 교훈을 좇은 것, 두아디라 교회는 선지자라 자처하는 이세벨을 용납한 것, 사데 교회는 살았다 하는 이름을 가졌으나 실상은 죽은 것, 라오디게아 교회는 차지도 뜨겁지도 않은 것이다. 정답은 ②번.

4. 계시록에 나오는 일곱 교회에 대한 축복의 약속 중 맞지 않는 것은 무엇인가?

① 이기는 자에게 보좌에 함께 앉게 해 주겠다는 약속을 받은 교회는 라오디게아 교회이다.
② 죽도록 충성하라 그리하면 생명의 면류관을 주리라 약속한 교회는 서머나 교회이다.
③ 이기는 자에게 흰돌과 만나를 주겠다 약속한 교회는 두아디라 교회이다.
④ 이기는 자에게는 성전의 기둥이 되리라 약속한 교회는 빌라델비아 교회이다.

☞ 일곱 교회의 이기는 자에 대한 약속의 내용을 살펴보면, 에베소 교회는 생명나무의 열매를 주어 먹게 하겠다는 것, 서머나 교회는 생명의 관을 주겠다는 것, 버가모 교회는 만나와 흰 돌을 주겠다는 것, 두아디라 교회는 만국을 다스리는 권세와 새벽별을 주겠다는 것, 사데 교회는 흰 옷을 입히고, 생명책에 이름을 기록하며 천사들 앞에서 시인하겠다는 것, 빌라델비아 교회는 하나님 성전에 기둥이 되게 하겠다는 것, 라오디게아 교회는 보좌에 함께 앉게 해 주겠다는 것이다. 정답은 ③번.

5. 계시록에 나오는 일곱 교회에 대한 칭찬의 내용 중 맞지 않는 것은 무엇인가?
   ① '니골라당의 행위를 미워하였다'라는 칭찬을 받은 교회는 서머나 교회이다.
   ② '주의 이름을 위하여 견디고 게으르지 아니하였다'는 칭찬을 받은 교회는 에베소 교회이다.
   ③ '네 나중 행위가 처음 것보다 많도다'라는 칭찬을 받은 교회는 두아디라 교회이다.
   ④ '그 옷을 더럽히지 아니한 소수가 있다'는 칭찬을 받은 교회는 사데 교회이다.

☞ 일곱 교회 중 전혀 칭찬이 기록되어 있지 않은 교회는 라오디게아 교회이다. 나머지 여섯 교회의 칭찬의 내용을 살펴보면, 에베소 교회는 행위와 수고와 인내가 있었고, 악한 자들을 용납하지 아니한 것, 자칭 사도라 하는 자들을 시험하여 그 거짓된 것을 드러낸 것, 니골라당의 행위를 미워한 것, 주의 이름을 위하여 견디고 게으르지 아니한 것이고, 서머나 교회는 환난과 궁핍이 있으나 실상은 부요한 자라는 것, 버가모 교회는 안디바의 죽음 가운데서도 믿음을 저버리지 않은 것, 두아디라 교회는 나중 행위가 처음 것보다 많다는 것, 사데 교회는 그 옷을 더럽히지 아니한 소수가 있다는 것, 빌라델비아 교회는 작은 능력을 가지고도 내 말을 지키며 내 이름을 배반하지 아니하였다는 것이다. 정답은 ①번.

6. 교회에 대한 말씀에서 다윗의 열쇠를 가지신 이로 예수를 소개하고 있는 것은 어느 교회에 대한 말씀에서 기록되어 있는가?
   ① 에베소　　② 서머나　　③ 빌라델비아　　④ 라오디게아

☞ 교회에 대한 말씀을 하시기에 앞서 말씀하시는 이를 소개하고 있는 문구들을 살펴보면, 에베소 교회는 오른손에 있는 일곱 별을 붙잡고 일곱 금 촛대 사이에 거니시는 이로, 서머나 교회는 처음이며 마지막이요

죽었다가 살아나신 이로, 버가모 교회는 좌우에 날선 검을 가지신 이로, 두아디라 교회는 그 눈이 불꽃같고 그 발이 빛난 주석과 같은 하나님의 아들로, 사데 교회는 하나님의 일곱 영과 일곱 별을 가진 이로, 빌라델비아 교회는 다윗의 열쇠를 가지신 이 곧 열면 닫을 사람이 없고 닫으면 열 사람이 없는 이로, 라오디게아 교회는 아멘이시요 충성되고 참된 증인이시요 하나님의 창조의 근본이신 이로 설명하고 있다. 정답은 ③번.

7. '볼지어다 내가 문밖에 서서 두드리노니'라는 말씀은 어느 교회에 대해 하신 말씀인가?
   ① 에베소　② 서머나　③ 빌라델비아　④ 라오디게아

☞ '볼지어다 내가 문밖에 서서 두드리노니'라는 말씀은 라오디게아 교회에게 하신 말씀 중에 기록되어 있다(계3:20). 정답은 ④번.

8. 계시록 4장에 나오는 네 생물 중 둘째 생물은 무엇과 같았는가?
   ① 사람　② 송아지　③ 사자　④ 독수리

☞ 계시록 4장에는 보좌 위에 앉으신 이(2절) 주위에 24 장로들이 흰 옷을 입고 머리에 금 면류관을 쓰고 24보좌에 앉아있는 장면이 나온다. 보좌 앞에는 일곱 등불 켠 것이 있는데 이는 하나님의 일곱 영이다(계4:5. 계시록 5장 6절에서는 일곱 눈을 온 땅에 보내심을 받은 하나님의 일곱 영이라 하고 있다). 보좌 주위에 네 생물이 있는데 첫째는 사자 같고, 둘째는 송아지 같고, 셋째는 얼굴이 사람 같고, 넷째는 독수리 같았다(계4:7). 네 생물은 각각 여섯 날개가 있고 안과 주위에 눈이 가득하였다. 정답은 ②번.

9. 계시록 5장에서 향은 성도들의 무엇을 가리키는 것인가?
   ① 기도　② 찬양　③ 고난　④ 죽음

☞ 네 생물과 24장로들이 향이 가득한 금 대접을 가졌는데 이 향은 성

도의 기도를 가리킨다(계5:8). 정답은 ①번.

10. 둘째 인을 떼고 둘째 생물이 오라고 명할 때 나타난 말의 색깔은 무엇인가?

① 흰 말 ② 붉은 말 ③ 검은 말 ④ 청황색 말

☞ 일곱 인 중 첫째부터 넷째까지의 인을 뗄 때 각 생물들이 오라고 명령을 하고, 각각의 색을 가진 말들이 등장한다. 말들이 등장한 순서는 흰 말, 다른 붉은 말, 검은 말, 청황색 말이다. 다섯째 인을 뗄 때는 죽임을 당한 영혼들이 제단 아래 있어 흰 두루마기를 받았고, 여섯째 인을 뗄 때는 큰 지진이 나고, 별들이 떨어지며, 각 산과 섬이 제 자리에서 옮겨지는 진노가 임했다. 일곱째 인을 뗄 때는 하늘이 반 시간쯤 고요하다가 하나님 앞에 서 있는 일곱 천사가 일곱 나팔을 받는 것을 보았다. 정답은 ②번.

11. 말을 탄자의 이름이 사망인 것은 네 말 중 어떤 말인가?

① 흰 말 ② 붉은 말 ③ 검은 말 ④ 청황색 말

☞ 첫째 말인 흰 말을 탄자는 활을 가졌고 면류관을 받고 나가서 이기고 또 이기려고 하였고, 둘째 말인 붉은 말을 탄자는 허락을 받아 땅에서 화평을 제하여 버리며 서로 죽이게 하고 또 큰 칼을 받았고, 셋째 말인 검은 말을 탄자는 그 손에 저울을 가졌고, 넷째 말인 청황색 말을 탄자는 그 이름이 사망이니 음부가 그 뒤를 따랐다(계6:1-8). 정답은 ④번.

12. 이스라엘 지파 중에서 인 맞은 자의 수는 몇 명인가?

① 12.000명 ② 120,000명 ③ 144,000명 ④ 240,000명

☞ '이스라엘 자손의 각 지파 중에서 인침을 받은 자들이 십사만 사천이니'(계7:4). 정답은 ③번.

13. 쓴 쑥 이라 이름 하는 큰 별이 강에 떨어진 것은 몇 번째 천사가 나팔을 불 때인가?

① 두 번째 ② 세 번째 ③ 네 번째 ④ 다섯 번째

☞ 각 천사가 나팔을 불었을 때 생겨난 일들을 살펴보면, 첫째 때는 피 섞인 우박과 불이 나서 땅의 삼분의 일이 타 버리고, 둘째 때는 불붙는 큰 산과 같은 것이 바다에 던져지매 바다의 삼분의 일이 피가 되고, 셋째 때는 쓴 쑥 이라 이름 하는 큰 별이 강들에 떨어져 그 물이 쓴 물이 되므로 많은 사람들이 죽었고, 넷째 때는 해, 달, 별의 삼분의 일이 어두워져 낮과 밤의 삼분의 일이 비추임이 없었고, 다섯째 때는 땅에 떨어진 별 하나가 무저갱의 열쇠를 받았고, 무저갱을 여니 황충이 땅 위에 나와 인침을 받지 아니한 사람들만 괴롭게 하였고, 여섯째 때는 큰 강 유브라데에 결박한 네 천사를 놓아 주라는 음성이 들렸는데 이 네 천사는 사람 삼분의 일을 죽이기로 준비된 자들이다. 일곱째 천사가 나팔을 불려고 할 때에 하나님이 그의 종 선지자들에게 전하신 복음과 같이 하나님의 그 비밀이 이루어질 것이다(계8:6-10:7). 정답은 ②번.

14. 권세를 받은 두 증인은 굵은 베옷을 입고 며칠 동안 예언을 하게 되는가?

① 1260일 ② 1335일 ③ 1400일 ④ 42달

☞ 42달은 이방인이 거룩한 성을 짓밟는 기간이다(계11:2). 두 증인에게 권세를 주어 그들이 예언하는 기간은 1260일이다. 정답은 ①번.

15. 진노의 일곱 대접을 다섯째 천사가 쏟은 곳은 어디인가?

① 강의 근원 ② 해 ③ 짐승의 왕좌 ④ 공중

☞ 진노의 일곱 대접을 천사들이 쏟은 곳을 순서대로 살펴보면, 땅, 바다, 강과 물 근원, 해, 짐승의 왕좌, 유브라데, 공중이다. 정답은 ③번.

16. 개구리 같은 세 더러운 영이 나온 곳이 아닌 것은?

① 용의 입 ② 짐승의 입 ③ 거짓 선지자의 입 ④ 아마겟돈

☞ '또 내가 보매 개구리 같은 세 더러운 영이 용의 입과 짐승의 입과 거짓 선지자의 입에서 나오니'(계16:13). 이렇게 나온 세 더러운 영은 세상 임금들을 아마겟돈으로 모았다(계16:16). 정답은 ④번.

17. 무너졌도다 무너졌도다 큰 성 ( )이여(계18:2). ( ) 안에 알맞은 말은?

① 애굽 ② 예루살렘 ③ 바벨론 ④ 에돔

☞ '무너졌도다 무너졌도다 큰 성 바벨론이여'(계18:2). 정답은 ③번.

18. 계시록에 나오는 용어에 대한 설명 중 맞지 않는 것은?

① 향 - 성도의 기도 ② 세마포 옷- 성도들의 옳은 행실

③ 예수의 증거 - 예언의 영 ④ 거룩한 성 - 바벨론

☞ 거룩한 성은 새 예루살렘을 가리킨다(계21:2). ①번은 계시록 5장 8절에, ②번은 계시록 19장 8절에, ③번은 계시록 19장 10절에 기록되어 있다. 정답은 ④번.

19. 계시록 1장 3절에서 예언의 말씀에 대해 복이 있다고 인정받지 못한 자는 누구인가?

① 읽는 자 ② 듣는 자 ③ 선포하는 자 ④ 지키는 자

☞ '이 예언의 말씀을 읽는 자와 듣는 자와 그 가운데에 기록한 것을 지키는 자는 복이 있나니 때가 가까움이라'(계1:3). 정답은 ③번.

20. 여자와 용에 대한 이야기는 계시록 몇 장에 기록되어 있는가?

① 11장 ② 12장 ③ 13장 ④ 14장

☞ 계시록 각 장의 주요내용을 살펴보면, 1장은 예수 그리스도의 계시(읽는 자, 듣는 자, 지키는 자가 복이 있음), 일곱 별(일곱교회의 사자), 일곱 촛대(일곱교회), 2-3장은 일곱 교회(에베소, 서머나, 버가모, 두아디라, 사데, 빌라델비아, 라오디게아)에 대한 말씀, 4장은 24보좌, 24장로, 네 생물, 5장은 향(성도들의 기도), 6장은 일곱 인의 심판, 7장은 인침을 받은 자(144,000명), 8-9장은 일곱 천사의 나팔소리, 10장은 천사와 작은 책(책을 먹으니 꿀 같이 다나 먹은 후에 쓰게 됨), 11장은 두 증인(1260일 예언), 12장은 용(옛 뱀, 마귀, 사탄, 온 천하를 꾀는 자)과 여자의 투쟁, 13장은 바다에서 올라온 짐승(42달 동안 일할 권세를 용으로부터 받음), 땅에서 올라온 짐승(짐승의 수는 666), 14장은 시온 산에 선 144000명, 16장은 진노의 일곱 대접, 17-18장은 음녀 바벨론에 대한 심판, 19장은 어린양의 혼인잔치, 백마와 탄 자(이름이 충신과 진실), 20장은 천년왕국(용 곧 옛 뱀이요 마귀요 사탄을 천년동안 결박), 21장은 새 하늘과 새 땅(이사야 65장, 베드로후서 3장 13절, 계시록 21장), 22장은 생명수의 강, 생명나무, 주 예수의 은혜가 모든 자들에게 있을지어다(21절-성경 마지막 구절)이다. 정답은 ②번.

✤ 요한계시록 주요내용

1. 요한이 계시를 본 곳 : 밧모 섬.
2. 계시록에 등장하는 아시아의 일곱 교회 : 에베소, 서머나, 버가모, 두아디라, 사데, 빌라델비아, 라오디게아 교회.
3. 일곱 별 : 일곱 교회의 사자.
4. 일곱 촛대 : 일곱 교회를 가리킴.
5. 일곱 교회 중 책망 받지 않은 교회 : 서머나와 빌라델비아 교회.
6. 다섯 교회의 책망의 내용 : 에베소 교회는 처음 사랑을 버린 것, 버가모 교회는 발람, 니골라 당의 교훈을 좇은 것, 두아디라 교회는 선지

자라 자처하는 이세벨을 용납한 것, 사데 교회는 살았다 하는 이름을 가졌으나 실상은 죽은 것, 라오디게아 교회는 차지도 뜨겁지도 않은 것.

7. 일곱 교회의 이기는 자에 대한 약속의 내용 : 에베소 교회는 생명나무의 열매를 주어 먹게 하겠다는 것, 서머나 교회는 생명의 관을 주겠다는 것, 버가모 교회는 만나와 흰 돌을 주겠다는 것, 두아디라 교회는 만국을 다스리는 권세와 새벽별을 주겠다는 것, 사데 교회는 흰 옷을 입히고, 생명책에 이름을 기록하며 천사들 앞에서 시인하겠다는 것, 빌라델비아 교회는 하나님 성전에 기둥이 되게 하겠다는 것, 라오디게아 교회는 보좌에 함께 앉게 해 주겠다는 것.
8. 일곱 교회 중 전혀 칭찬이 기록되어 있지 않은 교회 : 라오디게아 교회.
9. 여섯 교회의 칭찬의 내용 : 에베소 교회는 행위와 수고와 인내가 있었고, 악한 자들을 용납하지 아니한 것, 자칭 사도라 하는 자들을 시험하여 그 거짓된 것을 드러낸 것, 니골라당의 행위를 미워한 것, 주의 이름을 위하여 견디고 게으르지 아니한 것이고, 서머나 교회는 환난과 궁핍이 있으나 실상은 부요한 자라는 것, 버가모 교회는 안디바의 죽음 가운데서도 믿음을 저버리지 않은 것, 두아디라 교회는 나중 행위가 처음 것보다 많다는 것, 사데 교회는 그 옷을 더럽히지 아니한 소수가 있다는 것, 빌라델비아 교회는 작은 능력을 가지고도 내 말을 지키며 내 이름을 배반하지 아니하였다는 것.
10. 각 교회에 말씀하시는 이를 소개하고 있는 문구 : 에베소 교회는 오른손에 있는 일곱 별을 붙잡고 일곱 금 촛대 사이에 거니시는 이로, 서머나 교회는 처음이며 마지막이요 죽었다가 살아나신 이로, 버가모 교회는 좌우에 날선 검을 가지신 이로, 두아디라 교회는 그 눈이 불꽃 같고 그 발이 빛난 주석과 같은 하나님의 아들로, 사데 교회는 하나님의 일곱 영과 일곱 별을 가진 이로, 빌라델비아 교회는 다윗의 열쇠를 가지신 이 곧 열면 닫을 사람이 없고 닫으면 열 사람이 없는 이로, 라오디게아 교회는 아멘이시요 충성되고 참된 증인이시요 하나님의 창

조의 근본이신 이.

11. 계시록 4장에 나오는 네 생물의 모양 : 사자, 송아지, 사람, 독수리.
12. 향 : 성도의 기도.
13. 인을 떨 때 말들이 등장한 순서 : 흰 말, 다른 붉은 말, 검은 말, 청황색 말.
14. 말을 탄자에 대한 설명 : 첫째 말인 흰 말을 탄자는 활을 가졌고, 면류관을 받고 나가서 이기고 또 이기려고 하였고, 둘째 말인 붉은 말을 탄자는 허락을 받아 땅에서 화평을 제하여 버리며 서로 죽이게 하고 또 큰 칼을 받았고, 셋째 말인 검은 말을 탄자는 그 손에 저울을 가졌고, 넷째 말인 청황색 말을 탄자는 그 이름이 사망이니 음부가 그 뒤를 따랐다.
15. 이스라엘 지파 중에서 인 맞은 자의 수 : 144,000명.
16. 각 천사가 나팔을 불었을 때 생겨난 일들 : 첫째 때는 피 섞인 우박과 불이 나서 땅의 삼분의 일이 타 버리고, 둘째 때는 불붙는 큰 산과 같은 것이 바다에 던져지매 바다의 삼분의 일이 피가 되고, 셋째 때는 쓴 쑥 이라 이름 하는 큰 별이 강들에 떨어져 그 물이 쓴 물이 되므로 많은 사람들이 죽었고, 넷째 때는 해, 달, 별의 삼분의 일이 어두워져 낮과 밤의 삼분의 일이 비추임이 없었고, 다섯째 때는 땅에 떨어진 별 하나가 무저갱의 열쇠를 받았고, 무저갱을 여니 황충이 땅 위에 나와 인 맞지 아니한 사람들만 괴롭게 하였고, 여섯째 때는 큰 강 유브라데에 결박한 네 천사를 놓아 주라는 음성이 들렸는데 이 네 천사는 사람 삼분의 일을 죽이기로 준비된 자들이다. 일곱째 천사가 나팔을 불려고 할 때에 하나님이 그의 종 선지자들에게 전하신 복음과 같이 하나님의 그 비밀이 이루어질 것이다.
17. 이방인이 거룩한 성을 짓밟는 기간 : 42달.
18. 두 증인에게 권세를 주어 그들이 예언하는 기간 : 1260일.
19. 진노의 일곱 대접을 천사들이 쏟은 곳의 순서 : 땅, 바다, 강과 물 근원, 해, 짐승의 왕좌, 유브라데, 공중.

20. 개구리 같은 세 더러운 영이 나온 곳 : 용의 입과 짐승의 입과 거짓 선지자의 입.
21. 세 더러운 영이 세상 임금들을 모은 곳 : 아마겟돈.
22. 세마포 옷 : 성도들의 옳은 행실.
23. 예수의 증거 : 예언의 영.
24. 큰 성 : 바벨론.
25. 거룩한 성 : 새 예루살렘.
26. 예언의 말씀에 대해 복이 있다고 인정받은 자 : 읽는 자, 듣는 자, 지키는 자.
27. 각 장의 주요내용 : 1장은 예수 그리스도의 계시(읽는 자, 듣는 자, 지키는 자가 복이 있음), 일곱 별(일곱교회의 사자), 일곱 촛대(일곱 교회), 2-3장은 일곱 교회(에베소, 서머나, 버가모, 두아디라, 사데, 빌라델비아, 라오디게아)에 대한 말씀, 4장은 24보좌, 24장로, 네 생물, 5장은 향(성도들의 기도), 6장은 일곱 인의 심판, 7장은 인침을 받은 자(144,000명), 8-9장은 일곱천사의 나팔소리, 10장은 천사와 작은 책(책을 먹으니 꿀 같이 다나 먹은 후에 쓰게 됨), 11장은 두 증인(1260일 예언), 12장은 용(옛 뱀, 마귀, 사탄, 온 천하를 꾀는 자)과 여자의 투쟁, 13장은 바다에서 올라온 짐승(42달 동안 일할 권세를 용으로부터 받음), 땅에서 올라온 짐승(짐승의 수는 666), 14장은 시온 산에 선 144000명, 16장은 진노의 일곱 대접, 17-18장은 음녀 바벨론에 대한 심판, 19장은 어린양의 혼인잔치, 백마와 탄자(이름이 충신과 진실), 20장은 천년왕국(용 곧 옛 뱀이요 마귀요 사탄을 일천 년 동안 결박), 21장은 새 하늘과 새 땅(이사야 65장, 베드로후서 3장 13절, 계시록 21장), 22장은 생명수의 강, 생명나무, 주 예수의 은혜가 모든 자들에게 있을지어다(21절-성경 마지막 구절).

모의시험 1차

1. 다음 설명 중 맞지 않는 것은 무엇인가?
   ① 구약에서 짐승이 말을 한 것은 두 번으로 창세기 3장과 민수기 22장에 나온다.
   ② 사람이 옷을 입게 된 것은 범죄 직후이고, 수명이 단축된 것은 홍수 후에 일어났다.
   ③ 성경의 기록 중 첫 번째 쌓은 성의 이름은 에녹이다.
   ④ 에녹은 아담의 6대손이다.

2. 다음 설명 중 맞지 않는 것은 무엇인가?
   ① 노아는 아담으로부터 10대손이다.
   ② 창세기에 의인이란 말은 6장 9절과 18장 23절에 등장한다.
   ③ 노아 방주의 출입문은 상하로 되어 있다.
   ④ 노아 방주의 길이, 너비, 높이는 300, 50, 30규빗이다.

3. 다음 설명 중 맞지 않는 것은 무엇인가?
   ① 노아가 땅위에 물이 줄어들었는지를 알기 위해 비둘기를 내어 보낸 횟수는 3회이다.
   ② 마므레의 위치는 에브랏 부근이다.
   ③ 세상의 처음 영걸된 자인 니므롯은 함의 자손이다.
   ④ 벨렉의 시대에 땅이 나뉘어졌다.

4. 다음 설명 중 맞지 않는 것은 무엇인가?
   ① 십일조에 관한 기사가 성경에 처음 등장하는 곳은 창세기 14장 20절이다.

② 아브라함이 믿음으로 의롭다 함을 받은 것은 할례 전에 일어난 것이다.

③ 하나님께서 소돔과 고모라를 멸망시킬 것이라는 이야기를 들은 사람은 아브라함과 롯이다.

④ 하갈의 며느리는 에돔 여인이다.

5. 다음 설명 중 맞지 않는 것은 무엇인가?

① 이삭의 아내 리브가는 미디안 여자였다.

② 아브라함이 소돔의 구원을 위해 하나님께 간구한 회수는 6회이다.

③ 아브라함의 별세 연령은 175세, 이삭의 결혼 연령은 40세이다.

④ 르호봇이란 샘 이름이다.

6. 다음 설명 중 맞지 않는 것은 무엇인가?

① 디나사건으로 인해 세겜 남자들을 학살한 야곱의 아들들은 시므온과 레위이다.

② 야곱의 자녀는 총 13명이다.

③ 요셉의 형들이 요셉을 죽이고자 할 때 반대했던 사람은 르우벤이다.

④ 요셉과 함께 감옥에 있던 자 중 복직한 자는 떡 굽는 관원장이다.

7. 다음 설명 중 맞지 않는 것은 무엇인가?

① 요셉이 애굽 왕 앞에 설 때가 30세, 통치한 기간은 80년이다.

② 형제들을 대신하여 결박당한 사람은 시므온이다.

③ 야곱의 자녀에 대한 축복 중 적그리스도가 난다는 지파는 단 이다.

④ 요셉이 이스마엘 사람들에게 팔린 값은 은 30이다.

8. 다음 설명 중 맞지 않는 것은 무엇인가?

① 바로의 명을 거역한 히브리 산파는 십브라와 부아이다.

② 10가지 재앙 중 이스라엘 백성에게는 내리지 않은 재앙은 파리재

앙부터이다.

③ 유월절에 먹는 음식의 가지 수는 두 가지이다.

④ 이스라엘 백성이 애굽에서 나온 달은 아빕월이며, 출발한 곳은 라암셋이다.

9. 다음 설명 중 맞지 않는 것은 무엇인가?

① 이스라엘 백성이 모세를 처음 원망한 곳은 비하히롯이다.

② 이스라엘 백성에게 만나가 처음 내리기 시작한 곳은 신광야이다.

③ 이스라엘 백성이 시내산 기슭에서 머문 기간은 1년간이다.

④ 여호와 닛시는 깃발의 이름이다.

10. 다음 설명 중 맞지 않는 것은 무엇인가?

① 모세와 함께 산에 올라간 사람은 70명이다.

② 아론과 그 아들들에게 행한 제사장 위임식의 기간은 7일이다.

③ 성막 안에서 쓰는 향은 소합향, 나감향, 풍자향, 유향 등으로 만든다.

④ 번제단은 조각목으로 만든다.

11. 다음 설명 중 맞지 않는 것은 무엇인가?

① 하나님께서 이스라엘에게 제물 선택법을 가르쳐 주신 곳은 신 광야이다.

② 소제에는 누룩과 꿀을 금한다.

③ 제사장이 범죄했을 때 드리는 속죄제물은 수송아지이다.

④ 이스라엘 여인이 남, 녀 아이를 낳은 후 정결케 되는 기간은 각각 40일, 80일이다.

12. 다음 설명 중 맞지 않는 것은 무엇인가?

① 나병 환자의 정결케 되는 규례에 필요한 예물은 산새 두 마리, 백향목, 홍색실, 우슬초이다.

② 이복자매를 취하면 자녀를 낳지 못하는 벌을 받는다.
③ 받은 은혜를 감사하여 드릴 때 흔들어 드리는 제사는 요제이다.
④ 가나안에 들어간 이스라엘의 매 6년마다의 농사의 수확은 3년분 식량이다.

13. 다음 설명 중 맞지 않는 것은 무엇인가?
① 이스라엘 진의 선두 지파는 동-유다, 서-에브라임, 남-르우벤, 북-단지파이다.
② 대제사장의 축복문이 기록된 곳은 민수기 6장 24-26절이다.
③ 이스라엘 백성이 시내광야를 떠난 시기는 출애굽후 제 2년 2월 10일이다.
④ 메추라기를 시내 광야에서 지면 위에 주실 때 그 두께는 두 규빗쯤 되었다.

14. 다음 설명 중 맞지 않는 것은 무엇인가?
① 고라의 반역 사건 이후 모세와 아론을 원망한 회중은 염병의 벌을 받아 24,000명이 죽었다.
② 부정을 깨끗하게 하는 물을 만드는데 쓰는 속죄제 제물은 멍에 메지 아니한 붉은 암송아지이다.
③ 미리암과 아론의 별세가 기록된 곳은 민수기 20장이다.
④ 2차 인구조사 때 수가 가장 적은 지파는 시므온지파였으며, 전체의 수는 601,730명이었다.

15. 다음 설명 중 맞지 않는 것은 무엇인가?
① 아론이 죽은 산은 호르산이다.
② 모세가 죽은 산은 아바림산, 비스가산, 느보산이라 불리는 곳이다.
③ 슬로브핫의 딸들은 단지파에 속하였다.
④ 에돔과 애굽 사람은 3대 후에 이스라엘 총회에 들어올 수 있다.

16. 다음 설명 중 맞지 않는 것은 무엇인가?

① 롯 자손에게 기업으로 준 땅은 세렛이다.

② 바리새인과 서기관이 차는 '경문'속에 들어있는 성구는 신명기 6장 4-9절 말씀이다.

③ 모세가 두 번째 돌판을 받으러 올라갈 때 언약궤를 만든 나무는 싯딤나무이다.

④ 3년마다 저축한 십일조의 용도는 레위인과 객, 고아, 과부를 위한 구제용이다.

17. 다음 설명 중 맞지 않는 것은 무엇인가?

① 종려나무의 성읍이라 불리운 곳은 여리고이다.

② 모세가 율법을 책에 다 쓴 후, 율법책을 언약궤 곁에 두라고 궤를 메는 레위인에게 명하였다.

③ 사생자, 모압과 암몬 사람은 이스라엘 총회에 10대 후에 들어올 수 있다.

④ 축복의 산은 그리심산, 저주의 산은 에발산이다.

18. 다음 설명 중 맞지 않는 것은 무엇인가?

① 가나안으로 들어갈 때 이스라엘 백성과 언약궤의 거리는 2.000 규빗이다.

② 이스라엘이 가나안을 점령할 때 작전의 중심지는 길갈이다.

③ 이스라엘이 요단을 건넌 후 처음으로 유월절을 지킨 곳은 여리고이다.

④ 아간이 감추었던 물건은 외투 한 벌, 은 100세겔, 금 50세겔이다.

19. 다음 설명 중 맞지 않는 것은 무엇인가?

① 이스라엘이 가나안을 점령할 때 화친한 종족은 기브온 주민이다.

② 아모리 민족과의 전투에서 태양이 중천에 떠올라 내려가지 않은

기적이 일어났다.

③ 여리고를 차지한 이스라엘 자손은 요셉지파이다.

④ 요단 동편에 땅을 분배받은 지파는 르우벤, 갓, 므낫세 반 지파이다.

20. 다음 설명 중 맞지 않는 것은 무엇인가?

① 이스라엘이 가나안 점령 후 제 2차로 회막을 세운 곳은 실로이다.

② 레위 사람이 얻은 성읍의 수는 48개이다.

③ 여호수아의 향년은 110세이고, 매장지는 딤낫 세라이다.

④ 가나안에서 요셉의 뼈를 매장한 곳은 에브라임이다.

21. 다음 설명 중 맞지 않는 것은 무엇인가?

① 예수의 종말에 대한 예고가 있는 곳은 공관복음이며, 요한복음에는 없다.

② 예수께서는 세례를 받으신 후, 사탄의 시험을 받으셨다.

③ 4복음서 중 장수는 마태가, 분량은 누가가 제일 많다.

④ 인자가 온 것은 섬김을 받으려 함이 아니라는 말씀은 마태복음 20장 28절, 누가복음 10장 45절에 나온다.

22. 다음 설명 중 맞지 않는 것은 무엇인가?

① 그리스도의 변모 기사가 요한복음에는 나오지 않는다.

② 예수께서 기도하실 때 사용하신 '아빠'라는 말은 아람어이다.

③ 예수께서 4,000명을 먹이신 기사는 공관복음 모두에 나온다.

④ 예수께서 성전을 깨끗하게 하신 기사는 4복음서 모두에 나온다.

23. 다음 설명 중 맞지 않는 것은 무엇인가?

① 예수께서 광야에서 시험 받으신 기사는 공관복음에만 나온다.

② 씨 뿌리는 비유는 4복음서 모두에 나온다.

③ 예수께서 바다 위로 걸으신 기사는 마태, 마가, 요한복음에 나온다.

④ 베드로의 부인 예고는 4복음서 모두에 나온다.

24. 다음 설명 중 맞지 않는 것은 무엇인가?
① 보아스와 다윗 왕과의 관계는 고조부이다.
② 마태복음 1장 족보에 나오는 여인의 수는 5명이다.
③ 예수의 탄생을 전후하여 천사가 요셉에게 세 번 현몽하였다.
④ 세례요한은 전혀 이적을 행하지 아니하였다.

25. 다음 설명 중 맞지 않는 것은 무엇인가?
① 마귀는 자기 말과 성경의 말씀을 근거로 예수를 시험하였다.
② 세례요한이 잡힌 후 예수의 전도중심지는 가버나움이었다.
③ 산상수훈의 팔복 중 마지막 복은 의를 위하여 박해를 받은 자의 복이다.
④ 산상수훈에 성내는 사람이 받는 벌은 공회에 잡혀 가는 것이다.

26. 다음 설명 중 맞지 않는 것은 무엇인가?
① 귀신들은 예수를 하나님의 아들이라 불렀다.
② 금식에 대한 예수의 태도는 필요할 경우에 한다는 것이다.
③ 세례 요한의 때부터 천국은 침노를 당한다고 기록한 복음서는 누가복음이다.
④ 겨자씨 비유는 누룩비유와, 그물비유는 가라지 비유와 공통점을 가진다.

27. 다음 설명 중 맞지 않는 것은 무엇인가?
① 헤롯이 세례요한의 말을 들을 때의 반응은 크게 번민하였다는 것이다.
② 유대인들이 그리스도를 반대할 것을 예고한 선지자는 이사야였다.
③ 예수의 제자들이 고치지 못한 병자는 간질병 앓던 자였다.

④ 변화산에서 내려올 때 제자들은 모세와 엘리야가 나타난 일에 대해 예수께 물었다.

28. 다음 설명 중 맞지 않는 것은 무엇인가?
① 생선 입에서 베드로가 얻은 것은 자신의 성전세를 낼 수 있는 반 세겔이었다.
② 예수께서 유대 지도자들에게 부활의 진리를 가르칠 때에 인용하신 말씀은 모세오경이다.
③ 마태복음 23장에는 외식하는 서기관과 바리새인에 대한 일곱 번의 화 선언이 나온다.
④ 예수께서 제일 큰 계명에 대한 질문을 받았을 때 인용한 구약은 신명기와 레위기이다.

29. 다음 설명 중 맞지 않는 것은 무엇인가?
① 종말 예고와 관련하여 예수께서 말씀하신 비유는 무화과나무 비유이다.
② 예수께서 다락방에서 성만찬을 베풀 대에 유다도 있었다는 사실을 분명하게 보여주는 곳은 누가복음이다.
③ 마태복음 27장 34절을 보면, 예수께서 십자가상에서 받으시기를 거절한 것은 쓸개 탄 포도주이다.
④ 예수께서 운명하실 때 죽은 성도들의 몸이 많이 일어났다고 기록한 곳은 마태복음이다.

30. 다음 설명 중 맞지 않는 것은 무엇인가?
① 생선 입에서 세겔을 얻은 기적은 마태와 누가복음에만 기록되어 있다.
② 천국 복음을 제일 먼저 기록한 복음은 마가복음이다.
③ 주인이 종들에게 맡기고 간 것이 마태에는 달란트, 누가에는 므나

로 나와 있다.

④ 예수께서 부활 후 제자들에게 가시겠다고 하신 곳은 갈릴리이다.

31. 다음 설명 중 맞지 않는 것은 무엇인가?

① 요한의 아버지 사가랴는 아비야 반열에 속한 제사장이다.

② 마리아의 찬가는 구약의 한나의 노래와 비슷하다.

③ 세례요한은 30세가 될 때까지 빈들에서 살았다.

④ 예수께서 탄생하실 때 수리아 총독은 디베료이다.

32. 다음 설명 중 맞지 않는 것은 무엇인가?

① 아기 예수를 보고 '칼이 네 마음을 찌르듯 하리라'고 한 사람은 시므온이다.

② 예수에게 축복한 안나는 아셀지파이다.

③ 세례요한이 사역을 시작할 때 디베료 가이사가 즉위한 지 15년 되는 해였다.

④ 아브라함은 노아의 9대손이다.

33. 다음 설명 중 맞지 않는 것은 무엇인가?

① 나인성 과부의 아들을 살리신 사건은 누가복음 7장에 나온다.

② 예수를 받아들이지 않는 사마리아 촌에 하늘의 불이 내리기를 요청한 제자는 야고보와 요한이다.

③ 마리아가 예수의 발 아래 앉아 말씀을 들은 기사는 누가복음 10장에 나온다.

④ 누가복음 11장에서 예수께서 한 말 못하게 하는 귀신을 쫓아내신 후에 그 사건을 하나님의 사랑으로 설명하셨다.

34. 다음 설명 중 맞지 않는 것은 무엇인가?

① 3년간 기다려도 열매 맺지 못하는 무화과나무 비유가 누가복음

13장에 나온다.

② 여우에 대한 말씀이 누가복음 9장 58절과 13장 32절에 나온다.

③ 누가복음 14장의 결혼 잔치의 초대 비유가 말하는 교훈은 겸손이다.

④ 열 나병환자에 대한 기사는 누가복음 16장에 나온다.

35. 다음 설명 중 맞지 않는 것은 무엇인가?

① 예수께서 예루살렘을 보시고 우신 기사는 누가복음 19장 41절에 나온다.

② 요한복음에 의하면, 요한이 예수에 대허 증거한 장소는 베다니이다.

③ 빌립은 벳새다 출신이다.

④ 맨 먼저 예수를 시인하고 하나님의 아들이라고 한 사람은 안드레이다.

36. 다음 설명 중 맞지 않는 것은 무엇인가?

① 요한복음에는 '내가 진실로 진실로 너희에게 이르노니'라는 표현이 많이 나온다.

② 사마리아에 제일 먼저 전도한 사람은 빌립이다.

③ 예수께서 사마리아에 머무르신 기간은 2일이다.

④ 떡에 대한 언급이 많은 곳은 요한복음 6장이다.

37. 다음 설명 중 맞지 않는 것은 무엇인가?

① 형제를 먼저 보내고, 예수가 비밀히 올라가신 명절은 초막절이다.

② 나는 양의 문이라는 표현은 요한복음 10장 7절에, 선한 목자라는 표현은 요한복음 10장 11절에 나온다.

③ 나사로는 죽은 지 사흘 만에 부활하였다.

④ 예루살렘과 베다니 사이의 거리는 5리이다.

38. 다음 설명 중 맞지 않는 것은 무엇인가?

① 요한복음 13장에 예수님이 제자들의 발을 몸소 씻기신 때는 유월

절 전날이다.

② 성령이 오시면 세상에 대해 죄, 의, 심판에 대해 책망하신다.

③ 가야바와 안나스는 장인과 사위 관계이다.

④ 예수를 십자가에 못 박은 군병의 수는 5명이다.

39. 다음 설명 중 맞지 않는 것은 무엇인가?

① 디두모라 하는 도마는 예수 부활 후 8일 만에 예수를 만났다.

② 요한복음만이 복음서를 기록한 목적을 써 놓았는데, 바로 요한복음 20장 31절이다.

③ 요한복음에는 12제자의 명단과 변화산 사건, 종말에 관한 설교가 나오지 않는다.

④ 예루살렘 입성과 성전 정화사건, 오병이어 사건과 바다 위로 걸으신 사건은 복음서 전체에 나온다.

40. 다음 설명 중 맞지 않는 것은 무엇인가?

① 마태복음에만 '교회'라는 단어가 등장하는데, 16장과 18장에 나온다.

② 예수 탄생 시 마태는 동방박사가 집에서, 누가는 목자가 구유에서 아기 예수께 경배했다고 기록하고 있다.

③ 누가복음 3장에 세례요한의 사람들에 대한 회개의 촉구가 등장하는데, 대상은 바리새인, 세리, 군인이다.

④ 예수의 죽음 후 창으로 그의 옆구리를 찔렀다는 기사와 다리를 꺾지 않았다는 기사는 요한복음에만 나온다.

41. 다음 설명 중 맞지 않는 것은 무엇인가?

① 하나님의 6일 창조 시 매일 '보시기에 좋았더라'라는 하나님의 평가가 나온다.

② 창세기 2장 24절의 남녀가 한 몸을 이룬다는 말씀이 신약 마태복

음 19장 5절, 마가복음 10장 6-8절, 에베소서 5장 31절에 나온다.

③ 아브라함은 3명의 아내를, 야곱은 4명의 아내를, 그러나 이삭은 한 명의 아내만을 두었다.

④ 리브가의 유모 드보라가 죽은 이후, 극함의 상수리나무라 하는 알론바굿의 이름이 생겼다.

42. 야곱의 아들들에 대한 축복의 내용 중 맞지 않는 것은 무엇인가?

① 르우벤 - 아버지의 침상을 더럽혔으므로 물이 끓음 같다.

② 스불론 - 해변에 거할 것이다.

③ 잇사갈 - 양우리에 앉은 건장한 나귀.

④ 납달리 - 왕의 수라상을 차리리라.

43. 다음 설명 중 맞지 않는 것은 무엇인가?

① 레위의 세 아들은 게르손, 고핫, 므라리이며 모세는 고핫 후손이다.

② 일곱 번째 재앙은 우박 재앙인데, 애굽의 모든 이들이 이 재앙을 피하지 못하였다.

③ 만나라는 말이 출애굽기 16장, 민수기 11장, 신명기 8장에 등장한다.

④ 도적질에 대한 배상에서 잡거나 판 소는 1마리에 5마리, 양은 4마리를 배상해야 한다.

44. 다음 설명 중 맞지 않는 것은 무엇인가?

① 이스라엘의 3대 절기는 무교절, 맥추절, 수장절이다.

② 관유의 재료는 몰약, 육계, 창포, 계피, 감람유이다.

③ 성소 안에는 떡상과 분향단, 등잔대가 있고 물두멍은 성소와 번제단 사이에 있다.

④ 부지중에 성물을 먹으면 그 성물에 1/3을 더해 제사장에게 주어야 한다.

45. 다음 설명 중 맞지 않는 것은 무엇인가?

① 여러 가지 절기에 대한 설명이 출애굽기 23장, 레위기 23장, 신명기 17장에 나온다.

② 안식년, 희년에 대한 설명이 레위기 25장에 나온다.

③ 20세 이상 싸움에 나갈 수 있는 자가 1차에는 603.550명, 2차에는 601,730명이었다.

④ 종족의 진 배치에서 북쪽은 단, 아셀, 납달리 지파이다.

46. 다음 설명 중 맞지 않는 것은 무엇인가?

① 제사장의 축복문은 민수기 6장 24-26절, 쉐마는 신명기 6장 4-9절에 나온다.

② 수레와 소를 고핫 자손에게는 주지 않았는데, 그들은 성물을 어깨로 메는 일을 하였기 때문이다.

③ 민수기 16장 고라 일당의 반역 사건에 대한 심판을 원망하는 자 24,000명이 염병으로 죽었다.

④ 요단 동편의 도피성은 베셀, 길르앗 라못, 바산 골란 이다.

47. 다음 설명 중 맞지 않는 것은 무엇인가?

① 가나안 7족속은 헷, 기르가스, 아모리, 가나안, 브리스, 히위, 여부스이다.

② 도피성에 대한 내용은 신명기 4장, 19장, 여호수아 20장, 민수기 35장에 나온다.

③ 왕이 되는 자가 지켜야 할 내용이 신명기 18장에 나와 있다.

④ '내 조상은 방랑하는 아람 사람으로서'라는 신앙고백은 신명기 26장 5절 이하에 나온다.

48. 다음 설명 중 맞지 않는 것은 무엇인가?

① 축복을 위해 그리심산에 서야 하는 지파는 6지파인데 그 중 잇사

갈, 르우벤 지파도 있다.

② 야곱이 죽은 후 애굽 사람은 70일을, 모세가 죽은 후 이스라엘은 30일을 애곡하였다.

③ 이스라엘을 위한 모세의 축복은 신명기 33장에 나오는데, 시므온 지파에 대한 내용은 없다.

④ 모세의 노래(시)는 출애굽기 15장, 신명기 32장, 시편 90편에 기록되어 있다.

49. 다음 설명 중 맞지 않는 것은 무엇인가?

① 하나님 여호와는 위로는 하늘에서도 아래로는 땅에서도 하나님이시니라는 고백은 라합이 한 것이다.

② 여리고성을 다시 건축하는 자에 대해 여호수아가 저주를 하였는데, 이 예언이 열왕기상 16장 34절에 성취되었다.

③ 베드로의 신앙고백에 대해 누가는 '하나님의 그리스도시니이다'라는 기록을 남기고 있다.

④ 마가복음 6장에 제자파송, 오병이어의 기적, 정결 논쟁이 등장한다.

50. 다음 설명 중 맞지 않는 것은 무엇인가?

① 여인들의 무덤 방문 시 누가는 찬란한 옷을 입은 두 사람, 요한은 흰 옷 입은 한 천사가 있었다고 기록하고 있다.

② 마태복음 25장, 마가복음 4장, 누가복음 15장에는 세 비유씩이 등장한다.

③ 나인성 과부 아들을 살리심, 어리석은 부자의 비유, 부자와 나사로 비유는 누가복음에만 나온다.

④ 가나잔치, 베데스다 병자 치유, 초막절 여행 등의 이야기는 요한복음에만 나온다.

모의시험 2차

1. 다음 설명 중 맞지 않는 것은 무엇인가?
   ① 왼손잡이 사사 에훗이 모압왕 에글론을 죽이고, 80년간 사사로 통치하였다.
   ② 겐 사람 헤벨의 아내 야엘이 야빈의 군대장관 시스라를 말뚝 박아 죽였다.
   ③ 기드온은 므낫세 지파 요아스의 아들로 여룹바알이라는 별명이 있었다.
   ④ 그리심 산에서 세겜 사람들에게 행한 요담의 나무비유의 순서는 무화과, 감람, 포도, 가시나무이다.

2. 다음 설명 중 맞지 않는 것은 무엇인가?
   ① 룻의 남편은 말론, 오르바의 남편은 기룐이다.
   ② 법궤는 기럇여아림의 아비나답의 집에서 20년간을 머물렀다.
   ③ 사울이 망령된 제사를 드린 곳은 길갈, 자기 기념비를 세운 곳은 갈멜이다.
   ④ 골리앗은 블레셋 가사 사람이며, 그의 아우의 이름은 엘하난에게 죽임 당한 라흐미이다.

3. 다음 설명 중 맞지 않는 것은 무엇인가?
   ① 길보아 전투에서 사울, 요나단, 아비나답, 말기수아가 죽었다.
   ② 사울과 요나단의 죽음을 추모한 다윗의 활 노래는 여호와의 전쟁기에 기록되어 있다.
   ③ 다윗의 장자는 암논, 셋째가 압살롬, 넷째가 아도니야이다.
   ④ 대적들의 손에서 구원을 찬양한 다윗의 노래는 사무엘하 22장에

나오며, 시편 18편과 내용이 동일하다.

4. 다음 설명 중 맞지 않는 것은 무엇인가?

① 다윗 노년에 그를 시중 든 여인은 수넴 여자 아비삭이다.

② 솔로몬은 잠언 3,000 노래 1,005개를 지었다.

③ 성전봉헌에 대한 기록이 열왕기상 8장에 나오는데, 성전은 출애굽 480년에 완공되었다.

④ 엘리야가 기름 부은 사람은 하사엘, 예후, 엘리사이다.

5. 다음 설명 중 맞지 않는 것은 무엇인가?

① 승천하기 전 엘리야의 이동경로는 길갈-벧엘-여리고-요단이었다.

② 아달랴의 폭정 때 여호세바가 요아스를 살려내었으며, 요아스는 7세때 여호야다에 의해 왕이 되었다.

③ 55년간 통치를 하였던 므낫세는 처음에는 우상숭배를 후에는 선정을 베풀었다.

④ 므깃도에서 애굽 왕 바로느고에 의해 전사한 왕은 요시야인데, 그의 통치 17년에 유월절을 지켰다.

6. 다음 설명 중 맞지 않는 것은 무엇인가?

① 역대상 5장 2절을 보면, 르우벤의 장자 명분이 요셉지파에게 주어졌으며, 유다는 주권자가 되었다.

② 레위인은 24반열로 나뉘어졌는데, 엘르아살의 자손이 16반열, 이다말의 자손이 8반열을 차지하였다.

③ 솔로몬의 행적은 나단의 글과 스마야의 예언과 잇도의 묵시책에 기록되어 있다.

④ 유대왕 웃시야는 제사장의 분향을 월권적으로 행하려다가 이마에 나병이 발하였다.

7. 다음 설명 중 맞지 않는 것은 무엇인가?

① 남유다 왕 아사는 불신앙에 대해 책망한 하나니를 투옥하였고, 발에 중병이 걸려 죽었다.

② 여호사밧은 율법에 순종하는 생활을 격려하였고, 찬양대를 앞세우고 나가 전쟁에 승리하였다.

③ 여호람은 왕궁에서 낙상하여 바알세붑에게 물으러 갔다가 엘리야에게 책망을 들었다.

④ 아하스는 자녀를 불 가운데로 지나게 하였으며, 다메섹 우상 제단을 제사장 우리아에게 만들도록 하였다.

8. 다음 설명 중 맞지 않는 것은 무엇인가?

① 에스라서에 의하면, 다리오왕 6년 아달월 1일에 성전봉헌을 하였다.

② 아닥사스다 왕의 술맡은 관원장 느헤미야는 하가랴의 아들이며, 그의 동생은 하나니이다.

③ 느헤미야 8장에는 율법낭독의 사건이 나오는데, 에스라가 7월 1일 수문 앞 광장에서 낭독하였다.

④ 하만은 아각사람이며, 그의 아내는 세레스이다.

9. 다음 설명 중 맞지 않는 것은 무엇인가?

① 자신의 생일을 저주한 사람은 욥과 예레미야이다.

② '대인이라고 지혜로운 것이 아니요'라고 말한 사람은 수아 사람 빌닷이다.

③ 욥의 세 딸의 이름은 여미마, 긋시아, 게렌합북이며, 욥은 140년을 더 살고 아들 손자 4대를 보았다.

④ 하나님이 욥에게 말씀하실 때 예로 드신 동물은 타조, 하마, 악어이다.

10. 다음 시편에 대한 설명 중 맞지 않는 것은 무엇인가?

① 시편은 총 5권으로 되어 있는데 각 권의 끝은 41,72,89,106,150

편이다.

② 시편 중 회개의 기도를 다루고 있는 것은 6, 32, 38, 51, 102, 130, 143편이다.

③ 42-49편은 고라 자손의 시이며, 73-83편은 아삽의 시와 교훈이다.

④ 솔로몬의 시는 72,127, 포로기 관련시는 125,137편이다.

11. 다음 설명 중 맞지 않는 것은 무엇인가?

① 잠언의 저자는 솔로몬, 아굴, 르무엘이다.

② 전도서 3장은 때에 대하여, 12장은 청년의 때에 창조자를 기억할 것을 말하고 있다.

③ 아가서 6장 8절을 보면, 솔로몬의 왕비가 60명, 후궁이 80명으로 나와 있다.

④ 이사야 5장에는 포도원 비유가, 23-27장은 종말에 대한 예언이 나온다.

12. 다음 설명 중 맞지 않는 것은 무엇인가?

① 새 하늘과 새 땅에 대한 언급이 이사야 65장, 베드로후서 3장, 계시록 21장에 나온다.

② 예레미야의 시대적 배경은 요시야 13년부터 시드기야 11년까지이다.

③ 에스겔은 이스라엘의 죄를 담당하기 위해 390일을 좌편으로 누워 있어야 했으며, 쇠똥으로 불을 피워 떡을 만들어 먹었다.

④ 느부갓네살이 신상을 만들어 두라 평지에 두었는데 그것의 높이는 60 규빗, 너비는 6 규빗이었다.

13. 다음 설명 중 맞지 않는 것은 무엇인가?

① 호세아와 아모스는 북왕국에서 예언한 선지자이다.

② 오바댜는 구약에 유일한 1장 본문으로, 에돔에 대한 심판이 주요

내용이다.

③ 미가는 북이스라엘과 남유다를 대상으로 예언하였으며, 이사야와 호세아와 동시대인이다.

④ 구시의 아들 스바냐는 북이스라엘과 여러 나라들에 대한 여호와의 날의 심판을 예언하였다.

14. 다음 설명 중 맞지 않는 것은 무엇인가?

① 스가랴는 잇도의 손자 베레갸의 아들이다.

② 스가랴 5장에는 날아가는 두루마리가 등장하는데, 이는 온 땅위에 내리는 저주이다.

③ 참된 금식에 대한 내용이 이사야 58장 6-9절에 나온다.

④ 스가랴 14장에는 유월절을 지키러 올라오지 아니하는 이방 나라 사람에 대한 하나님의 심판 내용이 있다.

15. 다음 설명 중 맞지 않는 것은 무엇인가?

① 말라기 3장에 여호와의 크고 두려운 날 이전에 선지 엘리야를 보내겠다는 말씀이 나온다.

② 유다 총독 스룹바벨은 스알디엘의 아들이며, 대제사장 여호수아는 여호사닥의 아들이다.

③ 스바냐는 히스기야의 현손, 아마랴의 증손, 그다랴의 손자, 구시의 아들이다.

④ 엘고스 사람 나훔의 글은 니느웨에 대한 경고를 담고 있는데, 3장에서 니느웨를 '피의 성'이라 하고 있다.

16. 다음 설명 중 맞지 않는 것은 무엇인가?

① 칼을 쳐서 보습을, 창을 쳐서 낫을 만들라는 말씀은 미가서 4장 3절, 이사야 2장 4절에 나온다.

② 요나가 40일이 지나면 무너지리라 선포한 니느웨는 사흘 동안 걸

을 만큼 큰 성이었으며, 12만 명이 살고 있었다.

③ 아모스의 글에 이방민족에 대한 심판의 내용 중, 에돔 왕의 뼈를 불살라 재를 만든 나라는 모압이다.

④ '너희는 옷을 찢지 말고 마음을 찢고 너희 하나님 여호와께로 돌아올지어다'라는 말씀은 호세아서에 나온다.

17. 다음 설명 중 맞지 않는 것은 무엇인가?

① 브에리의 아들 호세아의 아내는 고멜이며, 딸의 이름은 로루하마이다.

② 요엘서에서 곡식 먹는 재앙의 순서는 팥중이-메뚜기-느치-황충이다.

③ 아모스 7장에는 메뚜기, 불, 다림줄, 여름 과일 한 광주리에 대한 이상이 기록되어 있다.

④ 요나, 말라기는 4장, 미가는 7장, 학개는 2장, 호세아, 스가랴는 14장으로 구성되어 있다.

18. 다음 장, 절의 말씀이 맞지 않는 것은 무엇인가?

① 호세아 4장 6절 - 내 백성이 지식이 없으므로 망하는도다.

② 스가랴 4장 6절 - 이는 힘으로 되지 아니하며 능력으로 되지 아니하고 오직 나의 영으로 되느니라.

③ 요나 2장 9절 - 구원은 여호와께 속하였나이다.

④ 아모스 8장 1절 - 보라 날이 이를지라 내가 기근을 땅에 보내리니 양식이 없어 주림이 아니며.

19. 다음 중 잠언서에 있는 말씀이 아닌 것은 구엇인가?

① 유순한 대답은 분노를 쉬게 하여도 과격한 말은 노를 격동하느니라.

② 여호와의 이름은 견고한 망대라 의인은 그리로 달려가서 안전함을 얻느니라.

③ 지혜자의 마음은 초상집에 있으되 우매한 자의 마음은 혼인집에

있느니라.

④ 여호와를 경외하는 것은 지혜의 훈계라 겸손은 존귀의 길잡이니라.

20. 시편의 다음 설명 중 맞지 않는 것은 무엇인가?

① 시편 52편 - 에돔인 도엑이 사울에게 고자질할 때 다윗의 교훈.

② 시편 34편 - 다윗이 아비멜렉 앞에서 미친 체하다가 쫓겨나서 지은 시.

③ 시편 62편 - 요압이 에돔인을 염곡에서 12,000명을 죽일 때.

④ 시편 57편 - 다윗이 사울을 피해 굴에 있을 때.

21. 다음 설명 중 맞지 않는 것은 무엇인가?

① 가룟유다를 대신하여 사도로 선출된 맛디아와 경쟁한 사람은 요셉이었다.

② 스데반의 설교는 사도행전 7장, 고넬료와 베드로의 만남은 사도행전 10장, 아레오바고 설교는 사도행전 17장에 나온다.

③ 바울이 자신의 개종을 설명하고 있는 본문은 사도행전 9장, 22장, 26장이다.

④ 토지를 기증한 바나바는 구브로 태생으로 본 이름은 요셉이며 레위인이다.

22. 다음 설명 중 맞지 않는 것은 무엇인가?

① 사도행전에서 흉년예언을 한 사람은 아가보이며, 글라우디오 황제 때 성취되었다.

② 바나바를 헤르메스, 바울을 제우스라 한 곳은 루스드라에서 발을 쓰지 못하는 한 사람을 고친 후였다.

③ 두란노 서원은 에베소에 있었는데, 바울이 그곳에서 2년을 가르쳤다.

④ '바울아 네가 미쳤도다'라고 말한 사람은 베스도이다.

23. 다음 설명 중 맞지 않는 것은 무엇인가?

① 고린도전서는 교리서신이며, 발신인은 바울과 소스데네이다.

② 데살로니가 전, 후서는 재림서신으로 바울, 실루아노, 디모데가 발신인이다.

③ 에베소서, 빌립보서, 골로새서, 빌레몬서는 옥중서신이며, 바울과 디모데가 발신인이다.

④ 디도서는 목회서신이며, 그레데에서 목회하고 있던 디도에게 바울이 쓴 편지이다.

24. 다음 설명 중 맞지 않는 것은 무엇인가?

① 오직 의인은 믿음으로 살리라는 말씀이 하박국 2장 4절, 로마서 1장 17절, 갈라디아서 3장 11절, 히브리서 10장 35절에 나온다.

② 속사람의 투쟁에 관한 말씀이 로마서 7장에 나온다.

③ 토기장이 비유는 로마서 9장에, 감람나무 비유는 로마서 11장에 나온다.

④ 로마서 16장에서 바울이 자신의 어머니라 말한 사람은 루포의 어머니이다.

25. 다음 설명 중 맞지 않는 것은 무엇인가?

① 고린도전서 7장에는 결혼, 이혼문제, 11장에는 성만찬 전승, 15장은 부활관련 기록이 나온다.

② 스데바나의 집은 아가야의 첫 열매, 에배네도는 아시아에서 처음 익은 열매이다.

③ 고린도후서 8장에서 바울은 연보에 대해 말하면서 마게도냐 교회를 실례로 들고 있다.

④ 갈라디아서 2장에는 바울이 사도가 된 내력과 안디옥에서 베드로를 책망한 사건이 나온다.

26. 다음 설명 중 맞지 않는 것은 무엇인가?

① 고린도교회를 향해 바울은 자신이 복음으로 그들을 낳았다라고 선포하고 있다.

② 아빠 아버지라는 표현이 마가복음 14장 36절, 로마서 8장 15절, 갈라디아서 4장 6절에 나온다.

③ 그리스도 찬미송은 빌립보서 2장 5-11절, 디모데전서 3장 16절, 골로새서 2장 15-17절에 나온다.

④ 골로새 교회는 에바브라가 세웠으며, 라오디게아 교회와 서신교환을 할 것을 바울이 명하였다.

27. 다음 설명 중 맞지 않는 것은 무엇인가?

① 고린도후서에 보면, 바울은 성도를 2장에서는 그리스도의 향기, 3장에서는 그리스도의 편지라 하고 있다.

② 데살로니가전서는 바울 최초의 편지이며, 사도라는 칭호가 나오지 않는다.

③ 믿음의 방패, 구원의 투구 등 하나님의 전신갑주에 관한 말씀이 에베소서 6장에 나온다.

④ 마게도냐에서 바울을 물질적으로 도와 준 교회는 에베소 교회뿐이다.

28. 다음 설명 중 맞지 않는 것은 무엇인가?

① 나를 괴롭게 하지 말라 내가 내 몸에 예수의 흔적을 가졌다라고 바울은 갈라디아서에서 말하고 있다.

② 탐심은 우상 숭배라는 말씀이 골로새서 3장 5절에 나온다.

③ 감독과 집사의 자격은 디모데전서 3장, 감독과 장로의 자격은 디도서 1장에 나온다.

④ 돈을 사랑함이 일만 악의 뿌리라는 말씀은 디모데후서에 나온다.

29. 다음 설명 중 맞지 않는 것은 무엇인가?

① 바울은 데살로니가 교회에 대해서는 형제 사랑에 관해 쓸 게 없다고 말하였다.

② 과부로 명부에 올릴 자는 60세는 되어야 한다는 말씀이 디모데전서 5장에 나온다.

③ 모든 성경은 하나님의 감동으로 된 것이라는 말씀이 디모데전서 3장 16절에 나온다.

④ 바울 자신의 이력이 고린도전서 15장, 고린도후서 11장, 갈라디아서 1장, 빌립보서 3장에 나온다.

30. 다음 설명 중 맞지 않는 것은 무엇인가?

① 바울을 떠나 그레스게는 갈라디아로, 디도는 달마디아로 갔다고 디모데후서 4장에 나온다.

② 디도가 목회하였던 그레데인은 거짓말장이, 악한 짐승, 배만 위하는 게으름뱅이들이다.

③ 바울은 니고볼리에서 겨울을 지낼 것이라 하면서, 디도에게 가보의 집에 있는 겉옷과 책을 가져올 것을 부탁하였다.

④ 빌레몬의 수신자는 빌레몬, 압비아, 아킵보와 교회이다.

31. 다음 설명 중 맞지 않는 것은 무엇인가?

① 돈을 사랑하지 말고 있는 바를 족한 줄로 알라는 말씀은 히브리서 13장 5절에 나온다.

② 히브리서 11장 믿음 장에 믿음의 인물로 사라, 라합, 바락, 입다 등이 기록되어 있다.

③ 하나님의 벗이라 칭함을 받은 사람은 아브라함으로 야고보서 2장에 그 기록이 나온다.

④ 사랑은 허다한 죄를 덮는다는 말씀이 베드로후서에 기록되어 있다.

32. 다음 설명 중 맞지 않는 것은 무엇인가?

① '사랑하는 자들아 주께는 하루가 천 년 같고'라는 말씀이 요한일서 4장에 나온다.

② 그리스도께서 육체로 오신 것을 부인하는 영마다 적그리스도의 영이라고 요한일서 4장이 말하고 있다.

③ 요한삼서에서 디오드레베는 으뜸되기를 좋아하는 자로 묘사되어 있다.

④ 계시록의 일곱 교회 중 전혀 칭찬이 없는 교회는 라오디게아 교회뿐이다.

33. 계시록에 나오는 교회에 대한 설명 중 맞지 않는 것은 무엇인가?

① 에베소 교회 - 처음 사랑을 버림

② 버가모 교회 - 발람, 니골라 당의 교훈을 좇음

③ 서머나 교회 - 선지자라 하는 이세벨을 용납함

④ 빌라델비아 교회 - 작은 능력을 가지고 지킴

34. 계시록에 나오는 교회의 승리자에 대한 약속의 내용 중 맞지 않는 것은 무엇인가?

① 서머나 교회 - 생명의 관

② 버가모 교회 - 영적 통치권과 새벽별

③ 사데 교회 - 의로운 옷, 하늘에 이름이 기록되고 인정받음

④ 빌라델비아 교회 - 하나님의 성전의 기둥이 됨

35. 본문의 장이 맞지 않는 것은 무엇인가?

① 골로새서 - 4장

② 데살로니가 전서 - 5장

③ 디모데후서 - 3장

④ 베드로전서 - 5장

36. 다음 장, 절의 말씀이 맞지 않는 것은 무엇인가?

① 베드로전서 4장 8절 – 사랑은 허다한 죄를 덮느니라.

② 야고보서 4장 14절 – 너희 생명은 잠깐 보이다가 없어지는 안개니라.

③ 히브리서 13장 5절 – 돈을 사랑하지 말고 있는 바를 족한 줄로 알라.

④ 디모데후서 4장 12절 – 무릇 그리스도 예수 안에서 경건하게 살고자 하는 자는 박해를 받으리라.

37. 다음 장, 절의 말씀이 맞지 않는 것은 무엇인가?

① 고린도후서 3장 17절 – 주는 영이시니 주의 영이 계신 곳에는 자유가 있느니라.

② 고린도전서 4장 20절 – 하나님의 나라는 말에 있지 아니하고 오직 능력에 있음이라.

③ 에베소서 4장 9절 – 빛의 열매는 모든 착함과 의로움과 진실함이라.

④ 데살로니가전서 5장 8절 – 믿음과 사랑의 호심경을 붙이고 구원의 소망의 투구를 쓰자.

38. 다음 중 사도행전 6장에서 선출된 일곱 집사가 아닌 사람은?

① 브로고로 ② 니가노르 ③ 디몬 ④ 바아나

39. 다음 설명 중 맞지 않는 것은 무엇인가?

① 바울은 드로아에서 유두고라는 청년을 살려 내었다.

② 바울은 밀레도에서 에베소 장로들과 고별만남을 가졌다.

③ 베드로는 룻다에서 죽은 다비다를 살려 내었다.

④ 바울이 디모데를 만난 곳은 루스드라이다

40. 다음 말씀의 주요 순서가 맞지 않는 것은 무엇인가?

① 로마서 5장 3-4절 : 환난 – 인내 – 연단 – 소망

② 로마서 8장 30절 : 부르시고 - 정하시고 - 의롭다하시고 - 영화롭다 하심

③ 베드로후서 1장 5-6절 : 믿음 - 덕 - 지식 - 절제 - 인내 - 경건 - 형제우애 - 사랑

④ 갈라디아서 5장 22-23절 : 사랑, 희락, 화평, 오래 참음, 자비, 양선, 충성, 온유, 절제

모의 1차 시험 정답

1. ④	2. ③	3. ②	4. ④	5. ①
6. ④	7. ④	8. ③	9. ④	10. ①
11. ①	12. ②	13. ③	14. ①	15. ③
16. ①	17. ③	18. ④	19. ③	20. ④
21. ④	22. ③	23. ②	24. ①	25. ④
26. ③	27. ④	28. ①	29. ②	30. ①
31. ④	32. ④	33. ④	34. ④	35. ④
36. ②	37. ③	38. ④	39. ④	40. ③
41. ①	42. ④	43. ②	44. ④	45. ①
46. ③	47. ③	48. ①	49. ④	50. ①

모의 2차 시험 정답

1. ④	2. ④	3. ②	4 ③	5. ④
6. ③	7. ③	8. ①	9 ②	10. ④
11. ④	12. ④	13. ④	14. ④	15. ①
16. ④	17. ③	18. ④	19. ③	20. ③
21. ③	22. ②	23. ③	24 ①	25. ④
26. ③	27. ④	28. ④	29 ③	30. ③
31. ④	32. ①	33. ③	34. ②	35. ③
36. ④	37. ③	38. ④	39. ③	40. ②

□ 저자 약력 □

♣ 양 진 일 목 사

* 총신대학교 신학과 졸업(B.A.)
* 총신대학교 신학대학원 수석 입학(M.Div.)
* 총신대학교 신학대학원 성적우수 졸업(M.Div.)
* 현, 숭실대학교 대학원 박사과정 수료(성서신학)
*현, 기독청년아카데미 강사

개역개정판 - 핵심요해
라스트 성경문제

2005. 11. 5. 초판 펴냄
2011. 10. 5. 재판 펴냄

저 자 양진일
발행인 김영무

발행처 도서출판 아가페문화사
156-094 서울 동작구 사당4동 254-9
등록 제3-133호(1987. 12. 11)

보급처 : 아가페문화사
156-094 서울 동작구 사당4동 254-9
전화 02-3472-7252-3
팩스 02-523-7254
온라인 우체국 011791-02-004204(김경무)

정가 17,000 원

ISBN 89-8424-118-3 03230

라이브 성경의 특장

1. 갈급한 영혼을 위해 말씀을 더 확실히 깨닫고 사모하게 함!

『라이브 성경』은 누구나 '영혼의 산책'을 따라가면 1년 동안 성경 전체를 1독할 수 있도록 기획, 편찬되었으며, 매일 읽어 가는 본문의 확실한 이해를 돕기 위해, 개관 · 적용 · 심층연구 · 배경 · 주제 · 원어 · 인물 · 지리 · QA · QT 등의 토픽(Topic)을 게시해 주고 있으며, 이런 소제목들을 통해 성경의 숨겨진 비밀들을 밝혀 줌으로써 독자들로 하여금 성경의 오묘한 진리를 더 확실히 깨닫게 하였다. 또한 매주 하루(1일)는 성경 읽는 것을 쉬그 주간 안식과 묵상을 통해 재충전할 수 있도록 배려하였다.

2. 탁월하고 세심한 편집 체제는 타의 추종을 불허!

1) **소제목** : 독자의 이해를 위해 원문에는 없으나 본문 내용을 요약 제시(고딕 별색 처리, 단, 시편에서는 '대괄호'로 묶어 별색 처리한 것은 원문의 일부)
2) **관련 구절** : 소제목 뒤의 괄호 안과 각 절이 끝나는 부분에 관주를 표했다.
3) **난하주** : 더 깊은 연구를 위해 본문 하단에 설명 게재했다.
4) **관련 찬송 및 배경 연대** : 관련 찬송(괄호)과 배경 연대(하이픈)를 게재했다.
5) **절 관주** : 본문의 확실한 이해를 위해 빈난에 관련된 성구를 제시했다.
6) **예수님의 말씀** : 신약에서 별색 처리하여 이해도와 시각 효과를 높였다.

3. 깊은 영성의 문체와 내용, 전무후무한 센세이션 예감!

1) **영혼의 산책** : 1년 동안 '영혼의 산책'을 따라가면 성경 1독을 할 수 있다.
2) **개관** : 성경 말씀을 읽기 전이나 후에 정독하면 말씀의 적용에 큰 도움을 준다.
3) **도표** : 성경 각 장의 분명한 요지를 제시하고 깊은 의미를 함축해 준다.
4) **적용** : 삶의 적용을 구체적으로 제시하여 각 성도의 삶에 큰 변화를 준다.
5) **심층연구** : 평범하고 깊이 있는 설명으로 본문을 더욱 선명하게 해 준다.
6) **주간 안식과 묵상** : 매주(성경의 맥에 따라 8~10일이 될 수 있음) 하루는 성경 읽기를 쉬고, 새 만나를 받아 재충전을 하고, 묵상할 수 있도록 했다.
7) **배경** : 역사적, 시대적 배경을 밝혀 주므로 본문 이해를 더 확실히 해 준다.
8) **주제** : 성경 각 장에서 주요한 주제를 발췌, 말씀의 깊이를 더해 줬다.
9) **원어 · 사본** : 어려운 난해 구절을 원어 해설을 통해 쉽게 이해하도록 했다.
10) **인물** : 주요 인물을 등장시켜 그 인물의 업적과 역사적 역할을 탐구했다.
11) **Q · A** : 질문(Question)의 형식을 통해 명쾌한 답(Answer)을 도출한다.
12) **QT** : 거룩한 영성을 향상시키기 위해 말씀의 교훈을 되새기게 했다.
13) **교리 · 지리 등** : 교리나 지리 등의 이해를 위해 소제목을 제시 · 해설했다.

4. 평신도, 신학생, 목회자를 위한 신앙 · 목회필독서!

1) 부록으로 주요 도표, 핵심 영성 심방사전 및 설교사전과 이에 맞는 찬송 수록